三｜国｜职｜场｜探｜迹

蜀汉浮沉

冯立鳌 著

中国书籍出版社
China Book Press

图书在版编目（CIP）数据

蜀汉浮沉/冯立鳌著．--北京：中国书籍出版社，2023.1

（三国职场探迹）

ISBN 978-7-5068-9142-4

Ⅰ.①蜀…　Ⅱ.①冯…　Ⅲ.①中国历史—研究—三国时代　Ⅳ.①K236.07

中国版本图书馆 CIP 数据核字（2022）第 155057 号

蜀汉浮沉

冯立鳌　著

责任编辑　李　新

责任印制　孙马飞　马　芝

封面设计　中联华文

出版发行　中国书籍出版社

地　　址　北京市丰台区三路居路 97 号（邮编：100073）

电　　话　（010）52257143（总编室）　（010）52257140（发行部）

电子邮箱　eo@ chinabp. com. cn

经　　销　全国新华书店

印　　刷　三河市华东印刷有限公司

开　　本　710 毫米×1000 毫米　1/16

字　　数　340 千字

印　　张　21.5

版　　次　2023 年 1 月第 1 版

印　　次　2023 年 1 月第 1 次印刷

书　　号　ISBN 978-7-5068-9142-4

定　　价　89.00 元

前　言

2018年年底，我结束了近37年的在职工作正常退休，进入到人生另一新的阶段，面临着生活状态的自由选择。考虑到以前想做而没有来得及做的某些事情可以尝试完成，于是辞绝了教育机构的约聘，也退出了原有一些学会的职位，给自己准备了更为充足和大块的松散活动空间，想从事一些和自己几十年的职业职务活动没有直接关系的事情。经过半年时间的休整和思考，从2019年5月中旬起，我开始系统地阅读理解与三国历史有关的资料，主要有《三国志》全本，包括晋朝陈寿的原著与南朝裴松之的引注，还有《资治通鉴》以及《后汉书》《晋书》的相关部分。在阅读史书的同时，我围绕三国人物的职场活动作出应有的回味思考，书写出自己的看法与见解，同时表达个人相应的生活观、历史观乃至价值观，我自称这是对三国历史资料的系统“解读”。本人手头有一个与职场体会相关的公众号，每天写出二三千字的文稿，发到该公众号上，供几十亲友在小范围内选阅交流并作矫正。持续近两年半的时间，到2021年9月中旬，三国史料所能涉及的人物活动已全部搜阅回味完毕，结束了这一特定的解读。其后翻阅统计，共撰写了整七百篇文论，计176万多字，内容大体涉及叙述、议论与论理三个方面，即关于人物职场事迹的白话叙述、对人物职场行为方式的得失议论，以及针对相关社会问题的剖析说理。这些文字表达实际上相当于围绕三国史志全部人物职场事迹所做的“解读笔记”，其中涉及的时段从东汉末年184年黄巾起义开始，到280年晋朝统一约一百年的历史。

三国人物在历史上乃至当世都产生过重要影响，对人物活动事迹的重述与评议总是灌注着不同的社会生活观与人生价值观，至今已衍生出了大量体现于文学、艺术、教育、游戏等多个领域、表现纷杂的三国文化现象，而三国人物的真实事迹及其形象反而被湮没。事实上，对后世人们最有深刻教益作用的应该是发生过的历史，而不是演绎虚构出的东西。在世人特别看重三国文化教益的背景下，如能返璞归真，回归历史人物的本来面目作出体味反思，可能会成为三国文化和当代文化建设中更有意义的事情。出于这样的本心，我宁愿把自己对三国职场的解读拿出来，与有心的朋友和读者共享。现在呈现在读者面前的，就是对自己近三年解读文论的修订整理。整理后形成互相衔接的八本撰述：其中从汉末到三国的过渡《三国前奏》一本，《曹魏兴衰》四本，《蜀汉浮沉》一本，《孙吴起伏》两本，共合成一部成系列的"《三国志》解读笔记"，希望以此丰富当代历史文化的内容，并为三国文化增添新的枝叶。

叙述人物活动事迹占许多篇章中的重要分量，这里首先需要对资料的详尽占有。《三国志》全本既指陈寿"文辞简约"的原著，也包括裴松之"搜采广博"的引注，被称"本志简略，引注繁芜"。引注资料来源庞杂，文字远超原著，且有人物事迹相抵牾的情况；同时，史书中关于某一人物的事迹未必全部在关于该人的本传中，许多可能是在另一人物的本传及引注中出现，有些还在《晋书》相关的人物记述中。要弄清全部人物活动的事迹，需要资料的搜集辨析、穿插编排，以及必要的揣测推理。另一方面，人物事迹叙述还需要不可缺少的白话翻译。史书均为古文表达，其中有许多当代人不易理解的字词和文句，作者对许多人物的事迹也是初次涉猎，撰写叙述中参考过一些资料中对个别字词的译注解释，而对裴氏引注资料的翻译大体上都是从头做起，自认是在此做了些补阙的工作。

因为本书想要避免资料选用的片面性、随意性，追求对所涉人物事迹的全面把握，所以撰写中实际上需要对史志全部人物活动作出地毯式、不留死角的翻译叙述。当然，并非所有人物的事迹都有典型性，有些人物的活动可以说是记载不多且乏善可陈，但为保证人物出场的完整性，因而不能放弃对这些人物职场活动的叙述与评析，以尽力实现对三国职场活动作出全景式的扫描。本人在全部所涉人物事迹的叙述中力求扣紧原文，作出准确、精练的翻译，同时尽量少地舍弃个别极不合乎情理的资料，以保证内容的完整与协调。阅读本书，至少能够获得三国人物最原初的历史记录，了解到历史人物最接近真实的言论行为；能观瞻三国职场活动全面完整的场景，对当时职场活动的背景及各种因素的相互影响形成整体把握；由此也可对历史小说的剪裁虚构以及后来人们的各种演绎想象增强应有的识辨力。阅读该书的青年学生，不仅对三国人物活动可以形成初步印象，也会增进自身的古文翻译能力。

整个书系的绝大多篇章在叙述之后都有相应的评说议论，这种议论是结合人物活动的特定环境并观照其所引起的长远效果，针对指出其行为在职场的利害得失。在做这些议论时，会尽量探寻社会运动内含的底层逻辑，参照某种客观活动前后相继的内在因果，尽可能地指出相关人物思想理念的端正或偏失，也会关注其思维方式的特征及其正误。近代卢弼的《三国志集解》中辑录了不少前代学人对三国诸多人物事迹的评议，有时论及某一议题，会罗列多人发表的不同观点。本人参阅过这些观点，必要时把主要观点介绍出来，略加评议；有时仅介绍一种观点，当是作者基本认可的看法。从七百篇文论标题所涉及的对象看，全书粗略统计做出评说议论的共410多个人物，因为每个人物都有不同的人生路程和职场经历，也有不同的思想追求和行为方式，全书的评说议论因而是多角度、多侧面的，有时采取引而不发的态度，没有固定的格式，属随事而发，灵活展现，且与人物事迹的叙述相糅杂，总之是史论结合，以史带论，达到观史明理即可。“往者不可谏，来者犹可追。”本人探寻三国职场活动，实际是对一段社会历史演变过程的咀嚼和体认，不能保证全部认识深刻和到位，但却是尽量拓展观察社会的视角，激发人们看透现象世界的敏锐性。读者朋友一定能从中发现新的问题，再作反思，得出对自我人生和职场活动更多的经验教训，尤能助益养成优良的思想理念和上佳的思维方式。

全书在评说议论中试图逐步提升出关于社会人生不同层面的认识，而这种提升需要在人物活动与社会生活的相互观照前后联系中才得实现，也才能述说清楚。为建立这种联系，全书首先从结构形式上做了一些努力：

在七百篇章的小标题上，有两到三位数的序号，其中第一位数1、2、3，分别代表曹魏、蜀汉、孙吴三家人物，0则代表东汉末到三国的过渡人物；第二位数字是分类的，与前一数字用“.”相分隔；第三位数字是同一类别中对不同人物或相异问题的更细划分，外带括号以示区别，如果内容较多，对其需作多篇论述，则各篇顺次按“上”“下”或其他中文序号标注在小标题之后。如“1.5（18）曹叡的用人和处事（中）”，这一小标题即代表：针对曹魏集团中第五个解读人物曹叡，该题目下要叙述议论他的第18个论题，内容是关于他治国理政的中间一部分。全书对各家的类别划分并不严格，而标号却是严谨的；标题的序号数字越相靠近，文论间的联系就越紧密。全书有统有分，逐次开散，七百文论覆盖了本书所涉三国人物历史活动的全部场景，希望这些篇章间能产生聚散为一的整体系统。

同时还有与完善史料覆盖系统相配合的叙写方式。因为某一人物活动的事迹中总是有其他一到多位相关涉事人，因而书中的叙事往往是对涉事多人活动事迹的共同叙述。为此全书于某人解读篇章之外，在叙述其他涉事人活动的篇章中，对共同参与的活动事实，就只简单提及事情的根由，同时标明“参见”之处，尽量省略掉可能引起重复的表述。比如在曹魏部分关于《司马懿的为人（中）》，及《名士管宁的坚定心志》等篇章，行文中就有“（参见1.5.18《曹叡的用人和处事》中）”的夹注式提示。全书中的这种标注提示是极多的，为减少文中括号的重叠，第三位数字的外括号变成了前面的分隔号。这里是要尽量避免事情叙述和某些议论的重复，又要保持对涉事人解读的全面性。总之建立对一段历史过程全覆盖的解读系统，既要基本上无所遗漏，又要减少叙事的重复，也增加读者观瞻的联想感。

本书的解读立足人物，看重细节，并且力求把三国社会的微观细节与宏观历史运动过程无缝化衔接起来，这是该书系在表达形式上的一大特点。阅读本书的读者，如果能观照人物活动前后进展的线索，把握某些不同事件间的人物关系及其相互影响，对文中的各种评说议论就会有更深刻的体认，并能形成自己独立的思想与判断；读完全书，把握了三国社会运动的整体态势，不仅有助于对当时社会状况，包括各层职场的运作特征和不同人物的复杂心性产生更多的联想与认识，而且能对人生奋争、集团兴衰和整个社会运动形成应有的见解。

全书在各处评说议论的同时还有针对具体情景的剖析说理，这是在复杂事态和各种混沌理念中论证其中评说议论的合理性，希望把自己的认识观点明确地展现出来。一般说来，作者的思想观点及其对社会历史活动的认识，是倾注在或明或隐的各处评说议论中，寓含在资料排比和叙事之外的各类文字表达中。无论是关于人物活动的具体点评，关于个别领导人格特征的综合议论，还是某些政治集团沉浮兴衰的总体评说，全书都始终持有某些不变的理念，包括对历史及其人物的尊重态度，对英雄人物的尊崇心理，对为数不多女性人物的敬重之情；对公平、正义、善良、美好的崇尚，以及对丑恶的鞭笞；对历史主义、唯物主义、民族优秀传统思想、当代先进科学理念以及思维辩证法在学理上的推崇等。对本人难以把握的卜筮、相术等现象则尽量作出客观介绍，并表达出对史志记载的基本看法。而全书所持有的历史进步观、主体有为观，以及对职场活动中某些共通性、规律性的认识、某些方式方法的主张，都有多种灵活多样的表达，希望能对读者提供观察社会生活的有益方法与思考。总之，讲故事、发议论、明事理，是整个书系的三重内涵。

关注本人公众号的许多友人和读者数年间对上述文论曾表达了不少鼓励，多年从事文化工作和图书经营的诸位朋友也都高度赞赏和充分肯定了该书系的社会价值，并做出了如何奉献给更多读者的设想与策划。吸收他们的有益建议，也出于不负时代的衷心，本人自完成书系撰写的半年多来，对全部叙述做了检查、梳理与某些意境的提升，整理形成了既相互独立，又紧密关联着的“解读笔记”系列——《三国职场探迹》，并以《三国前奏》《曹家龙兴》《魏天风雷》《虎啸中原》《北国毓秀》《蜀汉浮沉》《江东激荡》《孙吴落花》八本图书呈现给广大读者，书名仅表征该书的论及对象与人物层级，具体内容尽在各篇章的微观解读中。希望这一书系对三国文化、职场文化、历史文化的认识发掘都能发挥独特作用。

1988年本人在西安读研的暑假期间撰写过分析《三国演义》中领导活动的单本论著《谋略与制胜》，为本人系统探索历史文化题目的初步尝试，到2006年的十多年间有多家出版社改变书名出版过四次，发行数量不小，中国书籍出版社现今以《争胜谋略》为名，将其与《三国职场探迹》同时出版发行。《争胜谋略》属于多年后的再版，这次恢复保持了初始内容。该书的分析对象限于历史小说，而八本新著《三国职场探迹》则完全摒弃了文学小说的描写，纯粹以历史资料为据，两书各自属于不同的论述系统，希望有心的读者能够在比较中发现两者的区别，从中体味出对真实历史过程分析认识的意趣和深邃。

作者

2022年5月8日

于广州燕塘轩

目　录

CONTENTS

2.1 一位进取不懈的英雄（刘备）

刘备是东汉末期富有传奇的一位英雄，他没有富贵显赫的家世背景，也没有如神童般被朝廷征召任职的高层人脉，只拥有极其平凡的出身和皇家远枝宗亲的名分。在天下大乱，群雄纷争的时代，他硬是凭着自己卓尔不凡的气质和一股不懈进取的精神，在千难万险中愈挫愈奋，开拓出了属于自己的一片基业，成为终汉之世笑到最后的几个人物，他以自己的奋斗史书写了一介平民在强手如林的争夺缝隙中建立功业升华人生的美丽传奇。

2.1（1）少年的生活与经历

刘备，字玄德，涿郡涿县（今河北涿州）人。《三国志·蜀书·先主传》及其引注记述了他的家世和早年的一些事情，这里归成几个要点看看刘备早期的大致情况，以了解他的人生起点及其心性特征。

皇亲家世 刘备是西汉景帝的儿子刘胜的后裔。据史书载，汉景帝刘启有十四个儿子，刘胜在父亲做了皇帝后的第三年，即公元前 154 年被立为中山靖王。刘胜爱喝酒，喜欢女人，他有一百二十多位儿子，汉武帝刘彻是他的异母兄弟，刘彻后期实行“推恩令”，让皇族的儿子分割他们父亲的封地，诸侯的封地越来越小。刘胜的儿子有五人为侯，其中儿子刘贞于公元前 127 年被封为中山国陆城亭侯，公元前 112 年因献给皇家作祭祀的金子大小成色不足，犯“酎金”罪被免去侯爵，原封地被国家没收，刘贞于是把家安在了涿县，此地遂有了刘胜的一支后裔。刘备的祖父刘雄举孝廉，曾任东郡范县县令；刘备父亲刘弘离世较早。刘备约为 161 年生，出生时距刘胜受封中山靖王已 315 年，皇家亲族的待遇荡然无存，其祖父以上的世系已无法考证，而皇家的血脉还是确定的。

出生的奇征异相 刘备家中的东南边墙角下长了一棵五丈多高的桑树，上面枝叶向四周伸展且很茂盛，远远望去很像官家打造的车盖，往来过路的人都觉得这桑树长得非同一般，当地名人李定就说："这家必定会出贵人。"刘备小时与宗族中的儿童在树下玩耍，也说道："我将来一定要乘坐这种带翠羽葆盖的车。"他的叔父听到这话警告说："你不要乱说，这话是要灭族的。"大概那样高贵的车只有皇帝才能乘坐吧，但这也反映了少年刘备志向的高远和心气的豪迈。刘备身高七尺五寸，近一米七三的个子，但手掉下来能达到膝盖，耳朵大得能被自己眼睛看到，这却非同平常。可见刘备家庭虽不富裕，但出生地早有奇特的象征，本人生就特别的异相，还有超众非凡的心气，似乎他注定不会成为平凡之人。

拜师学业 刘备十五岁时母亲让他去求学读书，他与同族的刘德然、辽西人公孙瓒一同在原九江太守卢植那里拜师求学。卢植也是涿郡涿县人，文武兼备，曾参与过九江平叛，被任命为太守，约在 175 年前后因病离职几年，刘备是拜同县这位名士为师而就学的。刘德然的父亲刘元起经常资助刘备，给的钱与自己儿子相同，刘元起的妻子责怪说："两人各有自己的家，你怎么能经常这样做?"元起说："我们家族有这样的孩子，他不是一般人。"公孙瓒年龄大些，但与刘备非常友好，刘备把他当兄长看待。刘备家庭经济情况不是很好，但他非常幸运的，一是有深明情理的母亲催促安排他求学，二是能得到同学父亲的看重和资助，三是能就近拜得学问出名的卢植为师，这段经历对他以后的人生极有意义。

个人的心性特征 刘备早年丧父，他与母亲一同生活，家中依靠编织草席和贩卖鞋子为生活来源，应属小商贩小手工业家庭，不知为何没有兼营农业。他平时说话不多，喜怒感情不会表现在脸上；他不是非常乐于读书，喜欢玩弄狗马，欣赏音乐，爱穿漂亮的衣服，与人交往时姿态很低，非常谦逊，喜欢结交豪侠之士，年轻人都喜欢追随和依附他。中山国有大商人张世平、苏双在涿郡一带贩马，资产达到千金，他们见到刘备后觉得他与众不同，就扶助了他很多钱财，据说刘备就是用这笔钱财来聚合追随的人众。有些史家推测，关羽和张飞大约就是这个时候跟随刘备的。

参军入职 184 年黄巾军在各地起事，24 岁的刘备领着他的追随者跟着校尉邹靖讨伐黄巾军。另据三国时期魏国郎中鱼豢所撰《典略》所记，187年已不在职位的中山相张纯举兵反叛（参见 0.4.1《蓟城出了小“天子”》），青州接受朝廷指令而招兵，并派遣属官邹靖领兵前去讨伐，当时邹靖的部队经过平原，平原国的刘子平知道刘备具有武勇，就把他推荐给了邹靖，据此刘备当是 27 岁跟随邹靖参军的。有一次与敌军在旷野交战时，刘备受了重伤，他假装死亡，等敌人离去后，朋友们用车把他拉回，才得以解脱。刘备因军功被任为安喜（今河北定州）县尉，辅助县令主管全县治安事务。

鞭打督邮 刘备任安喜县尉后不久，各州郡接到朝廷诏书，对因军功担任县级职务的官员要进行选拣淘汰，刘备怀疑自己会被遣返，当时郡上派专管县乡官员考察事务的督邮来到安喜县，将刘备划在了淘汰遣返之列。刘备听说后，打听到督邮所住的宾馆准备去拜见，但督邮说自己身体不好不肯相见，门吏不许进入。刘备非常恼恨，他返回县尉的办公地，带着几个吏员和士兵强行闯入督邮住所，声称“我受郡府密令让收捕督邮”，于是在床上捆绑了督邮带到了县界处，把自己县尉的印绶解下来挂于督邮脖颈并置放在拴马桩上，又将督邮绑于树干，鞭杖了百余下，准备杀掉。督邮哀求，于是将其释放，刘备自己弃官而去。

再次入职 后来大将军何进派都尉毌丘毅到丹杨郡（治所在宛陵，今安徽宣城东）募兵，刘备重新参军，跟随毌丘毅到下邳，在此与敌人遭遇，刘备力战有功，被任用为下密县（今山东昌邑）丞，属于青州北海国下属之县的县长辅佐。不知什么原因，刘备不久就离职了，但很快又担任了高唐县（今山东禹城西南）尉，这是青州平原郡下属之县，刘备负责县内治安事务，后来升为县令。当时青州黄巾军非常厉害，刘备“为贼所破”，遂去幽州投奔了同学公孙瓒，公孙瓒推荐他为别部司马。有史料称，“会灵帝崩，天下大乱，备亦起军从讨董卓”。如果刘备曾参加过关东联军讨伐董卓的行动，应该是这个时候，但公孙瓒未参与联盟活动，其他史料再未涉及刘备讨董卓的话题，不知刘备究竟是以何种方式参与了该活动。

任职平原相 公孙瓒主政幽州后，派遣刘备辅助青州刺史田楷抵御袁绍军队，刘备在青州战场立功多次，公孙瓒让他代理平原令，后来改称平原相。两者虽治区相当，但级别不同，平原若为王国，则是郡级区域，当时的平原王刘石是桓帝刘志的侄儿，因为王没有治事权，实际治理由平原相负责。当时地方上百姓饥困，粮价被屯聚者抬得很高。刘备外御敌寇，对内注重民生和济困，凡是地位不高的人来见，一定与对方同席而坐，一起吃饭，并不区别对待，他少年时就有的那种恭谦待人、喜欢结交的心性得到了发挥，由此很得民心。在 193 年，北海相孔融遭受到黄巾军的包围进攻，孔融派来助战的太史慈前往平原请求刘备援助，刘备带着三千军马前往救援，黄巾军将领管亥闻讯撤离。

另有一件蹊跷的事情：当地一位叫刘平的人一贯轻视刘备，以为做刘备的治下之民很羞耻，就结交刺客指使其刺杀刘备，刘备不知内情，见到刺客后接待得很好，刺客受了感动不忍下手，就把接受刘平指使的内情相告后离去。平原人刘子平曾早先把刘备推荐给邹靖，有史家推测，这里所记述的刘平大概和先前提到的刘子平是同一人，是否因为刘备做了平原相后怠慢了故人，使这位朋友怀恨在心，所以打发人谋刺报仇。一介平民应该没有什么理由痛恨刘备，史家的推测应该很有道理。刘备是最善结交下层民众的人，刘平收买得了刺客，也许他正是那些屯聚粮食的商人，刘备的地方治理伤害了他自身利益，所以宁愿对其下手。刘备不是一位庸官，治理平原应该为他的职场发展积累了经验。

2.1（2）在徐州的艰难岁月

刘备 192 年担任平原令，独立主持一个地方的军政事务，开始受到某些政界人物的关注，他在天下政治活动中崭露头角。194 年初，兖州牧曹操为报父亲被杀之仇，用全力对徐州陶谦发动进攻，并在占领区实行屠城政策。州牧陶谦难以抵御，于是向青州刺史田楷求援，田楷与刘备一同前往救助。后来曹操因军中缺粮而撤军，田楷返回青州，刘备被挽留了下来，他被安排驻军小沛，这一留就是五年，刘备在这里度过了一段艰难的岁月。

刘备来徐州时带了自己的一千军马，另有少量幽州乌桓的杂牌骑兵，陶谦将四千丹阳士卒划拨刘备，增加了他的兵力，同时表奏他为豫州刺史，当时豫州治所在谯（今安徽亳县），辖区较大，刘备并未实际占有和治事，但职位级别得到提升。陶谦是希望刘备协助自己长期防守，刘备于是脱离了公孙瓒，成了徐州的守将。194 年夏曹操再次进攻徐州，后因兖州陈宫张邈反叛，吕布占领了大部分郡县，曹操只好回军。陶谦在当年底病逝后，徐州别驾麋竺宣布陶谦生前的安排，推举刘备为徐州牧，这一提议得到徐州名士陈登的支持（参见 0.8.1《陶谦保徐州》下），也得到北海相孔融的赞同，当年的关东联军盟主袁绍也表示认可，刘备推辞不过，只好接过重任，开始主持徐州的军政事务。次年兵败兖州的吕布无处安身，前来徐州投奔刘备，刘备将其接纳，安排他驻军徐州，大概是想借助吕布的防卫力量吧。

曹操于 196 年把朝廷迁到了许都，僭号称帝的袁术就成了最大的政治死敌，他于是利用朝廷的名义向关东地区将领任官封爵，意在组成打击袁术的统一战线。曹操推举刘备为镇东将军，封宜城亭侯，鼓励和支持他在徐州截击袁术，恰好袁术进入徐州境界，刘备遂安排张飞守下邳，他亲自带领军队在盱眙、淮阴与袁术交战，双方各有胜负。对抗了一月多时，张飞与陶谦旧部将官曹豹发生冲突，曹豹接应吕布袭夺了下邳，刘备的家眷也被吕布俘获（参见 0.8.7《短视的眼光》）。刘备听到消息立即领兵回返，在下邳城外被吕布击溃。他收集散卒准备向东攻打广陵（今扬州市），争得一块落脚之地，却被袁术军队打败。刘备走投无路，领着残部退到了海西（今江苏灌南东南），但该地非常贫困，根本无粮可食，军士饥饿难耐时，甚至“吏士大小自相啖食”，人吃人不是虚言。刘备无奈之下，只好回头乞求吕布收留，他承认吕布的州牧地位，吕布允许他住在小沛，并送回他的家眷。

徐州接近中原腹地，地连南北，战略位置极其重要，历来是兵家必争之地，刘备主政徐州，个人的职位级别和社会影响大为提升，但同时也显露了他战略布局不足、手下人才缺乏等问题，表明他当时还难以掌控一个十分抢手的大州之地。刘备这次驻军小沛，既受到袁术对他的报复威胁，又有吕布对他的发展制约，曹操的力量开始渗透徐州，而徐州的地方势力也在更大范围重新选择他们依附的对象（参见 0.8.4《陈登的多副面孔》）。袁术曾派大将纪灵带领三万人马向小沛用兵，危难之下，刘备再次向自己根本瞧不上眼的吕布求情，吕布为了暂时保持徐州各种力量间的平衡，他以辕门射戟的方式给予了协助；刘备还对一度归附袁术而逃窜徐州的杨奉、韩暹进行截击，诱杀了杨奉。刘备在许多错综复杂的关系中艰难地谋求着自身生存。

一段时间后，刘备自己发展到了一万多军队，但吕布不希望看到刘备的强大，他自己率兵攻打小沛，刘备兵败后逃至许都投靠曹操，曹操对他非常友好，任命他为豫州牧，拨给他军粮，让他回小沛收集自己失散的队伍，并增加他的军队，让他在东边配合，共同打击吕布。198年春，吕布派人带着金钱到河内去买马，半路上被刘备的军队所抢掠，吕布派中郎将高顺、北地（当时郡治在今陕西耀县）太守张辽领兵进攻刘备，曹操派大将夏侯惇援助，交战数月，刘备一方被打败，九月小沛沦陷，刘备的家眷再一次被俘获送给吕布，他本人只身逃脱前往许都。十月份，曹操亲自统大军征讨吕布，刘备在梁国边界与曹军相遇，他于是反身向东，跟随曹操前往徐州参加剿灭吕布的战斗。这是一次斗智斗勇的艰难较量，双方交战三月之久，到年底终于擒获吕布将其缢杀（参见0.8.9《最后的覆灭》）。徐州现在成了曹操的战利品，刘备参与打赢了战争而彻底丢失了徐州，而家眷又重新回到身边，他跟随曹操返回了许都。

刘备194年来到徐州，当年底接任州牧，到198年底离开，他主政徐州的时间并不很长，大多时间是驻军小沛，屈居在吕布的腋下。在刘备当时的心中，这是极其窝囊的五年，自己在该地的许多作战中，打赢的次数不比失败的次数为多，家眷两次为对手俘获，本人多次面临危急和屈辱的境地，总是在生存忧虑的困境中，盘点着各种利害纠纷而行事，大志难伸，空有豪情，应是辜负了徐州民众和好友的信任期待。然而，无论如何，刘备在此登上了一个更大的政治舞台，他的心性德行在此得到了充分展现，由此赢得了更多人士的尊重和看好，名士陈登尽管对他守护徐州有所失望，但仍然把他视作心目中的偶像，刘备的个人声誉是在不断升高。刘备跟随曹操回到了许都，留下了一段深重的行迹，他在徐州有失有得，而五年艰难求存的意义，需要后面的行动结果来印证表明。

2.1（3）虎穴栖身

刘备在徐州驻军五年，再次受尽磨难和屈辱，却极大地提升了他的社会声望。198年底他协助曹操大军剿灭了徐州吕布集团，跟随曹操回到了许都。曹操表奏刘备为左将军，这是常设的将军名号，他对刘备礼遇厚重，出则同车，坐则同席，对其非常友好，大概是有共同的语言与话题吧，但刘备却心中不安，最后竟产生了栖身虎穴的感觉。

刘备的不安全感主要来自他与曹操政治目标的不相容，曹操借助挟天子令诸侯的方式，要实现他匡济天下拯救黎民的理想，刘备的心中对自己何尝不是这样的设定，但等他来到许都，进入高层政治生活圈时，抬头一看，曹操已经占据了政治生活中心的位置，难以容纳别人插足其间，堵塞了刘备实现自己政治理想的通道。刘备不屑于一辈子做曹操的跟班兄弟，但曹操拥有的强大军事政治力量已不允许刘备对此做出重置和改变，这使刘备非常郁闷，他既要迎合曹操的友好情谊，做足一切表面的文章，同时又要为实现自己的政治理想，做出最实在的考虑和有用的准备。而无论任何准备，消灭曹操以搬掉前进通道上的拦路石，却是无法回避的步骤。

刘备不久即遇到了这样的机会。《三国志・蜀书・先主传》记述，献帝刘协董贵妃的父亲董承暗中对刘备说，他接受了刘协夹在衣带中交给他的一封密诏，让他想法诛除曹操。董承已经联络了长水校尉种辑、将军吴子兰、王子服等，连同刘备至少五人，组成一个密谋集团，准备等待机会一同起事，诛杀曹操。

当时曹操对刘备一如既往地友好，两人大概有说不完的话题吧。有一次曹操对刘备说道："当今天下的英雄，只有你刘使君与我曹操两人。袁绍那些人是算不上数的。"刘备正在吃饭，听到这话，心中一惊，筷子都掉到地下了。当时天空正在打雷，刘备对曹操说："圣人说'听到巨雷和猛烈的风声一定会惊恐变色'，真是这样啊，外面一打雷，我就变成这样子了！"曹操称刘备为英雄，有可能是一时的玩笑话，更多可能是表达他的自信和对刘备的佩服，绝无其他含义，但刘备因为参与了董承的密谋集团，要伺机诛杀曹操，听到曹操的话，当然非常吃惊。凡英雄都是富有大志，能够创立基业，不甘屈居人下的人物，曹操称刘备为英雄，刘备误以为对方知道了自己的密谋活动，但转念一想，他是不可能知晓的，再观察曹操的行为，也没有什么异常表现，刘备于是借口外面打雷，把自己的惊恐和反常表现轻轻掩饰了过去。刘备这里产生的惊恐应是当事人合乎情理的表现，任何心中有鬼的人都会这样，而他借打雷掩饰了自我内心惊恐的秘密，并且利用圣人的言论说明惊恐产生的正常性，却是他自己的急智，早年跟随卢植读书学习的成果也在关键时候被调动起来利用了。

这次受惊事件的发生，提升了刘备的警觉，他感到生存在曹营中，完全像栖身在虎穴一样，随时都有被吞噬吃掉的可能，于是他在后园中种菜，装作胸无大志，致兴菜圃而与世无争的样子，内心在等待离开许都的机会。不久，那位自称皇帝的袁术四面楚歌，在各种力量的打击下穷途无路，称帝的把戏搞不下去了，准备把手中的传国玉玺送给袁绍，有消息说袁术要经过徐州北上投奔冀州，刘备自愿带领军队前去拦截，曹操派出军队，让刘备和将军朱灵带领前往徐州截击袁术。刘备一接受命令马上领军队离开许都，赶往徐州。曹操的谋士程昱、郭嘉听说委派刘备去了徐州，觉得很不妥当，他们对曹操说："刘备不可以放纵离开。"曹操似乎有点后悔，但追赶不及，大概心里还存些侥幸，于是也就没有收回成命。199 年底，刘备在许都度过了一年时光后，现在终于离开了他提心吊胆的危险之地。

刘备还未到达徐州，袁术就病死了，但他并没有停军返回。他到达徐州后驻军下邳，打发随军的朱灵等将领返回许都，刘备将曹操安排的徐州刺史车胄杀掉，留关羽守下邳，自己仍然驻军小沛。徐州是刘备长期驻守的熟悉之地，他与这里的民众颇有感情基础。听说刘备重新执掌了徐州，当地许多郡县都背叛曹操跟随了刘备，刘备很快聚众数万人。

200 年初，董承的密谋不知何种原因被泄露，曹操诛杀了许都董承等人，处死了董贵妃（参见 0. 2. 4《看不清的董承》），至此，刘备的心情应是比较舒坦的，他庆幸自己脱离了虎穴避免了被吞噬的命运。一年前他在这里参与剿灭了吕布集团，早先在这里势力强大的袁术和吕布都已不存在了，而曹操正在准备与袁绍决战，大概难以顾及徐州，刘备遂派遣孙乾去冀州与袁绍联系和好。刘备觉得现在徐州才是真正回到了自己的手中，大有从头再来、重开气象的豪情与雄心。

2. 1（4）对袁绍的依附与疏离

198 年底剿灭吕布后刘备跟随曹操到许都，被曹操视作很好的朋友，但他本人却有一种虎穴栖身的感觉。199 年底刘备借口领军堵截袁术而脱离曹操，一到徐州即斩杀了刺史车胄，派关羽驻守下邳，代理下邳太守职务，他自己驻军小沛，开始恢复对徐州的管制，并策动一些郡县反叛曹操。当时曹操移军官渡，正在准备和袁绍军队决战，刘备派使者与袁绍联络和好，准备在这里重新开拓自己的事业。

曹操其实非常欣赏刘备的才能，他派刘备统兵去徐州执行军务，虽然谋士程昱、郭嘉为此劝谏过自己，但军令不好更改，也是心存侥幸，因而让其离去，没想到他一去徐州就背叛了自己。破获了董承的密谋集团，发现刘备竟是其中的一个成员，这更使曹操感到了问题的严重性。他派遣刘岱、王忠两位将军领兵进攻徐州，但去后被刘备打败，曹操为此更为不安。当时曹操已经移军官渡，准备抵御袁绍军队的全面进攻，他做好防守布置后即决定亲自带兵东征刘备，部下将领们说："与君争夺天下的是袁绍，现在袁绍马上就要来了，您却放下袁绍向东征讨，如果袁绍从后方攻击怎么办?"曹操说："刘备是一位人杰，将来必然成为我们大敌，现在不打垮他，将来一定成为祸患。袁绍虽然向我们用兵，但他做事迟滞，一时不会行动。"郭嘉也建议先向东用兵，曹操于是留下其他将领驻守官渡，自己即刻出军徐州。

《三国志·蜀书·先主传》及其引注中记述，刘备觉得曹操正与强敌袁绍在北方对峙，无法离开前线来徐州，但侦察的骑兵突然前来报告，说曹操亲率大兵前来，刘备心里吃惊，还不太相信，于是自己领着几十骑兵出外观望，看见军中有主帅专属的麾旗，知道曹操必在军中，于是弃众而去。曹操收编了刘备的部队，生擒其将领夏侯博，俘获了刘备的家眷，并在下邳城擒获关羽后很快返回。这次作战的具体过程史书上没有记述，但曹操很快取胜却是确定的，这大概因为刘备对曹操亲自来徐州估计不足，疏于防范，同时因为刘备所领部队原本是曹操的旧部，跟随刘备时间不长，在曹操本人到来后宁愿放弃抵抗归降旧主，致使刘备关羽很快败北。其间冀州谋士田丰曾建议袁绍趁曹操东征之机进攻许都，袁绍因为儿子得病而拒绝，等曹操战罢徐州返回官渡时，袁绍尚未出兵。

刘备在徐州兵败后去了青州，青州刺史袁谭当年在家乡汝南举茂才，是通过豫州刺史部办理的，其时刘备兼任豫州刺史，对袁谭有荐举之情。袁谭领着随从步骑迎接刘备到来，并把刘备请到了他任职过的平原暂住。袁谭派快马报告袁绍，袁绍让人在半道上迎接刘备，他本人到邺城二百里之外的地方与刘备相见，两人一同进入邺城。刘备在抗击董卓时与袁绍见过面，这次兵败后投靠袁绍，袁氏父子所以非常敬重，除袁谭举茂才的原因外，一是刘备的地位和声誉比以前大为提升，他势力不大，但却是具有一定影响的地方高级官员。二是在袁曹即将决战的关头，刘备是州郡将领中叛曹附袁不多的人物，袁绍可能为此感到有些欣慰。三是袁绍在刘备受到曹操攻击时未能出兵许都，没有做出战略上的配合，他大概为此有点愧疚，所以用非常敬重的方式迎接，以表达他对刘备的看重。

袁绍在200年初率领十多万大军与曹操决战，刘备曾随军出征。白马之战中颜良被斩杀后，袁绍派刘备与大将文丑带三万骑兵进军延津，此战文丑被杀，袁军再败一局（参见0.9.13《白马延津折两将》）。袁绍在这里应是重用了他所看重的刘备，可惜刘备有负重用。袁绍接着进逼官渡，与曹军摆开架势相对峙，要在这里决一雌雄。

刘备依附袁绍一月多，他在徐州失散的士卒纷纷前来聚集。当时袁曹两军在官渡对抗，汝南黄巾将领刘辟等背叛曹操支持袁绍，袁绍遂派遣刘备领兵去与刘辟会合，刘备领命前往汝南，与刘辟在许都周边骚扰，以此配合官渡之战。曹操派曹仁领军队回击汝南二刘，刘备兵败，回到袁绍军中，但他大概是在袁曹双方数月交战中看到了袁绍军队战斗力不强、谋士间相互拆台和决策迟滞等许多问题，为袁绍军队担忧，他不愿把自己的前途与袁绍捆绑一起，于是暗中准备离开袁绍。

刘备跟袁绍说自己可以去荆州联系刘表，说服刘表出兵协助攻打曹操。袁绍并不知道这是刘备的脱身之策，就派他再去汝南联系黄巾将领龚都，刘备再次到了汝南，在这里会合了追寻而来的关羽，关羽是在白马之战中杀死了袁军大将颜良，为曹操立功后离开曹军，带着刘备家眷回归刘备身边的。刘备在此聚众数千人，曹操派将军蔡阳领军前来进攻，为刘备军队战败所杀。刘备自此领着军队在汝南独立发展，再也没有回归袁绍军队。官渡之战不久即以曹军大胜而结束，刘备成功避免了在官渡奉陪袁军的自我覆灭。

在袁曹两大军事势力的决战中，刘备在徐州背叛了曹操，必然要主动依附袁绍，这是刘备当时必然的选择，他也正是这样做的。兵败徐州后他逃归袁绍，为此受到了袁氏父子的欢迎和看重，后来从依附袁绍到疏离袁绍，却表现了刘备出众的预测能力和对自我前途的高度警觉。他总是把自身的发展摆到个人友情的前面去考虑，并为此先后放弃了与曹操的友情和对袁绍的依附，虽然自己力量弱小，而主体意识则非常自觉和强烈，他要把事业的成功牢牢掌控在自己手中，而拒绝对强者的跟随，也拒绝对虚弱者的无意义奉陪，这既是他的圆滑，也是他的精明。

2.1（5）关于兄弟结义的话题

关羽和张飞是刘备在初创基业时最早结识的部属，他们佩服刘备的道德为人，与刘备的人生志向契合一致，因而对刘备忠心耿耿，绝无二心，刘备对他们也是赤诚相待，非常看重。三人年龄上接近，性格上互补，情感上投缘，心目中彼此敬佩，在几十年的职场拼争和人生路途上，他们自觉支持，互相借重，真正成了难得的合作伙伴，正像亲兄弟一般。根据这种情状，历史小说充分利用传统文化中的相关因素，把三人描绘成通过了某种立盟誓约仪式的结义兄弟。事实上，无论三人的情谊多么深厚，立盟结义的事情在史料中却是子虚乌有的。

《三国志·蜀书·先主传》中说，刘备早年在家乡时喜欢结交豪侠之士，年轻人都喜欢追随和依附他。中山国有大商人张世平、苏双在涿郡一带贩马，资产达到千金，他们见到刘备与众不同，就扶助了他很多钱财，刘备就是用这笔钱财来聚合追随的人众。有史家推测，关羽和张飞大约就是这个时候跟随了刘备。《三国志·关羽传》中说，刘备在家乡聚合徒众，关羽与张飞成了其中抗御敌人的武将；刘备做平原相时，以关羽、张飞为别部司马，分统部众。刘备与二人寝则同床，恩若兄弟。而在人多的场合，刘备坐下后，关张两人会在旁侍立一整天，他们随刘备做事，会不避艰险。《三国志·张飞传》中说，涿郡人张飞早年与关羽一同追随刘备，关羽比张飞年龄大几岁，张飞把他当作兄长对待。清代学人梁章钜认为，张飞本传中的这些话就是后世流传说他们三人是兄弟的依据。事实上，兄弟关系只是三人相互对待的一种态度，史书中没有他们缔盟立誓的文字，“桃园结义”只是一种借助文学描写的虚幻想象。

中国传统社会创造了成熟的农业文明，这种文明以家庭血缘关系为社会结构的重要支撑，因而非常看重在血缘亲情基础上衍生的家族伦理关系及其观念。儒家的诸多核心观念将这种伦理思想做了深度概括，并升华为具有普遍意义的社会规范。《礼记·礼运》中说：“何谓人义？父慈，子孝；兄良，弟悌；夫义，妇听；长惠，幼顺；君仁，臣忠。”兄弟关系是家庭血缘关系中的重要内容，兄良弟悌正是在血缘关系基础上形成的同辈男性间最具伦理意义的道德观念，而兄弟间的互相敬爱与扶持也是当事双方“义”的表现。按照这样的文化理念，同辈男性间最亲密可靠的关系就是具有血缘基础的兄弟关系，而同辈男性间只有达到兄弟之交的程度才能称得上最为密切可靠的关系。在中国人的文化视野中，人们可以抽象地认定兄弟情深，男性朋友间常喜欢称兄道弟，自称“铁哥儿们”，忠诚不欺的关系被视之为义气相交，这些表现其实就是希望用兄弟关系来规范同辈朋友间的关系，实现相互友谊的提升。而在许多场合，男性朋友们为了弥补他们相互间血缘关系的缺失，希望采用立约盟誓的形式确认他们间的兄弟关系，即用某种仪式结盟，称为“结义兄弟”。这种结义的实质是要弥补血缘关系的缺失，其核心是要比照和实现血缘亲族本有的情义。

刘关张是非常要好、情投意合、矢志未移的同辈男性，在中国的传统文化中，把三人说成好朋友，远不足以表达他们间的深厚情谊。历史小说在需要塑造人物性格的深度、表达他们三位伦理观念的清纯洁美时，借用了中华文化中“结义”的元素，浓墨重彩地描绘了兄弟三结义的情节，并用春日桃花的美艳做陪衬，把这一情景刻印在了后世人们的心中，让一种情深义重、赤诚终生的兄弟友谊感动了后世千万人。从文化表现的视角上说，历史小说是极其高明、富有创造性的，它超越了历史资料的具体性局限，吸纳了不少内涵厚重的文化元素，使一部文艺作品在某种意义上体现为中国传统文化的沉淀物。

然而，从历史过程的视角上看，对历史人物的认识必须以真实性为第一要义，依据这样的原则，我们必须认定，刘关张三人在早年结识时，没有什么立盟约誓的仪式，尽管他们情深义重，但生前并没有称兄道弟的事情。关羽在白马之战后辞绝曹操说：“吾受刘将军厚恩”，对第三者称刘备为“刘将军”而不称“吾兄”，是再一次佐证了我们认定的事实。

还应该看到，当代社会生活与传统社会已经有了某些根本的不同，并非传统文化中的一切东西都能适用于当代社会。兄弟结义的事情经过历史小说的渲染和传播已被后世人们普遍接受或有所效仿，在传统社会的某些时期可能会助益当事人的职场业绩和人生发展，以至于有些人会热衷于刻意追求这种关系。但要看到，过分看重对当事人个人发展的助益，往往是以对他人利益和对集体组织的伤害为前提的，当代社会的公共职场生活提倡公正、平等、法制的原则，杜绝血缘关系的渗透，也绝对剔除对血缘关系所附加的特殊内涵。兄弟结义会导致公共集体组织内出现团团伙伙的不健康状态，会堵塞组织肌体正常的吸纳功能，情理上应属于禁止行为，人们对此必须认识清醒，处置得当。

2.1（6）刘备几次被俘的家眷

刘备驻守徐州时，他的家眷曾经三次被人俘获。第一次是接替陶谦担任徐州牧一年多后，吕布在196年初受曹豹的接应偷袭了下邳，赶走张飞，占有了徐州。刘备在盱眙抗击袁术，听到消息后立即回军，却被吕布击溃，他率残军逃奔海西一带，家眷被吕布俘获；第二次是198年刘备依附吕布驻军小沛时，他的军队抢掠了吕布去河内郡买马的钱财，吕布派高顺和张辽前来攻打小沛，刘备兵败而逃，他的家眷被高顺俘获交给了吕布；第三次是200年初，刘备受曹操之命，从许都领军队来徐州截击袁术，他到达徐州后杀掉刺史车胄，反叛了曹操，曹操自官渡前线领军队突袭徐州，刘备措手不及，弃城只身逃往冀州投奔袁绍，家眷被曹操俘获。史书上对刘备几次被别人所俘获的家眷没有做具体说明，这些家眷都包含什么人并不明确。

《三国志·蜀书·二主妃子传》中说，刘备在接受陶谦邀请驻军小沛时，被荐举为豫州牧，他曾娶沛人甘夫人为妾，因为他几次丢掉了嫡室，后来甘氏经常总管家室内事，被称为甘夫人，她在荆州时于207年还生下了儿子阿斗，最后被扶为正妻。《三国志·麋竺传》引注中记述，在刘备被吕布袭击领军队到海西时，因为丢失了家眷，麋竺遂把自己的妹妹嫁给刘备作夫人，常被称为麋夫人。刘备后来还先后娶过孙权的妹妹孙夫人，吴壹的妹妹吴夫人，但两人均是在208年之后所娶，与三次丢失被俘无关。

刘备出生于161年，他第一次丢失家眷时35岁，按史书所记，当时甘夫人并非他的嫡室，《三国志集解》中有史家称，刘备在小沛时家眷屡被吕布等人所虏，“究不知何氏，史失其实矣”。但可以肯定，吕布这次俘获的家眷中除甘夫人外，至少还有刘备的嫡室夫人，或许还有另外的夫人。刘备身边无人时，麋竺把他的妹妹嫁给了刘备，但因为刘备在海西无法领军生存，不久即请求依附吕布，达成和解，吕布把俘获的家眷归还刘备。198年刘备第二次在小沛丢失家眷时，应该包括甘夫人和麋夫人，另外还应包括在世的其他夫人。第三次家眷被曹操俘获时，情况应和第二次基本相同，但当时在世的夫人不知其详。

史料上几次都是记述刘备丢失“妻子”，其意是指妻子和儿女，按照正史本传，刘禅（阿斗）为刘备长子，他是甘夫人207年在荆州所生，刘备三次丢失家眷时尚无子息，而《三国志·蜀书·后主传》引注《魏略》中记述了另一不同的信息，说刘备200年初背叛曹操而驻军小沛时，没想到曹操突然领兵前来进攻，他抛弃了家眷而逃离，当时刘禅已经好几岁，他到处藏匿逃跑，后来跟随他人向西到了汉中，被人所卖。到了211年，关中破乱，扶风（陕西关中中部）人刘括为躲避战祸去汉中，他买来了刘禅，问明情况知道是良家子弟，就把他养为自己儿子，给他娶了媳妇，还生了一个儿子。刘禅当初和刘备失散时，记得他父亲的字为玄德，另外还记得有位姓简的舍人。后来刘备占有了益州，他派将官简雍到汉中修建官邸，刘禅去见简雍，简雍经过问讯检查，一切都和实情相符合，简雍就把事情告诉了张鲁，张鲁将刘禅洗沐后送到益州，交给了刘备。《魏略》的这一记述，已被许多史家认定是不真实的，但不能确定的是，刘备早先的几位夫人是否在刘禅之前生有儿子，该子后来流落汉中，《魏略》只是把刘备另一儿子错记成了刘禅。如果情况是这样，那刘备第三次丢失的家眷中，就还有未被曹操俘获而失散的子息。

有资料称，刘备的甘夫人出生在沛县贫贱之家，乡间有看相的人说，这位女子后面会大贵，成为宫掖中地位最高之人。甘氏长大后体貌与众不同，到十八岁时肌肤柔白，容貌娇媚，刘备让她坐在绡帐中，从窗外看到，就像月下堆积的白雪。有人献给刘备三尺高的玉琢模特人，刘备喜欢把玉人模特放置床上，与甘夫人比较把玩，欣赏两者的洁白之美。甘夫人对刘备以正言相劝，刘备于是搬掉了玉模特。刘备看来是一位好色之人，他在小沛迎娶甘夫人之前身边应该还有另外的妻室，几次丢失的家眷当不止于甘、糜两位。

2.1（7）守困荆州

200年八月官渡之战结束时，刘备正于汝南与反曹力量龚都在许都周边骚扰曹军，曹操乘大军战胜的余威率兵前来出击刘备，刘备派糜竺、孙乾前往荆州联络刘表。刘表也是汉室宗亲，他欢迎刘备前来，201年刘备与关羽、张飞一行来到荆州，刘表到郊外迎接，以上宾礼节接待刘备，给其增加军队，安排他驻军新野（今河南南阳境内）。荆州自刘表治理十年来一直是和平无战之地，刘备在此远离了疆场和争战，度过了一段自认为无所进展、空耗岁月的八年守困时光。

刘备一直有自创基业的宏图大志，他前面不屑于做曹操和袁绍的跟班兄弟，200年初叛离许都被曹操打败后投奔冀州袁绍，跟随袁绍出军官渡期间，见袁绍在白马与延津之战中折兵损将，大概看到了袁绍军队中的严重问题，于是向袁绍建议让自己去荆州联络刘表出兵协助，借此谋求脱身之计。他对袁绍由依附转为疏离，都是为了建立自己的事业，可惜力量弱小，不能站立起来占有一方。现在到了荆州却碰到了另外的情况，刘表以自守地盘为目标，在周边各家的征战中保持中立态度，他不打仗，刘备仅仅身为贵客而无处可用，年逾四十的刘备感到自己壮志难酬，一生的功名梦想将要在此消失，心里不时会感到莫大的恐慌。

荆州发生的事情还是不少，《三国志·蜀书·先主传》及其引注中记述，刘备有一次和刘表坐饮谈话，中间去上厕所，看见自己大腿骨上的肌肉变得丰满起来，这是经常骑马的人不会有的现象，刘备由此心里生出好多感想，不禁慨然流泪。回到座位上，刘表看见他的泪痕，就询问伤心流泪的原因，刘备说："我平常身不离马鞍，髀肉不会生长肥大，现在长期不骑马，髀里肉生，感到光影飞驰，我自己快要老了却毫无功业，所以感到伤心。"年逾四十，正是功名与岁月两者最后的赛跑阶段，自己并未建就被人认可的功名，却在这里虚度年华，蹉跎岁月，功名的失败是可以料到的结果。尤其伤悲的是，自己身后有一大群跟随多年的文武俊才，他们看好自己，半生追随，也是要建就自己的功名，而这样的状况持续下去，自己将如何面对这些忠诚的众属！刘备的伤感是发自内心的，他把心里话真诚地讲给刘表，也许是有意以此提示刘表重新考虑对自己的任用，但史书上没有提到刘表的反应。几年间，刘备曾接受过一次抵御夏侯惇、于禁前来进攻的战事，当时刘备的军队在博望（今河南方城西南）设下伏兵，在迎击敌人时假装逃跑，曹军进入伏击圈后被刘备军队打败，轻松胜敌。但即便这样的防御战也无二次机会可打。可以想象，刘表守境中立的保守战略不改变，荆州在一段时间内的和平安定局面还将保持下去，那刘备斩将杀敌和开拓疆界的企图就无法满足。

刘表治荆州时重视文化氛围的营造，这里聚集了不少人才。刘备驻军新野时，荆州的豪杰之士大都前去和他亲近，这却使刘表感到非常疑惑，史书上说："表疑其心，阴御之。"即暗地里提防他。207年曹操北征乌桓时，刘备劝他趁机北攻许都，刘表并没有听从。当时曹操军队中也有许多将领担心刘表会进攻后方，而郭嘉却坚持远征方案，他向曹操分析说："刘表是坐而空谈之人，他自知才能不足以驾驭刘备，如果重用刘备则担心不能控制，如果给小的职位则刘备不肯用力。”也许这正好说出了刘表所以不能任用刘备的某些原因。

因为刘表对刘备的态度暧昧不清，刘表的部下还是和刘备发生了一些难以明言的不友好事情。有一次刘表举行宴会，请来刘备参加，荆州官员蒯越、蔡瑁准备在宴会上杀害刘备，不知什么原因，刘备竟然觉察到了，他假装有事去厕所，从宴会上逃了出去，因为很慌张吧，所乘坐的“的卢”马走进了襄阳城西檀溪中，进入水中出不来，刘备着急地喊道：“的卢！现在危险来了，要加劲努力!”的卢于是踊起三丈高，竟一下子通过了檀溪，其后刘备乘小船渡过河流，到河中间时荆州兵众追到，问他：“为什么这么快就离开宴席?”刘备对他们表达了谢意。因为蒯越、蔡瑁要伤害刘备的事情尚未发生，因而不知道刘备对危险性的感觉是否真实可靠，他逃席而去，事情当然有些唐突，但双方并没有说破此事，刘备最后在河中对荆州官员邀请赴宴所表达的感谢之意在礼节上当然不是多余的。

另有资料说，刘备所乘坐的卢马是从曹操那里得来的。刘备在 199 年依附曹操时，两人非常友好，曹操想送给刘备一匹好马，让他到马厩中自己选取。当时厩中名马一百多匹，刘备没有看得上的，他到了下等马棚，有匹的卢马，没有人看得上，瘦骨嶙峋地在旁站立，刘备抚摸后选取了该马，大家都笑他不会选马，但刘备后来到了荆州，这匹马“逸足电发”，奔跑飞快，其他马根本赶不上，大家这才佩服刘备的相马功夫。但的卢马白额入于口中达到牙齿，这样的马有的也称为“榆雁”，据说“奴乘客死，主乘弃市”，属于凶马。但无论如何，刘备这次靠的卢马的神力而逃离了险境。

2.1（8）鱼找到了水

满怀匡济大志的刘备 201 年来到荆州，长久没有阵战之事，自认为在此空耗时光，蹉跎岁月，他的心情是低沉郁闷的。但荆州牧刘表以学问人的文化热忱，为周边各地避难前来的士人提供优厚的物质待遇，使荆州福地聚集和生长了不少优秀人才（参见 0.7.6《人才生长的沃土》）。刘备本来就已具有较高的社会声望，加之他平素谦逊待人的平和态度，因而来到荆州，当地的士人豪杰竟有不少人前来依附，刘备在此获得了他未曾料到的杰出才俊，他的政治生命在沉寂中再被激活。

刘备驻军新野时，至少从两个渠道听到了诸葛亮的大名。《三国志·蜀书·诸葛亮传》引注《襄阳记》中记述，刘备有一次就时事趋势去拜访司马德操，司马德操无意间对刘备说："儒生俗士，他们不识时务，能看透当事时务的人，只是有杰出才俊的人物，这里有伏龙、凤雏就是。"刘备问："伏龙、凤雏是谁?"司马德操说："诸葛孔明、庞士元。"本传中记述说，徐庶来见刘备，刘备对他非常器重，徐庶说："有位叫诸葛孔明的人，号卧龙，将军您愿意见他吗?"刘备说："你与他一同来吧。"徐庶说："这人您要去见他，不可以招致他，您应该屈身前去看望。"刘备听到了诸葛亮的大名，又感到别人对他如此推崇，于是前往诸葛亮的住所求见，史书称"凡三往，乃见。"一共去了三次，方才见到。资料中没有叙述其间的具体过程，也没有说明前两次没有见到的原因，只是说两人相见后，屏退了其他人单独相谈。诸葛亮纵论天下趋势，对刘备事业的发展提出设想，两人倾谈之后刘备大为称赞，自此刘备和诸葛亮两人关系非常亲密。

裴松之引注的《魏略》上记述了另外一种情景，刘备当时驻军樊城，而曹操已经平定了黄河之北，诸葛亮知道曹操下一个攻击吞并的目标必是荆州，而刘表反应慢又不懂军事，于是诸葛亮从襄阳郊外的隆中北上去见刘备。刘备与他并无特殊关系，又看见他年轻，像对待其他儒生一样会见。谈话结束后，客人们都离开了，而诸葛亮则滞留未走，刘备也没有询问他要说什么。刘备生性喜好编织，恰好有人向刘备送来髦牛尾，刘备拿在手里就编制起来。诸葛亮说道："将军您应当富有远大志向，怎么却喜好编织!"刘备知道诸葛亮不是平常人，于是扔掉编织物回答："不是你说的那样！我只是用来排遣心中之忧。"诸葛亮于是问他："您觉得刘表比起曹操如何?"刘备说："赶不上。"诸葛亮又问："那您比起曹操如何?"刘备回答："也赶不上他。"诸葛亮说："你们两人都赶不上曹操，而您手下只不过几千人马，以这种状况应对敌人，完全不是好办法!"刘备说："我也为此忧愁，那应该怎么办呢?"诸葛亮说："现在荆州不是人口少，而是上了户籍的人不多，平时按照户籍征集人力，大家心里不高兴。可以给刘州牧建议，让来到荆州境内的游户都按实自报，辑录下来以增加人口实数就行。"刘备按他的建议去办，人众势力都有增强。刘备由此知道诸葛亮有才略，于是以上宾之礼对待。

魏人编撰的上述史料记述了诸葛亮前去求见刘备，创设出单独相谈的机会，见机设问，警省对方后提出建议，借以展现才华，得到看重与任用。这种求用方式历史上曾有先例，也未尝不可。战国时的智士范雎求见秦昭襄王就是这样，但这种方法带有一点谋划算计的程式，似不适合纯真而为的关系。裴松之在引注了该资料后立即指出，诸葛亮在《出师表》中曾表白："先帝不以臣卑鄙，猥自枉屈，三顾臣于草庐之中，谘臣以当世之事"，所以不是诸葛亮去求见刘备。他明确否定了《魏略》资料记述的真实性，应该是有道理的，这实际上也就肯定了本传中"凡三往，乃见"的事实。

刘备和诸葛亮相见相识是一件影响重大的事件，但在当时仅属一次单纯的私人相会，两人谈得很投机，刘备非常高兴。回到驻地后大概仍有谈不完的话题，他们的关系日益密切。刘备的故旧部属关羽、张飞等人为此不大愉悦，刘备对他们解释说："我得到孔明，就像鱼得到了水。希望各位不要多说什么。"刘备的部属也善识大体，他们对事情逐渐有所理解。

刘备是一位政治人物，政治人物的生命活力不在于他自然存在的生命，而在于他变更社会的能力，在于他政治作为的功绩及其历史影响。刘备在徐州失守、荆州守困的无聊时刻，诸葛亮激活了他的政治生命，赋予了他后半生各种重大活动的政治意义。史家胡三省对刘备守困荆州时的三顾行为大加赞赏说："刘备以枭雄之才，听到徐庶一句话，就屈身三顾去见孔明，这必然是徐庶的才器被刘备所看重，刘备才相信他的话。"他甚至认为此事"真足以光史册，长人志气"。刘备说自己得到诸葛亮犹如鱼得到了水，这一点儿也不为过，鱼有水则生，无水则死。枉驾三顾，正是鱼找水并终于得到的行为，无疑对鱼有重获生命的重要意义。

2.1（9）三分天下的战略

刘备来到荆州驻军新野时，听了司马德操和上宾徐庶的推荐，他于206年三次到襄阳郊外的隆中去见诸葛亮，第三次终于见到。两人屏退其他人众单独交谈。《三国志·诸葛亮传》记述了他们相谈的主要内容：刘备真诚地表达了自己的政治志向和目前遇到的问题，诸葛亮向他分析天下大势，为刘备提出了切实的战略目标及其实现步骤，可以归结为三分天下的战略。这一战略为刘备集团提供了明确的发展方向和具体的目标任务。

刘备对诸葛亮说：“现在朝廷衰弱，奸臣掌权用政，皇帝被挟持利用，我顾不上自己德行浅薄与力量弱小，想在天下伸张道义，但智识方法很不够用，以至于遭受挫折，到了今天这个地步。但我的壮志仍未改变，你认为应当怎样去做？”诸葛亮说：“自从董卓乱朝以来，天下豪杰兴兵割据，许多人占有的地盘跨州连郡。曹操和袁绍相比较，他名声小人众少，但曹操最终能战胜袁绍，实现以弱胜强，不仅是凭借天时，也是依仗自身的谋划。现在曹操拥有百万大军，挟持天子以号令天下，难以与他争锋。孙权占据江东，已经经历三代，地势险要，民心归附，贤能人才都为他尽力，可以争取为援却不可与他为敌。荆州北靠汉水、沔水为屏障，向南直到南海，东边连接吴郡、会稽，西边可通巴郡、蜀郡，正是用武之地，但主人刘表不能保守，这恐怕是上天留给将军您的，不知您想拿到手吗？益州四边地势险阻，中间沃野千里，是天府之地，汉高祖在这里发展成就了帝业，刘璋昏庸懦弱，北边张鲁相邻，百姓富庶，财力充足，却不知道珍惜，智士贤才都希望得到圣明君主。将军您是汉朝王室的后裔，信义闻名天下，思慕贤才，又能驾驭天下英雄，如果能占有荆州与益州，据守险要，西边与诸戎和好，南边安抚戎、越等族，对外与孙权结盟，对内修明政治，一旦时局有所变化，则派遣一位上将率领荆州军队进攻宛城、洛阳，您亲自率领益州部队打出秦川（指今陕西关中），百姓一定会箪食壶浆欢迎将军到来，这样则能建成霸业，复兴汉朝。”刘备听了这番叙述，看到了一项成熟的政治方案，大概如醍醐灌顶，因而大加赞赏。

诸葛亮在叙述中分析了189年东汉政局大变乱以来天下政局的演变及其现状，指出了割据时代的政局图案与特征已是占有者跨州连郡，原来朝廷划定的治理版图已被打破，社会进入了凭实力和谋划自创基业的时期。诸葛亮提到了四个人物及其占有地：一是曹操，他战胜袁绍后已拥有了广大的地盘和人众，难以撼动，暂时不能与其争锋。二是孙权，他拥有长江天险，在江东根深蒂固，难以与其为敌，但可以利用他的北上雄心作为援助力量。三是刘表，他占有富庶广大的荆州，在王霸必争的地区却不善于用兵作战，面临政治上的严重危机，这是应该争取到手的地盘。四是益州刘璋，诸葛亮是把秦岭之南的西川和汉中作一体看待的，他看到了该地区现任之主政治上的暗弱和贤臣有可能的叛离，向刘备指出了争得该地的现实性。这就是说，在天下局势演变到目前的情况下，刘备如果志向未泯，要想开创自己的基业，就只能向荆州、益州两地用兵，没有其他的选择。

但这仅仅是事情的第一步，拿到了荆州、益州之后，应该对周边的西戎、南越等少数民族实行和平政策，精心实施治理，结好同盟，等待时机，在有利形势出现时，从荆州派出军队北征宛城、洛阳，直逼中原腹地；另外益州大军出汉中夺取关中，重走刘邦夺取天下的路线，两军在中原之地会合，那天下的归属就不言自明。到了这一步，刘备的宏图大志才算真正实现。诸葛亮还向刘备分析了他自身具备的一些优越条件：是皇室宗亲，信义卓著，有号召力；思贤若渴，恭谦待人，有亲和力；善于识人用人，有凝聚力。只要按着既定的正确战略方案一直做下去，坚定不移地走到底，事情的成功是无疑的。

诸葛亮的分析叙述一下子打开了刘备的思路，刘备看到了进取的方向，望见了奋斗的前景，其心情应该是异常激奋的。刘备大概也同时看到了自己以前连续失败，半生无获的原因所在：投身于匡世济民、征服天下的事业，仗是要打的，但不能乱打，要根据自身的可能性来选定目标，看准方向，同时要有谋划、有步骤地实现自己的目标，善于把目前阶段的任务当作主要的事情来做，在各个阶段的续接中实现最终目标。曹操是自己的战略死敌，但自己与其一直不在一个重量级上，在力量根本不对称的情况下不断出击，只能是连续失败，自己苦战多年无所收获的原因，就在于此。正确的方法是，应该首先强大自己，再对付战略之敌，这中间要准备走一条曲折的道路。

诸葛亮的战略方案是他对当时天下政治局势熟透揣摩的结果，是他敬献给刘备最珍贵的见面礼，切合实际，线路明确，历来为后世之人大加称赞。然而，这一方案也有其明显的不足，它实际上是纯粹在静态意义上设定刘备的战略发展，忽视了曹操和孙权两大势力自身发展的冲动与可能。荆州和益州固然是可取之地，但也是天下豪杰都虎视眈眈的猎物，孙权和曹操对得到这两州之地具有更强的势力，刘备当时人力不足，在夺取大州的军事执行力上很有问题，他没有抢先一步将荆州益州拿到手中的条件，那上述战略方案的推进到时候就注定异常艰难、充满变数。

2.1（10）属下将吏盘点

206年诸葛亮初见刘备，向他提出了集团的战略发展方案，其中提到刘备善驭人才的优势。任何战略方案的实施推进都需要人才去执行，刘备在荆州许多年，他除了长期追随的关羽、张飞和新近访求得到的诸葛亮外，属下还聚集了一些其他文武将吏，他们构成刘备当时外交结盟和军事活动的骨干力量。

杰出将才赵云 常山真定人赵云本是公孙瓒的战将，192年刘备依附同窗好友公孙瓒时受命协助田楷抗击袁绍军队对青州的争夺，赵云被派到刘备的部队中，统领一支骑兵跟随刘备。赵云投军幽州部队一直得不到公孙瓒的看重（参见0.9.3《扭曲的用人思维》），而刘备与赵云则相互欣赏，深相结交。后来赵云以兄丧为借口离职回家，刘备知道他不再返回幽州部队，拉着他的手不忍分离。赵云表示自己不会做违背德行规矩的事情，大概是说不会背叛公孙瓒另投他人吧。后来公孙瓒已死，刘备199年末离开徐州依附了袁绍，赵云在邺城见到了刘备，两人同床而卧，仍然非常亲密。刘备当时决定疏离袁绍，他让赵云在暗中招募了几百人，对外称是左将军刘备的部属，袁绍并不知道，这支部队由赵云统领，一直跟随刘备到了荆州，经常做刘备的护卫。

真诚部属麋竺 麋竺字子仲，东海朐（今江苏连云港西南）人，他家几代连续经商，有雇工上万人，家产巨亿，陶谦为徐州牧时任用他为别驾从事。陶谦病亡，麋竺遵守陶谦遗命，推举驻军小沛的刘备做徐州牧。刘备被吕布打败退军海西时，麋竺把妹妹嫁给刘备为夫人，同时献出家中雇工二千人，并拿出金银财产以支持刘备，刘备有了这批军资和人力才得以重新恢复振作。刘备199年初依附曹操时，曹操任麋竺为偏将军，并让他代理嬴郡（治所在今山东莱芜西北）太守，但他一直跟随刘备，是刘备的真实追随者。他的弟弟麋芳为彭城相，后来抛弃官职跟随刘备，一直到了荆州。

外交人才孙乾 孙乾字公祐，北海人，刘备做徐州牧时任他为从事，当时的大学问家郑玄曾经推荐过孙乾，他自徐州起一直跟随刘备，曾经受刘备派遣去联络过袁绍，后来又与麋竺先行到荆州联络刘表，他大多执行外交任务，都能完成使命。刘表当年写信劝和袁谭袁尚兄弟时，信中提道："我每次与左将军刘备、孙公祐议论起你们兄弟相争的事情，都感到痛心入骨，非常悲伤。"由此可见对孙乾的看重。

同乡好友简雍 简雍字宪和，涿郡人，与刘备同乡，少年时就与刘备相识交往，一直随从刘备周旋，与麋竺、孙乾同为从事中郎，喜欢与刘备谈笑，经常执行一些外交任务。《魏略》误记刘禅在徐州失散后流落汉中被人所卖，传说中就是简雍通过张鲁领回来的。

侠义智士徐庶 徐庶，本名单福，年轻时任侠好剑，大约189年时，因替人报仇，用一种白石粉涂抹面容，披散头发逃走。官府抓住他拷问姓名，他闭口不说，审讯的官员于是把他绑在车子的立柱上，分开肢体，拉到街上人多的地方，但没有人敢相认。后来被同伙解救得脱，他非常感激，自此抛弃了刀剑，穿着粗布单衣，开始恭敬地求学。一开始他到精美的校舍，年轻的儒生们听说他以前做过强盗，都不肯与他相处，单福于是卑躬早起，经常独自为大家扫除，学习做事都走在前面，对所学的内容力求精熟义理。大约191年，中原交战频繁，单福南来客居荆州，与诸葛亮等人交友相好。刘备驻军樊城时，单福自称徐庶前往投奔，深得刘备器重，他向刘备推举了好友诸葛亮，于是有刘备三顾隆中的事情。

江夏太守刘琦 刘表的少子刘琮娶的是后妻蔡氏的侄女，因为后妻进言，刘表爱少子刘琮而对长子刘琦疏远。刘琦也非常看重诸葛亮，他总想向诸葛亮谋求自安之法，诸葛亮不愿参与他的家事，每次在刘琦请教时都予拒绝或搪塞，没有给他出过主意。刘琦有一次请诸葛亮游观后园，请他登上高楼，饮宴之间，令人去掉梯子。他对诸葛亮说："今天上不至天，下不至地，说的话出于你的口，进入我的耳，应该可以大胆说出了。"诸葛亮回答："您没有看见申生在内有危险，重耳在外就很安全吗?"这是春秋时期晋国的真实故事，两位不受父亲喜爱的公子，因选择不同居处而有不同的结局。诸葛亮没有直接说出什么告诫之言，刘琦却完全领会了其中的意思，他于是筹划着离开襄阳。正好镇守江夏（治所约在今武汉黄陂）的黄祖刚死，刘琦请求出守江夏，遂为江夏太守。刘琦不是刘备的部属，但却与刘备集团有很好的关系，政治上依附于刘备，成为刘备关键时刻可以借用的力量。

其他人物 荆州官员伊籍字机伯，山阳人，他从青年时起就跟随同乡刘表。刘备来到荆州，伊籍非常欣赏刘备的为人，两人常相往来，他是刘备在荆州的真实粉丝。还有义子刘封。刘封本是寇家的儿子，刘备到荆州时，因为没有儿子，遂把寇封作为儿子养育，改姓为刘封。刘封本人有武艺，气力过人，是刘备的一员部将。另外，隐士司马徽。司马徽，即司马德操，号水镜先生。他的身边结交了一大批居处荆州的才士，刘备向他请教过对时势的看法，他向刘备推荐了诸葛亮、庞统，使刘备在此获得了天下一流人才，他是对刘备事业发展有特殊贡献的人物。

208 年夏，荆州度尽了地区近二十年和平安定的时期，曹操在平定北方后率十多万大军南下，意欲一统江南，荆州成了他最先的吞并对象。身居荆州的刘备就是依靠上述将吏和几千人马应对局面，结盟江东，死中求存的。

2.1（11）当阳长坂的危与机

曹操经过多年征战，到 207 年彻底平定和占有了北方之地后，于 208 年八月统兵南下，荆州牧刘表当月病亡，他的少子刘琮继位后听从了身边几位官员的意见，举州投降了曹操（参见 0.7.5《荆州的剧变》）。驻军樊城的刘备知道了荆州降曹的消息后大为惊异，他无法改变现状，只好率众向南撤退，准备在江陵（今湖北荆州市）据守。

《三国志·蜀书·先主传》记述，刘备南行经过襄阳时，诸葛亮建议立即进攻刘琮，以占有荆州，刘备说："我不忍心做此事。"刘表收留刘备在荆州驻军许多年，对他待以上宾之礼，无论如何，刘备对刘表还是很有感情的，因此他拒绝在刘表刚离世就对其儿子用兵相攻。还有人建议刘备劫持刘琮和荆州官员到江陵，大概是要借势壮大力量来聚兵自守，刘备回答说："刘荆州曾经把他的孩子托付给我，为了自己的需要而背弃信义，我做不出这事，否则我死了有何面目去见刘荆州！"仍然拒绝了这样背弃信义的行动方案。

据本传引注的《英雄记》《魏书》两处所述，刘表病重时曾推荐刘备做荆州刺史，并对刘备说："我的儿子没有才能，有些部将也都离世了，我死之后，你就主持荆州政务。"刘备说："您的儿子都很贤良，只管把自己的病治好就行。"刘表病重时主动让位给刘备，但刘备当面未置可否，并没有接受。也有人劝刘备顺从刘表的意思接手荆州，刘备说："刘表对我很厚道，现在按他这话去办，人们必然认为我薄情寡义，我不忍做这样的事。"

刘备只愿辅佐刘琮镇守荆州，根本没有欲念要自己夺取荆州，他认为这是道义所不允许的。但当刘琮放弃荆州投降曹操时，刘备失去了辅佐的对象和条件，同时也失去了他在荆州的价值和地位，一时竟无成竹在胸的方案。但如果接受了诸葛亮等人的意见，举兵夺取襄阳，号令荆州，实际上他仍然难以抵御曹操大军的攻夺。正如有史家所说的那样，“夺琮不难，拒操非易。以其旋得旋失何如养晦待时。”刘备对别人不断表示进攻刘琮夺取荆州是不忍心的，这其实只是一种说法，真正的原因不便说出。而无论如何，他的决定还是切合实际的。

刘备向南撤退路过襄阳时，他在城外停下来呼唤刘琮问话，刘琮不敢出面，其实是实在不好意思见面，他自感对刘备的问话将无言可答，只好避而不见。刘备路过刘表坟墓，他专程祭拜，泣泪横流而去。荆州安定平和的日子已成过去，血雨腥风的岁月已经开始，疆场厮杀的征战固然是曾经向往的，但真的来临时，他难免对安定生活的逝去会有伤感。

荆州官员和百姓有不少人情愿依附刘备，这次跟随刘备一同南行。进入当阳境内时共有十多万人众，辎重物资几千辆，每天只能走十多里路。刘备于是派遣关羽，乘百余艘船前去江陵。有人对刘备建议说：“应该快速赶往江陵据守，现在带着这么多人，能披甲作战的很少，如果曹操追兵赶到，怎么能与其作战!”刘备说：“成就大事必须以人为本，现在人们愿意跟随我，我怎么能抛弃他们!”

江陵囤积着粮食和军用器械，曹操一路南下进军，他担心刘备据有江陵，于是放下辎重车辆，只带部队追赶到了襄阳，听说刘备已经南去，他领着五千精骑紧急追击，一日一夜行三百多里，在当阳县北六十里的一处高峰山坡，当地人称为长坂的地方眼看就要追上刘备一行，刘备抛弃了家眷和其他人众，与诸葛亮、张飞、赵云等几十人骑马急走，曹操军队截住了刘备带领的民众和辎重物资。刘备派张飞领二十多骑兵在后面拒敌，他与诸葛亮等人走斜路赶赴汉津（湖北荆门东北汉水的一处古渡口）。张飞在后面占据一座断桥，他怒睁圆眼，在桥上立马横矛，大喊着要和敌军决战，曹军大概当时无人组织，没有上前决死的，刘备等人得以远走，在汉津和关羽的江上接应部队相遇，一起渡过江水，到达夏口，与江夏太守刘琦相会合。刘表的长子刘琦是刘备的拥戴者，先前受诸葛亮点拨，为躲避家祸而离开襄阳出守江夏郡，手下有几万人马，刘备兵溃之际在此得到了休整和恢复。

刘备在当阳长坂逃离时丢失了家眷，《三国志·赵云传》及其引注记述，赵云在乱兵中向北而去，有人向刘备报告说赵云离队北去了，当时曹操的军队自北追来，这一报告的意向是很明确的，刘备把手戟投向该人，说：“子龙不会背弃我离开的！”一会儿，赵云抱着一岁的阿斗，并保护着甘夫人追赶了上来，刘备的嫡夫人和儿子阿斗都免于祸难，至于具体的营救过程与如何脱身的战斗场面史料均未提及。《三国志·曹仁传》中记述，“曹纯追刘备于长坂，获其二女辎重，收其散卒。”刘备在当时有两位女儿被曹操部将曹纯所获，这两位女儿和其他夫人都没有被营救出来的记录。

刘备部队从樊城向南撤退时，徐庶与诸葛亮同行跟随，曹军在当阳长坂冲散人众，俘获了徐庶的母亲。徐庶来见刘备，他指着自己的心说：“我想与将军共图王霸大业，依凭的本来就是这里的方寸之物，现在我的母亲丢失，方寸已乱，做不了什么事情，只能从此分别。”于是离开刘备去了曹操那里。

由于力量悬殊，刘备在当阳长坂遭受了一次极大的挫败，这其中有对刘琮降曹信息不明，自身准备不足的问题，但根本上还是刘备没有控制数量众多的部队，他与曹操双方军事势力严重的不相对称，诸葛亮在初见刘备时分析指出的问题，年余来并未得到改观。刘备在荆州安定休养许多年，荆州原有的政治格局限制了他的扩张发展。刘琮举州降曹，荆州的归属发生改变，刘备在此一下子降落到毫无位置，形同流寇的地步，当阳长坂的惨败是把这种地位在现实中展现出来，以危难困厄形式宣告守困岁月的结束。旧的政治图案瞬间消失了，而新的地区政治图案需要在重新洗牌中形成，危困中存在新的机会，按照诸葛亮三分天下的战略，刘备在夏口开始实施他早有谋划的战略方案，试图抓住危难中的机会发奋崛起。

2.1（12）结盟孙吴

刘备自樊城向南撤退时被曹军在当阳长坂击溃，他抓住危困中的机会，按照既定的战略方案，派诸葛亮去江东与孙权结好，准备联合孙吴抵御曹操，再图发展。恰好孙权也派部属鲁肃前往荆州吊唁刚去世的刘表，并嘱咐他趁机和刘备联络。刘备和孙权都有结盟抗曹的心思，于是在曹军南下荆州，南方局势紧张危急的时刻，从未相识往来的孙刘两家开始了一场外交结盟活动。

鲁肃进入荆州时刘琮已经降曹，他在当阳境内见到了刘备。《三国志·蜀书·先主传》及其引注记述，刘备当时住在鄂县，鲁肃向刘备告知了孙权的心意，他转达了江东人物对刘备的问候，并且纵论天下形势，试探地询问刘备：“豫州您现在打算到哪儿去？”刘备先前名义上担任过豫州刺史，鲁肃初见刘备，对其仍然以官职豫州尊称。刘备回答说："我先前与苍梧（今广西梧州）太守吴巨相识，准备前往投靠。"鲁肃对刘备说："我们孙将军聪明仁惠，敬贤礼士，江南的豪杰人物都愿意归附他，现在据有六郡之地，兵精粮足，完全可以成就大事。现在替您考虑，最好的办法是派人与我们东吴结盟为友，共同成就大业。您提到的吴巨，那是极平凡的一个人，居处偏远，他自己都快要被人吞并，怎么能依托于他呢?"刘备听了心中暗暗高兴。本来刘备心里是要与孙权结盟的，这里对鲁肃故意说成要联络吴巨，是要试探东吴人物的反应。刘备当时与人结盟的资本太少，他也实在担心与人结盟后会被盟友轻视，因而宁愿用一种矜持的态度来逐步接近。听了鲁肃的诚恳之言，他消除了顾虑，立即派诸葛亮跟随鲁肃去江东面见孙权，缔结友好同盟。

诸葛亮受命与鲁肃到了江东，在柴桑（今江西九江西南）见到了孙权。《三国志·诸葛亮传》中记述，诸葛亮对孙权说："天下大乱，将军在江东起兵，刘豫州在汉南召集部众，与曹操争夺天下。现在曹操已经消灭了强敌，又攻破了荆州，威震四海，目前英雄无用武之地，所以刘备退到这里。将军您应该量力处置，如果能以江东的人马与曹操抗衡，不如及早与其断绝关系；如果不能抵御，还不如早点解除武装，向他北面称臣。将军现在表面上服从朝廷，而心中犹豫不决，事情危急而无决断，大祸就会临头。"孙权说："如你所说的那样，刘备为什么不臣事曹操?"诸葛亮说："田横只是齐国的一位壮士，还坚守节义不肯屈辱投降，何况刘备是皇室后裔，英才盖世，士人仰慕就如流水归向大海一样。如果事情不成功，那就是天意，怎么能屈事曹操呢?"诸葛亮这里是用激将法以刺激江东领袖孙权的英雄豪情。

听了诸葛亮的言论，孙权勃然变色说："我不能带着全吴之地和十万精兵去受曹操的控制，我的主意已定！你说除刘备以外没有谁能抵挡曹操，但刘备新近战败，怎么能担当这项重任呢?"诸葛亮说："刘备的军队虽然在长坂大败，但现在陆续回来的战士和关羽的水军加起来有一万精兵，刘琦集结江夏郡的部众不下一万人。曹操的军队远来疲惫。听说在追赶刘备时轻骑一天一夜奔驰三百余里，这正是所谓'强弩之末，力量穿不透鲁国的薄绸'。《兵法》以此为禁忌，认为这种情况'必定会使上将军受挫'。而且北方地区的人不善于水战。另外，荆州地区的民众虽然归附曹操，只是在威逼之下，并非心悦诚服。将军您如能派出猛将统领数万大军，与刘备齐心协力，一定能打败曹军。曹操失败后会退回北方，荆州与东吴的势力就自然强大起来，就能形成鼎足三分的局势。成败的关键，就在于今天！”当孙权基本确定了迎战曹操的决定后，诸葛亮又全面分析了孙刘军队取胜的有利条件，指出了抗击曹操的战争前景，进一步坚定了孙权战胜曹操的信心。孙权听了这番分析后非常高兴，就派遣周瑜、程普、鲁肃带领三万水军分批前往江口，与刘备共同抵御曹军。

当时刘备按照鲁肃的建议，住在鄂县樊口（今湖北鄂州市西部）等候消息。诸葛亮尚未返回时，曹操的军队不断逼进，刘备心中着急，每天派出巡逻官员在水上瞭望孙权部队的动静。巡逻的人看见了周瑜带领前来的船队，急忙向刘备报告，刘备问：“你怎么能知道不是青州和徐州的部队？”官员回答：“从船上能看清楚。”大概南方的战船与北方青徐之地的战船外形上有明显不同吧，刘备这才相信了官员的报告，他派人在水上慰劳周瑜，周瑜是刚受孙权之命前来江口的，按照礼节他受了慰问品后需要回访，周瑜对刘备说：“我军任在身，不能离开指挥岗位，您如果方便，可以委屈前来我的船上，我真诚地邀请您。”刘备对关羽、张飞等人说：“对方让我过去，我现在想与他们结好，如果不前去，不合于同盟关系。”于是乘坐一只小船前去会见周瑜。

刘备去了东吴军中，他问周瑜说：“我们共同抵御曹操，这是最好的方案，但不知贵方作战的士兵有多少？”周瑜说：“有三万人。”刘备表示：“遗憾的是人马太少。”周瑜说：“这些人足够用了，您只管观看我怎么打败曹军！”刘备要求请来鲁肃一同交谈，周瑜说：“我受命领军，不可以随便请人来军中，如果您要见鲁肃，可以另找机会与他相会。孔明与他来过江东，再有三两日他就会到来。”刘备这里提出要见到鲁肃，心底里实在是要见到诸葛亮，他想要从诸葛亮那里知道江东孙权的真实反应，是想以会见鲁肃为借口，搞清诸葛亮的所在。周瑜拒绝了共见鲁肃的请求，他心里一定知道刘备的真实用意，遂把诸葛亮的居处明白地告诉了刘备，意在减少他的顾虑。但刘备唐突间要请别的将领来军中相见而被周瑜以正当理由拒绝，他虽有一点愧疚，但心里还是觉得仅靠三万人未必能打败曹军，所以在返回樊口后，让关羽、张飞领着二千人马跟随在周瑜部队之后，并让拉开一段距离，以便有进退之间的回旋余地。《江表传》中记述的这一信息，表明了刘备对周瑜的不信任，以及他在联合抗曹活动中的不坚定态度，东晋史家孙盛认为这是吴人撰述的资料中贬损他人而美化自己的曲笔记载，不可全信。

江东派出了军队迎战曹操，表明刘备与孙权的同盟关系已经确立，这是在共同利益驱使下，两位弱者共御强者以自保的策略，也是靠双方的共同努力来实现的，这一策略合于刘备三分天下的战略方案，无论后面会遇到怎样的曲折反复，但无疑是行进在了正确的方向上。

2.1（13）对战后成果的争取

刘备在当阳长坂被曹军击溃后逃至夏口与刘琦会合，按照既定的战略方案，与东吴孙权建立了共同抵御曹操的联盟，孙权立即派出了周瑜、程普、鲁肃统领的三万水军，与刘备、刘琦集合的二万多人马向前推进，在赤壁（湖北蒲圻西北长江边）与曹操军队相遇。《三国志·蜀书·先主传》中简略地记述了战争的过程："与曹公战于赤壁，大破之，焚其舟船。先主与吴军水陆并进，追到南郡，时又疾疫，北军多死，曹公引归。"孙刘联军采取火攻战术，焚烧了北岸曹军的战船，两家军队水陆并进，一路追杀到南郡（今湖北荆州），适逢曹军发生疫情，死伤很多（参见3.2.5《赤壁交锋》），曹操留下军队镇守江陵和襄阳，自己率大军退回北方，南军取得了战争的胜利。

孙刘联军取胜后产生了新的问题，当初联合时双方都本着防御自保的心态参与作战，在赤壁大胜之后，两家又猛烈追杀曹军，尽力扩大战果，把曹操刚刚吞并的荆州土地大部分夺到了手中。那么，夺回来的这些土地究竟该属于谁家，战争胜利的成果应该如何分配，却是一个非常棘手的问题。这里有两个前提：一是，赤壁之战时荆州的土地是曹操的，还是刘表的？只有把归属视作曹操，才可以当作战利品来分配；如果是刘表的地盘，那首先就应物归原主，将地盘归还给他的儿子。二是，即使把战后夺得的土地当作战胜曹操的战利品来分割，那当然应考虑各家对战争贡献的力量大小。任何一项合作，参与的各家当事人由于观察角度不同，总是倾向于高估自己的贡献力量，最终发生认识上的许多偏差。由于这样的原因，孙刘双方谁家在战争中贡献的力量更大，大到多少？根本是一个说不清的问题。在分割战争成果时，他们两家的立场不同，划分的结果也大为不同。

曹操的军队在赤壁之战中其实元气未伤，孙刘双方慑于曹军的报复威胁，他们尚不敢撕破面皮，踢开刚刚建立的联盟而公开进行战争抢夺，但他们为了维护和扩大自身的利益，却在联盟的名义下进行了多种形式的暗中较量，企图抑制对方而扩大自己的战争成果，这里看看刘备采取的一些方式：

荐举刘琦为荆州刺史 曹操退兵后，刘备立即向朝廷上表，推举刘琦做荆州刺史。刘琦是刘表的长子，他政治上长期依附刘备，刘备推荐刘琦做荆州的最高长官，是要坚持把荆州视作刘表地盘，他做出把荆州之地物归原主的姿态，让刘琦在名义上统辖全州，是想避免东吴的插足，以便自己能占有整个荆州。

派军队攻夺四郡 刘备心中也明白，一个名义上的荆州刺史并不能保证对土地的实际占有，也无法限制东吴对荆州之地的圈占。刘备在赤壁火攻得手、曹操大军北返后，他率领军队夺取荆州南部的四郡。武陵郡（治今湖南常德）太守金旋、长沙郡（治今长沙市）太守韩玄、桂阳郡（治今湖南郴州）太守赵范、零陵郡（治今湖南零陵）太守刘度全都投降。庐江（今安徽合肥市境内）营帅雷绪率领部属几万人也归降刘备。史书上没有记载攻取四郡的统兵将军和具体过程，只表明事后刘备任命诸葛亮为军师中郎将，派他督察零陵、桂阳、长沙三郡，征收赋税，以补充军用物资，又任命偏将军赵云兼任桂阳太守。

自任荆州牧 209年刘琦病逝，荆州名义上的最高长官不复存在，大概刘琦当时也没有继嗣之人吧，刘备的众位部属于是推举刘备做荆州牧。孙权当年率军队进攻曹军占领的合肥而久攻不下，深感曹军的威胁，对刘备作荆州牧也很认可。荆州的治所在武陵汉寿，刘备做州牧后立营于油口，即油水口，改名为公安（今湖北公安东北），以方便对占领地的治理。

借取荆州数郡 刘备占取了一方地盘后，原来刘表属下的将吏先前依附了曹操的，有不少人又前来投靠刘备。刘备觉得自己占地太小，不足以安顿人口，提出让孙权再划拨给自己一些地盘。当时周瑜在南郡与曹仁交战一年多，曹仁败退北归，孙权在此划出几个郡的地盘给了刘备。《江表传》中记作，刘备“从权借荆州数郡”，即这些地方是“借”来的。

孙刘联姻 在209年，刘备的甘夫人去世，孙权把自己的妹妹嫁给刘备做夫人，当时刘备四十九岁，孙权二十九岁，其妹大约二十岁，史书上说孙权这一行为是“进妹固好”，即以联姻形式巩固同盟之好。其实刘备联姻的心理何尝不是这样，他亲自去江东京城（今江苏镇江市）见到孙权，办成此事，并向孙权提出把荆州全部交给自己管理，刘备大概还想通过亲戚关系让孙权放弃已经到手的荆州地盘，对这一请求孙权没有回应。

《资治通鉴·汉纪五十八》中说，孙权的妹妹才捷刚猛，性格很像他的兄长们，有侍婢一百余人，平时都执刀在旁侍候。周瑜曾给孙权写信说："刘备是一代枭雄，且有关羽、张飞这些熊虎一样的猛将辅佐，不会久居人下，应当把刘备安置在吴郡，为他建造精美住宅，用美女玩好使他娱乐迷惑，让他与关羽张飞分开。如今分割土地资助他，那刘备就像蛟龙得到云雨，终究不会盘在水池中了。"吕范也劝孙权留下刘备。而孙权认为曹操在北方虎视眈眈，正应该广为招揽英雄豪杰，没有听从他们的建议，刘备不久即返回了公安。史书上对刘备去江东招亲以及如何离开的具体过程并没有作更多的记述。

赤壁之战取胜后，孙刘联盟面临着更为复杂的问题，他们都想为自己扩大战果而抑制对方，同时又惧于曹军报复的压力而希望借重对方。他们双方在战前没有对战争成果的分配做出任何设想，事后又没有一个独立而具权威的仲裁机构，以至于公正的划分究竟应该是怎样，这一问题从来就没有可以认定的正确答案。刘备在战前几乎没有属于自己的地盘，在战后总想做出更多的补偿，因而使用各种方式力图掌控更多的土地人口。这些方式许多是短期管用的，然而打出亲戚关系请求"借用"，又无契约凭证，却为双方长久的关系埋下了祸根。

2.1（14）用事业聚合荆州人才

208年赤壁之战后，刘备用多种方式争取战争成果，扩大对荆州的占有地盘，他用荆州的赋税和地盘来安顿荆州的人才，逐渐聚集起了自己的势力。荆州是当时天下人才生长的沃土，刘备当年驻军新野做刘表宾客时就延聘了当地一些才俊，赢得了很好的名声，但只有在208年底开始占有了一块地盘，取得了地方治事权时，才取得了以事业吸引人才的资格，规模化地任用了一批愿意追随创业的文武将吏，合成了具有爆发力量的队伍。

刘备在自己掌控的地盘上，任命诸葛亮为南部三郡的都督，任关羽为襄阳太守、荡寇将军，任张飞为宜都太守、征虏将军，赵云为牙门将军，对多年的部属各有任用。这种职务升迁对众多跟随者既是激励的方法，也是用共同事业来凝聚人心的方法。根据《三国志·蜀书》多篇本传的记述，刘备至

211年十二月入蜀前三年间聚合的人才已经构成他问鼎天下的基本力量，这主要有：

大将黄忠 南阳人黄忠曾是刘表属下的中郎将，与刘表的侄儿刘磐一同镇守长沙攸县（今湖南攸县东北），曹军占有荆州时，他为裨将军，这是名号比较低下的将军，仍任原职，受长沙太守韩玄统属。刘备攻取荆州南部四郡时，韩玄投降，黄忠也自愿归顺，后来成为与关羽张飞相并列的大将，黄忠的阵战才能在刘备手下得到了超常发挥。

勇将魏延 义阳（今湖北枣阳）人魏延自愿追随刘备，在荆州时未任官职，史书上也没有记载当时的任何事迹，可能是年龄尚轻的原因吧，后来跟随刘备屡立战功，成为能征惯战的大将，是刘备成就了魏延一生的功名。

军师庞统 襄阳才士庞统字士元，号凤雏，是水镜先生司马德操在206年与诸葛亮一同推荐给刘备的年轻人物，司马德操称其为“南州士人之冠冕”。刘表治荆州后期成为南郡功曹，为郡守的主要辅佐官员，其后曹操、周瑜治南郡时庞统仍任原职，他喜欢评议人物，周瑜去世后他送丧到吴郡（今江苏苏州吴县），与南方士人交往极广。刘备担任荆州牧时，庞统从南郡功曹调任耒阳（今湖南耒阳县）县令，到任后他一概不理事务，被免官。东吴将军鲁肃给刘备写信道：“庞士元是方圆百里找不到的人才，让他担任治中别驾才可以使他的稀世才华得到施展。”建议刘备安排庞统在荆州中枢管理机构担任州牧辅佐，诸葛亮也向刘备介绍过庞统。刘备不久发现庞统善于言谈，且长于议论帝王治政策略，于是非常器重，就任用他为治中从事，相当于鲁肃所荐的官职。

刘备有一次与庞统一块儿吃饭谈话，随便问道：“你做过周瑜的功曹，我前年到了东吴，听说此人有密信写给孙权，想让孙权扣留下我，有没有这事呢？你在谁的手下做事就要替谁着想，现在对我不要隐瞒。”庞统回答说：“有这事。”刘备叹息说：“我那时候事情危险紧急，也有事情求人，所以不得不去，没料到险些落入周瑜之手！天下智谋之士的见解大体相同，当时孔明劝我不要去，也是顾虑于此。我觉得孙权要防备的敌人在北方，他还想依靠我做外援，所以内心不怀疑他，没想到这是一条危险之路，并非万全之计。”刘备后来亲近庞统仅次于诸葛亮，并任用庞统和诸葛亮同为军师中郎将，属参与主持军事谋议的将军。

才士刘巴 零陵烝阳（今湖南邵东）人刘巴，他的祖父刘曜为苍梧太守，父亲刘祥为江夏太守，刘巴年轻时就很知名。荆州牧刘表当年征召他来州府做官，同时举茂才，刘巴皆推辞不就。刘表去世后曹操占有了荆州，当地的士人都跟随刘备向南撤离，刘巴却向北投了曹操。曹操任用他为荆州府助理，及赤壁战后败退时，派遣刘巴留在荆州招纳长沙、零陵、桂阳等地的人物。刘备占有了荆州南部四郡后，刘巴难以回到北方，与曹操失去了联系，于是向南跑到了交趾（岭南之地）。刘备担任荆州牧后知晓刘巴为当地名人，因为得不到刘巴而深以为恨，几年后两人相遇于蜀中，刘备立即予以重用。

马氏兄弟 襄阳宜城（今湖北宜城市）的马氏五兄弟，在当地并有才名，包括马良、马谡等，乡间里称："马氏五常，白眉最良。"长兄马良的眉中有白毛，最被当地人们看好。刘备做荆州牧时，任用马良、马谡等作为办事官员。马良后来在给诸葛亮的书信中称呼对方为"尊兄"，史家裴松之据此认为马良可能与诸葛亮结为兄弟，或者他们本有远亲关系。

青年廖立 武陵临沅（今湖南常德西）人廖立，刘备担任荆州牧，任他为从事，后来提拔他做长沙太守，年龄尚不到三十岁，被诸葛亮称为"楚之良才"。

武将霍峻 南郡枝江（湖北枝江东南原百里洲）人霍峻，他的兄长霍笃在当地纠合部曲几百人为地方武装，霍笃逝世后，荆州牧刘表让霍峻统领其众。刘表去世后，霍峻带领部众归顺了刘备，刘备任霍峻为中郎将，当时为随军的侍从武官。

大器蒋琬 零陵湘乡（今湖南湘乡）人蒋琬，他二十岁时就与表弟刘敏在乡里一同知名，被刘备征用为文字秘书一类办事官吏，诸葛亮认为他为"社稷之器"，后来成长为蜀中重臣。

英才向朗 襄阳宜城人向朗，他年轻时跟随司马德操学习，与徐庶、庞统等人都很友好，荆州牧刘表曾任他为临沮（治今湖北远安西北）县长，后来归属了刘备，刘备让他督察秭归（治今湖北宜昌）、夷道（治今湖北宜都西北）、巫山（治今湖北巫县）、夷陵（治今湖北东湖东）四县的军政民情。

另外还有南郡枝江人董和、董允父子，南阳人陈震、王连、宗预，新野人来敏、邓芝，南阳人许慈，江夏人费祎，襄阳人杨仪、廖化等，他们都是刘备在荆州占有地盘后，以事业聚集起来的当地人才，后来成为刘备争夺天下的骨干力量。开拓性的创业离不开人才，而人才又需要以事业来凝聚，刘备在赤壁之战后占有了荆州一块地盘，尽管地盘不大，但他很好地利用这一资源奖励部众，安顿人才，稳定团队，凝聚力量，耐心等待爆发的时机。

2.1（15）机会需要等待

刘备在赤壁之战后尽量扩大自己对荆州的占据份额，但他也从未忘记对西部益州刘璋地盘的关注和留意。益州为古蜀之地，又在中原西部，因而常被称为西蜀，刘备要等待合适的机会占有该地，因为这是推进当年与诸葛亮所确定的三分天下战略方案的重要步骤。209 年，孙权把妹妹嫁给了刘备，刘备去江东京城向孙权请求到了更多的荆州地盘，两家的同盟关系似乎愈加密切。次年，孙权向刘备提出双方联合进攻西蜀，出乎意料的是刘备对此提议却断然拒绝，表现了无所商议的决绝态度。

《三国志·蜀书·先主传》及其引注记述，当时孙权派人来对刘备说："五斗米贼寇张鲁据守汉中，是曹操的耳目，早就想图谋益州之地。现在刘璋不会打仗，难以自守，如果让曹操得到西蜀，那荆州就很危险。我们应该首先攻取西蜀，紧接着征讨张鲁，把两地连接起来，统一吴、楚之地，那时即便有十个曹操，我们也不会担忧。"孙权说的不是全无道理，但刘备心里想的是独吞西蜀，而不是与孙权再去分割该地，所以拒绝他说："益州富足强大，地势险阻，刘璋虽然软弱，但他完全可以自守；张鲁狡猾虚伪，未必对曹操忠诚。现在我们把军队开进西蜀、汉中，粮草转运遥远，想要克敌取胜并保护好自己，恐怕孙武和吴起也做不到。曹操虽然有不臣之心，但他要保持尊奉君主的名义。人们看到曹操在赤壁失利，就错误地认为他力量耗尽，没有远图的志向。曹操现在三分天下有其二，他想要饮马于东海，进军到南方吴郡和会稽，怎么肯守住原有地盘等待老死呢？如果我们放弃与刘璋的友好自相攻伐，给曹操创造有利条件，会让他钻空子得利，这绝不是好主意。"刘备在这里说得头头是道，似乎自己和刘璋具有友好关系，不能互相攻打而为曹操利用，他的语言婉转客气，但态度是坚决的，即不能进军西蜀。据说孙权后来不顾刘备的态度，派将军孙瑜领着水军要经夏口西进，刘备不许他们经过，他对东吴人说："刘璋是我的宗室，你们要攻打西蜀，向同盟动用干戈，那我就将披头散发进入深山隐居，免得天下人耻笑我不讲宗室信义。"同时他派关羽驻军江陵，让张飞守住秭归，让诸葛亮驻军南郡，他自己驻军孱陵（今湖北公安南），守住了要道。孙权弄清了刘备的真实意图，于是让孙瑜撤军回还。

另有资料说，当孙权提出与刘备联合进攻西蜀时，刘备手下有些人主张可以同意，因为东吴不可能越过荆州占有西蜀，将来打下了西蜀，荆州的军队就可以独自占有该地。但荆州主簿殷观对刘备说："如果我们两家联合进攻刘璋，荆州的军队作为前锋，到时候向前取不了西蜀，退后被东吴攻击，事情就糟糕了。我们现在可以表面上赞成他攻蜀，而暗中让荆州的部队不要轻举妄动，东吴肯定不敢越过我们荆州独家攻蜀，这样可以进退自如。"刘备觉得殷观所提的办法很好，就采纳了他的意见，口头应诺而实际按兵不动，同时提升殷观为别驾从事。而孙权的攻蜀计划没法实施，因此只好取消。总之刘备是采取了某种方式，迫使孙权放弃了攻蜀计划，他要实现攻蜀成果的独享，为此需要等待对自己更加有利的机会。

世事的流变还终于使对刘备有利的机会由隐到显地转变而来。据《资治通鉴·汉纪五十七》所记，事情起源在 208 年九月，当时曹操刚刚占取了荆州，益州牧刘璋听到消息，就派遣别驾张松东去荆州向曹操表达敬意和祝贺。张松长得矮小，又行为放荡，但他精明通达。曹操当时已平定荆州，击溃了刘备，对待张松不像以前那样礼贤下士，主簿杨修建议曹操征聘张松为僚属，曹操没有采纳，张松对曹操的傲慢心怀怨恨。不久曹操兵败赤壁后撤兵北还，有资料说张松此时见到过刘备，刘备殷勤接待，厚加结恩。张松返回益州后对曹操大加贬损，劝刘璋与曹操断绝关系，与刘备结交。本来，刘璋见曹操占有了荆州，是要让张松前来联络以建立友好关系，但曹操的不当行为却使自己失去了贤士，丧失了日后占取益州的机会。东晋史家习凿齿议论说："当年齐桓公炫耀功业导致九国背叛；曹操一时的骄傲自矜导致益州丢失，都是将辛勤经营数十年的事业毁弃于头颅的俯仰间，实在遗憾得很！"由于张松的态度变化，益州内部的有利因素与曹操失之交臂后即向刘备一方偏转。

210 年，东吴都督周瑜建议军队进攻西蜀，孙权派他协助堂兄弟、丹阳太守孙瑜率兵西进，而刘备希望以后独吞西蜀，不希望东吴染指西部战事，他在荆州拒不配合，并安排军队把守关口，孙瑜的部队极难行动，加之周瑜在行军途中病重，不久逝于巴丘（今湖南岳阳南），取蜀没有了胜利希望，孙权遂放弃了攻蜀计划。

与此同时，益州内部的因素在暗中继续转化。《资治通鉴·汉纪五十八》记述，扶风（今陕西关中中部）人法正担任益州牧刘璋的军议校尉，为参与军事的官职，但不受刘璋重用，客居益州的同僚们也看不起他，法正很不得志且心情郁闷。但张松与法正关系亲密，张松自负其才，觉得刘璋难有作为，经常暗中叹息，希望有明主执掌益州。211 年，刘璋听说曹操准备派钟繇进攻汉中张鲁，他心中有些恐惧，张松再次劝刘璋与刘备结交以作外援。刘璋问："谁可以充当使者?"张松推荐了法正。刘璋于是派法正前往荆州联络刘备，法正知道张松的一切想法，他故意做了一番推辞，然后假装不得已而接受了出使任务。

法正到了荆州，受到了刘备非常热情的接待，两人情投意合，结为挚友。法正暗中向刘备献计说："以将军的英明才干，正可以利用刘璋的懦弱无能。张松是益州的重要官员，在内响应，这样来攻取益州易如反掌。"刘备迟疑不决，而庞统极力称赞法正的建议。刘备说："现在与我水火为敌的人是曹操。曹操严厉，我则宽厚；曹操凶暴，我则仁慈；曹操诡诈，我则忠信。总与曹操相反，事情才能成功。现在不能因为贪图小利而对天下失去信义。"庞统向刘备分析指出离乱之世应采取不同寻常的方法，又说明机会失去而难得，终于说服了刘备。刘备几年间先后见到益州官员张松、法正，都深相结交，问及蜀中的地理形势、军队多少，及各要害关隘间的距离远近，两人详细告知，又画出山川处所的地图，自此刘备尽知益州的防守虚实。

法正返回益州后，对张松说刘备有雄才大略，可以依靠御敌。张松也对刘璋说："刘备和您都是汉室宗亲，与曹操有深仇，他善于用兵，如果请他来讨伐张鲁，张鲁必然失败。张鲁丢了汉中，我们益州就会强大，曹操即便前来，也对我们无可奈何。"刘璋欣然同意，他派法正领着四千人马迎接刘备，前后送去财物巨亿计，刘备进军西蜀的条件自此完全成熟了。他留下诸葛亮、关羽等守卫荆州，任命赵云兼任留营司马，这是负责留守后方并处理军事及城市治安的特设职务，他自己亲自率领几万名步兵西进益州，开始了一项重大的军事行动。

2.1（16）进军西蜀

由于益州官员张松、法正的内部策应和军师庞统的说服催促，刘备在 211

年底留下镇守荆州的军马，自己与庞统、黄忠、霍峻等将军领兵数万进军西蜀。这支军队名义上是受刘璋邀请去协助益州攻打汉中张鲁，而刘备等人的心思实际上却是要占取西蜀，存在着明暗不同的两个军事目标。刘备的暗中意图似乎违背道义，他无法告人，只有几个亲信知晓。究竟选取什么时间和何种方式把事实上的进军目标公开出来，以战争的行动去落实，是刘备在战争之外一路盘算的问题。

刘璋对刘备并吞益州的野心毫不知情，他沉溺于双方宗亲关系的友好氛围中，真诚地欢迎刘备前来协助自己守疆御敌，他命令沿途各郡县为荆州军队提供所需各种物资，使刘备的军队一进入益州境内就像行进在自己的地盘上一样。《资治通鉴·汉纪五十八》《三国志·蜀书·刘二牧传》等处记述，刘备自江州（今重庆市嘉陵江北岸）向北经垫江水（嘉陵江下游入长江一段）到达涪县（今四川绵阳），此地离成都三百六十里，刘璋带领步骑兵三万余人，乘坐精美生辉的车辆来到涪县与刘备相会。张松让法正转告刘备，应该在会面时袭击刘璋，刘备说："这件事不能仓促！"庞统也向刘备建议说："现在乘会面时扣押刘璋，我们不必动用武力，就可坐得一州。"刘备说："刚刚进入别人的地盘，恩德信义都没有树立，不能这样做。"双方的将吏和官兵也互相交往，在一起欢宴百余日。刘璋送给刘备二十万斛粮食，千余战马，千乘车辆和许多缯帛布匹，让他去进攻张鲁，又命刘备指挥驻在白水关（今四川广元东北）、由杨怀、高沛带领的益州部队，此时刘备部下已有三万多人，车辆、甲胄、器械及粮草钱财等都很充足。刘璋回到成都后，刘备向北进发，到达葭萌（今四川广元西南），他没有立即进攻张鲁，在这里厚树恩德，收买人心。

刘备驻军葭萌，这是进攻汉中的前线，但他考虑的是自己入蜀的战略目标。《三国志·庞统传》中记述，到了212年底，庞统见刘备迟迟不能把自家的军事目标端出来实施，就提出了三个方案让他挑选：上策是暗中挑选精兵，昼夜兼程赶路，直接袭击成都，刘璋不懂军事，又无准备，大军突然到达，可以一举占取。中策是假称荆州有紧急情况，必须回军救援，并作出要返回的样子，以引诱白水关守将杨怀、高沛两人前来会见送行，乘机把他们捉住，吞并他们的部队，再向成都进军。下策是退回白帝城，与荆州力量联合一起，再等待进取益州的机会。刘备的部队进入西蜀，根本上不是来为刘璋效命，也不是要驻军葭萌游山玩水，而是要实施自己重大的战略任务。庞统劝刘备迅速选择决定，提醒他说："如果迟疑不定，将会陷入危险的境地。"其实庞统催促的理由刘备不是不知道，而是顾虑道义上的压力，实在不好把自家实际上的军事目标端出来遭世人唾骂。庞统提出的三个方案，上策过于急迫，行动目标的转换过于唐突，虽然省力，但不好实施；其下策没有任何道德压力，但进军西蜀却等于空耗岁月，做了一年的无用功，这也是刘备不愿意选择的。三策中其实只有前两个有效方案，且都离不开用兵拿下成都的环节，所不同的只是什么时间、以怎样的方式公开转换军事目标。经过一番比较，刘备选择了庞统所提出的中策，该策时间缓和些，有些回旋余地。

事有凑巧，刘备选定了自己的行动方案后，恰好此时曹操进攻孙权，孙权请求刘备派兵协助，刘备遂向刘璋写信说："孙权和我本是唇齿相依，乐进又在青泥（湖北襄樊西北之水流）和关羽相拒，而关羽兵力薄弱，现在不援救，乐进就会取胜，转而侵犯益州边界，为祸远比张鲁要大。张鲁是个只求自保的贼寇，不足以忧虑。"总之表明他要撤军返回荆州，书信的末了要求刘璋给他增拨一万名士兵和多种军用物资，他要马上退兵。刘璋接到信后，大概相信了荆州的军情紧急，他拨给刘备四千人马，其他军用物资均按半数付给。

刘备在这里所索要的人马和物质，并没有说明性质上是属于借用还是无偿划拨，大概是属于他出兵西蜀、为刘璋守边御敌奔走效力的酬劳。传统的北方人士不习惯于直接索利，涉及利益的事情都婉转表达，在双方的意会和默契中相互认可即成。但刘璋在这里其实是不想给予的，因为他请刘备前来益州是要让荆州军队进攻张鲁，夺取汉中，而刘备进川一年，并没有与张鲁发生任何交战，自己给荆州的几万人马供给粮食和物资，对方一仗未打现在就要离开，对当初承接的作战任务没有任何交代，还狮子大张口地索要兵员和物质，鉴于双方的友好关系还需保持，刘璋只能减量给予，这已经是他所能显示出的最为宽容的友好态度了。

与刘璋不同，刘备的衷心不是索要兵马物质，他本来就是要找岔子寻事的，看到刘璋划拨的东西不足一半，他故意借题发挥说："我们为益州讨伐强敌，士卒劳苦，不能安宁地居处，而刘璋却积蓄下大量财物，吝啬于奖赏功劳，怎么能让人们为他出死力作战呢！"他夸大其词，有意激怒部下将士，同时要创造出与刘璋作战的借口。

刘备在成都的内应张松听说刘备要撤军返回荆州，他写信给刘备和法正说："现在，大事马上就可完成，怎么能放弃这里离去呢？"张松的哥哥张肃任广汉郡（治所在今四川广汉北）太守，他知道了张松的密谋后，恐怕祸事连累自己，就告发了张松的密谋。刘璋于是逮捕张松将其处斩，同时向各关口要塞守将发布文书，命令他们都不要再与荆州军队往来。刘备闻听后大怒，他立刻招来白水关的军督杨怀、高沛，责备他们对客人无礼，借故将两人处斩。刘备率领军队直接进驻关头（今陕西汉中阳平关），收编了杨怀、高沛的部队。同时派黄忠、卓膺领兵向成都方向进发，他自己领兵到白水关扣押川军将士的妻子作人质，然后带部队与黄忠在涪城会合，准备进攻成都。刘备至此终于勉强找到借口，实现了军事目标的公开转换，他与刘璋撕破面皮，要以武力夺占益州了。

2.1（17）占领成都

刘备212年底在益州葭萌关与刘璋翻脸对抗，他斩杀了白水关两员守将，收编了其部众，领兵向南占领了涪县（今四川绵阳东），整顿军队，准备进攻益州首府成都。益州牧刘璋一年前邀请刘备领荆州兵前来协助自己抗御汉中张鲁，刘备是以友情援助的名义进入西蜀的，由于战乱年代各个割据势力间根本利益的不可调和，荆州勃兴集团与益州保守集团间的冲突终于不可避免地拉开了长久遮眼的幕帐。

刘备刚进益州时曾和刘璋在涪县欢聚百余日，他当时拒绝了庞统关于就地扣押刘璋的建议，事过一年后再次回到涪县时，他已经抛开了刘璋的军事任务，开始公开推进自己的军事目标，心里一时畅快，就大摆宴席，置酒作乐。《三国志·庞统传》中记述，酒席间刘备对庞统说："今日的宴会，实在快乐！"庞统说："攻打他人的领地而以为快乐，这不是仁者应该有的态度。"刘备已经喝醉了，他发怒说："周武王讨伐殷纣王，他前面唱歌，后面跳舞，难道不是仁者的做法吗？你说的话不对，赶快起来出去吧！"庞统于是站起来犹豫徘徊地出去了。刘备醉意过后感到后悔，请庞统回到座位上，庞统坐下后好像什么事都没有发生一样照常饮食，刘备禁不住问道："刚才我们俩说的话，到底是谁错啦？"庞统回答说："君臣都有错。"刘备听后大笑，像宴会开始那样快乐。其实刘璋并没有殷纣王那样的罪恶，他只不过软弱无能些，刘备把自己并吞益州的行为比作武王伐纣，明显是不恰当的。后世有多位史家对他们君臣两人的这番对话大加议论，认为刘备翻脸攻打刘璋是负信违情、德义俱失，应该心存内疚才是，而庞统的提醒是对的，他后来所谓“君臣俱失”的回答，只不过是为君分谤的策略。但人们还应看到，这是刘备进入益州一年来，开始撇掉虚假面具而真实做人时快乐心理的一时释放，难免自带了些夸大的幅度。

刘备派军队攻取周围各县，占领了许多地方。《资治通鉴·汉纪五十八》中记述，当时益州官员郑度听到刘备起兵进攻成都的消息，对刘璋说：“左将军刘备没有后方，远道来袭击我们，他部下士兵不到一万人，且众心未附，军无辎重，只能靠抢掠庄稼为食。现在最好的办法是把巴西与梓潼境内百姓全部迁到内水、涪水以西，把两地仓库中的粮食物资以及田野里的庄稼全部烧掉，咱们深沟高垒，静待变化。等刘备率军前来挑战，我们坚守不出。他们得不到粮草，不过百日，必然会自动撤退，等他们后退时再出击，一定可以捉住刘备。”益州兵很久没有作战，军队没有经过磨炼，其战斗力是很弱的，打后勤仗当然是对他们最有利的办法，刘备听到郑度所提出的方法十分忧虑，向随军的法正询问对策，法正说：“刘璋最终不会采用郑度的计策，您不必担心。”刘璋果然对部下说：“我听说过抵抗敌人以保护百姓，从未听说要迁徙百姓来躲避敌人的。”他没有采用郑度的办法。

为了御敌自保，刘璋派部将刘璝、冷苞、张任、邓贤、吴懿等前赴涪县抵抗刘备，都被击败，他们退守绵竹。不久吴懿向刘备大军投降，刘璋又派护军李严、费观两位部将前来统领驻在绵竹的各路军马，护军属于高级军政长官，刘璋希望李严两人到前线能成功抵御敌人，但李严、费观也率领自己的部下向刘备投降了。刘备军势更加强大，他分派部下将领去占领周围各县。刘璝、张任与刘璋的儿子刘循退守雒城（今四川广汉北），刘备进军包围了雒城。张任率军出城，在城外雁桥与刘备军大战，兵败而死。

刘备对雒城包围了一年多还是迟迟拿不下来，庞统在一次领军攻城时为流箭射中，不治身亡，时年三十六岁。史料中在此没有的卢马、落凤坡的任何说法。刘备对庞统的去世非常悲痛，提起来就流眼泪，他任用庞统的父亲为议郎，后来将其升为谏议大夫，追赐庞统为关内侯，他的弟弟庞林、儿子庞宏后来也都受到任用，刘备以此表达对这位爱将的抚慰。

在大敌当前、雒城进军受阻的关头，刘备调用了荆州的留守部队，这是不惜赌注，押上了他的老本。214 年春，诸葛亮安排关羽留守荆州，自己与张飞、赵云率兵溯长江而上。进入益州后，大军攻克了巴东（治所在鱼复，即今四川奉节东），其后分兵让赵云经外水平定江阳（今四川泸州）、犍为，张飞则前往平定巴西（治所在今四川阆中）、德阳（今四川梓潼北），张飞军至江州（治在重庆市区嘉陵江北岸）时，打败并生擒了巴郡太守严颜，将其招降，一路行进非常顺利，所过皆克。荆州部队的几路人马已经攻占了益州的大部领地，而此时，年前在关中被曹操军队打败后投降了张鲁的马超（参见 0. 5. 5《名闻三辅的马腾》），因在汉中很不得志，也暗中联络刘备，前来归顺投降（参见 0. 5. 4《收复汉中》），益州境内荆州军的势力迅速强大起来。

法正写信给刘璋，《三国志 · 法正传》中对这一很长的书信作了大部记录，他在信中开脱自己破败益州的责任，说明了他对刘璋的真诚心意，介绍了刘备军队的强大之势，让刘璋认清双方的力量对比，劝他不要听身边人士那些不负责任的虚假之言，把握好和刘备的关系，争取保住家门的尊贵。刘璋对书信未予答复。刘备不久攻破雒城，进而包围了成都，诸葛亮、张飞、赵云同时率兵前来会合，马超也带领一支骑兵来到成都，刘备让他率军驻于城北，成都城内的人非常震惊，心中恐惧。

刘备包围成都数十天后，派从事中郎简雍进城劝降刘璋，此时城中还有三万部队，粮食丝帛可以支持一年，许多官吏和百姓都愿死战到底。但战场形势已无法逆转，相信法正的书信也促成了刘璋心理的转变。当时蜀郡太守许靖准备私下出城投降，因被别人察觉而没有成功，刘璋知道后并没有追究，他对大家说："我们父子治理益州二十余年，没有多少恩德施予百姓。百姓苦战三年，暴尸荒野，都是因为我刘璋的缘故，我怎能安心！"他命令打开城门，和简雍乘同一辆车出来投降，部属无不伤心落泪。

刘备接受了刘璋的投降，进入了成都，他至此占有了整个西蜀，代理益州牧，不久即把刘璋安置在荆州公安，归还他的全部财物，让他继续佩带振威将军印绶，实现了益州治权的交接。自 211 年进军西蜀，经过近三年的煎熬与征战，刘备实现了他的军事目标，完成了三分天下战略谋划的重要步骤。时年刘备五十四岁，硕大的成果到手时迟了些，但相对于自定的目标还算圆满。

2.1（18）对荆益两州的稳定与治理（上）

占有了益州广大的地盘后，刘备面临着稳定局势、保证社会有序运转的任务。刘备对该问题的考虑重点是在刚刚夺得的益州地区，但对荆州也不敢丝毫马虎。两州面临的问题是不同的：益州主要在于对上下内外各类人心的安抚，而荆州的问题的出现更早些，而且总与盟友孙权有关，刘备在这些问题上最终选定了切合实际的方法，较好地展现了一位政治家的应有胸怀。

首先是对荆州后方的稳定。刘备和孙权结盟是在北方曹操外部压力下不得已的防御性选择，两人各有自己的政治目标和切身利益，合作的基础本来就不牢靠，而且刘备在209年去江东见过孙权后，对其个人也没有良好印象，《三国志·蜀书·先主传》引注中记述，刘备从江东娶亲返回后对身边人说："孙将军长得上身长下身短，这样的人难于为下，我不可以再见到他。"刘备不知是从相术上还是从言行上，他发现孙权难为人下，于是产生了情感上的厌恶。有史家对此议论说，刘备自己垂下手能超过膝盖，也是上身长下身短，大概这是多数雄杰人物的形体之相。他们互不服气，志向抵牾，当然无法长久合作。

刘备211年带兵入川不久，他的孙夫人以孙权之妹的身份骄横于荆州，身边带着东吴的兵吏纵横不法；而孙权听说刘备带兵西进，于是就派出舟船去迎接妹妹，孙夫人带着三岁的阿斗准备乘船返回娘家，是赵云和张飞带兵挡住了江口，夫人最终没有带走刘备这唯一的生子。史书上记述这位夫人有姓无名，自她返吴后再未提起，似乎这次娶亲成婚只是双方政治交易的手段而已。刘备进军西蜀离开荆州时专门安排赵云担任留营司马，负有特殊任务，历史上只有刘备蜀汉特设了这一军职，刘备对夫人与东吴的某种行为应是早就安排了预防措施，而且非常到位。

其后是夺取益州后对人心的安抚。《资治通鉴·汉纪五十九》记述了刘备214年进入成都时所处理的一系列紧迫而复杂的事情：

奖赏将士　刘备入城后大摆酒宴，犒劳士卒，取出城中存放的金银分赐给将士。他自己兼任益州牧，同时任命军师中郎将诸葛亮为军师将军、益州太守；偏将军马超为平西将军；军议校尉法正为蜀郡太守、扬武将军；裨将军黄忠升为讨虏将军；升任中郎将霍峻为梓潼太守；从事中郎麋竺为安汉将军；简雍为昭德将军；孙乾为秉忠将军；伊籍为从事中郎。对刘璋手下的归顺将领也给了量才任用，如董和在益州以公正廉洁受到百姓的信任，即任他为掌军中郎将，并代理左将军府事；黄权为偏将军；庞羲为左将军府司马；李严为犍为太守；费观为巴郡太守；彭羕为益州治中从事。他们有些是刘章的婚亲关系或受重用之人，但刘备抛开这些关系量才委用。当时益州各郡县官员争相投靠刘备时，只有广汉县长黄权紧闭城门坚守，等到刘璋投降他才归附，刘备敬重黄权的为人，任命他为偏将军。刘备在这里用益州的官职与财物奖励那些跟从拼杀的将士和开始追随自己的益州贤士，让他们感到欲望的满足，感受到自己事业的阶段性成功，使他们更加安心于自己的职位和事业。

对虚名人物给予敬重　蜀郡太守许靖在成都未破时就图谋投降刘备，被城内人士觉察后制止。刘璋举城投降后，刘备鄙薄许靖的道德为人而未任用，法正劝谏说："天底下有的人获取了虚名但并无其实，许靖就是这样的人。但是现在您开始创就大业，对天下的人不可能逐户去说明真相。许靖的虚名已经播流四海，如果您不能给予礼遇，天下人就会认为您轻视贤才。现在应该对他特别敬重，让远近的人都看到，就像战国时燕昭王对待郭隗一样。"刘备听从了法正的建议，他给了许靖很高的待遇，任其为左将军长史，主管刘备军府的内外事务。

对结怨为仇人物的宽恕谅解　当年曹操吞并荆州时，荆州很多士人都跟随刘备向南撤退，唯独零陵人刘巴北迎曹操，被任命官职，并受命去南部三郡为曹操招纳人物，后来路途不通，刘巴转道至岭南交趾，他拒绝了诸葛亮的招降，后绕道进入西蜀依附刘璋，并多次劝谏刘璋不要邀请刘备入川，因刘璋不听，他便闭门称病。刘巴是与刘备结怨成仇的人物，但极有才华，刘备在荆州时就闻其大名，为得不到刘巴而遗憾。这次刘备围攻成都时，刘备向军队下令："谁若伤害刘巴，诛灭三族。"及至进城得到刘巴后，他非常高兴，任命其为左将军西曹掾，是刘备左将军府的重要官员。刘备对刘巴宽恕谅解加以重用的特殊态度，向益州将吏传达了一个看重人才、不计前嫌和谋求和解的重要信号，展现了刘备的胸怀与气度。

铸造新币以稳定物价　围攻成都时，刘备曾对部下说："若攻破成都，官府仓库的一切财物大家可以任意拿取，我决不干预。"当时大概是为了鼓舞大家的作战士气吧，破城之后，士兵们都放下兵器跑到仓库去争抢财物，以致造成军费不足，刘备深感忧虑。刚受重用的刘巴说："这事很好解决，只要铸造一种值百钱的货币，政府设立官市，使用新币平抑物价就行。"他是借用官方的权威和信誉，把面额较大的新币投入市场，以解决经费不足的问题。刘备采纳了这一建议，几个月后府库的财物就充足起来了。刘巴字子初，诸葛亮曾说："运筹策于帷幄之中，我不如子初太远啦！"这话可能有不少自谦的成分，但也表明了刘巴不同寻常的才智。这里解决军费不足一事，已经显露了刘巴在经济治理上的敏捷之才和他对刘备政权的支持态度。

关怀益州百姓的疾苦 刚刚取得战争的胜利，有人建议把成都有名的肥沃土地和住宅分给征战的将领们。赵云说："霍去病曾说匈奴未消灭，不应考虑自己的家业。现在的国贼远非匈奴可比，我们不能贪图安乐。等到天下平定后，将士们返回故里，在自己家乡的田地上耕作才会各得其所。益州百姓刚刚遭受战祸，土地田宅都应归还原主，使百姓安居复业，然后才可以向他们征发兵役，收取租税，让他们乐于接受；不应该夺取他们财物而转交给将领们。"刘备接受了赵云的意见，对成都周边及整个益州百姓实行宽厚的利益保护方针，逐渐在益州民众中树立了新政权的信义和恩德。

新政权刚建立，有许多棘手问题亟待解决，刘备紧紧抓住追求稳定和安抚人心两个方面，采取多种灵活的策略实施自己的方针，化解隔阂，消除分歧，尽量展现新政权的温和与爱民色彩。据说经过一段时间后，当地有志之士都争相努力尽职，益州百姓也因此非常和睦，刘备的用心治理收到了很好的效果。

2.1（18）对荆益两州的稳定与治理（下）

刘备占有荆州和益州两地时曾任州牧，但他把治理权实际委托给了别人。诸葛亮在213年领兵进川后，荆州即事实上由关羽掌控；而益州到手后，除重大的人事安置和军事活动外，其地方治理权多由诸葛亮负责。《资治通鉴·汉纪五十九》《三国志·蜀书·先主传》记述了当时对两州稳定和治理的另外一些情况。

益州新政权刚刚建立，诸葛亮在治理中突出了法制的特点，他很推崇严刑峻法，致使很多人产生了怨望。法正对诸葛亮说："以前汉高祖入函谷关，约法三章，秦地的百姓感恩戴德。如今，您凭借军事势力而占据一州之地，政权初建，还没有用恩惠抚民；况且作为外来之客应该对本地之主降低姿态才好，希望能放宽刑律和禁令，以适应地方民众的意愿。”诸葛亮回答说：“您只知其一，不知其二。秦国因暴虐无道，政令苛刻而百姓怨恨，所以草民起而造反，天下土崩瓦解，汉高祖在这种情况下当然要用宽厚方式去补救。而刘璋软弱，从其父刘焉起就对蜀地百姓施予恩惠，现在德政不能施行，刑罚失掉威力；地方人士专权骄横，君臣之道被废弛；给予官位表示宠爱，但官位太多反而感觉不到尊贵，顺从民众的心意施加恩惠，恩惠无法再加时便会导致怠慢，蜀地所以破败就是由于这样的原因。我现在要树立法令的威严，法令严厉人们才会知恩；爵位有限定，受爵者才会感到荣耀。荣耀和恩德相互配合，上下之间都有遵守的规矩，治理的要领也就显明了。”

运用法制来治理社会，当然是治理方式上的一种进步，但运用法制方式与法治本身的宽严度是两个问题，诸葛亮在益州治理中是选用了严厉的法制手段，这是当地百姓有所埋怨而为法正所提出并希望纠正的问题。诸葛亮向法正做了解释，表明他对法制宽严度的选择是以社会现实为依据的：当原来的社会法制严苛，导致人心畏法进而聚众抗法时，就应当调整为宽松的法制，秦朝末年的情况就是如此；当原来的社会法制松弛，以致引起人们敢于违法并且心中无法时，就应当施行严厉的法制，以便恢复社会的本来秩序，益州在刘焉、刘璋之后所面临的情况就是如此。诸葛亮把法制的实施纯粹视作统治人物对社会治理可以选择使用的一种手段，强调其对于社会现实的适应性，尤其看重长期环境所养成的人心躁戾抑或人心疲顿的不同现实，着力于用法制手段调整社会环境及其民众心理的偏向，不失为一种明晰的治理思路。据说成都武侯祠里有一副清人赵藩所撰对联，下联中有“不审势即宽严皆误”，就是对诸葛亮运用法制的这一说法表示赞同。但史料对法正当时如何反应并未作出记述，人们不清楚事件当事人究竟是否赞同诸葛亮关于审势宽严的法制观点。

史料中还记载了两个事件：法正是刘备攻取益州的功臣，他先前在刘璋手下曾遭受众人鄙视，很不得志，现在外统蜀郡，内为谋主，一下子成了益州治理中的重要人物，大概心里有点“昔日龌龊，今朝放荡”的翻身得意情绪吧，他恩怨分明，对先前一餐饭的恩惠和一瞪眼的怨恨都要设法给予报答或报复，并且擅自杀害了一些伤害过自己的人，有人对诸葛亮说："法正肆意横行，将军您应该禀报主公，不能让他如此作威作福。"诸葛亮说："主公在荆州公安的时候，北边畏惧曹操的强大，东边害怕孙权的威胁，近处则担忧孙夫人在家中搞出乱子。因为有法正的帮助辅佐，主公借助他的羽翼才能够翻身翱翔，最终摆脱了他人的辖制。现在怎么能禁止法正，而不许他稍稍逞性而为呢！"另一件事是，刘备任命零陵人蒋琬为广都（今四川成都北）县长。刘备外出游览，突然到达广都，见蒋琬不处理县里政务，当时又喝得烂醉，为此大怒，要将蒋琬治以死罪。诸葛亮求情说："蒋琬是治国的大器，不是管辖小县的官吏，他施政以安定百姓为本，不喜好做表面文章，希望主公重新考察。"刘备一向尊重诸葛亮的意见，于是没有给蒋琬定罪，只是在匆忙中免其官职。

上述两件事是各自独立的事件，但都牵扯到诸葛亮的处置态度，如果把他的这种态度与其前面所讲严厉施法的观点联系起来，就能发现一个重要问题：诸葛亮的从严施法仅仅是针对益州百姓，而对上层官员和来自荆州的故旧部属则是灵活宽大的方式，法制的宽严度是依据实施的对象而灵活变化的，这种观念和方式显然与现代法治思想相去甚远。同时，他对同僚法正的错误做法知其情而纵容之，本质上不是一种对人对事的负责任态度。当时刘备对法正的亲密度有时在诸葛亮之上，也许是他持有"疏不间亲"的想法而不愿去向主公刘备禀告法正的错误行径。《三国志·法正传》中记述了那一事情后说道："亮知先主雅爱信正，故言如此。"诸葛亮知道刘备喜爱和信任法正，于是有意这么说，他向别人声称允许法正这样横行是要让他"少行其意"，认可了其错误而找出理由故加纵容，事情传扬出去，客观上毕竟是给法正脸上抹黑，似乎这不是对人的善意行为。总之可以肯定，诸葛亮在治理益州的前期采用了法制，并选择严厉施法的手段，但法制方式在执行中的情况是复杂的。

在荆州方面，刘备自得到益州后就与孙权的关系变得复杂了起来。四年前刘备曾义正辞严地拒绝和阻挡了东吴军队向益州的进军，似乎他们与刘璋有非常亲密的关系，逼迫孙权把出军半路的孙瑜招了回去。现在刘备自己独吞了益州，孙权说："这个老滑头，竟敢如此欺诈别人！"致使防守江陵的关羽与对岸为邻的鲁肃也都互相产生了疑忌。孙权觉得刘备已经得到了益州，就在215年派中司马诸葛瑾向刘备索求当年从荆州划拨给刘备的各郡。刘备说：“我正准备夺取凉州，取得凉州以后，才能把荆州划拨来的土地还给你们。”孙权说：“这是想拿去不还，不过是找借口拖延时日。”因此任命了长沙、零陵、桂阳三郡的地方长官，而关羽将任命的这些官员全部驱逐。孙权大怒，派吕蒙率兵二万人夺取了这三郡。

刘备听说三郡被东吴夺取，他带领五万军队回到公安，命令关羽进驻益阳（今湖南益阳市），准备摆出决战的架势。不久曹操军队已经攻取了汉中，刘备恐怕曹操会继续进攻益州，就派使者与孙权和解。孙权命令诸葛瑾答复刘备，愿再度和好，于是双方商定以湘水为界，长沙、江夏、桂阳以东归属孙权，南郡、零陵、武陵以西归属刘备，双方分割了荆州之地，又保持了暂时的和平稳定，而刘备立即返回成都，他派张飞进驻宕渠（今四川渠县东北），准备迎击曹操军队自汉中向益州的进攻。刘备自公安撤回成都，这里是在与曹操孙权两家双重的矛盾冲突中寻求平衡，于三方较量中追求自己利益的最大化，其稳定荆益两州的战略思维开始形成。

2.1（19）攻占汉中（上）

汉中在秦岭的南麓，物产富饶、地势险固，南与西蜀之地唇齿相连，占有北方关中之地的曹操想要统一西南广大的领土，汉中即是首当其冲的受兵之地。张鲁自188年脱离益州牧刘焉而占取汉中后，他把祖传的道术用在地方治理中，用改造了的五斗米教对汉中和巴郡地区的民众组织管理了近三十年（参见0.5.3《张鲁对汉中的占取》上），曹操要穿越秦岭而进攻汉中，必然会对益州刘备形成重大威胁，引起两方的对峙。

215年三月，曹操自陈仓道（起自今陕西宝鸡市西南）出散关（宝鸡市西南大散岭上），经武都河池（今甘肃徽县西银杏镇），七月到达汉中阳平关（今陕西勉县西白马河入汉水处），这是汉中盆地的西边门户。《资治通鉴·汉纪五十九》《三国志·蜀书·先主传》记述，曹操经过一番艰难的军事争夺，至当年十二月占领汉中并接受了张鲁的投降（参见0.5.4《收复汉中》）。当时刘备正带领人马离开益州前往荆州公安，想要回击东吴对长沙、零陵、桂阳三郡的占取。曹操军队中随军前来汉中的丞相主簿司马懿建议说：“刘备靠奸诈方式取得了益州，蜀地人心没有归附，他自己远行去争夺江陵，这是不能失去的机会。现在我们攻克了汉中，益州人心震动，此时进兵攻击，势必土崩瓦解。圣人不能违背天时，也不能错过良机。”曹操说：“人都是苦于不知足，既得到陇地，何必还要眼望蜀地呢！”曹操这里说的陇实指陇右，相当于今甘肃西部；蜀指西蜀，相当于今四川中西部，他初进汉中时受了挫折，感到了这里地势的险固难攻，大概心有疑虑，另外也是许都和邺城积累了许多事务，应该是不希望在外地长久滞留，因此借用东汉光武帝刘秀给大将岑彭的一句书信语言，并反其意而用之，表示做事不要得寸进尺，贪心不足，他倾向于得到汉中后可暂时放弃西蜀。

刘晔也向曹操建议说：“刘备是人中豪杰，善于做事但却缓慢，他得到蜀地时间不长，还不能依靠蜀人，我们刚刚攻取汉中，蜀地人受到震恐，势将自行崩溃。以主公的英明神武，趁其崩溃时率兵压境，一定能取胜，如果稍有迟缓，诸葛亮擅长治国，关羽、张飞勇冠三军，蜀地安定以后，他们据守险要，我们就很难进攻了。现在不去攻取，必将成为我们的后患。”曹操仍然没有听从他的建议。七天之后，蜀地来降的人说：“蜀中一天发生数十次惊扰，守将靠斩杀来弹压但仍然安定不下来。”曹操问刘晔：“现在还能进攻吗?”刘晔回答：“现在蜀地已初步安定，不能再进攻。”于是曹操作出决定，他任命夏侯渊为都护将军，都护即为总监，都护将军是统率诸将之官，曹操安排夏侯渊留守下来负总责，率领张郃、徐晃等人守卫汉中。做了这番安排后，曹操撤军返回。

刘备方面在曹操离开汉中前也同时布置对益州的防守，当时黄权对刘备说：“如果失去汉中，则三巴（指刘璋曾将巴郡划分成的巴、巴东、巴西三郡，相当今四川重庆嘉陵江和綦江流域以东的大部分地区）将很难挽救，这等于割去了蜀的四肢。”刘备因此任命黄权为护军，作军队的督统官，率领兵将去迎接逃至巴中的张鲁。因张鲁不久归降了曹操，黄权便去攻打张鲁在三巴委任的朴胡、杜濩、任约三位郡守，蜀军最终获胜。

曹军张郃统领军队占领三巴，想把那里的民众迁徙到汉中，张郃率军向宕渠（今四川渠县）、濛头进发。刘备派遣巴西太守张飞抗拒张郃。五十多天后，张飞率领精兵一万多人，从另一路上截击张郃部队，山路狭窄，张郃部队前后不能相救，被张飞大败于山涧，张郃丢失了马匹，领着麾下十多人从小道逃走，退回南郑（今陕西汉中市），三巴之地得以安定，刘备也回到成都。另有资料说，宕渠山东北有起伏八处的八濛山，山下平旷十多里，有水环绕，没有环水之处仅剩一里，常年有烟雾濛于山上，故称为濛头。南宋学人王象之在编纂的地理总志《舆地纪胜》中记述，濛头山下一石碑上刻字云："汉将张飞率精兵万人，大破贼首张郃于八濛，立马勒石。盖飞所亲书也。"有史家认为，张飞在濛头山大败张郃军队以安定三巴之地，是后来汉中之战得以进行的前提，张飞大概自己感到这次战斗的意义非凡，因而当时在此勒石为记。

濛头之战后，双方有一年多的休战安定期，其时曹操在邺城致力于北方战事和选定继承人的事务。到了 217 年底，刘备在益州的政权已基本得到巩固，法正遂向刘备建议说："曹操一举收降了张鲁，占据汉中，没有利用这个时机进攻巴、蜀两地，却留夏侯渊、张郃驻守汉中，自己急速北返，这并不是他才智不够和力量不足，必定是内部生出忧患的缘故。估计夏侯渊与张郃的才能赶不上我们的将帅，现在兴兵进攻汉中一定可以取胜。夺取汉中后，广开农田积蓄粮草，等待有可乘之机，上可击败曹操尊奉皇室；中可蚕食雍、凉二州（指秦岭之北今关中中部及其以西的陇右地区）以拓展疆土；下可据险固守与曹操长期对峙。这是上天赐给我们的时机，不可丧失。"法正看到了进军汉中的时机，分析了取胜的把握，并指出了战争推进后的上中下三种前景，这是当年刘备三分天下战略方案的补充和具体化。刘备赞同法正的策略，于是率领部队进军汉中，派张飞、马超、吴兰等驻军下辨（今甘肃成县西）。曹操闻讯即派都护将军曹洪前来抵御蜀军，双方形成对峙之势。

曹操在两年前不愿得陇望蜀，现在刘备却要安蜀而望陇了，这是他实施早有的战略思想，争夺天下的重要步骤。有濛头之战后取得的巴、蜀安定局面以及益州一年多的休养恢复，有巍峨横绝的秦岭对曹操大军的阻隔，蜀军将士对争夺汉中有更多的取胜信心。

2.1（19）攻占汉中（下）

曹操在 215 年击败张鲁占有汉中后不愿得陇望蜀而撤军返回，留夏侯渊、张郃、徐晃统领军队驻守于此。蜀军大将张飞在稍后的濛头之战中击败张郃，稳定了巴蜀局面，益州得到了一年多的休养恢复。217 年底，在法正的建议下，刘备率领蜀军北上，他派张飞、马超、吴兰等驻军下辨（今甘肃成县西），曹操闻讯即派都护将军曹洪前来抵御蜀军，双方形成对峙。《资治通鉴·汉纪六十》《三国志·蜀书·先主传》记述这场汉中争夺战的大致过程。

218年初，曹洪将要攻击吴兰的部队，而张飞驻军固山，声称要切断曹军的后路。曹军将领们聚集商议，都非常担心张飞截击包抄断了后路，为此犹豫不决。骑都尉曹休说："张飞如果确要切断我军后路，应该派军队隐蔽行军才是，而现在却大造声势，这很清楚是实际上做不到。我军应该趁着敌人尚未集结，迅速攻击吴兰，吴兰被击败，张飞自然退走。"曹洪听从了这一建议，进军击败并斩杀了吴兰，张飞与马超果然撤退。

刘备驻军阳平关，与曹军夏侯渊、张郃、徐晃率领的大队人马相对峙。他派属下将领陈式去切断马鸣阁的道路，被徐晃打败，张郃驻守在广石，蜀军攻打不下来，刘备急发文书调集益州军队。诸葛亮询问助理杨洪应如何处理此事，杨洪说："汉中是益州的咽喉，存亡的关键，如失去汉中就不能保全蜀地了，这是家门前的祸患，对发兵有什么疑问！"当时蜀郡太守法正跟随刘备到了北方，诸葛亮于是上表请求由杨洪代理蜀郡太守，同时发兵增援前线。而曹操听说汉中战事紧张，也亲自率兵前来援救，他于当年九月到达长安。

219年初，刘备与曹军汉中部队相拒一年多后，自阳平关渡过沔水，循山势向前推移，在定军山（今陕西汉中市勉县城南）附近安营扎寨，夏侯渊带领军队前来争夺此地，法正认为到了该出击的时候。刘备遂派讨虏将军黄忠率兵占领高处等待，然后居高临下，擂鼓呐喊，发动进攻，夏侯渊的军队大败，夏侯渊和曹操委派的益州刺史赵颙被斩，张郃率军退回阳平关（参见1.10.2《殉身疆场的夏侯渊》下）。刀劈夏侯渊是大将黄忠一生的重要战功，也是汉中争夺战中的关键事件，蜀军由此取得了战场上的主导权。

夏侯渊战死后，曹军失去统帅，军中人心惶惶，不知如何是好。督军杜袭和军中司马郭淮集合散乱兵卒，对各营将士发令说："张将军是国家的名将，刘备历来惧怕；如今军情紧迫，只有张将军才能维持局面。"于是临时推举张郃为军中主帅。张郃出面巡视阵地，将领们都接受他的指挥，军心才稳定下来。第二天，刘备打算渡河水发动攻击，曹军将领们认为寡不敌众，准备依水列阵抵抗。郭淮说："这是向敌人示弱而不能挫败敌人，不是好计策。不如远离河水列阵，把敌人吸引过来，等他们渡过一半后我们再出击，就可以打败刘备。"曹军列好阵，刘备产生怀疑，下令不要渡河。郭淮于是坚守阵地，以表明没有撤退之意。军中把情况上报魏王曹操，曹操很赞成他们的做法，派使者把主帅的符节授予张郃，仍任命郭淮为司马。驻守汉中的这支曹军部队在主帅战死后，表现出了高度的组织恢复与战场应变能力，使得胜的蜀军不敢轻易出击，以势相逼，这是其军队素质在关键时候的某种体现，但无论如何，他们最多只能处于自我防御的状态，其总体上战斗力的减弱是显而易见的。

魏王曹操三月从长安出发，在斜谷（今陕西眉县西南通往汉中的道路）派兵据守险要之处，以便使大军顺利到达汉中。刘备说："曹公虽然亲自前来，也起不了什么作用，我一定会占有汉川。"他于是收敛军队战线，占据险要处据守，始终不与曹军交战。曹操这次从斜谷出兵，希望从褒斜道进入汉中，军队数量自然大大增加了，但战线拉得过长，后勤运输极其困难，刘备通过守住险要拒不出战的方式，充分利用了地利优势，会使曹操的军队不战自败，因而他对汉中的争夺战充满自信。

有一次，曹军在北山下运送粮米，黄忠率军前往夺取，超过约定的时间尚未返回，将军赵云当即率领几十骑兵出营巡查，恰巧曹操大军出动，赵云与敌人猝然相遇，于是主动冲击敌阵，随后且战且退。曹军被冲散后再度聚合，追至赵云的军营前，赵云退入军营，命令大开营门，偃旗息鼓，曹军怀疑营中有埋伏，于是撤军离去。赵云让军中擂起战鼓，用强弓硬弩在后面射击曹兵，曹军非常惊骇，自相践踏，很多人落入汉水中而死。刘备次日早上来到赵云的兵营，察看了昨天的战场后赞叹说："子龙一身都是胆啊！"这是发生在曹刘汉中争夺战中的一次紧张战斗，黄忠在坚守中不时打劫敌军，蜀军尚不是一味地防守；赵云在这场遭遇战中的英勇无畏表现了他作为一员名将的应有风格，两位将军的行为分别展现了这场争夺战后期整个蜀军不惧强敌坚定自信的精神风貌。

曹操与刘备在汉中对峙了一个月，曹军有很多人逃跑。到了五月，曹操率领所有进攻汉中的军队返回长安，他为防备刘备在北面占有武都（今甘肃西和一带）氐人的部众后进逼关中，离开汉中前委派雍州（辖地为今陕西秦岭以北渭南以西地区，治在今西安市西北）刺史张既把武都当地的氐人五万余户迁徙到扶风、天水的交界处居住。曹操撤军后，刘备占据了汉中，他立即派遣荆州宜都（辖地约今湖北宜都市）太守孟达从秭归向北进攻房陵（郡治在今湖北房县），杀了房陵太守蒯祺。又派中郎将刘封从汉中顺沔水而下，统领孟达所部一起进攻上庸（郡治在今湖北竹山西南）。上庸太守申耽率全郡投降，刘备加封申耽为征北将军，兼上庸太守，任命申耽的弟弟申仪为建信将军、西城（治在今陕西安康西北）太守。蜀军在攻占汉中后乘势夺取了与巴蜀和汉中相邻的湖北西部一大块地盘，打通益州和荆州两地连接的意向非常明确。

取得了这一系列的胜利后，平西将军都亭侯马超、左将军长史兼镇军将军许靖、营司马庞羲、军议中郎将射援、军师将军诸葛亮，以及关羽、张飞等群臣一百二十人联名向献帝刘协上奏表章，推举刘备为汉中王。这一荐举人名单的顺序是有讲究的。219 年七月，西蜀君臣在沔阳（今陕西勉县东）设置坛场，布军列阵，举行了一场隆重仪式。读过要送给皇帝的奏章，刘备跪拜接受汉中王的印玺绶带，戴上王冠。派使者乘驿车将奏章送至许都呈奉献帝，并归还以前所接受的左将军、宜城亭侯的印绶；同时立儿子刘禅为王太子。特别引人注目的是，这次提拔牙门将军魏延为镇远将军，兼汉中太守，镇守汉川，为益州的北境防守和进击关中曹军的前哨选定了一位年轻将领。

事后刘备回到成都主持各项政务，任命许靖为太傅，法正为尚书令，关羽为前将军，张飞为右将军，马超为左将军，黄忠为后将军，其余的人按照等级都各有升迁。夺取汉中，刘备集团的发展达到了一个更为辉煌的地步，206 年诸葛亮所提三分天下战略的第一步已经根本上实现，刘备集团成了天下与曹魏、孙吴鼎足而立的重要政治力量，他的人生和事业都已跨进了新的阶段。

2.1（20）在悲戚中登上九五之尊

219 年，刘备从曹操手中夺取汉中后接受蜀中群臣荐举，晋升为汉中王。此前曹操在 216 年晋爵为魏王，刘备的事业起步晚，但自吸纳了荆州众多人才后，在 208 年赤壁之战后的十余年间发展极快，掌控了荆州大部以及益州、汉中的多块地盘，虽然规模比不上曹操，与江东孙权也略有差距，但足以成为问鼎天下的政治势力，这是刘备的事业在千难万险中凯歌行进的十年。然而，人生的发展不可能总会呈现得一帆风顺，刘备接下来遇到了极为险恶昏暗的时光，事业的上升线骤然中断，他在悲戚中登上九五之尊，拼力把自创的事业向前推进。

《三国志·蜀书·先主传》《资治通鉴·魏纪一》记述，刘备在 219 年七月从汉中返回成都，提升和任命了一大批文武功臣，并修建宫室馆舍，从成都至白水关（今四川广元东北）就有馆舍亭障四百余处，这里的一切都很顺遂和富有气势。把刘备的事业导入险恶状态的是连续发生的以下几件事情：

荆州的起落和失陷 几乎是在汉中取胜的同时，新任前将军关羽在荆州发起了向曹军守将曹仁的进攻，他旗开得胜，不久又在樊城附近打败了于禁统领的部队，斩获了敌将庞德，一时威震华夏。但很快关羽又受到了东吴军队的后方偷袭，他独力难支，败走麦城（今湖北当阳东南），被东吴军队擒杀，荆州全盘陷落。荆州是刘备事业赖以发展的基础，也是他的事业继续向前推进的重要支撑，失去了关羽和荆州，无论从事业发展的前景上还是从个人感情上，都是让刘备泣血吞饮、无法接受的事情，他的痛苦是无法言状的。

资料上尚且看不出关羽这次出兵进攻曹军是遵循了谁的战术安排，也看不出当时聚集于成都的文武将官为什么没有几位得力之人受命前往荆州给关羽以支持。能够看到的是，关羽关平父子在荆州打得热火朝天、跌宕起伏，而成都方面除刘备对荆州各种消息的听闻外，其他方面的记录却是一片空白。荆州战局关乎刘备集团未来的兴衰前景，其意义绝不亚于汉中争夺战，如果成都方面能派出军队顺流东进，从侧翼做出配合，不是什么困难事，而效果会截然不同，弄不清为何他们众多大小官员都持壁上观的态度。应该说，荆州这次的出兵进攻，无论是关羽擅自行动的，还是接受成都指令而行动的，刘备、诸葛亮等人都拥有战术指导的权力，也应当考虑做出配合支持的军事安排，遗憾的是，没有看到他们是如何履行自己的责任。荆州失陷和关羽被杀，不能说刘备、诸葛亮是有意而为，但他们应该承担主要的责任。

曹魏代汉建国 220 年初曹操在洛阳病逝，其太子曹丕接替魏王，并继任汉丞相。数月后曹丕取代汉献帝刘协而称帝，他建立魏国，是为魏文帝，改年号为黄初。曹操死了，他的儿子很快取代了汉皇帝对天下的统治地位，实现了改朝换代，建立了曹家的天下，刘备心中的闷气肯定是积郁不平的。一想到自己失去了荆州，与曹家的势力差距进一步拉大，他心中的急忿可想而知。

法正英年去世 法正是刘备的重要谋臣，又深得刘备的信任，刘备在作汉中王时任命法正为尚书令、护军将军。但任职不到一年即病逝于成都，时年四十五岁。陈寿认为法正是与程昱、郭嘉相匹敌的人才，刘备争夺汉中的战略提出，以及定军山之战的战术安排都是法正的筹谋，他英年去世自然是西蜀政权的重大损失，刘备为此痛哭流涕了好几天方才作罢。后将军黄忠也于当年去世，刘备心中的伤痛其实很难治愈。

刘封部属的背叛 荆州失陷后，驻军上庸的孟达与统领刘封发生了意气之争，孟达领着部曲四千余家投降了魏国，受到曹丕看重，曹丕合并房陵、上庸、西城三郡为新城郡，让孟达兼任太守，并派夏侯尚、徐晃和孟达一起袭击刘封，蜀将申耽也背叛刘封投降了曹军，刘封败归成都。刘封是刘备在荆州时收纳的义子，诸葛亮顾虑刘封固执而蛮横，担心以后无人能控制他，劝刘备借机将其除掉，刘备遂命返回成都的刘封自杀（参见 2.5.3《刘封在上庸的纠纷》下）。这里牵扯上庸、房陵等大片领土的丢失和内部矛盾的显露，刘备悲凉的心情自然愈益加深。

献帝刘协的死讯 当时传闻说献帝刘协被魏国杀害，刘备是汉朝的宗亲，又是汉朝廷治下的汉中王，他不能对这一消息无动于衷，听闻此讯后他制作服装，披麻戴孝，为献帝举办丧礼，自然要作足悲哀哭拜的礼仪文章，他还尊谥献帝为孝愍皇帝。其实刘协当时并未被杀害，他被魏国奉为山阳公，并得到了生活上的优待。刘备不知从什么渠道听到这一误传消息，很有可能是按照历史上受禅位的朝廷对前朝末代皇帝秘密处死的惯例而想象出来的吧。其实，只有通过刘协被杀，才能显示曹魏政权的残暴不仁而让汉朝臣民认清其非法性，才能为刘备后面政治名号的上位腾出空间，为蜀汉政权的建立找到根据；如果刘协明确地活在人世，刘备大概是不好僭越称帝的，也不容易说明蜀汉政权续接东汉的理由。所以，刘协被杀与其说是社会上的流言传闻，不如说是成都方面更愿意听到的消息。

刘备看到曹魏政权的建立，他心中急忿，尽管自家的势力因为荆州失陷而落下了一大截，但他仍然想把自己的事业推向更高处，他不愿意看到和接受曹魏独尊的事实，要以自己的拼搏与曹魏这一邪恶政权相抗衡，于是他借机扩大献帝刘协的死亡传闻，并利用这一信息提升自己汉中王的名号，他要建立与曹魏相对峙、且有历史文化承传的蜀汉政权。

益州政权机构的提升是其中各位官员的幸事，他们由此都能得到爵位名号的升级，于是在220年时，益州成都等地竞相流传起了关于符瑞征兆的话题。史料记述说，当时原议郎刘豹、青衣侯向举、偏将军张裔、黄权、大司马属殷纯、益州别驾从事赵莋、治中从事杨洪、从事祭酒何宗、议曹从事杜琼、劝学从事张爽、尹默、谯周等有身份的人士都谈论起了河图洛书、五经谶纬，以此说明运数到了益州建国的时候。历世精通图、纬的周巨甚至说："我父亲周群在世时，就说在西南方多次看到黄气上升到几丈高，并不时有彩云祥风相应。近二十年中，多次看到空中的气流像旗子一样，在高空中从西边飘到东边，有关图谶的书上说'必定有天子诞生在此地'，加之当年太白、荧惑、填星，常跟在岁星后面相追，应当有圣主兴起此州，实现中兴。"谈论者还言之凿凿地说，当时因为汉帝还在世，所以不能公开谈论，但事情是早先就看明白的。他们建议刘备应天顺民，建立国号，登上帝位，让天下百姓安宁。

太傅许靖、安汉将军麋竺、军师将军诸葛亮、太常赖恭、光禄勋黄柱、少府王谋等上言，说曹丕灭掉了汉室，现在上无天子，天下人惶恐不安，无所适从，臣民至今共有八百多人上书，都认为福瑞、图谶显示得很明白，最近又看见黄龙在武阳水中停留九天才离去。龙是君的象征，《易经》上说九五"飞龙在天"，汉中王应效仿龙升，登上帝位等等。事实上，越是说不清楚的道理，人们总愿意用很多话语去堆砌说明，这些话语的特点是永远得不到证实和证伪，为刘备的称帝寻找符瑞图谶，面临的正是这一情况。

群臣纷纷上书，说有很多吉祥之兆，请求刘备即位称帝。前部司马费诗上书说："殿下因为曹操父子逼迫皇帝，篡夺帝位所以才万里流亡，召集士卒，领兵讨伐曹氏奸贼。如今大敌尚未击败，您却先自称皇帝，恐怕人们会对您的行为产生疑惑，愚臣我实在认为您不应该这样做。"刘备听后很不高兴，将费诗降职为州部永昌从事。221年四月，汉中王刘备在成都西北的武担山之南登基称帝，大赦罪犯，改年号为章武。任命诸葛亮为丞相，许靖为司徒。刘备似乎是在臣民们的推戴下，顺天应人，登上了九五之尊。

刘备自失去荆州后就一直准备讨伐东吴以报仇，他做皇帝时仍然惦念这一事情。按照计划，张飞要领一万人自阆中到达江州会合，刘备称帝后的次月，他听到张飞军营中的都督有奏表上报，为什么不是张飞本人奏报，刘备立刻感到问题严重，不禁失声感叹："啊！张飞离世了吧！"原来张飞手下部将张达、范疆刺杀了张飞，带着其首级顺流而下，投奔了孙权。刘备听到了这一噩耗，大概心如刀绞。他是以十分悲戚的心情登上了皇帝之位，做了皇帝后复仇出兵尚无进展，却已肝肠寸断。

2.1（21）蜀汉皇家状况

刘备221年在成都建立的与曹魏相对峙的政权自称是东汉政权的延续，因而国号为“汉”，由于政权中心处在蜀地，所以被后世称为蜀汉，以与之前的两汉政权相区别。六十岁的刘备是在事业受挫的悲戚急忿时刻建立蜀汉政权的，他是要以此打破曹魏政权一家独尊的局面，鼓舞本集团臣民凝聚奋争、坚定对敌的精神意志；对他本人而言，这其实更多的是一种推进事业的手段，而不是享受富贵和荣耀的方式。按照传统社会建国的程式，他称帝的同时确立了皇后和太子，像其他政权的结构一样，蜀汉皇室家庭也是影响该政权基本成分与未来走向的重要因素。

刘备的夫人应该不少（参见2.1.6《刘备几次被俘的家眷》），早年四处征战时曾多次被迫丢弃，长期跟随在身边的是家在徐州小沛的小妾甘氏，因嫡室缺位，刘备后来纳甘氏为正式夫人。甘夫人在荆州时生下阿斗（刘禅），208年在当阳长坂困危中依靠赵云保护得免于难。不久甘夫人病逝，安葬于南郡。根据史料中记载的安葬地可知，甘夫人的去世应该是在刘备初任荆州牧而尚未入川的时节，大约是在209年初。因为母以子贵，222年追谥去世的甘夫人为皇思夫人，大概要表达皇帝思念之意吧，并决定将其灵柩从南郡迁葬到蜀地，但其棺椁到达蜀地时刘备已病逝白帝城，诸葛亮牵头提议将皇思夫人加尊号为“昭烈皇后”，并与刘备合葬。皇家各位夫人丧事的安置状态如何，常常是现实生活中政治关系的一种微妙折射。因为甘夫人的儿子刘禅继位做皇帝，她逝后得到了蜀汉皇家最高的尊荣。

另外，刘备196年在徐州被吕布袭击遭败后领军队到海西，因为丢失了家眷，麋竺把自己的妹妹嫁给刘备作夫人，常被称为麋夫人，但史料中没有记载麋夫人后来的动向和下落，大概因麋夫人在当时蜀汉建国时的皇室家庭中没有获得任何名分，她与刘备209年所娶并共同生活了两年之久的孙权之妹孙夫人，以及刘备早年丢失的几位嫡夫人一样，《三国志·蜀书·二主妃子传》中都没有只言片语提及。这应不是修史之人的眼光偏于势利，因是传统正史的体例本来如此。

刘备在214年入川安定后，还在成都娶了刘璋兄弟刘瑁寡居的夫人为妻，史书上提到此事，把她作为刘备第二位正式记载的夫人，但没有提到她的名和姓，因为说到他的兄长是吴懿（壹），所以后世称他为吴夫人。吴夫人小时候是孤儿，他的父亲早年与刘焉相交甚好，刘焉在191年前后做了益州牧，吴家就迁到了蜀地。刘焉一直心存割据一方建立自家基业的想法，他听说看相者断言吴家女子将来会大贵，当时儿子刘瑁正好跟随来到蜀地，刘焉遂把这位吴家女子娶给儿子刘瑁为妻，刘瑁去世后，吴夫人就一直寡居在家。刘备夺得了益州时，因为孙夫人已经回到了东吴，群臣就劝谏刘备聘娶这位吴夫人。刘备当时觉得他与刘瑁同族，娶其寡妻于礼有碍，法正进谏说："按亲疏关系说，远远比不上晋文公娶侄儿子圉的妻子。"刘备听了法正的话，就娶了吴夫人为妻。春秋霸主晋文公是后世政治家们崇拜和效仿的对象，他在流亡期间为了争取秦国的欢心和支持，就娶了被晋惠公子圉丢弃的秦穆公女儿怀嬴，得到了秦国的大力支持并最终回国执政，这是一种兼有爱情关系的政治交易，法正以晋文公为例劝谏刘备，表明刘备这次娶亲也包含有结识益州大族和稳定政治局势的目的。吴懿在213年绵竹争夺战中就已从刘璋手下归降了刘备，娶她的妹妹为夫人，刘备自有化解与益州旧部势力心理隔膜的用心。219年刘备做汉中王时，即立吴夫人为汉中王后；221年称帝建国时，吴夫人被立为皇后。而吴懿也升任车骑将军，一直是蜀汉政权中的重要人物。

刘备的生子刘禅（阿斗）出生于207年，219年立为王太子，221年立为皇太子，他是刘备身后没有争议的继承人。刘禅出生前刘备曾收养了义子寇封，改姓为刘封。大概是怕引起日后皇位继承上不必要的矛盾争夺吧，刘备在220年听从诸葛亮的建议，借刘封丢失上庸与房陵而败归成都的机会命其自杀，算是除掉了皇室的一个隐患，保证了刘禅继位后的政治稳定。后世有人分析刘备给这两位儿子的起名，他们是"封"和"禅"，两字连接起来即是古代圣王政治清明时向天地报告治理功绩的重大仪式，属于国家大典。刘备给儿子的起名当然不是无意识的，这反映了刘备在困守荆州和联吴抗曹时所具有的某种隐秘的远大理想与政治抱负。他六十岁做了皇帝，但自感离自己的理想目标还非常遥远。

刘禅不是刘备的唯一生子，刘备还有两个亲生儿子：一个叫刘永，字公寿，是刘禅的庶弟，221年被立为鲁王。另一个叫刘理，字奉孝，也是刘禅的庶弟，221年被封为梁王。刘永与刘理不是同一母亲所生，这就是说，刘备在209年做了荆州牧后的十余年间，身边还有另外没有记载的嫔妃小妾，应该与孙夫人、吴夫人同时并在身边。《三国志·曹仁传》记述曹仁之弟曹纯“从征荆州，追刘备于长坂，获其二女辎重，收其散卒”。可见刘备在荆州时还有两位女儿，不幸被曹军俘获，自此失去联系，下落不明，不知为哪位妻妾所生。无论如何，刘备兄弟一人，在二十七岁左右外出独闯天下，他的夫人众多而生子较少，所建就的蜀汉政权，其皇家的势力是单薄的。

2.1（22）向东吴进军

219年底荆州失陷，关羽被杀，刘备集团的发展上升遭受到了极大挫折。刘备本是要联络孙吴一同对付曹操的，现在却遭受了盟军的背后一刀，而且出手很重，使人痛彻心扉，这就迫使刘备集团要重新考虑自己的军事战略目标，是强忍心中大痛继续联手东吴北攻曹魏，还是首先除掉身后东吴的隐患，再完成对曹魏的决战。对待两种不同的军事战略，刘备集团中的决策人物为此出现了认识上的分歧，而刘备坚定不移地选择第一条战略方案，并努力推动这一战略付诸实施。

由于战争后来的结果，人们事后总是怀疑这一次军事战略调整的合理性，认为刘备不该放弃大敌曹魏转而向东吴进军，但事实上，军事战术上的失策及其结果不能证明军事战略的完全错误。刘备要想制服北方之敌，不能允许自己身后盘踞着一股居心叵测的势力，就像蜀汉后期要北伐中原，执政人诸葛亮首先要摆平西南蛮夷等不安定因素一样。扫清后方之后再集中对付主要敌人，并不能算作错误的战略；同时，从人性情感的方面讲，刘备本来就厌恶孙权的为人，双方自结盟合作后就一直摩擦不断，215年刘备甚至带了西蜀五万大军回到公安，准备与孙吴决战荆州，只是因为当时曹操越过秦岭前来争夺张鲁的汉中，巴蜀北境吃紧，刘备才不得已以湘江水流中分荆州地界，与孙权达成暂时和解，他心中其实对此一直是不甘心的。刘备这次下决心要一次性解决东吴隐患，他要以军事手段彻底抹去东吴在东境的存在，一了百了，以便将来与曹魏决战时能保证单一的目标，并保证到时能获得荆襄之地出兵北进的配合。何况，要让刘备和蜀中将士忍着被东吴背后捅刀的仇恨而与其强颜拉手，并不顾失地和兵败的耻辱而继续向北用兵，这是人性和感情一时都做不到的。

在两种军事战略的选择上，翊军将军赵云代表了第二种选择的观点，《资治通鉴·魏纪一》中记述，赵云对刘备说："我们兴兵扶汉，要打击的国贼是曹操，而不是孙权，如果首先灭掉曹魏，则孙权自然归服。现在曹操的儿子曹丕篡夺了皇位，我们应当顺应民心，尽早夺取关中，号召天下共讨顽逆。如果先和孙权开战，战端一开，不可能很快结束，这不是上策。"大臣中持这种观点的人很多，诸葛亮是有自己态度的，但因与刘备的主张不同，他没有公开表态。刘备对赵云等人的观点拒不认同，在他看来，自己无法放下仇恨和屈辱而领军北进，现在必须趁着曹丕刚上台人心不稳的机会，赶快消灭东吴集团，这时候消灭东吴反而比打败曹魏要容易些，自己先灭东吴的战略并无错误。广汉郡名士秦宓上书陈述说，目前向东进军则天时对蜀军不利，他为此被治罪拘押，后来才被赦免。

221 年刘备迅速完成了蜀汉政权的建立，重新在蜀地打起了汉政权的旗帜，避免了政治位次上被曹魏建政所矮化。此后他席不暇暖，也根本不愿去享受那皇帝的福乐，用一个月时间做好了东进伐吴的准备，六月临出军时大将张飞遇害，刘备心如刀绞，但并没有停下出军的步伐。两位凶手张达、范疆顺流而下投奔了孙权，现在所有的仇恨都指向了东吴，刘备本来就坚定的讨吴决心至此没有了任何回旋的退路。

这年七月，刘备亲自统领各路军马进攻孙权，孙权派使臣向蜀汉求和。东吴的南郡太守诸葛瑾写信给刘备说："陛下认为您和关羽的感情，和您与献帝的感情哪个更亲密？荆州的地盘，与整个天下哪个更大？都是仇敌，究竟应该谁在先谁在后？如果把这些想明白了，该怎么办就很清楚。"诸葛瑾是诸葛亮的胞兄，也是孙权的铁杆忠臣，几年前常做孙刘双方谈判荆州问题的使者，这里他借用刘备往日关于消灭国贼扶立汉室的政治理想，继续说服刘备向北用兵，其观点与蜀汉赵云等人大致相同。而出自东吴大臣的劝谏，多少反映了孙权的求和愿望与怯战心理，这却更坚定了刘备伐吴的信心，因而刘备对诸葛瑾的书信劝谏置之不理。

刘备派将军吴班、冯习在巫县击溃孙权的将领李异、刘职等人，率兵四万余人继续向秭归进军。武陵（郡治当时在临沅，即今湖南常德西）的蛮夷各部都派使者请求派兵前往。在东吴方面，孙权派镇西将军陆逊为大都督，持符节，统领将军朱然、潘璋、宋谦、韩当、徐盛、鲜于丹、孙桓等五万人，出兵抵御蜀汉军队。

等孙刘双方形成军事对峙时，曹魏方面也密切关注着战争的动向。不久孙权派使者向魏称臣，奏章言辞谦卑，这是以前从来没有的态度，曹魏大臣们都表示祝贺，侍中刘晔却认为，孙权所以向朝廷示好，是因为受到了刘备的进攻，东吴人心不安，又恐怕曹魏乘机进攻，所以献上土地请求归顺。他建议立即向东吴用兵，渡过长江袭击孙权，在蜀国吸引了东吴兵力时，魏国若骤然进攻，十天之内必定拿下吴国，等吴国灭亡后，蜀国的力量就孤单了，也就不会存在很久。但曹丕不赞同这样的方案，他说："有人归顺称臣，我们却讨伐他，会使天下愿意归附的人产生疑心，不如暂且接受孙吴的归降，袭击蜀军的后路。"刘晔坚持说："我们离蜀国远，而与东吴靠近，蜀国知道我们前来进攻时，必然退兵自卫，我们什么也得不到。而我们兴兵攻吴，刘备必然会加快攻吴步伐，以便与我们争夺东吴的地盘，他们绝不会放下仇恨去援救吴国。"（参见 1.11.17《总被弃置的神策妙算》下）刘晔这里是要借助刘备对东吴的仇恨心理，拆散吴蜀双方之前长期存在的同盟关系，利用与东吴的近距离关系，积极参与对东吴的分割，在三国局势的变动中捞到最大的好处，但曹丕没有听从这一建议，他接受了东吴的归顺。

战争如棋局，关键时刻如何落子，如何布阵，对后面的全盘结局会有重大影响。在 220 年天下局势发生重大变动的社会节点上，刘备在三方博弈中调整战略，落子走出了第一步，孙权以归顺曹魏作为回应，曹丕随后准备了第三步落子方式。从大局上讲，三家的落子均无明显错误，都是他们各自权衡利弊的选择，只不过，孙权的行动完全属于一种降低姿态的被动应对；曹丕否决了刘晔关于出击东吴的方案，等于放弃了眼前利益最大化的获取，避免了一盘棋局的快速终结；而刘备在博弈中首先调整了目标和思路，落子向东而咄咄逼人，但他疏忽了以某种方式对曹魏的拉拢和利用，这一疏忽需要靠他军事战术上的高超手段来弥补。

2.1（23）夷陵攻战的失误

刘备在建立蜀汉政权的当年调整了一直对曹的军事战略，他组织起四万军队发起了向东吴的进攻，要一举荡平这股长期盘踞在自己身后的邪恶力量，夺取荆州和东南的大块地盘，以扫除日后与曹魏决战的后方麻烦，并取得可以配合西蜀军队北取中原的东方基地。222 年正月，刘备领军队从秭归出发沿江东进，孙权派镇西将军陆逊为大都督，统领五万兵将防守抵御，吴蜀大战拉开了序幕。

刘备的军队水陆并进，他自己率领大部队沿长江南岸的山路向前，另有治中从事黄权带领部分军队隔江推进以护卫北岸安全。《资治通鉴·魏纪一》《三国志·陆逊传》等处记述了这次战争的基本过程。大军出发前黄权向刘备建议说："我们的水军顺流而下，前进容易后退难。应该让我做全军的前锋先走一步，首先迎战敌人，陛下统领大军拉开距离随后行进。"黄权是想采用前队先行的应敌策略，保证大部队的安全，刘备没有采纳，他任命黄权为镇北将军，负责长江以北各路军队的协调指挥。刘备带领的军队沿南岸山路向东进发，驻军在夷道（今湖北枝城一带），并在猇亭（今湖北宜都北十五公里长江北岸）建立军营。而东吴的军队一直守住险要，并不出来作战。刘备派侍中马良通过佷山（今湖北宜昌长阳县）到达武陵（今湖南常德一带），给当地的蛮夷部落送去黄金和锦帛，并授予其首领们官职爵位，联络他们作为蜀军后援。

蜀军一路吸收兵力，部队已达五万，东吴都督陆逊则控制军队拒不出战，蜀军始终找不到决战的机会。因为山路狭窄难行，前军在夷道受阻停驻，为此阻滞了后队的行进，大概也是为了顺便保障后勤供应的通道，蜀军于是自巫峡（今四川巫山大宁河口至湖北巴东官渡口）建平（今四川巫山县北）扎营，直至夷陵（县治在今湖北宜昌东南郊）附近，自西向东数百里，设立几十座营寨。刘备任命冯习为总指挥，张南为前军指挥。后来蜀军将士不胜暑热，刘备让水军舍舟转移到陆地上，把军营设在山林溪涧之旁。

刘备采取多种办法调动吴军出战，派士兵阵前辱骂挑战当然是最频繁的方式，他还命张南率部分军队围攻孙权侄儿孙桓驻守的夷道城，陆逊考虑到孙桓深得士众之心，城内又粮草充足，因而并未分兵援助。刘备又命令吴班率数千人在平地扎营，吴军将领看见蜀军只有少量部队，都要求出击进攻，陆逊说："这一定有诡诈，我们暂且观察。"吴军因而毫无反应。吴班几千人马果然是刘备吸引吴军出战的诱饵，等了几天没有结果，刘备只好命令八千伏兵从山谷中出来。从正月开始与吴军对峙，到六月仍然没有交锋的机会，面对陆逊的据险坚守策略，刘备已经想不出什么对付的招数。

陆逊向孙权写信说："夷陵是军事要地，它的得失关系到我们的生死存亡。我当初担心刘备一直水陆并进，现在他却舍水路不走，从陆路进发，随处扎营，观察他的军事部署，也不会有什么变化了。我虽然没有什么才能，凭借大王的威灵，现在大败敌军就在眼前，没有什么可忧虑的，您尽管可以高枕而卧。"闰六月，陆逊下令先向蜀军的一个营寨发动攻击，吴军失利，陆逊由此看到了蜀军的防守特征，他对将领们说："我已经有了破敌之策。"于是命令士卒们每人拿一束茅草，用火焚烧蜀军营寨，等火势旺盛后，又乘势指挥各路军队全面出击，吴将朱然率军五千突破蜀军前锋，猛插到蜀军的后部，与韩当所部进围蜀军于涿乡（今湖北宜昌西），切断了蜀军的退路，潘璋猛攻并击溃了冯习的部队，诸葛瑾等将领配合陆逊的主力在猇亭向蜀军发起攻击，守御夷道的孙桓部也主动出击、投入战斗，水军截断了蜀军长江两岸的联系。吴军斩杀了蜀将张南、冯习和胡人酋长沙摩柯等将领，一举攻破了蜀军四十余座营寨，蜀将杜路、刘宁等走投无路，向吴军请求投降。

刘备在大军溃败后登上马鞍山（今湖北宜昌西北长江北岸），把军队布置在自己周围，陆逊督促各军四面包围并逐步紧缩，蜀军难以抵御，战死一万余人。刘备连夜逃走，蜀军驿站人员在后面焚烧险要路口，以阻挡吴军的追击，刘备得以逃至白帝城（瞿塘峡口的长江北岸，重庆奉节县东白帝山上），蜀军的船只、器械，水陆军用物资全被夺取，尸体一时塞满江面，顺流漂下。部将傅彤掩护大军退却，部下全部战死；黄权在长江北岸，退路被吴军切断，无法返回，于八月率部下归降了曹魏；马良也死在武陵的五溪（武陵的五支蛮夷部族）。刘备举数万之兵讨伐东吴，被陆逊拒于夷陵半年之久，耗费钱财无数，最后却大败而逃，他惭恨地说："我被陆逊羞辱，这是天意啊！"自此留居于白帝城。

刘备这次用兵失败，与夷陵易守难攻的特殊地理状况有关，但根本的原因在他军事战术上的错误。这首先是，在进军受阻时把部队沿江排成数百里的营寨，安置在林木茂盛之地，为敌军火攻创造了有利条件。当初曹丕听说蜀军树立木栅扎营相连七百余里时，他就对大臣们说："刘备不懂用兵，哪有连营七百里能够和敌人对峙的！兵法上说'在杂草丛生、地势平坦、潮湿低洼、艰险阻塞等处安营的军队，一定会被敌人打败'，这是兵家大忌。孙权的报捷书应该很快就到。”过了七天就得到了吴军战胜的消息。曹丕所说“苞原隰险阻而为军者，为敌所禽（擒）”的兵法名言，即便刘备没有读到和听说过，那以他大半生的作战经验，也应该在实战中有所把握，但刘备在全军疲惫时自己竟然疏忽了这一问题，犯下了常识性的错误。

其次，从更深的层面讲，刘备低估了对方指挥员的用兵水平，在持久的消耗战中善始而不能善终。进入吴境后半年间求战不得，刘备并不知道陆逊的筹谋，却逐渐小看了东吴将领，对战情产生了许多疏忽麻痹思想，做出了驻军安营的一系列错误安排。当陆逊要开始反攻时，东吴将领都说：“发动进攻，应在刘备立足未稳的时候，如今蜀军已深入境内五六百里，和我们对峙七八个月，占据了险要，加强了防守，现在进攻不会顺利。”陆逊说：“刘备是个很狡猾的家伙，再加之经验丰富，蜀军刚集结时，他思虑周详，我们无法向他发动攻击。如今蜀军已驻扎很长时间，他找不到我军的漏洞，将士疲惫，心情沮丧，再也无计可施，现在正是我们对他前后夹击的好机会。”陆逊应该看透了刘备的心理变化，但刘备却并不了解陆逊，他心存侥幸心理，没有使自己的军队始终立于不败之地，被对方钻了空子。

再次，从刘备对吴作战的起因上看，他是带着急忿和仇恨心理而发起战争的，这样的心态往往会出现急躁冒进，忽视现实状况和侥幸而取胜的指挥失误。《孙子兵法·火攻篇》中强调“主不可以怒而兴师，将不可以愠而致战”，其实质就是要避免指挥员的不良情绪对战争判断的消极影响。主帅人物的急忿和复仇心理当然不会必然导致对战情判断的失误，但这需要他们长久地自我控制不良情绪并精准把握战场双方的复杂情况，始终做到知己知彼。许多指挥者做不到对自我情绪的长久控制，能善始而不能善终，尤其是处于心理疲惫状态时，往往会激奋浮躁，在关键时候做出忘乎其情的错误决断，刘备就属于这种情况。在吴班的几千人马没能引诱出敌军前来决战时，刘备即把安排于山谷中的八千伏兵在敌人的眼皮下调动出来，把自家简单而可怜的诡诈伎俩不做掩饰地展现给对手。不是刘备对敌人过于大方，而是他的疲惫和浮躁心态过于严重，对异常奸猾的敌人麻痹大意，已经没有了丝毫顾忌。

刘备在战术上的错误安排导致了夷陵之战的重大失败，但在失败的战场上，却涌现出了一些赤胆忠心、死而无畏和铁骨铮铮的蜀中硬汉。将军傅彤为部队做殿后，吴军追来时，他的兵众死伤极多，但傅肜愈战愈勇，吴军劝他投降，他大骂道："吴狗，蜀汉将军哪有投降的！"终于血战而死。从事祭酒程畿乘船逆流退却，部下说："后面追兵紧迫，应把两船连结的方舟拆开，轻舟撤退。"程畿说："我从军以来还未学过因为敌人而逃生。"因为军情变化而撤退，但绝不是畏惧敌人而逃跑，程畿也血洒战场。这些人物的英勇顽强没有改变战争的结果，却显示了蜀汉军队内存的一种精神风貌，这样的军队虽然失败了，但绝不会自此垮掉。

《三国志·诸葛亮传》中记述，诸葛亮在成都听到了夷陵战败的消息后感叹说："法正如果健在，则能劝阻主公对吴作战，即便劝阻不了，也必定不会导致这样的失败。"刘备在夷陵攻战中的失误，是他一生心性疏阔、用兵不精的结果，战术上的错误终于没有能够弥补战前外交上的疏忽，留下了说不尽的遗憾。

2.1（24）战后政局的变化

刘备在222年闰六月兵败猇亭，他在众人的保护下西逃秭归，收集并带领残兵抄小道到达鱼复县（治今重庆奉节东北）白帝城，改鱼复为永安县，大概是要祈求长久安全吧。东吴李异、刘阿等部将尾随刘备追赶，停留在鱼复南山之下，应是想要等待什么进击的机会，但直到八月尚无机可乘，于是返回到了巫县（今重庆巫山县）。而刘备留驻在白帝城并无西返成都的打算，他在城里修建了永安宫，准备在此长久居住。

夷陵之战失败后，蜀汉内外的政治局面发生了某些变化。《三国志·陆逊传》《资治通鉴·魏纪一》记述，当时东吴有些将领主张继续追击刘备，但陆逊等将领早就怀疑曹魏以协助攻蜀为借口，可能会对东吴发动袭击，孙权于是接受了陆逊停战守御的建议。曹丕果然在九月决定大举伐吴，他派征东大将军曹休、前将军张辽出兵洞口（今安徽凤阳东），派大将军曹仁出濡须（今安徽芜湖），又派上军大将军曹真、左将军张郃等进攻荆州南郡（参见1.4.17《三路伐吴》）。曹丕曾在221年夷陵之战前接受了东吴的归顺，否决了侍中刘晔关于趁吴蜀交战之机袭击东吴并瓜分东南地盘的提议，现在吴蜀夷陵之战已结束，他却在实际上实行了刘晔的主张，并且进攻的规模更大些。曹丕这次军事战略变化自有其原因，但因错过了与刘备蜀军同时并进、两相嵌入的时机，其效果无论如何是与刘晔当初的设想不能相提并论的。孙权派建威将军吕范督军抵御曹魏几路兵马，另一方面又言辞谦卑地向曹丕上书说：“如果我的罪责难以原谅，必须加以制裁，我一定奉还朝廷封给我的土地和人民，寄居在交州度过余年。”并为儿子孙登向曹家宗室之女求婚，尽力密切孙曹两家的关系。曹丕给予了模棱两可的应诺，曹魏军队在战场上取得了一些不大的胜利后于次年撤还。在这之前，曹魏对东吴是战是和的战略定向几度变更，选择战，则态度不坚定；选择和，则态度不真实。当时曹丕执政初期，他对东吴的政治态度及其交往策略曾是游移不定的（参见 1.4.9《对吴关系的反转》）。

孙权听说刘备住在白帝城，因为离吴国边境很近，心里为此非常担心，他在 222 年底打发太中大夫郑泉前往蜀汉进行访问，希望双方和好，刘备同意和解，并派蜀汉太中大夫宗玮到东吴回访，双方恢复了正常的对等交往。但刘备的心情是郁闷的，他稍前在山路上被孙桓军队拼命追赶时就忿恨地说：“我当初到东吴京城时，孙桓还是一个小孩子，现在他追逼我竟然这么厉害!”到了白帝城，他惭恨地表示：“我被陆逊羞辱，这是天意啊!”刘备疆场征战大半生，却让一伙年龄更小的人所打败，为此感到羞愧，觉得难以向蜀国群臣见面解释，他驻留于白帝城而不西返成都的原因多是为此，他想等待机会，再次伐吴，在战场上挽回面子后荣耀西返。刘备听说曹丕大举伐吴，他写信给陆逊说：“曹军现已抵达长江、汉水，我将再度率军东下，将军认为我能否这样做?”给陆逊的书信是刘备当时内心情绪和个人意气的坦荡发泄，是他在战胜者面前顽强无畏英雄性格的展现，无论刘备其时身体状况如何，他当时其实已组织不起一场稍有规模的讨吴大军了，但他应该已经看到了曹魏攻吴对于蜀吴交战的战略配合意义，感到了自己伐吴之前没有联络曹魏同时行动的外交疏忽。

阴差阳错，魏蜀两国同年内都曾大规模地进攻东吴，因为没有进行正常的联络协调，双方行动在时间上的不同时导致两国都没有取得应有的效果，坚定伐吴的蜀国更是在战场上满盘皆输。当时陆逊给刘备回信说：“只恐怕贵军新败，元气还未恢复，所以才与我们和好。应当养伤恢复，不宜穷兵黩武，如果不慎重考虑，再把残兵败将远途送来，那就无所逃命。”事实上，吴蜀外交上和好，但相互间的忌恨和防备并没有真正消除，刘备内心的复仇欲望可能更加强烈。“江流石不转，遗恨失吞吴。”唐人的怀古诗句应该表达着更多的内涵。

蜀汉的国内政局在夷陵之战后也有了一些变化。当时东部战线不稳定，周边蛮夷部族有叛离现象，汉嘉太守黄元的反叛就集中反映着内部局势的不稳定。汉嘉郡（治在今四川名山北）太守黄元此前一直与诸葛亮关系不好，他听说刘备在白帝城患病，恐怕事情变化，诸葛亮会加害自己，因而率领汉嘉全郡反叛，放火烧了临邛（今四川邛崃）城，当时诸葛亮由成都东下看望刘备，成都守备单薄，黄元借机举事。益州府的主事官员杨洪把情况报告给太子刘禅，建议派遣将军陈曶、郑绰讨伐黄元。大臣们认为如果黄元不能包围成都，会经越巂（今四川西昌东南）占据南中（指今四川大渡河以南及云南贵州）。杨洪说：“黄元一向性情凶暴，对人不施恩德信义，没有能力那样做！不过是顺水（青衣江）东下，盼望主公平安，再捆绑起自己去请求主公治罪；如果他想反叛，也不过是逃奔吴国求条活命而已。只要命令陈曶、郑绰在南安峡口拦截，就可将他生擒。”黄元叛乱失败果然顺青衣江东下，被陈曶、郑绰生擒后斩首。黄元顺水东逃的行军路线说明杨洪对其分析认定是正确的，他举事失败后甚至还想着去白帝城向刘备面缚请罪，而没有去投奔东吴，这表明黄元其实不是反叛刘备，而是叛离刘备身后主持蜀汉政务的诸葛亮。

因为官员间个人关系的不同，生性粗疏凶猛的地方官员黄元恐惧于后任主政人的管治方式，因而莽撞地制造了地方动乱，造成了蜀汉政局特殊时期的紧张局面。兴事动乱的首犯很快落网被杀，局势得到了控制，但由此已能看到蜀汉政权中刘备和诸葛亮两位主事人，因执政风格与待人态度的不同，在权力易手时可能引起的政局颠簸。

2.1（25）最后的嘱咐

刘备222年伐吴兵败，他新任的张南、冯习等一批年轻将领阵亡，黄权、杜路、刘宁被迫归降了曹魏或东吴，并未随军的骠骑将军马超和司徒许靖在后方病逝，大将黄忠也在两年前去世。几年间事业未见辉煌，而身边才俊凋零，猇亭之败更是让蜀汉事业遭受了严重打击。刘备虽然向陆逊写信作出过战争威胁，表达了他必定要再次伐吴的雄壮气概，但他身心上承受的忧愤和创伤却是巨大的。他在白帝城休养恢复，最初自然有守住东方疆界、等待时机再度伐吴的不屈雄心，但数月之后，却感到自己身心愈发沉重，几种病状在加剧，他有了一种不祥的感觉，不得不转而考虑蜀汉事业在自己身后守护延续的事宜。

当年十月，刘备发诏书让诸葛亮在成都南北郊营建宫室、庙宇、祭坛等皇家建筑工程，应是希望向蜀汉臣民展现出雄壮宏大的气象，但到223年二月，他就诏令丞相诸葛亮和犍为郡（治所约在今四川彭山东）太守李严从成都前来永安受事，已是情况紧急的信号。《三国志·蜀书·先主传》《资治通鉴·魏纪二》记述，刘备在白帝城永安宫见到了诸葛亮和李严，他任命李严为尚书令，作诸葛亮的副手，共同辅佐太子刘禅承继蜀汉政权。刘备对诸葛亮说："你的才干胜过曹丕十倍，必定能安定国家，完成大业。如果我的儿子可以辅佐你就辅佐他；如果他没有才德，你就可以自己取代他。"诸葛亮淌着泪说："臣下怎敢不竭尽全力辅佐，献出忠贞不贰的节操，至死方休！"

刘备与诸葛亮的对话，应是传统社会中君臣间一次最为坦荡的交心，刘备是以事业为重的，他到人生的最后时刻当然顾虑自家江山的承继，但考虑更多的则是蜀汉事业的推进，两者如能结为一体，那是再好不过；但如果刘家后人的执政地位拖累了蜀汉事业的发展，他宁可不要前者，因为气势难定的蜀汉政权凝结着他一生的心血，那将是后人认识自己，并评价自己生命价值及其历史地位的基本标尺；而没有了蜀汉事业的发展壮大，刘家的政治地位终究难以保持，因而蜀汉事业的发展永远是属于第一位的。但现实状况是，这一事业正受到曹魏和孙吴的挤压，距离自己的理想目标还相去甚远。他深信诸葛亮的治政才能远远胜过曹魏掌权人曹丕，这是蜀汉政权将来能够高歌迈进的重要依据，因此他希望诸葛亮能够不受任何束缚地充分发挥本有才能，只要能把蜀汉事业宏大到极致，就不必去困守那遭受掣肘的庸常规范。这种情思应该是发自刘备的内心而无任何造作的。另一方面，诸葛亮是深受传统文化影响的士人，他一直感念刘备对他的器重和对自己长期以来的放手使用，听到刘备的临终吩咐，他更理解了蜀汉事业在主公心目中的分量之重以及寄予自己的无上信任，但他认为，自己完全可以把执政能力的发挥与对新老君主的忠诚统一起来，而赢得年轻君主的完全信赖也属于自己执政能力的本有部分，自己完全可以达到，最后终能实现蜀汉事业的推进和个人品德丝毫无损的完美统一。在君臣两人的生死诀别之际，他们在此围绕最关键的问题赤诚面对，表露心扉，展示出了人性情感中最辉煌的亮点。

诸葛亮在白帝城留住有两月之久，据《三国志·马谡传》中所记，刘备还曾对诸葛亮单独说过："马谡言过其实，不可大用，你再仔细考察吧！"这应是刘备发现了马谡实际做事中不易察觉的某种缺陷，并看到马谡平时深得诸葛亮器重，而对他的特别提醒之言，应是在诸葛亮留住身边的两月间，利用非正式的接触机会所讲的，应不属于最后的政治遗嘱之列。史料中没有看到赵云出现在白帝城永乐宫，因而没有对赵云单独吩咐什么。

刘备给儿子刘禅也留下了最后的嘱咐，他写遗诏说："我开始生病只有痢疾，后来出现了其他杂病，觉得好像难以医治了。人过了五十岁不能称为寿短，我已经六十多了，没有什么遗憾的！我不为自己感伤，只是惦念你们兄弟。射援先生前来时，说丞相惊叹你的智识增长很大，远超他的期望，如果真是这样，我就没有什么可忧虑的！你要努力再努力！不要因为坏事很小就去做，不要因为善事很小而不做。只有才能和品德能使别人信服。父亲德行浅薄，不值得你效仿。应该读《汉书》《礼记》，有空可阅读诸子著作及《六韬》《商君书》，这对人的思想和智慧会有很大助益。听说丞相已抄写完《申子》《韩非子》《管子》《六韬》，尚未送你，路上丢失了，你可以再找有学问的人请求学习。"他又叫来儿子刘永说："我死之后，你们兄弟与丞相共同处理政务，对待他要像对待父亲一样。"

刘备在给儿子刘禅的遗嘱中介绍了自己的生病过程，表达了他对自己即将离世的坦荡心情，重点强调了对继任人才能和品德的看重，告诉了儿子做人做事的根本所在，督促他用读书学习的方法不断提升自己的才德；刘备提到的射君为军议中郎将射援，本为蜀中老臣，是荐举刘备作汉中王的主要牵头人之一，诸葛亮曾以他为丞相府主事人，任职丞相祭酒。刘备转借他人的评价肯定了刘禅学业智识的进步，属于一种正面激励吧，他耐心地为儿子列出了年轻执政人应读的书单，简短文字中没有忘记表露诸葛亮对儿子的殷殷期待和关爱深情，他是有意借此强化刘禅对诸葛亮的情感认同，为他们而后的合作共事作细心铺垫。刘备为随行前来的儿子刘永专门设置了他们与诸葛亮关系的模式，要求他们在共同做事中把诸葛亮当父亲一样看待。他相信，儿子们以这样的态度来看待和处置与诸葛亮的关系，能做到长慈而幼顺，就没有处理不好的关系。

值得注意的是，刘备在给刘禅所列读书清单中，既有传统文化中诸子百家的经典，也有记录了前代政治家治国理政过程与经验的当朝史学著作，希望儿子从历史中获得做事的借鉴，明史而益智。书单中尤其鲜明地突出了诸多法家的经典，这些著述直接是为帝王而作，涉及君主治国的要领和方法，传统上所说的法家刑名之术，以及世俗所谓权谋韬略充斥其中，刘备大概认为这对刘禅的治国更有现实作用。俗语说："吃谁奶，跟谁像。"人类个体思想的成长，总与他接受到的文化养料有关，对于成长中的年轻人而言，传统经典就是养育个体思想精神的奶汁，喝下怎样的奶汁，思想精神就有可能成长为怎样的人物。此中最遗憾的是没有兵家著作，兵家之学对战乱年代的政治人物本来是不应缺少的，这大概属于刘备本人知识缺陷的折射。而从刘备给儿子刘禅精心开列的书单中可以看到，他至少是希望自己后代通过吸入优良的精神养料，逐渐成为一位既有高尚道德情操，又有成熟治国技巧和丰富谋略思想的政治熟手。

做了这些关键事情的交代，刘备在当年四月合上了他的双眼，时年六十三岁，得谥号为昭烈皇帝。丞相诸葛亮护送灵车回到成都，由李严作中都护，留下来镇守永安。

2.1（26）一种传统精神的代表者

六十三岁的刘备于223年四月病逝于白帝城，蜀汉政权一时失去了掌舵把航的核心人物。无论从蜀汉政权代表的现实政治倾向看，从刘备一生百折不挠不懈奋争的人生历程看，还是从他生前及身后人们的寄望看，刘备作为三国时代的精英人物，他的思想选择及其行为目标都凝聚着一种现实的社会风潮，他毋宁说是三国时代一种传统精神的代表。

刘备在政治上的目标选择决定了他坚守儒家纲常思想的文化态度。东汉朝廷已经走到了空前衰落的地步，但它仍然是许多社会民众眷恋的对象，不少中下层百姓习惯于先前原有的社会秩序，并将其认作亘古不变的生活程式，面对社会政局的巨大变化有一种无名的惶恐感，因而宁愿在先朝的政治框架中平稳生存。刘备以夺取天下最高权力为自己政治活动的最终目标，为了赢得民众的支持和应有的社会力量，根据他汉室宗亲的身份，就必须打出复兴汉室的政治旗帜。然而，汉室在天下政治中心的地位是以传统的纲常伦理思想来维持的，以纲常伦理为核心的儒家思想本来就是维护传统政治的工具。刘备打出复兴汉室的旗帜，并把名义上尊奉天子的曹操指认为国贼，既是公开了自己重建天下政权的目标，也是选定了尊崇传统纲常思想纯正性的文化态度。刘备应是深受儒家观念影响的政治人物，传统思想的文化精神在他身上都有明显的体现。

首先是自强不息的进取精神。刘备出生于织席贩履之家，没有袁绍曹操那样显赫的家世背景和丰厚资产，他凭自己的一己之力自闯天下，勇敢地踏进那个山摇地动、风劲雨烈的政治领域，带领自己的团队在时代风口搏击拼争，为实现自己的政治理想而顽强地奋斗了几十年，终于掌州建政，创立蜀汉，取得了阶段性的成果。蜀汉政权的建立说到底是刘备进取精神的成功，在为理想目标的长久奋争中，他失败过，迷惑过，享乐过，在风景处滞留过，但他终究没有为强敌所征服，没有因挫折而气馁，没有被温柔香阵所惑乱，也没有为富贵享乐所招降，信念和理想是他永未放弃的追求。徐州名士陈登一直把刘备作为自己人生楷模之一，推崇他的王霸才略，其中理想信念的坚不可摧和个人意志的坚韧顽强应该是重要原因。刘备屡败徐州并连失家眷，但他一次次重整队伍再竖旗帜；困守荆州而髀里肉生，他曾为久离阵战而潸然泪下；成都的皇帝之尊没有阻挡他东征的决心，白帝城的病困没有抑制他复仇的豪气。刘备把他未能实现的追求托付给了事业继承人，他宁愿放弃血亲承继也寄望以非庸常形式而推进理想目标的实现，这当中包含了多么难得的胸怀和气度！个体的生命是有限的，而投射在刘备有限生命中的文化精神却表现着永不停顿的追求。

同时是赤诚相待的仁爱精神。刘备赤手空拳闯天下，并没有特别突出的筹谋韬略和超人武艺，他在政治活动中能够征服人心并聚集队伍，所依靠的法宝就是诚信仁爱的德性操守，这是中国最传统的思想信条之一，刘备把这种思想精神融化在脑海中，和时代的利益追求相结合，并注意把它最大程度地展现出来，使交往人始终能感到走近时的温暖，并感受到施予人心底的赤诚。他与关羽张飞的交往和友谊终身不渝；赵云、庞统、徐庶、法正等大批非凡人士都是感受到刘备的赤诚与温暖而坚定归附的。尤其是，刘备仁爱情怀中的包容性非常突出，关羽曾经投降曹操，徐庶为了母子之情要前往曹营，张飞当年丢失了徐州与家眷，刘备都丝毫没有计较，表现了特别的宽容；夷陵之战后在江北督军的黄权因退兵无路，迫不得已投降了曹魏，蜀汉有关官员请求逮捕黄权的妻子儿女，刘备坚持说：“是我有负于黄权，不是黄权辜负了我。”他自担兵败责任，以真诚包容之心对待黄权，这与袁绍对田丰、曹丕对于禁的态度形成鲜明对照，展现了一种仁者爱人的宽广境界，刘备身边的官员们应该都能由此感受到共同的温暖。

《易经》中提出，有所作为的君子都该效法天地之正气，应当做到自强不息和厚德载物，这是提倡有价值的人生应当树立起来的进取精神与仁爱精神，刘备一生的奋斗历程及其行为特征正与这样的精神相符合。在风雨动荡的战乱年代，社会政治生活的崩坍和传统纲常思想的失落使某种文化精神遭受巨大的冲击与考验，这更展现了刘备一类精英人物对其坚守态度的稀贵，因而使他能作为传统精神的代表者。刘备之所以能被后世人们长久追忆，他的言行作为能激起历代人们心中不断的潮涌激荡，道理恐怕正在于此。

事实上，刘备在现实政治活动中对传统文化精神的坚守也常常遇到一些新的问题，其中主要是信义和功利的冲突，以及法与情的矛盾。传统文化是看重信义而轻视功利的，但刘备的政治活动必须以现实功利作归结，信义与功利的冲突因而难以避免。刘备在占取刘璋益州时就为这一冲突长久纠结，迟迟下不了行动的决心，后来所选取的缓进策略贻误机会，导致军师庞统的阵亡；他也曾为这一冲突放弃了对刘表荆州的提前行动，导致事业走了一条极其曲折的进展之路，但刘备还是在信义的坚守中尽可能和缓地加进了功利的追求，把传统文化精神的坚守推进了一步。另外，对待法和情的矛盾，传统儒家思想是看重亲情并主张亲疏有别，受这种文化精神的影响，刘备对蜀汉集团的人物根据加入时间的先后不同而常有亲疏不同的对待，后起法家主张的平等理念在蜀汉集团中没有得到正常的发扬，这在一定程度上抑制了集团的外向开放以及对外界人才的吸纳，致使与中原对峙后期出现“蜀中无大将”的局面，刘备用他殷勤待人和真诚交心的态度，以及他精准识人的慧眼和放手使用的胆识弥补了其间的不少薄弱点，这些都为传统文化精神的坚守和发扬做出了具有时代特征的探索和努力。

刘备的灵柩在当年五月到达成都，诸葛亮宣布了刘备关于蜀中官员丧礼缩短到三天的遗令，十七岁的太子刘禅继位为蜀汉皇帝，诸葛亮被封为武乡侯，兼任益州牧，主持蜀汉政务。刘备的遗体在八月被安葬于惠陵（在今四川成都），蜀汉政治进入了新阶段。刘备的事业和精神自此成了一种遗产而存在，他的精神特征及其影响究竟如何，需要后来的人们逐渐认识和体味。

2.2 追随刘备的弱主猛臣

223 年刘备在白帝城去世，同年五月十七岁的太子刘禅继位为蜀汉皇帝。刘备生前以他的不凡人格和特有方式团结了一大批优秀臣属，蜀国政治其实一直受到刘备身边诸多大臣猛将的影响。

2.2（1）刘禅执政（上）

刘禅字公嗣，小字阿斗，他继位后改章武年号为建兴年号，封丞相诸葛亮为武乡侯，兼任益州牧。按照刘备生前的设定，蜀汉内外政务由诸葛亮主持。《三国志 · 蜀书 · 后主传》及其引注大略记述了汉帝刘禅先后在诸葛亮、蒋琬、费祎和姜维等人辅佐下在位四十一年的国政变化，其主体内容相当于蜀汉国家的编年大事记，由此可以看到蜀汉在刘备离世后发展演进的主要阶段，窥察到刘禅在其中的作用及其特点。

第一个阶段：诸葛亮主政 11 年

223 年至 234 年（即建兴元年—建兴十二年）。刘禅曾当着众大臣的面对诸葛亮说："政由葛氏，祭则寡人。"他本人只负责国家礼仪祭祀的事情，把其他政务全部交给诸葛亮。223 年因牂牁（郡治约在今贵阳附近）太守朱褒拥郡反叛，益州郡大姓雍闿、越嶲郡（治在今四川西昌东南）夷王高定也同时反叛。诸葛亮即率领军队南征四郡，到 225 年方才结束返回。经过一年多的准备，他又于 228 年起北伐曹魏，连续六次出击，于 234 年病逝五丈原（今陕西眉县西南）。

这期间蜀国邓芝 223 年十月访吴修好，吴国中郎将张温次年回访蜀国，双方恢复了同盟友好；226 年魏文帝曹丕去世，儿子曹叡继位，是为魏明帝，司马懿受诏辅政，成为魏国重臣；228 年蜀军进军魏国时在街亭（今甘肃庄浪东南）兵败，马谡被杀，诸葛亮上疏自贬，次年刘禅再任诸葛亮为丞相；229 年孙权即皇帝位，是为吴大帝。234 年蜀军退兵时前军师魏延被杀。

第二个阶段：蒋琬、费祎主政 13 年

234 年至 246 年（即建兴十二年—延熙九年），诸葛亮去世后，刘禅以丞相府长史蒋琬为尚书令，总理国事，次年升任蒋琬为大将军，费祎接任尚书令，尚书令是直接对君主负责并总揽政务的首脑。其后蒋琬再晋大司马。刘禅让费祎辅助蒋琬的政务事宜，隔年任费祎为大将军。

其间 235 年中军师杨仪因不得秉政而怨望，被废为民，后又上书诽谤，有罪自杀。239 年魏明帝曹叡死，八岁的太子曹芳继位；241 年蒋琬大造船只准备沿汉水顺流进攻魏兴（今陕西安康）、上庸（治今湖北竹山西南），未能成行。

第三个阶段：费祎、姜维参政 17 年

247 年至 263 年（即延熙十年—景耀六年）。延熙九年大司马蒋琬去世，《魏略》中记述说："琬卒，禅乃自摄国事。"刘禅时年四十岁，国家大事自此应是他自己作主的时候更多些，而费祎仍是主要的辅政者，其时卫将军姜维应有机会参与更多的军政事务。256 年，大将军费祎被魏国投降之人郭循刺杀，三年后姜维升任大将军，负责主持蜀汉军政。而刘禅不久放任宦官黄皓参政专权，其与姜维矛盾较深，无法配合，姜维逐渐淡出，这应是蜀汉政权失去规范程式的时期。263 年魏将邓艾经阴平（即甘肃文县）兵抵成都，刘禅接受了光禄大夫谯周的建议出城投降，蜀汉遂亡。

这一时期的主要事件有，249 年魏国发生高平陵事变，司马懿杀曹爽之党，司马氏专魏政；同年魏将夏侯霸投奔蜀国；姜维从 249 年到 262 年间屡次出兵北伐中原，与魏将邓艾各有胜负；252 年吴大帝孙权死，十岁的太子孙亮继位，次年孙峻谋杀诸葛恪，专吴政；254 年司马师废曹芳，立高贵乡公曹髦为帝；259 年吴权臣孙綝废孙亮，立孙休为帝，景帝孙休杀孙綝；260 年魏帝曹髦被杀，司马昭立曹璜为帝，改名曹奂；261 年吴使者薛珝自蜀返回后向孙休说，蜀汉朝中无直言，民皆菜色，君臣不知祸之将至。此时明眼的吴人已经能够看出，蜀汉政权到了最后的时刻。

刘禅是三国时代在位时间最长的皇帝，从他在位 41 年三个执政阶段的大致情况可以看到，执政初期，他应是真实按照父亲所嘱托的那样，让丞相诸葛亮主持内外政务，自己是名义上的皇帝，只负责国家典礼仪式和祭祀方面的活动，政务管理上只作一个小学生，他要放手发挥诸葛亮治国理政的才能。诸葛亮南征北伐，没有看到刘禅参与任何主导性的意见，只作了一些支持配合的事情。诸葛亮在227年准备伐魏前所上《出师表》中，除表达自己的心志决心外，还向刘禅耐心说明了执掌国家政务的要点，及蜀汉当时可以信用的人才。刘禅其时向诸葛亮下了诏书，其中客气地说道，自己没有经过学习训练，就承担了先父交给的重任，所以内心恐惧，以至“夙兴夜寐，不敢自逸”。他赞扬诸葛亮“忘身忧国”和“以勖朕躬”的行为，是肯定了其为国献身的精神和给予自己的勉励。诏书中还明确表示拨给二十万步骑兵让诸葛亮统领，授予他行事专命之权；最后还表示欢迎魏国将士前来归顺，战场上投降后既往不咎，且有重奖等等。这些内容都反映了他们之间和谐健康的配合关系。

诸葛亮病逝五丈原前，刘禅派尚书仆射李福去前线慰问看望。《三国志·蜀书十五》引注中记述，李福后来代表刘禅询问诸葛亮身后可以主持国家政务的人物，诸葛亮提出了蒋琬，并在蒋琬之后推举了费祎，刘禅后来正是按照诸葛亮的这一思路安排第二阶段主政人物的。大概由于年龄和其他具体情况，刘禅对两人不是单独任用，而是分步提拔，又几乎同时任用。这种变通的方法改变了先前一人独用的形式，使他们两人互相辅助又互相制衡，可能会有更好的效果；蒋琬后来去世，而费祎能够即刻接手，也避免了政务交接时可能出现的漏洞。

刘禅执政的最后一个阶段稍长些，当时魏国和吴国都处在了国内权力斗争激烈时期，魏国的改朝换代已有明显表征，而吴国的上层统治也显得非常虚弱。如果蜀国此时具有坚强的领导核心，并能有正确的战略发展筹谋，利用敌国内部分化造成的机会而兼并天下也不是没有可能。然而遗憾的是，蜀国此时却进入了缺乏核心、政治战略及其执行程序均相紊乱的阶段。刘禅自己执掌国政，在考验他政治才能的舞台上，他没有明确的战略规划和组织程式，因而并没有把事情做得很好；参政的费祎、姜维与黄皓也没有形成统一意志，导致了蜀汉政治走向没落，吴使者薛珝看到的情况反映了蜀汉当时经济政治的全面衰弱，谯周劝降是其最后的结果。

与魏吴两国不同的是，蜀汉政权即使到最后衰弱的阶段，也没有出现强臣压主的内斗和争夺，传统思想伦理所要求的君臣规范在西蜀土地上依然得到基本的遵循，这似乎可以表明，创国者刘备所坚守的传统儒家某种思想精神，首位政务主持人诸葛亮所身体力行的臣属尊君之道，都更多地浸透在了蜀汉政治的构成要素及其人物心灵中，长久影响了政治的运作。

2.2（1）刘禅执政（中）

刘禅继位做皇帝时年龄尚轻，军国政务由所托付的大臣主持掌控，他直到四十岁时才被认为亲理朝政，因而在成年后接触更多的是内眷和宦官，史料中对这些方面自然有较多记录。

刘禅身边有身份的两位女人都是张飞的女儿，并且先后都做了皇后。《三国志·蜀书·二主妃子传》中记述，在221年刘备称帝时，车骑将军张飞的长女被纳为太子妃，223年随刘禅继位而作了皇后，十四年后去世，谥号敬哀皇后。敬哀皇后去世时，张飞的另一女儿入宫为贵人，她是敬哀皇后的妹妹，入宫次年（238年）被封为皇后，这位张皇后在蜀汉亡国后一直跟随刘禅去了洛阳。另外，敬哀皇后的身边曾有一位姓王的侍女，在敬哀皇后生前被刘禅纳为贵人，生下儿子刘璿，238年十五岁时被立为太子，太子刘璿的弟弟有刘瑶、刘琮、刘瓒、刘谌、刘询、刘璩共六人，应该不是同一位母亲所生，史料上还记录了蜀汉亡国时因不屈而自杀的李昭仪，看来刘禅身边的女人应该不少。

刘禅的张皇后与曹魏夏侯渊家族有亲戚关系，刘禅后来与夏侯霸有过亲密接触。《三国志·夏侯渊传》引注《魏略》中记述，大约在200年时，夏侯渊的侄女在徐州沛地的山中打柴，被张飞碰到，张飞只知道他是平民家的女儿，就带回来纳为妻子，她生下的女儿，有两位做了刘禅的皇后。当时夏侯渊在汉中定军山被蜀将黄忠所杀，张飞的妻子就请求将其安葬，尽了一份亲情。249年魏国高平陵政变，司马懿杀了曹爽，又召曹爽的表弟夏侯玄前来洛阳，夏侯渊的中子夏侯霸时任魏国右将军，正在与蜀军作战的前线，他是夏侯玄的叔父，又一直与曹爽的关系很好。他听说曹爽全家被杀，夏侯玄又被召去洛阳，认为司马懿不会放过自己，必然也会加害，加上他在前线与雍州刺史郭淮不和，于是就冒险越过阴平山谷而奔投了蜀国。夏侯霸和张飞的妻子是堂兄妹，他因此而被刘禅请去相见，刘禅见到夏侯霸说："您的父亲是在战场上遇害的，不是我的父亲所伤害。"他又用手指着自己的儿子说："这是夏侯家的外孙。"对夏侯霸厚加爵宠。

夏侯渊的儿子夏侯霸因为曹魏国内矛盾前来投降蜀国，夏侯霸的堂妹又在四十多年前做了张飞的妻子，而堂妹的女儿正是汉帝刘禅的皇后。如此复杂而又亲近的关系本来不难理清，但偏偏夏侯霸的父亲在三十年前的汉中争夺战中被蜀国大将所杀，使夏侯霸与蜀汉皇帝刘禅相见后面临不小的难堪。刘禅见面后首先就战场伤害问题撇清他们私家的关系，他所见到和面对的是皇后的舅舅，这属于一种私家关系；刘禅还指着儿子称是夏侯家的外孙，无论他指的是哪一位，都是一种化解隔膜和拉近亲情的方式。清代学人周寿昌说，刘禅见夏侯霸之面能说出这种话，也能看出他不是一般人。

刘禅后期的宫中发生了一次情感绯闻。《三国志·刘琰传》记述，刘备早年在徐州豫州之时结识了一位叫刘琰的跟随者，因是同宗之姓，非常亲密，就任为从事，占领益州后任其为固陵（辖巫山、秭归之地）太守，刘禅继位后封为都乡侯，为卫尉中军师后将军，升为车骑将军，位次约在李严之后，但不参与国政，领着千余士兵，生活奢靡，有侍婢几十人皆能声乐歌唱。一段时间来，刘琰神志恍惚，249 年正月，刘琰的妻子胡氏入宫向太后贺岁，此时的太后应是刘备的吴夫人，太后特别挽留胡氏在宫中，一月多后才出宫返回。胡氏长得漂亮，刘琰怀疑她与刘禅私情通奸，就让手下军中官员用鞋子在胡氏脸面上击打，其后将胡氏抛弃遣回娘家。胡氏为此告发了刘琰，刘琰被逮捕下狱，法官判决说："士兵不是打妻子之人，脸面不是受鞋打之处。"最后将刘琰弃市，即在人众聚集之处执行死刑。

刘琰是刘备早期的追随者，其时年龄至少已达六十岁，他娶了一位漂亮的年轻妻子，因为自己神志恍惚不清，妻子进宫后竟长久居留，却假以太后挽留的名义，皇宫中的成年男性只有刘禅一人，刘琰怀疑妻子胡氏是与刘禅缠绵不归不是毫无道理，于是做出了自己的惩罚性处理。政府司法部门接受了胡氏对刘琰的告发，但对刘琰的处罚明显过重，司法人员没有去了解事实真相，就对刘琰处以极刑，缺乏基本的公正性。后世读史者一直不明白这一判决究竟是依据什么法律条文，以至于认定刘禅与胡氏真有私情，事情被泄露后需要用司法来掩盖反而欲盖弥彰。

刘禅在蒋琬之后自摄朝政，但他信任宦官黄皓，常常把事情交给黄皓去处理。郭攸之、董允曾是诸葛亮在《出师表》中向刘禅推荐认可的人物，让他“宫中之事，事无大小，悉以咨之”。朝中侍中董允因为勤恳有为，后来兼任虎贲中郎将，统宿卫亲兵，不时能匡正刘禅的失当行为。《三国志·董允传》中记述，刘禅曾想采选美女扩大后宫，董允坚持说古代天子后妃的数目不超过十二位，认为不能增加。但刘禅年龄渐大后喜欢宦人黄皓，黄皓善于逢迎讨好，有些小聪明，董允经常对其当面斥责，毫不留情，黄皓一直不敢过分放肆。后来刘禅让陈祗代替董允任侍中，陈祗与黄皓关系很好，他们互相支持，黄皓开始干预军政事务。陈祗死后，黄皓从黄门令升为中常侍、奉车都尉，乃至操弄国政，直至亡国。

刘禅的庶弟、鲁王刘永憎恶黄皓专权用事，黄皓暗中向刘禅说刘永的坏话加以诬陷，刘禅于是疏远刘永，刘永被限制了朝见资格，兄弟两人十多年不见面，直到 264 年蜀亡次年刘永东迁洛阳。姜维在战场杀敌立功，但常常受到黄皓在宫中的掣肘，他一直痛恨黄皓擅权，在 262 年从战场返回成都后，即建议刘禅杀掉黄皓，刘禅说：“黄皓是个在宫中跑腿的小人物，你不必介意他！”事后又让黄皓登门向姜维道谢。刘禅把宫中出现的错失揽在自己身上，实是保护黄皓，姜维无法改变现状，只好退回沓中（今甘肃舟曲以西、岷山以南)。刘禅后期对黄皓的信用比较坚定，可能是他自摄政务后难以离开黄皓的扶助，这当与他政务不熟，治国才能不足有关。

刘禅是刘备早先的甘夫人 207 年在荆州所生，他一岁时在长坂坡的战乱中险些丢失，多亏赵云救回了母子二人。209 年母亲去世，211 年父亲刘备出征西蜀，年轻的后母孙氏准备把他带回东吴娘家，赵云和张飞在荆州江口将其截夺而回。他在少年成长时期是疏于教养培育的富贵公子，成了一位心性疏阔、自律不强及学业庸常的青年，由于自身的放任与所处环境的宽容，父亲临终的谆谆教诲和师父诸葛亮的殷勤指导，没有完全改变他的心理底色，他曾想担负起蜀汉事业的重任而自理朝政，但失去了身边强大人物的指导和支撑，他心无主见，对军国事务不知如何措手，只好听任身边宦官随意染指，直至失政丧国。

2.2（1）刘禅执政（下）

蜀汉二代皇帝刘禅在大司马蒋琬死后“自摄国事”，亲理军国政务，由于心志不聚，才具欠缺，反被宦官小人长久染指，导致政权运作机制紊乱，摄政十七年间即把蜀汉推到了毫无生气和衰弱不堪的地步。263 年八月，魏国派出征西将军邓艾、镇西将军钟会及雍州刺史诸葛绪三路伐蜀，姜维等人据守剑阁，将钟会、诸葛绪的军队挡在了阳平关，而邓艾则偷渡阴平，攻占江油（今四川平武东南），在绵竹打败了卫将军诸葛瞻的军队，直向雒县（今四川广汉）进逼。

成都城中的人们没有想到魏军很快打到了眼前，立刻慌成一片，百姓纷纷逃入山中躲避，大臣们主张东投吴国或者向南部退却以自保，一时失去了主张，光禄大夫谯周力主降魏，并为此说服了刘禅，刘禅遂派侍中张绍和邓良带着降书与印绶前往相送。刘禅的儿子、北地王刘谌闻听此讯，怒气冲冲去见父皇，要求君臣们背城一战，同为社稷而献身，刘禅没有答应。刘谌到昭烈庙中大哭了一场，他回家先杀妻子，而后自杀。刘谌不愿屈膝投降而做出了过激反应，表现出了不惧顽敌、死而无畏的气节，身边人无不为之伤感涕泣。

张绍和邓良在雒县见到了邓艾，邓艾拿到降书，非常高兴，他写信做了回复，高度赞扬了刘禅等成都官员顺应天命、爱护百姓和明智通达的态度。刘禅接到对方的受降书，即派遣太仆蒋显去通知姜维军队放下武器，又让尚书郎李虎向邓艾送去蜀汉士民户薄及土地物资等清单，共有二十八万户，男女人口九十四万，带甲将士十万二千，粮米四十多万斛，金银各两千斤，锦绮彩绢各二十万匹等等。邓艾到了成都北郊，刘禅与太子诸王和六十多位官员一起出城，他把自己双手绑在背后，并拉着棺材到邓艾营门前相见，这是一种投降的仪式，表示无颜露面及前来受死；邓艾则为刘禅解开绳索，烧掉棺材，以示宽免。邓艾承旨授刘禅为骠骑将军，刘禅再下令汉中军队放弃魏延当年建就的诸多围守，为魏军对各地的全面占领清除了一切障碍。

姜维的部队接到投降命令后，军士们莫不激奋，纷纷拔刀砍石，他们正在奋勇抗敌，不愿投降但无可奈何；东吴丁奉等人领军队前来救援蜀国，听说刘禅已经投降，中途罢兵返回。刘备当年入川用了一年多时间才攻下雒城，军师庞统阵亡于此，为拿下雒城付出了巨大代价，而邓艾现在未到雒城即拿到了对方的降书，当然非常高兴。当时邓艾的几千疲惫之兵并非不可防御，刘禅是在蜀汉尚有抵御能力的情况下未战而降的，这令后世不少人为之扼腕长叹。由于刘禅的主动投降和积极配合，到当年年底，蜀汉各地已完全掌握在了魏军手中。

邓艾和钟会先后都攻入蜀国，他们心志不同，两人间很快产生了矛盾纷争。钟会的军队更多些，他借邓艾在成都处事专权而诬陷其有反叛之意，与监军卫瓘以槛车收捕了邓艾送归洛阳，又在姜维的支持下谋图自己据蜀称王。钟会不久即挟持手下将官反叛，但做事不密，反为将官们所杀，成都城内于是发生了空前惨烈的大混战，太子刘璿、姜维及其家小均被乱军所杀，混战持续了好几天才得以平定（参见2.9.6《没有扶起已倒的大厦》）。事件发生后，魏国觉得将刘禅放在成都会引发出不良事态，于是决定让他迁出成都。

264年刘禅举家迁到了洛阳，被封为安乐县公，并且得到了不错的待遇，包括食邑万户，赐绢万匹，奴婢百人，他们兄弟的子孙为三都尉（指奉车、驸马、骑都尉）及封侯者五十多人。另外，陪同刘禅一起到洛阳的原蜀汉尚书令樊建、侍中张绍、光禄大夫谯周、秘书令郤正、殿中督张通都一并被封为列侯。

《三国志·蜀书·后主传》引注《汉晋春秋》上记述了一件事情：当时魏国主政人司马昭与刘禅一起宴饮，为他安排了蜀国的歌舞表演，旁人都为之伤感不已，而刘禅却嬉笑自若如同平时。司马昭对身边的魏臣贾充说："人之无情，竟然到这种程度；即使诸葛亮还在，也不能辅佐他长久平安，何况姜维呢！"贾充说："如果不是这样，殿下您怎么能取得蜀国呢！"过了几天，司马昭问刘禅说："你思念蜀国吗？"刘禅说："这里很快乐，不思念蜀国。"郤正听到后，就请求面见刘禅，私下对他说："如果晋王以后再问，你应当哭着回答说：'祖先的坟墓都远在陇右、蜀地，我心常常望西生悲，没一天不思念。'说完后就闭上眼睛。"后来司马昭果然又问，刘禅就按郤正教的那样回答，司马昭说："你说得怎么像郤正的话。"刘禅惊讶地睁开眼睛说："确实像您所说的那样。"惹得身边人都大笑不止。

人们以为，刘禅在蜀地成都享幸福、有自由，而在洛阳则做俘虏、受监管，因而为刘禅在关键时候没有表达自己思乡返蜀的心情而惋惜，与郤正的想法相同，认为刘禅像傻子一样分不清两地好歹，错失了争取返回蜀都的机会。然而，刘禅是一位受软禁的亡国之君，他最被扣押者所忌讳的是有复国愿望和返乡之情，而最被希望的是沉湎于歌舞享乐，心智有障则最好，多少政治上的失败者在受胜利者控制的环境中因为心有不甘稍有表示而丧命！而刘禅几乎是主动投降的，他到洛阳后根本上就没有恢复故国以及其他的政治追求，保命活口已是他的最大愿望，能有一时的歌舞之乐已是达到了较高的奢望，所以他向司马昭回答“此间乐”，正是一种本性的流露。应该明确的是，司马昭询问刘禅是否思念蜀国的问题，绝不是在考虑是否安排他返回蜀国，魏国把他迁离成都怎能再让返回？司马昭在这里是对刘禅进行智识测验，如果刘禅在回答中得分太高，那他无疑就有性命之虞，刘禅在这里给了一个低分的回答，不知其中主观故意的成分有多大，总之与刘禅的本来心性非常符合，人们自然会嘲笑其智商之低，但司马昭心内已高兴于不必要对刘禅再有其他的动作安排了。

有史家注意到，郤正听到刘禅的回答后想去教给他一些更好的应对答案，史料上用词为“求见”，请求去见刘禅，需要得到批准之意，这表明刘禅当时的行动和交往是受到监视限制的，在这样的对待中，想凭刘禅自己的思乡表达就让魏国执政人安排他返回蜀国，无异于痴人说梦。老臣郤正自己的思乡之情肯定是浓烈的，此前未见他在蜀国政治建设中因见解卓越而出众，现在却有自认上好的答案要教给刘禅，其实是他把蜀国之外的事情想得太简单了。司马昭应该是知道了郤正求见刘禅的事情，并且多少料到了他要与刘禅交流的内容，他第二次对刘禅测验相问，心无主见的刘禅用郤正教给的答案背抄回答，司马昭则一下子揭穿作此答案的背后枪手。刘禅非常惊讶，他知道对司马昭难以欺瞒，就坦直地承认了事情的真相。司马昭的二次相问是以单纯的诚实测验为目的，身边人对刘禅出卖枪手和毫无自我保护的傻气大笑不止，而司马昭则在刘禅的傻气之外看到了其没有心机的诚实，他内心给刘禅受试答卷打了高分，从此对该人可以放心无忧了。刘禅自此在洛阳一直生活到晋泰始七年（271 年）去世，时年六十六岁。

西晋名臣李密早年在蜀地曾拜谯周为师，后来晋司空张华向他询问安乐公刘禅的为人，李密回答说：“可以紧挨着齐桓公。”张华让他做些说明，李密解释说：“齐桓公得到管仲就做霸主，任用竖刁就使自己遭祸；安乐公得到诸葛亮就能抗魏，而任用黄皓就亡国，可知成败的道理是一样的。”史家陈寿对刘禅大致表达了同样的认识，他认为刘禅任贤相则为循理之君，惑于宦官则为昏暗之主，就像本色的丝线会跟随浸染的颜色而变化一样。李密出生蜀国犍为郡，不能排除他对故国君主有抬高褒扬的心理；陈寿的评价则比较客观地表达了一位资质庸常而缺少主见的君主所必然具有的状况。

2.2（2）关羽事迹辨正（上）

关羽是蜀汉集团中跟随刘备最早的骨干，也是人们非常熟悉和热爱的人物。历史小说中对他的活动做出了更多的演绎描写，使其获得了熠熠生光的形象，构成三国文化的一大亮点。我们这里要返璞归真，回到事情发生的起点，从历史资料的记录中弄清本真的人物活动，为此需抛却文学描写与文化沉淀所附加的成分，对人物的某些事迹作出辨正。

关羽字云长，本字长生，河东郡解县（治今山西临猗县临晋镇）人，因在当地犯下命案逃奔涿郡（今河北中部）。《三国志·关羽传》及其引注一共2100多字，对人物记述极为简略，跳跃性又很大，参考其他各处记载，可以弥补和还原关羽的一些事迹。关羽逃亡涿郡后，因黄巾军起事，各地约在184年底按朝廷诏令组织部队镇压，当时涿县24岁的青年刘备得到了中山大商人张世平等人的资助，也正在家乡招兵买马组织自己的军队，关羽和张飞遂一同参加，并成了这支队伍中善于冲锋陷阵的勇将。刘备征战数年投靠了幽州公孙瓒，约在192年任平原相，关羽和张飞被任命为别部司马，是有专属队伍的将领，他们各有自己统属的人马。刘备与关张二人“寝则同床，恩若兄弟”。刘备参与人群聚会的公众活动时，关羽和张飞就会整天侍立在旁，他们跟随刘备各处征战，不避任何艰险。刘备可以和关羽张飞躺在床上彻夜交谈，情谊深厚就像亲兄弟一样，这是在多年出生入死的征战中结下的如同兄弟般的情义，但他们没有举行任何结拜仪式（参见2.1.5《关于兄弟结义的话题》），事实上不能称为结义兄弟。

东汉时期人们推崇义理，诚信义气在下层社会一直被广泛认同，关羽真实地履行了这一规范，加上智勇超群，因而成了当时人们敬佩的豪杰，但史料中没有他与董卓手下吕布、华雄交战的记录。本传引注《蜀记》中记述了一件事情：198年刘备配合曹操围剿吕布，下邳城被包围月余时关羽对曹操说，吕布派将军秦宜禄去袁术那里请求救兵，希望攻破下邳后让他本人娶走秦宜禄的妻子杜氏，曹操答应了关羽。下邳城即将被攻破时，关羽又为此几次请求曹操，曹操猜想这女人可能长得非同一般，破城后派人迎来观看，最后自己收纳了杜氏夫人。《三国志·魏书·明帝纪》引注《魏氏春秋》在介绍曹魏大臣秦朗时涉及此事更多的情节：下邳被围时，秦宜禄被吕布派往袁术那里请求救兵，袁术把一位汉宗室的女子配婚给秦谊禄，秦的前妻杜氏就留在了下邳。杜氏可以说是被秦宜禄弃置冷落的女人，关羽于是几次向曹操请求把杜氏留给自己为妻，这在当时应属于正当的要求吧，曹操答应了但最后违背了诺言。198 年底吕布被剿灭缢杀后，杜氏被曹操所占有（参见 1.3.11《魏王也是个大家长》），秦宜禄投降了曹操，被任命为铚县（治今安徽宿县西南）县长，秦宜禄的儿子秦朗当时跟随母亲去了曹家，被养在宫室，深得曹操喜爱。刘备一行也跟随曹操返回许都，关羽等人一同前往。

刘备到了许都，很为曹操所看重，两人关系极好，其间有许多亲密交往。但刘备为了实现自己的政治理想，与朝廷中董承、王子服等人接受所谓“衣带诏”，暗中结成了反曹联盟。199 年底刘备借口前往徐州截击袁术，领兵离开许都，到徐州后即杀掉刺史车胄（参见 2.1.3《虎穴栖身》），背叛了曹操。刘备掌控徐州后自己驻军小沛，让关羽镇守下邳城，代理下邳太守。但曹操知道刘备反叛后很快组织军队前来攻击，刘备立脚未稳，即被曹操击溃于小沛。当时刘备丢了家眷向袁绍占据的冀州逃跑，张飞跟随刘备路过铚县时对在该县任职的秦宜禄说：“人家娶走了你的妻子，你还为他当县长，怎么窝囊到这个地步！你还是跟我走吧！”秦宜禄跟着张飞走了几里路，心里后悔想要返回，被张飞杀掉。

曹操这次在小沛击溃了刘备，旋在下邳城擒获了关羽，史料上记载：“曹公禽羽以归，拜为偏将军，礼之甚厚。”并没有说明在这里用什么方法交战，如何俘获关羽，但能看到关羽在被俘后即被任为偏将军，受到了曹操很好的对待，两人一年前为娶走杜氏而发生的纠葛根本不成为双方间的芥蒂。曹操在徐州得胜后，立即返回官渡，组织防御袁绍南下的冀州部队。200 年二月，袁绍派大将颜良进攻黄河南岸的渡口白马津，曹操安排大队人马吸引袁绍军队向西移动，然后让张辽和关羽出其不意地奔袭白马，关羽望见颜良军队的主帅麾盖直冲了过去，将颜良刺死于万众之中，斩其首级返还（参见 0.9.13《白马延津折两将》）。而刘备自徐州小沛投奔袁绍，他在袁绍白马之战失利后，受命与大将文丑领三万骑兵进击延津，中了曹操的诱敌之计，前军文丑被杀。延津之战与关羽没有关系，而白马之战关羽为曹军立下了绝大功劳，史料中说，当时袁绍军队中没有能抵挡关羽的将领，曹军的白马之围被关羽所解除，曹操立刻表奏朝廷，封关羽为汉寿亭侯。

关羽的战场神武在白马之战中得到了完全的体现，而曹操也没有薄待他，给了其丰厚的待遇和官职荣誉。曹操内心敬佩关羽的为人，但自下邳带回后他就发现关羽没有久留曹营的意思，于是对张辽说："你试去问问情况吧。"张辽前去询问关羽，关羽感叹说："我深知曹公对我很好，但我受到刘将军的厚恩，决心与他共生死，不能背弃。我终究不会留下来，但我要立功报效曹公后再离去。"张辽听了这话心里非常犯难，他要照直说给曹操，恐怕曹操杀了关羽；而隐瞒不说，又会有欺君罪错，因为感觉到对待君父应重于兄弟朋友，张辽最后把关羽的心思直白地告诉了曹操。曹操听了后竟非常感慨地说："对待君主不忘根本，这是天下的义士。"关羽在白马战役中杀了颜良后，曹操知道他会离去，除过封侯之外又给了关羽很多赏赐，关羽将得到的赏赐全部封存起来，写下书信告辞，遂去袁绍军队投奔刘备。曹操身边的人想要将其追回，曹操说："人都各为其主，不必要追赶。"关羽后来应是在汝南一带与准备脱离袁绍的刘备相见，这里没有刘备两位夫人的记载，没有赤兔马的事情，也没有过五官斩六将的波折，只能看到刘备 200 年八月在汝南兵败后与关羽等故旧部属一同投奔了荆州刘表（参见 2. 1. 7《受困荆州》）。

荆州驻军约八年之后的 208 年八月，曹操率领大军南下，刘表刚接班的儿子刘琮举州归降，驻守樊城的刘备军队在毫无准备的情况下无力抵御，只好向南撤退，关羽受命领着一路水军乘几百艘战船前往江陵作防守之备，刘备兵败当阳长坂后斜趋汉津，与关羽会合于夏口（参见 2. 1. 11《当阳长坂的危与机》）。刘备这次长途撤退损失惨重，关羽本传引注《蜀记》中叙述说，当年刘备在许都时与曹操一起打猎，结束后很多将领都离开了而曹操尚在，关羽私下劝刘备杀掉曹操，刘备拒绝了这一建议。这次刘备与关羽在夏口会合，飘荡于大江之上，关羽想起许都的那件往事，愤恨地说："当年打猎时如果听从了我的话，怎么会有今天的困局！"刘备回答说："当时也是考虑国家安危才制止你。如果天道扶持正义，说不定会由此得福。"刘备当时参加了董承的反曹联盟，他拒绝对曹操直接动手，自然有投鼠忌器保护献帝刘协之意，也有对自身安全的考虑，不会没有道理。但多年后关羽在夏口重提此事，表明了他对曹操并无过多的感激之情，政治利害仍居首位。

这年十一月，曹军在赤壁之战中大败，许多船舰被焚烧，曹操领兵从华容道（今湖北潜江西南）步行而归。《三国志·魏书·武帝纪》引注《山阳公载记》中说，当时道路泥泞不通，天上又刮大风，曹操让疲惫无力的士兵们背着草填埋道路，然后骑着马通过，士兵被马践踏于泥中，死伤的人很多。曹操在华容道遇到的是自然力造成的巨大困难，各处史料中没有诸葛亮安排人埋伏华容道的记录，从关羽对许都狩猎一事的回忆态度中也可以看到他当时根本不可能存有释放曹操的心情。总之，关羽与曹操分属于相互对立的政治集团，曹操对关羽有过敬佩、拉拢和利用，关羽也曾因某种感念而效力过曹操，但他们没有因与同一个女人的纠葛而芥蒂，却因政治利益的对立长久为敌。

2.2（2）关羽事迹辨正（中）

208 年赤壁大战之后，刘备与孙权的军队各自争夺荆州之地，刘备夺取并占有了荆州南部武陵、桂阳、长沙、零陵四郡，驻守长沙攸县的将军黄忠归顺刘备，史料中没有黄忠与关羽大战并在战场互送人情的记录。在刘备占取的地盘上，关羽被任为襄阳太守、荡寇将军，驻在长江北岸。刘备进军西蜀，213 年包围雒城攻打遇阻，次年夏天调走了留守荆州的诸葛亮、张飞和赵云及两万人马，关羽自此独立主持荆州军政事务。

镇守荆州是关羽在蜀汉集团中所担负的历时最长任务最重要的事情，当时他的管辖区大体上北面与曹军相对，东侧与孙吴相连，史料中未见诸葛亮临走时“北拒曹操，东和孙权”的八字留言，但荆州当时所处的战略形势是非常明确的。根据《三国志·关羽传》《资治通鉴·汉纪六十》等处记述，应该提及的有以下事情：

刮骨疗毒 关羽曾经被流矢射中，穿透了左臂，后来创伤虽然愈合，但每到阴雨天，骨头时常感觉疼痛。请来的医生说：“箭头中有毒，毒进入骨中，现在只有切开臂膀，在受伤处刮骨除毒才能消除隐患。”关羽于是伸出臂膀让医生开刀做手术。当时他正好请来几位将官对坐饮食，臂上血流不止，滴满了盘中器物，而关羽切烤肉喝酒，谈笑自若。刮骨疗毒显示了关羽那种常人难及的英雄气质和在痛苦面前异常镇定的大将风度，但做手术的医生没有被标出名姓，应该不是名医华佗；关羽中箭受伤也不是在他北伐进攻樊城之际。

单刀赴会 刘备得到益州后，东吴方面一直为荆州地盘的划分与关羽纠缠不休。《三国志·鲁肃传》中记述，东吴将军鲁肃驻军益阳（今湖南益阳），邀请关羽前来相见，双方都把兵马停留在百步之外，只许将军带一刀见面。鲁肃责备关羽说："我们将土地借给你家，只因为你们兵败远来，没有地方安身。现在你们得到了益州，仍然没有奉还的意思，我们暂且求归三郡，尚且不能听从。"话未说完，座间有一人就高声说："天下的土地，只有有德之人才能拥有，哪儿有什么常规！"鲁肃厉声呵斥，关羽拿起刀，对座间喊话的人说道："这是国家之事，你知道什么！"使眼色让他离开。另有引注的《吴书》中记述，鲁肃不顾手下诸将的劝阻，自己前往关羽驻军地相见，他责备刘备借土地而不归还是"贪而弃义"，而关羽无言以对。《吴书》所记显然是反映着东吴自家的单方理念，并且有意截去了关羽的回答以抹黑对方，而前面陈寿的记录并没有标明座间喊话的人是谁，也没有过分紧张的场面。

水淹七军 219年刘备攻取汉中，做了汉中王，他拜关羽为前将军，假节钺，授给他专断之权。其后关羽率荆州军队进攻曹仁驻守的樊城（今湖北襄樊境内），曹操派大将于禁、庞德领军队前来救援，援军到达后驻守樊城之北。八月，天降大雨，汉水泛滥，平地水深数丈，于禁等七军兵马都被大水所淹。史料中没有关羽决堤放水和庞德抬榇决战的记述。当时于禁和将领们登到高处避水，关羽乘大船前来进攻，于禁等无处可逃，于是投降。庞德站在堤上，身穿铠甲射箭防卫，自清晨战斗到午后，箭射尽了，就短兵相接，水势更盛，关羽进攻愈急，曹兵大多投降。庞德乘上小船，想返回曹仁的军营，不料小船被大水冲翻，庞德丢了弓箭，一人在水中抱住翻船，被关羽俘虏，因不屈而被杀。关羽乘势向樊城发起猛攻，当时城中军队只有数千人，未被水淹没的城墙仅有几尺高。而曹仁等誓死抵抗，关羽将樊城重重包围，使其内外断绝，又派军队把将军吕常包围在襄阳。荆州刺史胡修、南乡太守傅方都投降了关羽。关羽此时威震华夏，以至曹操开始考虑迁徙许都以避其锋锐。但司马懿等人向曹操建议派人引诱孙权，答应把江南之地封给他，让东吴从后面威胁关羽以解樊城之危。曹操同意并采取了这一办法。

对孙权拒婚 孙权曾经为自己的儿子向关羽的女儿求婚，关羽骂了孙权的使者，史料中没有"我虎女安肯嫁犬子"的言论，说媒的人也没有标明就是诸葛瑾。但关羽确是明确拒绝通婚，且态度并不友好，孙权因此很恼怒。不久关羽得到于禁等人的数万军队，粮食不足，军队几乎断粮，便擅自取用孙权湘关的粮米，这是吴蜀两家在湘水分界处所筑通商旅的关津。孙权受到曹操的利诱，加上感到关羽的言行无礼，于是下决心袭击关羽。吕蒙向孙权上书，提出了自己假称有病，让陆逊代理防守，并麻痹关羽撤军，进而偷袭荆州的计划。吕蒙到达寻阳（今湖北黄梅西南），把精锐士卒都埋伏在一种双层大船中，让摇橹的百姓穿上商人的白色衣服，直抵北岸，将关羽设置在江边守望的士兵全都活捉，关羽对东吴的行动一无所知，吕蒙成功地偷袭了南郡。

与麋芳、傅士仁的关系 麋芳、傅士仁是蜀汉留守在荆州的重要官员，但一直被关羽所轻视。关羽进攻樊城前，派南郡太守麋芳守江陵，将军傅士仁守公安。他们两位曾经因为没有及时给前线运送到军用物资，关羽斥责他们说："回去后一定要治罪！"他们本来就对关羽的轻视态度感到不满，这次又非常恐惧。吕蒙在领军渡江前已经派人写信给傅士仁说服他归顺了东吴。吴军渡江后带着傅士仁前往江陵，麋芳被说服开城投降，吕蒙几乎兵不血刃地拿下了荆州南郡。正当关羽在樊城与曹军激烈鏖战时，他在荆州的首要立足地已经被东吴所占领，这一结果同他与部属关系的恶化有直接关系。麋芳的哥哥是在徐州就跟随刘备的铁杆粉丝麋竺，曾把自己的妹妹嫁给其时兵败的刘备为妻。史料中记述，在荆州丢失后，身在成都的麋竺把自己绑起来去向刘备请罪，刘备宽慰说，兄弟之间罪不相及！像往常一样对待麋竺，麋竺因惭愧愤恨而生病，一年后离世。

与魏将徐晃的交战 于禁兵败后，曹操派大将徐晃领兵援救樊城。徐晃与关羽素来相敬，大概当年白马之战前后在同一军营时两人就很友好，这次在战场较量，各自都用心布阵对付，徐晃还设法沟通了与城内曹仁的联系。有一次关羽和徐晃两人在阵前相互望见，随即隔远对话，他们说私人生活之事，并不涉及军事。不一会儿，徐晃下马宣令说："能拿下关羽头颅者，赏金千斤！"关羽听到这话非常惊异，他对徐晃说："老兄，你说的是什么话！"徐晃回答："这是国家之事！"关羽不能战胜徐晃的军队，于是领军撤还。退军时他的部队获悉吴军已占领南郡江陵并俘虏了众将家眷，后来部属们都知道吴军实行优待政策，家中平安，所受对待超过以前，荆州将士遂失去斗志，军心涣散。

败走麦城 关羽兵败撤退，军无斗志，多有奔逃。文学作品中在此描写的情节较多，而史料中比较详细的记述是：关羽自知孤立困穷，便向西退守麦城，孙权派人诱降，关羽伪装投降，把幡旗做成人像立在城墙上，然后逃走，士兵也都跑散了，跟随他的只有十余名骑兵。孙权已事先命令朱然、潘璋切断了关羽的去路。十二月，潘璋手下的司马马忠在章乡（今湖北当阳东北）擒获了关羽及其儿子关平。本传引注《蜀记》中记述，孙权当时想招降关羽，他身边的人说："狼性之人不可豢养，养下必为后害。曹操当时没有杀掉他，自取祸患，逼得自己准备迁都，难道现在还要让他活着！"于是将关羽处斩，首级送给了曹操，孙权遂占据荆州。

2.2（2）关羽事迹辨正（下）

关羽在战场上拼杀几十年，颇具胆略而武勇超群，他能善待士兵卒伍却骄于士大夫，对待有身份的人常会显出一种傲气。孙权乃江东之主，为给儿子求婚受到辱骂，可以算作对外敌的蔑视吧，麋芳与傅士仁本是辅助他镇守荆州的重要官员，任南郡太守和防守公安等要职，仍然受到斥责，得不到关羽同僚般的平等对待。另有资料记述，潘濬是刘备主持荆州政务时任用的治中从事，长期为荆州府助理，而关羽与他不相和睦。后来荆州失守后官员们纷纷归附孙权，只有潘濬称病不去相见，孙权知其名声，派人到他家里在床前看望，潘濬趴在床上涕泪横流说不出话来，孙权耐心说服劝其归降。潘濬此后在东吴建功立业，成为史志有传的名臣（参见 3.8.6《自蜀归吴的干才潘濬》）。潘濬在荆州失陷后面对吴人而痛哭，是一位忠贞之臣不能守任尽职所产生的羞愧和悲愤，其中应包含着对上司关羽的莫大怨望。

关羽本人的心性特点在《资治通鉴·汉纪六十》《三国志·关羽传》及其引注中多有涉及。刘备在 214 年攻占成都后正式任命关羽都督荆州政务，关羽听说西凉军首领马超已经归降，他闻听过马超其名，但以前未与其见面交手，于是写信给诸葛亮，询问马超的才能可以跟谁相比类。诸葛亮知道关羽是不甘人下，于是写信回答说："马超文武兼备，雄壮胆气超过凡人，是当世豪杰，属黥布、彭越一类人物，可以与张飞并列而争胜，但赶不上美髯绝伦出众。"关羽长着漂亮的胡须，所以对他以美髯相称。诸葛亮深知关羽争强好胜，是担心马超的名声冲击到他自己在本集团中首位将军的地位，所以给了他满意的回答；而关羽得到了军师对自己武艺才能的明确肯定后也非常高兴，他把诸葛亮的书信在宴会间拿给宾客观看，至于是否会因此引起同僚相互关系间的某种芥蒂，他是不予考虑的。

219年刘备夺取汉中，当年七月自任汉中王后，即任命关羽为前将军，张飞为右将军，马超为左将军，黄忠为后将军，其余的人按照等级都有升迁，这种任命是与相应的待遇荣誉连在一起的。刘备派益州前部司马费诗去荆州授给关羽官印，关羽听说黄忠与自己地位相同，愤怒地说："大丈夫绝不和老兵同列！"竟不肯接受任命。费诗对关羽说："创立王业的人，所用的人不能都一样。以前萧何、曹参和汉高祖年轻时就关系很好，而陈平、韩信是逃命后到的人，可排列地位，韩信居位最上，没有听说萧何、曹参对此有过怨恨。如今汉中王因为一时的功劳而尊崇黄忠，但在他心中的轻重，黄忠能和您相比吗！况且汉中王与您犹如一体，休戚与共，祸福同当。我认为您不应计较官号高下，以及爵位和俸禄的多少。我仅是一个使者，奉命之人，您如果不接受任命，我就这样回去，只是我为您这样感到惋惜，恐怕您以后要后悔的。"关羽听了这些话，大受感悟，立即接受了印绶。关羽大概并不看重职位级别所连带的个人待遇，但他看重地位、荣誉以及同僚间的位次比较。黄忠早先是驻守荆州长沙郡攸县的一位老将，208年底归降了刘备，与关羽在荆州相处近三年，211年随刘备入川，在汉中争夺战中立下大功。关羽与黄忠事实上没有发生过交战，现在突然听说黄忠竟与自己同进武将第一等列，级别序列上没有了差距，就心中不服，以拒绝受任而要挟抗拒，其自矜而傲气的心理瞬间反映了出来。从事情演变的过程及结局上看，他还是一个能识大体、不甚固执的人，而费诗的说服其实也只是让他接受了任命，也并未改变他盛气凌人的心性。

关羽独立镇守荆州五年之久，他的威名达到了顶点，又顷刻间降落至谷底，他的人生和名誉在不长时间经历了巨大的落差，这一失落与他个体心性的缺陷不无关系。荆州一地关乎着蜀汉政权的兴衰演变，关羽在这里人生与事业的起伏终了，其责任其实不应由他个人单独来负。关羽219年领兵进攻樊城，看不出这一进军决定是来自成都方面的指令，还是关羽利用授给自己的专断之权而做出。北攻樊城的决定是没错的，关羽在此水淹七军、威震华夏，创下了千载一时的有利战绩。但正如清末名臣黄恩彤所指出的那样，蜀国君臣只高兴于荆州出兵的胜利，却丝毫没有防备其中的风险，曹操两次派兵援救樊城，却没有听到蜀国派出一将、增加一旅以援助关羽，致使徐晃迎战于前，吕蒙蹑足于后，关羽首尾受敌，力量上不能支持。黄氏质疑诸葛亮那么高的才能，为什么对待荆州的战事不能按照当年隆中对的决策去做。史家姚范说，吕蒙袭击江陵时，让陆逊占取宜都，驻军夷陵，守住峡口以防御刘备，而蜀人竟然如此疏忽。东吴人当时恐惧关羽，忌恨他的成功，一般人都能看到，但蜀人却似乎毫不知情，将东吴置之度外，使人们始终难以理解。总之，对荆州之失和关羽之败，人们大多认为成都决策层有难以推卸的责任。

出兵进攻樊城前，关羽曾梦见豕咬自己的脚，他醒来后对儿子关平说："我今年感到力衰，这次回不来了吧！"豕即是猪，关东人常称作豕。古人看中梦的预兆属性，清代名臣梁章钜说，东吴吕蒙与关羽隔江据守，蒙字下含豕，梦见豕咬足，正是吕蒙袭击后方的预兆，可惜关羽当时疏于察觉。关羽当时应该已过五十六岁，他对儿子说自己感到力衰，应是年老后身体上正常的反应，他应该为此看到自己前后防御两股敌人在力量上的不足，向成都方面提出增兵的要求，但自矜而高傲的心性使他始终未向成都开口提请援助，在双面对敌时力单而任重，导致了失败的结局。

《江表传》中说，关羽一生喜好《左氏传》，他对有些段落大体上可以背诵出来。《左氏传》是春秋末期左丘明为解释孔子《春秋》而撰写的史学著作，其是非判断和撰述话语均体现着儒家的价值理念。清代史家黄奭说，他在明朝人张大本记录的关家墓铭上看到，关羽的祖父石磐、父亲道远和关羽三代人都喜欢读《春秋》，但他不能确认这一墓铭的可靠性。《春秋》与《左氏传》涉及同一段历史，其间存有内在联系，无论关羽平生喜好阅读的是哪本书，都反映着他同样的思想理念和价值意趣。历史小说中描写他手持《春秋》而秉烛夜读，是有根据的。一位名震天下的武将，手不释卷，喜读经典，以此塑造和提升自己的品格，这种习性无论何时都是极其难得的。

关羽死后，曹操按诸侯礼节把他的首级安葬在洛阳，应是给了他较高的规格。蜀汉追谥他为壮穆侯。谥法云："布德执义曰穆"，如宋代岳飞被追谥为武穆等，但也有人认为这并非受褒的美谥，含武功不成为穆的意思。关羽的儿子关兴承继了父亲的爵位，关兴在年少时就有很好的名声，诸葛亮非常看重他，大约二十岁担任侍中、中监军，为居朝办事的官员，并兼军队监察事务。这里没有他跟刘备出征东吴，并随诸葛亮北伐中原的记录。关兴任职几年后病亡，他的嫡子关统嗣位，并娶了刘禅的女儿为妻，官至虎贲中郎将，为守卫宫廷的军官，关统死后无子，朝廷遂让关兴的庶子关彝接续爵位。《蜀记》中记述，263年刘禅举国投降，当时庞德的儿子庞会跟随钟会出兵来蜀国，他进入成都后，因愤恨关羽在樊城杀了父亲，于是尽灭了关羽家族，关家在蜀汉亡国之际遭受了无以复加的灾难，留下了莫大遗憾。

2.2（3）关羽文化现象（上）

——文学作品的乡土意识及对关羽的美化

关羽是三国时代一位出色的武将，他的事迹和人格一直被后世人们所追念。元末明初的文学巨匠罗贯中根据《三国志》等相关历史资料和民间传说，创作了历史小说《三国志通俗演义》。因作者尊刘贬曹的思想倾向和浓厚的乡土意识，小说对关羽的人物事迹做出了不少合理想象和夸大性的美化描写，使文学作品中的人物形象掩盖了历史人物的真实事迹，形成了很有趣的关羽文化现象。

罗贯中的乡土意识 乡土意识是中华传统文化中比较特别的内容。以农业为生存基本的民族对土地有着特殊的感情，他们对自己祖祖辈辈休养生息的土地有着深沉的热爱，因而形成了对自己出生地无法名状的怀恋和认同，由此凝结成华夏民族特有的乡土意识。有了这种意识，人们对出生在同一土地上的人会给予更多的关注和爱护。日常话语中的乡味、乡音、乡书、乡亲、乡党、乡老等词语及其反映的内涵无一不是乡土意识的表征。

罗贯中是深受传统文化影响的知识分子，在他的历史小说中，乡土意识常常表现在对许多人物关系的安排处理中。这里举出几例：其一，董卓率兵入京行废立之事，与许多大臣闹翻，丁原恃义子吕布之勇与董卓公开列阵作对。董卓很想找个合适的人前去收买吕布，中郎将李肃自告奋勇说："主公勿忧，某与吕布同乡，知其勇而无谋，见利忘义。"（见《演义》第3回）愿意利用同乡关系去说服吕布来降，后来果然劝降成功。其二，李傕郭汜乱朝时，并州刺史韩遂随西凉太守马腾率军讨伐，后来粮净退军，受到李傕同党樊稠的追击。追到陈仓，眼看赶上，韩遂勒马向樊稠说："吾与公乃同乡之人，今日何太无情?”（第10回）两人因同乡拉上了关系，樊稠后来拨转马头，收兵回寨，任韩遂离去。樊稠因此事而被李傕杀掉，但韩遂在危急关头与樊稠拉同乡关系，临事抱佛脚，也收到了满意的效果。其三，孔明二出祁山时，曾派帐下部曲靳祥以同乡身份两次去劝降陈仓守将郝昭，（第97回）事虽不济，但靳祥在陈仓游说中的冒犯亦能得到郝昭的宽恕。

在罗贯中创作的历史小说中，同乡关系常常被利用来作为密切人际关系的中介；在作者罗贯中的心目中，同乡关系本来就具有天然的亲密性。书中人物对同乡关系的看重正是作者乡土意识的折射。

罗贯中对山西人物的关注和感情 罗贯中的籍贯在今山西，他的乡土意识在自己的作品中必然反映出来。参与三国争斗的是整个天下英豪，罗贯中对他们的事迹都作出了应有的描写，而乡土意识使罗贯中对出生于山西的人物往往会投入更多的关注和感情。如太原祁人王允，雁门马邑（山西朔县）人张辽、河东杨（山西洪洞东北）人徐晃，太原阳曲人郭淮，河东闻喜人毌丘俭等。当出身山西的人物相遇时，小说中常能明确地给予反映。如徐晃第一次出场，就被杨奉介绍给汉帝：“此人河东杨人。”（第13回）毌丘俭一出场，作者立即介绍：“河东闻喜人也。”（第110回）作者还注意到山西人间的相互交往，突出他们老乡间的友好情谊。如关羽被曹操截堵于下邳城外的土山，前往说服劝降的正是张辽，他声称：“想故人旧日之情，特来相见。”（第25回）关羽在曹营中私人关系最好的，除张辽外，就是徐晃。描写延津大战时，张辽被袁绍大将文丑射马落地，徐晃轮斧相救，不敌而退，正是关羽斩文丑于马下。（第26回）作品中三人配合默契，乡情真切。与此不同的是，曹操和华佗均是谯县（属安徽省）人，即使在曹操杀掉华佗之时，罗贯中仍然未指出这是一出同乡相残的苦剧，他对山西之外人物的同乡关系应是留意不足。

另外，对于出身山西的人物，罗贯中总有一种扬善隐恶，多褒少贬的倾向。如张辽约在30岁前先后跟从丁原、何进、董卓、吕布，数易其主，但却始终没有被戴上如吕布“三姓家奴”那样的破帽子；曹操剿灭吕布时张辽本是“将其众降”，领着兵众投降曹操，小说中却描写了“骂贼张辽反得生”的英勇慷慨情节；张辽守合肥一有战功，小说中立即就有了“孙仲谋大战张文远”“张辽威震逍遥津”等成篇的描述。徐晃大破荆州兵，小说中亦有

“徐公明大战沔水”的成篇描述，战后应用了曹操的高度褒扬之辞：“徐将军真有周亚夫之风矣!”（第76回）对于汉司徒王允，小说更是着力描述了他计杀董卓、为国除害的大智大勇的事迹（第8回）；而王允侄儿王淩，初有政绩，但后期因图谋魏国司马氏，事泄自杀，小说中则全然不提。

历史小说对关羽形象的美化和圣化 南宋时代，汉族上层的偏安意识形成了历史观上尊刘贬曹的正统思想，受这种主流意识的影响，罗贯中在小说创作中带上了崇奉刘汉的浓厚理念。文学作品是可以虚构人物活动的，罗贯中要自觉推崇和美化蜀汉政治人物的德行节操，又在不自觉地遵从乡土意识的支配，关羽于是成了他小说中加以美化的对象。

关羽武艺超群，喜读《春秋》，为蜀汉独守一方地土，曾经威震华夏，在民间和后世都有很高的知名度，加有美髯的外表形象，这些都为小说的人物塑造提供了非常有利的前提，罗贯中于是运用他的如椽之笔对这位乡亲进行了美化和圣化。主要表现在：其一，对发生过的事情进行夸张描写。如刺死颜良，单刀赴会，刮骨疗毒，水淹七军等。其二，虚构了不少英雄的事迹，如温酒斩华雄，三英战吕布，延津诛文丑，五关斩六将，长沙战黄忠等，以及跨赤兔马，提青龙偃月刀的威风形象。史料中本来没有这些记录，罗氏运用文学艺术的手法加以虚构，突出了他的威武和神勇。其三，渲染和刻画了他忠信做人、义薄云天的高尚品格。小说既采用了挂印封金、不忘故主的真实事迹，又虚构了桃园结义、降曹约三事、侍奉二嫂、身曹心汉、千里走单骑、义释华容道、义释黄忠等情节，密集性地使用多种手法美化关羽的形象，而关羽在进攻吕布下邳时索娶秦宜禄之妻的凡常行为则被弃置。其四，小说细致描写了关羽的文韬谋略，如他在过五关时深夜秉烛读书，青灯对青史，感动了受命谋刺的胡班；进攻樊城时他料到入住罾口川的敌军是“‘鱼’入‘罾口’，岂能久乎?”（第74回）于是安排水淹七军等，关羽被描写成了常读经典、富有计谋、智勇双全的将军。在罗贯中的笔下，关羽武功超人、才华盖世，讲信用、重义气，忠贞不贰、伏死守节，崇古代圣贤、不贪财好色，敢成仁取义、能威武不屈，集合了优秀战将可能具有的一切上好品格，在文学作品中实现了武将的成圣化。

小说中描写千里走单骑时，关羽路过汜水关，守关之将卞喜欲将关羽诱至镇国寺而下手斩杀，寺内一法名普净的僧人是关羽的同乡，他知道了卞喜的密谋后主动去与关羽叙谈，举起所佩戒刀向关羽使眼色，关羽明白了普净的意思，提前作了准备，避免了被人暗算。（第 27 回）多年后关羽败走麦城而丧命，他意气难平，魂魄不散，飘荡至当阳附近的玉泉山，在这里又见到了普净老僧，是普净劝慰他明白了因果，平息了怒气。（第 77 回）这期间还发生了因关羽魂魄作用而致吕蒙猝死、刘备惊梦等事件。作者用这种虚构而夸张的描写，实际上已经开始把关羽向神化的方面去塑造。

由于罗贯中在出色的文学艺术描写中渗透了合乎民族主流意识的政治伦理观念，他的历史小说在中国社会普罗大众中得到了广泛传播；他出于特定的政治立场和乡土感情，在文学作品中对关羽的美化、圣化和一定程度的神化描写，为民间的关羽文化现象火中加薪、推波助澜，推动了关羽文化现象的发酵膨胀。

2.2（3）关羽文化现象（下）

——武将成为财神的形象转化

关羽是三国时代一位名声响亮的人物，他武功出众，忠义为人，刚正威严，自 219 年离世后一直受到世人的追忆和祭奠，形成了持续不绝的关羽文化现象。元末明初的文学大家罗贯中在他创作的历史小说中，运用文学形式对关羽的人物形象作了美化、圣化和一定程度的神化，进一步推动了关羽文化现象的发酵。然而，关羽是一位出名的武将，到目前为止，世界上的华人活动区大多地方却都把关羽当作财神对待。关羽本人在生前以及在历史小说中，都没有经商和理财的事迹，从武将到财神的转化究竟有什么内在的逻辑环节和历史过度，我们不妨对武将转财神现象做出一些合理的想象，以此作为关羽文化现象的另类解读。

唐代以前的民间追忆和祭祀　关羽的遇难地在距离麦城不远处的临沮县章乡（今湖北当阳东北），他的首级在洛阳被按照诸侯王的规格安葬。关羽生前威名远扬，219 年底去世后，临沮和洛阳，以及他的家乡解县（今山西临猗县临晋一带）应该有民间百姓非正规的零星祭祀，这既是表达对一位英雄不凡之人的追忆，也是受东汉时传入中原的佛教中灵魂不死理念的影响，人们祈求某种神灵的赐福和保护，山西家乡的祭祀当然会包括更多的内涵。蜀汉景耀三年（260 年），已是刘禅执政的末期，关羽遇难四十年之后，他与张飞、马超、庞统、黄忠一同被蜀汉朝廷追谥封侯，关羽受谥壮穆侯，官方的尊崇地位得到提升，在成都应该有一些礼仪化和程式性的祭祀活动。

263年蜀汉亡国，稍后不到二十年进入东晋南北朝，天下分裂和三百年的战乱时期，三国英雄常常成为人们街谈巷议的话题，他们的事迹会在戏曲和说唱中出现，关羽始终是底层民众没有忘记、常被提起的人物，相应的地方祭祀活动也没有中绝。盛行一时的宗教活动应是借助了民众的关羽崇拜心理以扩大声势，湖北当阳玉泉寺中关羽其时成为护正祛邪的护法神，这在关羽生前活动过的地域中，以及全国各地大范围内可能不止一家。民间对关羽祭祀的多种方式，都从不同层面上推动了关羽文化的成神化进程。

唐宋时代商贸活动对关羽神性的扩充 隋朝在581年建国不久即实现了全国的大统一，隋唐时期佛教获得了较高的地位，从而也使神性崇拜达到了空前程度；另一方面，天下一统打破了地方割据的壁垒，跨地区的商业贸易活动得到了长足发展，晋商在南北各地的长途贸易也前所未有地活跃起来。当时山西解县池盐业规模大，销路广，成了跨地贸易的重要商品。山西商贸队伍人数多，规模大，行程遥远，他们在长途运输时为了保障货物与人员的安全，会在自己的家乡祈求关羽魂灵的保护，或者请到关羽武圣的画像带在路上，希望得到安全性的照应。关羽武功名世，一生神勇，胆气雄壮，又是山西家乡的亲近人，晋商们想象他必定会做好保护乡亲的事情，在这样的愿望和祈求中，关羽神像成了他们长途贩运活动中必需携带的珍贵宝物。可以说，是晋商在全国范围内各地区的长途贸易活动，把关羽的神性崇拜带到了各个地区。

当时的洛阳，是全国政治活动的一大中心地，也是潼关以东广袤地区最大的商贸中心，东南沿海各地的商人团队都会常年不断地来到这里，从事商品贸易，并在这里驻留观光，他们从财大豪阔的晋商那里看到了关羽的神像牌位，又看到了洛阳圣地对关羽的敬奉，以及关林墓地的烟火盛况，于是会产生更多的联想，关羽与商贸财富的联系就逐渐在他们内心被建立了起来，关羽逐渐成了财富之神。在这里，异地商人接受了关羽的神性，但他们心中对其神性内含的理解已经由武神转变成了财神。沿海各地的商人们把这种理念带回到各自的生存经商之地，关羽的神性遂被扩充，他开始在异地取得了财神之尊。

宋代军事上的羸弱使他们对武圣关羽产生了更多的崇拜，南宋偏安一隅的尴尬处境促使上层执政人不能抹杀和否认蜀汉集团在历史上的正统地位，由于这些原因，宋代皇家以官方名义不断提升关羽的地位，宋徽宗就封关羽为武安王，南宋学人公开批评司马光《资治通鉴》采用曹魏年号为全书纪年的做法，蜀汉和关羽的历史地位得到极大提升，关羽文化的现实意义也被政府和社会各界所看重，其中的圣化和神性作用遂被进一步加强。

随着历史向明代的推移和三国历史小说的问世，关羽的文学形象及其圣化事迹更加深入人心；而在商贸领域，伴随沿海经济的兴起，和近代华人向海外的规模化移民，关羽财神的形象在他生前从来没有活动过的那些陌生地区，如闽浙、岭南、港澳及东南亚等地反而被稳定地确立了起来；这一形象随着沿海经济浪潮逐波向中原腹地的推进而回馈内地，关羽终于成了南北各地民间共同供奉的财神。

关羽人格形象与商业文化的内在相通　关羽的形象由武神转化为财神，这是由晋商所推动，经过若干中间环节而实现的，这种表面上似乎不可思议的现象所以能够发生，而且能有强大的持续性，说到底还是有一种内在的必然性所支撑，这一支撑就是文学作品中关羽的人格形象与现代商业文化的内在相通性，具体说来应主要有以下几点：

其一，坚定的道德信用。现代商业是讲诚实、守信用、重道德的活动，一切欺诈不实的作为和不守信用的行径，都是对商业活动的伤害和无知，那些背弃商业道义的人最终都会遭到整个行业的遗弃。关羽一开始出现在世人面前，就与刘备、张飞立下誓言，他在自己的一生中信守承诺，绝无违背，做到了一诺千金，真正能够富贵不淫，贫贱不移，威武不屈；他对有心收买自己人身的曹操也坦诚相对，毫无隐瞒，大丈夫敢作敢为，仰则无愧于天，因为遵循着一种合于天地规范的道义。这种处事风格和做人气质正是商业活动最为崇敬的精神。

其二，醇厚的待人义气。商业活动是人际的交往，内中会有各种复杂的关系，但无论遇到怎样的矛盾纠葛，处理这些关系都必须遵循道义，合于规范，体现出必要的情义。关羽在人物形象上正是最能遵循道义的人物，他挂印封金，轻利疏色，看重和追求的只是淳朴的情义；他曾义释黄汉升，义释华容道，虽然傲骨不屈，但总以崇义为先，他不忍在对手坠马时砍其一刀，不忍在曹操兵败凄惶时断其生路，宁愿违令冒死也要酬报那一时的知遇，他骄于士大夫而善待卒伍，这一切都体现了对弱者的同情怜悯和对强者的藐视心。商业活动应是一种人际间的义气交往，讲究江湖义气，关羽的崇义行为可以为人们的商业交际活动提供一种标杆。

其三，过硬的技艺才能。商业活动无论是交换物化产品还是提供服务，都需要内含过硬的技艺。关羽是一位武将，他在自己的活动领域中才能不凡，技艺高强，曾经温酒劈华雄，斩颜良诛文丑，水淹七军，威震华夏，创造了无人可及的战功，这对人们的商业活动应该有很好的启发引导，教益人们商业经营活动应该手中握有精良的“硬货”；同时，关羽曾经千里走单骑，过五关斩六将，一路无敌，他作为商贸旅途中的保护神，应该是最有资格，当之无愧。

总之，关羽人格形象与商业文化的内在相通，决定了他在身后社会历史的演变中成为华人民间财神的可能性；这一现象的发生也同时表明，起步较迟、方兴未艾的中华商业文化要走向更大昌盛，还需要深刻认识和借鉴关羽人格形象中的不朽成分，需要经过辩证否定的环节，将其吸纳到一个更高的层次和更为宽广的境界。

2.2（4）“万人敌”张飞

张飞是刘备集团中和关羽相并列的战将，被曹操军营谋士程昱等人称为“万人之敌”，勇力可敌万人。历史小说中描写了他在协助刘备争夺天下中打过的许多硬仗及其作战细节，表现了他战场上英勇无敌并且可以偶出奇招制胜敌手的军阵才能，塑造了他刚直豪爽、敢爱敢恨的性格，使其可爱形象扎根在了民众心中。而《三国志·张飞传》连同引注其实只有不到一千字，其中介绍了张飞的生平，叙述了他的几场主要战况，参考其他各处的相关资料，即能看到三国历史上真正的张飞其人。

张飞字益德，涿郡人，大约 184 年底，年轻的张飞与关羽一同跟随刘备起兵，因为关羽大他几岁，即把关羽当作兄长一样对待。张飞长期跟随刘备四处征战，他们先后依附过陶谦、吕布、曹操、袁绍、刘表等人，在徐州、荆州新野驻军多年。张飞独立负责的军事活动，除 196 年驻守下邳被部将曹豹联络吕布偷袭失城外，史书上明确记述的有如下三处：

当阳长坂拒曹兵 208年九月，曹军进入荆州逼降了刘琮，刘备带着随行的百姓和车辆辎重向南部江陵撤退，曹操派出轻骑追击，在当阳长坂击溃了刘备的军队，刘备丢弃了军队和妻子儿女才得以脱身，他让张飞领着二十骑兵在后面拒敌。张飞在一条河流的断桥上勒马横矛，瞪着眼睛对曹兵大喊："本人是张益德，你们可来决死！"（参见2.1.11《当阳长坂的危与机》），曹军中无人敢来靠近，刘备一行遂免于危难。张飞在这里亮出身份，单枪挑战，但数千曹兵竟无人前来决死，这是张飞的威风气势一时压倒了敌军，同时也可以料想张飞当时的名声之显赫，他一半是靠名声震慑了敌人的。刘备在赤壁之战后夺取了荆州部分地盘，他任命张飞为宜都（治在今湖北宜都）太守、征虏将军，封新亭侯。

攻取江州降服严颜 刘备领军入西川进攻刘璋，213年包围雒县（今四川广元）久攻不下，遂调集荆州部队增援，张飞与诸葛亮等领军溯流而上，他们分路行军，沿路略定益州各郡县。张飞一路到了江州（今重庆市区嘉陵江北岸），攻破城池并俘获了守将严颜（参见2.1.17《占领成都》），张飞呵斥严颜说："大军已到，为何不投降反而抗拒？"严颜回答："你们做事无德，侵夺我们的地盘；益州有断头将军，没有投降将军。"张飞大怒，让左右的人把严颜拉出去处死，严颜脸色不变，回敬说："砍头就砍头，你发什么怒！"张飞敬佩严颜临死不惧的品格，将其释放，像宾客一样对待他，严颜于是归顺，并协助张飞招降邻地的守将。次年刘备攻下成都占领益州后，张飞被任命为巴西（治今四川阆中）太守。

濛头山大破张郃 215年刘备占领益州不久，曹操领兵自关中经陈仓道进入汉中，击垮了盘踞汉中近三十年的张鲁，他不愿得陇望蜀，在张鲁归降后即领军返回，留下夏侯渊、张郃镇守汉中，并安排勇将张郃占领三巴之地，迁出那里的百姓。后来，张郃领军队进入张飞的辖地，兵至宕石（今四川渠县）、濛头（宕渠山东北）时，两军对抗了五十多天，其后张飞率一万精兵从山中小路截击张郃后方，山路狭窄，曹军前后不能相救，惨败于山涧，张郃领十多人逃回南郑（参见2.1.19《攻占汉中》上）。当时刘备刚得到益州，人心不稳，濛头山之战的胜利稳定了益州的局势，为后来夺取汉中奠定了基础，张飞当时在此勒石作记。

刘备219年夺得汉中，作了汉中王后，封张飞为右将军，假节，授予行事专决权；221年刘备作了皇帝，提升张飞为车骑将军，领司隶校尉，封西乡侯。因关羽219年底被孙权兵将所害，张飞受封后即在驻军地阆中积极备战，准备与刘备的军队在江州会合一同进攻东吴，不幸被手下部将张达、范彊所杀害，两人顺江而下去投奔了孙权。史书中说，张飞在刘备集团中的雄壮威猛接近关羽，两人的不同是，关羽善待卒伍而骄于士大夫，张飞则敬爱君子而不体恤小人物。刘备常劝诫张飞说："你处罚人把握不住，又经常鞭打士兵，却让受罚的人留在你的身边，这会带来灾祸的。"但张飞不能改掉这些行为。这次伐吴出兵前，张飞军营中负责监察事务的都督突然向刘备送来了奏表，刘备觉得事情反常，不禁感叹说："啊！张飞离世了吧！"果然如其所料，奏表正是报告张飞遇害之事的。

张飞字益德，而不是翼德。《三国志》本传和其他多处对他的称呼都为益德，清代学人钱大昕在所录西晋永安年间重修《蜀先主庙碑》中提到的相关人名也是益德，唐人李商隐有诗句"益德冤魂终报主"，足以说明问题；只有某个版本的《华阳国志》和《世说新语》写作翼德，大概以为翼与飞在字义上可以相通吧，罗贯中的历史小说采用了翼德的称呼，于是这一名字在后世流传更广。要认识历史上的张飞，对他本来的名字起码应当有所知晓。

历史小说因为尊刘贬曹的正统意识，对蜀汉主要人物多有美化，其中在描写张飞的上述真实事迹时加进了许多具体细节的想象，突出了他战场上善于用计的智谋，如"义释严颜"（第63回）、"智取瓦口隘"（第70回）等，使人物的性格和形象更加丰满而鲜活；小说同时还虚构了张飞挺枪战吕布（第5回）、徐州擒刘岱（第22回）、葫芦口伏击曹操（第50回）、葭萌关大战马超（第65回）的情节，强化了他的勇猛气质；另外，作者罗贯中在刘关张三结义的文学描写前提下，虚构了"兄弟释疑"古城重聚的情节（第28回），体现了张飞思想感情上的纯洁和直率的心性，小说中把刘备怒鞭督邮的事情置换为张飞的行为，让张飞为刘备顶包（第2回），保持了刘备的仁者形象，又表现了张飞快意恩仇的豪爽无畏性格。明白了历史记载中的真实事迹，才能深切体察到历史小说中文学艺术手法在运用上的成功之妙。

史料中记述，张飞在随刘备驻军徐州时在郊区山中遇到了一位打柴的姑娘，认定她是平民家的女儿，就带回来纳为妻子，原来这姑娘是夏侯渊的侄女，这位夏侯夫人生下的两个女儿都嫁给了刘禅，先后被立为皇后（参见

2.2.1《刘禅执政》中），张飞应当还有其他夫人。张飞的长子张苞年轻时早逝，没有跟随刘备出征东吴和随同诸葛亮北伐中原的记录；张飞生前的侯爵由次子张绍承继，张绍作为张皇后的兄弟，他在蜀汉刘禅的朝廷位至侍中尚书仆射，担任政府中枢机构的管理高官。张苞的儿子张遵曾为朝中尚书，263年与诸葛瞻守卫绵竹，与邓艾军队交战时阵亡，看来其武艺远逊于他的祖父，但无愧于张飞的名节。

史家陈寿赞扬了张飞的勇武，认为张飞义释严颜，表现了一种国士之风；只是遗憾于性格暴躁，不善于向身边人施恩，因为短处没有弥补而伤害了性命。无论如何，张飞以他的勇猛和战功取得了不朽的声威，他和关羽一样，是三国时代真正的英雄。

2.2（5）声名在外的马超

史书中把马超列为蜀汉集团中紧靠张飞的武将，其实马超是接替他父亲马腾统领了一支凉州地方军，并多年活跃于关中三辅及其西部羌族居住区，在当地有很高的名声。马超后来归降了蜀汉，刘备给了他很高的地位，应该主要是借重和利用他在外界显赫的声名。

马超字孟起，扶风茂陵（今陕西兴平东北）人，他的父亲马腾黄巾军起事后在凉州（今甘肃河西走廊至玉门关一带）参加地方军平叛，几年后拉出了自己的一支队伍，192年被董卓控制的长安朝廷封为征西将军，屯军关中（参见0.5.5《名闻三辅的马腾》）。208年马腾接受了曹操的征召，去许都朝廷担任卫尉，马超遂接任统领了这支部队，开始了他统兵征战的职业生涯。作为一位历史人物，马超的活动大致分三个阶段。

在关中与凉州赢得声威　马超统领了父亲的凉州军后，朝廷任他为偏将军，又拜马超的弟弟马休为奉车都尉，另一弟弟为铁骑都尉，曹操还邀请马氏家人都迁徙到邺城。马超率领军队在关中做着“北防胡寇，东备白骑”的地方防御，对维护西部的稳定发挥着一定作用。211年冬，曹操领军队西出潼关，声称是要经关中而收复汉中，马超认为曹军是来夺占关中的，他与另一凉州地方军韩遂相合作，联络组织了当地十多支地方部队在潼关与曹军相对抗。曹操采用贾诩提出的离间之计分化马、韩两军，加上其他灵活的战术手段，数月后打败了关中军队（参见0.5.6《韩遂的职场生涯》）。《三国志·

马超传》记述，马超兵败后退守西戎之地，曹操一直追到安定（郡治在今宁夏固原），因为北方有事，于是引军出潼关返回。

曹操退军后，马超率各部胡人首领带兵攻击陇上诸郡，陇西、南安、汉阳等各郡纷纷响应，只有杨阜在冀城（今甘肃甘谷东）坚持固守。冀城是汉阳郡的治所，也是凉州刺史的治所，马超集中陇右全部兵力进攻，经过几个月的苦战，终于攻破冀城，斩杀了凉州刺史韦康，兼并了该城的几千守军。马超遂自称征西将军，兼任并州牧，都督凉州军事，一时势力复兴，声名颇大。不久，韦康的下属杨阜联合表兄姜叙、安定的梁宽、南安的赵衢等人合谋对付马超。杨阜和姜叙首先在卤城（今甘肃天水附近）起事，马超出兵进攻却打不下来，梁宽和赵衢趁机关闭了冀城，不让马超进入（参见 1.18.7《舍身报国的杨阜》）。杨阜在这里联络人众，做好充分准备，然后用调虎离山的办法对付马超，使其进退两难。马超无处安身，于是向南越过秦岭，奔投了汉中张鲁。

在汉中遭受窘困 马超大约在 212 年投奔了汉中张鲁，一开始受到张鲁的优厚对待。张鲁任命马超为都讲祭酒，并准备把女儿嫁给马超做妻子。当时汉中人们都习读《老子》五千言，为此设置都讲祭酒，这是仅次于师君的职位。但有人对张鲁说："如果有人不爱自己的亲人，他还能爱其他人吗？"原来是马超在西凉重振势力、攻夺冀城时，曹操以皇帝诏书的名义收捕了马超在邺城的全部家属，马腾等人被处死。消息传到汉中，人们认为是马超不顾全家人的性命而举兵反叛，坑死了父亲等家人。张鲁听到身边人的劝谏，就终止了嫁女儿给马超的行动（参见 0.5.4《收复汉中》）。

马超听说父亲和全家人在邺城被杀，捶胸痛哭，以至悲伤吐血，他的内弟董种也在汉中，正月元旦前来向他节日祝福，马超哭着说："全家百余口人的性命被同一天残害，我们两人今天还能相祝贺吗？"后来他几次请求张鲁，让他带兵北取凉州，张鲁划拨了些兵众，大概是兵微将寡吧，出兵没有得到什么好处。文学作品中"马超大战葭萌关"，描写他为守御汉中与张飞日夜拼战，史料中无此记录。后来，张鲁的部将杨白等人嫉妒马超的才能，在张鲁面前进言诬陷马超，马超知晓后内心不安，他听说刘备在西蜀准备进攻成都，就暗中写信联络，其后从武都（今甘肃西和县西南）逃入氐中（甘肃四川一带氐人居住地），于 214 年辗转归附了刘备。马超去了西蜀后，他的年轻夫人董氏与儿子马秋仍然留在汉中，不久曹操攻下了汉中，把董氏赐给了张鲁的助手阎圃为妻，马秋则被张鲁杀掉。

在蜀汉留下声名 马超投奔刘备时，刘备刚夺得雒城，正组织各路部队围攻成都。刘备事先曾派人迎接马超，当听到马超到达时高兴地说："益州很快会到手！"他让马超停留在远郊，暗中派出部队让马超带领。当马超领着部队到达后，他让这支部队屯驻在城北。城里的人看到马超领着军队到来，非常震恐，不到十天刘璋就出城投降。马超声名在外，成都人应该知晓，刘备这里是借助马超的名声震吓成都守军，马超并未出面交手即收到了威慑敌军的效果。

马超是蜀汉集团中最迟到的大将，此后也未参与战场交战而斩将立功。刘备给了他很高的地位和待遇，但始终只是借用他的名声来服务自己的政治目标。219年七月刘备自立为汉中王，共有120位臣僚联名向皇帝书写奏章，牵头第一位的就是平西将军都亭侯马超，后面依次为许靖、庞羲、射援、诸葛亮等。刘备做了汉中王后即封马超为左将军，假节，有行事专断权；221年刘备做了皇帝后，晋马超为骠骑将军，兼任凉州牧，封斄乡侯。马超带领凉州军在三辅之地征战多年，无论是在西羌民众中还是在汉朝廷都有较高的名声，为各地区的人士所知晓。刘备夺取益州，在西部一隅建政立国，正需要有名声的人物站台标彩，马超在蜀汉集团中就充当了这样的角色，而他在西羌民众中的影响，也是安定西蜀边远诸戎部族最需要的力量。

马超是很有名声的战将，而史料中没有他战场上与对手勇猛拼杀的记述，从一些零星记录可以窥见他的战场表现：①马超在他父亲统兵期间，奉命于202年领军队协助曹操去讨伐袁尚的属将郭援，战场上被飞箭射中，他以布囊包裹受伤的脚继续作战，部属庞德最终砍掉了郭援的脑袋。②潼关大战时，曹操想要离间马超和韩遂，在阵前故意与韩遂单独谈话叙旧，马超自负勇力，准备趁两人谈话时迅速冲出去活捉曹操，多亏曹将许褚发现了异动，睁大眼睛盯着马超保护曹操，马超才没有轻举妄动。③曹操当初在蒲坂（今山西永济西）准备西渡黄河，马超对韩遂说："我们应该驻军在渭水北岸拒敌，曹军过不了渭河，超不过二十天，他们的粮食用尽，必然会退走。"韩遂没有听从。曹操听到马超的计策后说："姓马的儿子不死，我没有葬身之地。"曹操恐惧于马超的计策，足显马超的战术才能。④潼关之战后曹军退兵前，杨阜对曹操说："马超有韩信、黥布之勇，深得羌、胡人心。如果大军撤还，不能严加防备，陇上诸郡就不能为国家所有了。"马超果然后来聚势反叛，声势不小，杨阜对马超的较高估计应该是符合实际的。

马超看来是一位勇猛的战将，在战场上冲锋陷阵和谋划对敌都有他的优势，但他211年与曹操在潼关对抗时，竟然没有想到自己全家人的性命就在曹操的掌握中，潼关兵败后在凉州聚兵成势，再次反叛，结果活坑了自己家人。当初曹操征召马腾去朝廷做官，又邀请他的众多家人迁徙邺城居住，应该就有让领军的马超送来人质的意思，想以此来制约马超，马超本人数年间对此却毫无觉察！当时汉中就有官员对张鲁说马超是不仁不孝之人。当然不能认定马超是故意坑杀父亲及其家人，但由此可以看出他不是一位成熟的政治人物，刘备后来给了马超很高的职位，也仅仅是利用他的名声服务自己的政治目的而已。

马超为父亲和百口家人的被杀而痛哭吐血，他大概为此常年悲愤，走不出内心的伤痛苦闷，陷入了难以恢复的病状，在222年蜀军讨伐东吴时逝于成都，时年四十七岁。他临终给刘备上疏说："我的家族二百多口人，被曹操几乎杀尽，只有堂弟马岱是存活的亲人，现在托付给陛下，再没有其他要求。"马超的女儿后来嫁给刘备庶子刘理为妻，儿子马承继承了爵位。英年病逝的马超归降刘备八年中没有机会疆场建功，但把他的名声留给了蜀汉。

2.2（6）黄忠一战成名

蜀汉集团中有相当一批骨干人物是刘备在荆州聚集而来，大将黄忠就是其中的一位（参见2.1.14《用事业聚合荆州人才》）。黄忠字汉升，南阳（郡治在今河南南阳）人，当年在刘表治下的荆州被任为中郎将，为一般统兵将领职位，与刘表侄儿刘磐共守长沙攸县（今湖南攸县东北）。曹操占有荆州数月，黄忠为裨将军，仍任原职，受长沙郡太守韩玄统属。赤壁之战后刘备攻取荆州南部四郡，韩玄投降，黄忠归顺刘备，自此成了刘备属下的将军。

黄忠长期助守荆州一县之地，加之刘表治州二十年间地方战事很少，因而未见黄忠此前参与过任何军事阵战，没有战场上杀敌立功的记录。他在曹军占领荆州时被任裨将军，属比较低下的将军名号，曹操当时聘任和挖走了当地一大批文臣武将，如文聘、张允等，而始终没有留眼于攸县黄忠，表明当时黄忠在地方上尚是一位不起眼的人物。罗贯中的历史小说虚构了“关云长义释黄汉升”的事情，安排黄忠与关羽大战了三天，武功上难分伯仲，作者是想借关羽的高强武艺衬托和表明黄忠不凡的武功，以此来显示黄忠被长久埋没的本有才质吧。历史上的黄忠其实是被偏狭环境和一段沉寂时光所埋没着的人才。

黄忠归属刘备后，211 年跟随刘备入蜀去协助刘璋抵御张鲁，在葭萌（今四川广元西南）驻军一年，始终没有战事发生。仅仅三百字的《三国志·黄忠传》中记述，从 212 年底刘备与刘璋翻脸而反身进攻成都起，黄忠时常冲锋陷阵，勇冠三军，开始发挥了他勇武不凡的才干，史书上没有记录这些阵战的具体过程，但已表明经受多年埋没的黄忠在西蜀战场上显山露水了。刘备夺取了益州后，任黄忠为讨虏将军，对他的战功给予了肯定。

219 年春，刘备率军队进攻汉中，曹军留守汉中的主将是征西军夏侯渊。两军相拒多日后，蜀军自阳平关渡过沔水，循山势向前推移，在定军山（今陕西汉中市勉县城南）附近安营扎寨，夏侯渊带领军队前来争夺此地，法正认为到了该出击的时候，刘备遂派黄忠率兵占领高处等待，然后居高临下，擂鼓呐喊，发动进攻，夏侯渊在阵战中被黄忠斩杀，曹军大败（参见 2.1.19《攻占汉中》下）。刀劈夏侯渊是汉中争夺战中的关键事件，对刘备夺取汉中起了决定意义。黄忠在此一战成名，他立即被刘备提升为征西将军。

刘备对定军山一战感触太深了，他当年七月做了汉中王，想任黄忠为后将军，诸葛亮对刘备说：“黄忠的名望，以前都不能与关羽、马超相并列，现在把他们放在同一等级，马超和张飞就在眼前，他们看见黄忠这次的功劳，都能够理解，只是关羽在远处听见，恐怕内心不会高兴，这样提升黄忠大概不行吧！”刘备回答说：“我自己想法解决这事。”于是坚持了对黄忠的任命，并赐爵关内侯。两汉时代将军的位次排号是大将军、骠骑将军、车骑将军、卫将军、前后左右将军，这些都属于尊号，此外所封的都可以视作为杂号将军。刘备做汉中王时未设置骠骑将军和车骑将军，只设有前后左右将军，当时以关羽为前将军，以马超为左将军，张飞为右将军，黄忠为后将军。关羽果然对这次任命不服气，不愿意与黄忠同列。费诗所以能在荆州成功说服关羽接受任命，他所应用的完美说辞中，相信可能有刘备的事前指点（参见 2.2.2《关羽事迹辨正》下）。

史书上始终没有表明黄忠的年龄信息，《三国志·费诗传》中记述，关羽对费诗发怒说："大丈夫终不与老兵同列！"他把黄忠称为"老兵"。古人说的老，可以是指年龄，也有衰微、暮气之意，如疲老、师老等。当时关羽应在五十六岁以上，本人亦不年轻，是否会拿别人的年龄老大去说事？而黄忠性格上的沉寂迟暮倒是比较明显的特征。历史小说中大概把关羽的"老兵"之称视作年龄之嫌，据此描写了一出场就年近六十的老将形象，给人们留下了太深的印记，其实历史阵战中的黄忠是否年老并不清楚，而年龄如何并不妨碍他的英雄形象。

黄忠在汉中之战后的次年（220 年）离世，他没有跟随刘备去讨伐东吴的记录。逝后被追谥为刚侯，儿子黄叙早逝，没有继嗣。黄忠把功业留在了史册上，然后又悄然地离开了世界。据清代学人赵一清所录《长沙府志》中记述，在当年黄忠长期驻守的攸县一直保留着黄忠故宅，其使用过的盔甲器械储藏在县城北门城楼上，据说到明代时毁于兵乱。黄忠在战争舞台上展现才质的时间不长，但人们一直长久地追忆着他。

2.2（7）纯臣赵云（上）

早年摆脱了公孙瓒而追随刘备的赵云武功超凡、胆勇盖世，多年的军政活动中又展现了他品节高洁、操行端正、做人忠诚、心性独立的人格，他淡泊名利，唯德是求，是刘备集团中最能代表底层公众利益、得到上下各层喜爱的人物。按照古人的传统说法，能够禀守大义的赵云正是一位忠诚笃实的纯臣。

赵云字子龙，常山真定（今河北正定南）人。《三国志·赵云传》及其引注中记述，赵云身长八尺，姿颜雄伟，近一米八五的个头，身材魁梧，体貌端庄，他大约在 192 年受本郡荐举，带领一支义从志愿军前去投奔幽州公孙瓒，公孙瓒当时正与袁绍为敌，见到赵云高兴地问："听说你们州的人都喜欢跟从袁氏，你为什么能在众人的迷途上回心而返？"赵云回答说："天下纷乱汹汹，不知道谁是对的，老百姓遭受苦难，我们州的人都在议论，跟随仁义的所在就行，也不是轻薄袁公而私厚于将军您。"（参见 0.9.3《扭曲的用人思维》）赵云的回答是很诚恳的，其中也表达了他怜悯百姓苦难，追求仁义所在的内在心性。在幽州时间一长，赵云发现公孙瓒根本不是能为百姓做事的明主，而前来依附公孙瓒的刘备反倒是一位仁义之君。赵云曾受命带领一支骑兵跟随刘备去青州协助田楷抗御袁绍军队，其间他与刘备建立了密切关系，但君臣之义所限，他不能直接更换门庭。不久家里兄长去世，赵云以此为借口离开了公孙瓒，临行前他与刘备拉着手说："终究不能违背德义啊！"赵云离开幽州返回家乡，他避免了为公孙瓒的覆亡而殉葬。

199 年，赵云在冀州邺城再次见到了兵败徐州后前来投靠袁绍的刘备，两人同床眠卧，愈加亲密，刘备让赵云背着袁绍在常山招募起几百人的队伍，自称刘左将军的部属，这支部队由赵云带领，一直跟随刘备到了荆州（参见 2.1.10《属下将吏盘点》）。208 年九月，刘备的军队自樊城向南部江陵撤退途中，在当阳长坂被曹操的追军击溃，刘备抛弃家眷而脱身。赵云在乱军中返身回转，最后抱着一岁的阿斗并保护甘夫人回到刘备身边。历史小说据此描写了"赵子龙单骑救主"的精彩场景，对赵云的武功做了夸张性叙述。当时赵云在长坂坡反身向北而去时，有人对刘备说赵云是去投奔曹操了，刘备拿起手戟向说话的人掷了过去，告诉他说："子龙不会抛弃我而离开的。"手戟是用于手持投掷的兵器，刘备在兵溃危机之时心情不佳，他不愿意听到对爱将的诋毁之言，以至于对乱言者有过激的行为，不久赵云就回到了身边，这里没有刘备掷儿于地的事情，但刘备掷戟时的言行足以表明他对赵云的高度信赖。后来刘备领兵入川时，特意设职，让赵云担任荆州的留营司马，把包括家务安全在内的后方警卫任务全部托付，其间赵云在江口截住了东吴派来荆州返回的战船，与张飞一起夺回了要被刘备孙夫人带走的阿斗，立下了大功。赵云因为对主忠诚、不避艰难，做事负责、少有差错，因而深得主上的信任。

赵云的确是一位处事谨慎的人。他先前随刘备在新野驻军时曾受命与曹操大将夏侯惇在博望（今河南方城西南）交战，战斗中俘获了曹军另一部将夏侯兰，夏侯兰是赵云的同乡，两人从小认识，赵云向刘备请求赦免了夏侯兰，并向刘备介绍夏侯兰对法律知识有特长，刘备遂任夏侯兰为军正，这是军中执法之官。而自从夏侯兰担任军正后，赵云从不去主动接近，他是要避免同僚们不必要的闲话，同时是要支持和保证夏侯兰对自己也能进行公正的法律监督。赤壁之战后刘备派军队夺占荆州南部四郡，桂阳（郡治在今湖南郴州市）太守赵范举郡投降，刘备即任赵云为偏将军，兼任桂阳太守。赵范的寡嫂樊氏有倾国之色，赵范提出让赵云娶樊氏为妻，赵云谢绝说："我和你是同姓，你的哥哥就像我的哥哥一样。"坚定地回绝了此事。当时有人劝赵云接受，赵云说："赵范是被迫投降的，他的内心难以预测；天下女人不少。"仍然没有接纳，赵范后来果然逃跑了，赵云对此并不介意。在这里，赵范投降刘备后大概心有不安，他出于讨好新太守之意，要把姿色美丽的寡嫂嫁给赵云，赵云若收纳樊氏为妻也没有任何问题，而赵云找其他借口加以拒绝，实是担心赵范有其他的目的，但一个无职无权的赵范能做出什么有害的事情呢，人们从这里能看到赵云不同凡常的心细和他对太守职事的高度责任心，也能看到他面对美色而无所动摇的坚强心志。

214 年赵云随诸葛亮率军自荆州赶赴西蜀增援刘备作战，不久荆州军夺取成都。刘备做了益州牧后，准备将成都城中的屋舍大宅和城外肥沃的田园土地分赐给征战的将领，这大概是刘备在战事紧张关头为激励士气而对将士们的许诺。方案拿出后赵云反对说："霍去病曾说匈奴未消灭，不应考虑自己的家业，现在的国贼远非匈奴可比，我们不能贪图安乐。等到天下平定后，将士们返回故里，在自己家乡的田地上耕作才会各得其所。"他认为益州百姓刚刚遭受战祸，土地田宅都应归还原主，使百姓安居复业，然后才可以向他们征发兵役，收取租税（参见 2.1.18《对荆益两州的稳定与治理》上）。

赵云的意见不仅放弃了自己即将到手的利益，也阻止了荆州军队将领们财富的获得，但这一提议代表着成都百姓的利益，也有利于刘备新政权建立后的经济恢复和政治治理，做事谨慎心细的赵云不会未考虑到其间的利害得失，但他遵循着早年离乡参军时关于要免除百姓苦难，追求仁义所在的初衷，在事关底层民众切身利益和新建政权盛衰的大是大非面前绝不闭口沉默，他是冒着自身利益损失和得罪所有同僚的风险代价来提出这一建议的，所幸主政人刘备与他有着共同的价值理念，他权衡利弊后接受了赵云的意见，对成都周边及整个益州百姓实行了宽厚的利益保护方针，是赵云的爱民之心和对仁义的坚定追求维护了益州百姓的利益，促使蜀汉政权在当地民众中树立了应有的信义和恩德。

2.2（7）纯臣赵云（下）

东汉末年，追求个人利益的满足已经成了风靡朝野的风尚，忠君爱民往往只是上层人物实现个人利益的借用工具，而在关键时候真正能够想到百姓利益和朝廷需求的人并不多见。蜀汉集团中的将军赵云就属于这种不多见的人物。从《三国志·赵云传》及其引注等史料中可以看出，赵云早年就立定怜悯百姓、追求仁义的初衷而参军，其后辗转选定自认的明主，跟随征战许多年而矢志不移。他淡泊名利，忠诚信仰，踏实做人，具有独立精神而无逢迎之心，是一位忠诚笃实的纯臣。

赵云是跟随刘备很早的武将，多年战功不小，但不知什么原因，他在军中的职务地位一直比关羽、张飞要差一些等级。当时荆州兵攻下成都后，刘备取蜀中金银分赐将士，其时诸葛亮、法正、张飞及关羽每人得金五百斤，银千斤，钱五千万，锦千匹，其余人员的颁赐按等位各有差别（见《三国志·张飞传》），赵云就属于这些“其余人员”。从职位上讲，关羽早先已为襄阳太守，兼督荆州政务，刘备在兼益州牧时，任张飞兼巴西太守，刚到成都的马超任平西将军，黄忠任讨虏将军，而赵云被任翊将军，还有麋竺的安汉将军，孙乾的秉忠将军，简雍的昭德将军，都是刘备自己创设的军官名号，属杂牌将军。翊有辅佐、护卫之意，这一封号大概也体现着刘备对赵云在军队中安排使用的特殊定位。219 年刘备自任汉中王，让关羽为前将军，张飞为右将军，马超为左将军，黄忠为后将军，在前后左右四将军等列之后，其余人均有升迁，赵云仍是这“其余人”之列。当时关羽因为黄忠与自己处在同一等列不愿受封，而赵云却始终安于自己的位次，他曾经主动提议取消对军官们的田园土地赏赐，本来就是一位淡泊名利的人，对职位的升迁并不在意。

刘备在 219 年春攻取了汉中后，曹操准备派出大军前来争夺，有一次，黄忠率军前往北山下抢掠曹军正在运送的粮米，超过约定的时间尚未返回。将军赵云当即率领几十骑兵出营巡查，恰巧曹操大军出动，赵云与敌人猝然相遇，于是主动冲击敌阵，随后且战且退。曹军被冲散后再度聚合，追至赵云的军营前，赵云返身从敌军的包围中救出了受伤的蜀将张著，然后退入军营，命令大开营门，偃旗息鼓。曹军怀疑营中有埋伏，于是撤军离去。赵云让军中擂起战鼓，用强弓硬弩在后面射击曹兵，曹军非常惊骇，自相践踏，很多人落入汉水中而死。刘备次日早上来到赵云的兵营，察看了昨天的战场后赞叹说：“子龙一身都是胆啊！”（参见 2.1.19《攻占汉中》下）当天刘备在赵云军营中饮宴作乐到晚上，赵云此后被称虎威将军。

221年益州传说汉献帝刘协被曹丕所杀，刘备遂在成都做了蜀汉皇帝，其后他组织力量准备大举讨伐东吴，想要为逝去的关羽报仇，并夺回荆州。包括诸葛亮在内的许多大臣对刘备军事战略方向的改变都有不同看法，却都不好提出，而赵云站出来对刘备说："我们兴兵扶汉，要打击的国贼是曹操，而不是孙权，如果首先灭掉曹魏，则孙权自然归服。现在曹操的儿子曹丕篡夺了皇位，我们应当顺应民心，尽早夺取关中，号召天下共讨顽逆。如果先和孙权开战，战端一开，不可能很快结束，这不是上策。"刘备这次没有采纳赵云的意见（参见2.1.22《向东吴进军》）。

丢失荆州后，刘备集团面临着军事战略方向的重新选择，不同的选择都有各自的理由和根据，刘备本人选择了东向攻吴的战略，这一选择注重蜀汉集团现实利益的考量，更多地包含有维护集团尊严和个人复仇的情感意味，是蜀汉首脑人物最难弃置的选择；而北攻曹魏的战略，则始终以驱逐曹魏和恢复汉室对天下的统治为目标，从赵云对自我意见的表述看，这一战略选择是更多地从东汉朝廷和天下苍生的视觉上考虑问题。无论这一战略选择实行起来的难度和目标实现的可能有多大，其中都表现了赵云许多年未曾移易的政治理想。赵云坚守自己的政治理想而不动摇，于是就能感到刘备军事战略与当年政治理想的方向性偏差，他忠诚于君主，但更忠诚于道义，在感到事关理想目标的重大是非问题上，他一改以往其他事情上的沉默态度，像对待成都分田的事情那样，又一次义无反顾地站出来，向自己的君主提出了不同意见，虽然没被采纳，虽然他的意见并非绝对正确，但这种在权威和权力面前能够坚守不变理想，保持独立思考并敢于提出不同见解的态度，却代表了一种极为可贵的思想精神。刘备这次带领数万人马进击东吴时安排赵云留守江州，夷陵战败后刘备退驻白帝城，赵云自江陵进兵至永安，在外围守护着永安宫的安全，赵云是一位毫无谄媚逢迎之心而极具独立精神的忠臣。刘禅继位的223年，赵云为中护军，这是统管皇宫禁兵的职务，另有征南将军，永昌亭侯之封，不久晋升镇东将军。

228年诸葛亮首次伐魏，亲自统率大军兵出祁山（今甘肃礼县东北），他事先安排赵云与扬武将军邓芝据守箕谷（今陕西汉中褒城西北山谷）充当疑兵，调动魏军在东侧陈仓（今陕西宝鸡市东）防守。后来蜀国大军先锋马谡兵败街亭（今甘肃庄浪东南），祁山主力部队全军溃败，马谡遭到惩处。赵云在箕谷的部队也面临强敌败退而还，当时赵云收敛部队坚守，所以损失不大，退回后被贬为镇军将军。诸葛亮问邓芝说：“街亭失利时，部队的兵将溃散无法收拾；而箕谷部队撤退时，兵将依然能够照应，这是什么原因?”邓芝说：“赵将军亲自断后拒敌，军需物资都没有抛弃，兵将当然不会散乱。”赵云在战场紧急关头自己站在最危险的地方，承担起抗拒敌人追兵的艰难任务，他发挥自身超强武艺保护全军安全，因而能把退兵的损失降低到最小程度，这种舍生忘死的精神和敢于担当负责的勇气赢得了全军将士和上司诸葛亮的敬佩。

这次退军后赵云的部队尚有一些军用物资和剩余的绢帛，诸葛亮让分配给将士，大概是想作为一种顺利退军的奖赏吧，赵云坚持说：“我的部队战场上没有取胜，为什么要有赏赐?这些物资请全部存入赤岸库（今陕西留坝东北二十里蜀汉设在汉中的府库），等到十月用作冬季犒劳品。”诸葛亮对这一意见非常赞赏。箕谷退兵之后赵云的心情是沉重的，虽然自己部队损失较小，但出兵没有结果本身就是损失，何况祁山大部队遭受严重失败，国家百姓要为此承担难以估量的损失，作为出征的兵将有什么资格和颜面拿取奖赏！虽然这一奖赏是国家最高主政人主动提出，但这中间有一个基本不变的道义存在，君子从道不从君，遵从道义精神应该是做人最高的原则。拒绝这样的奖赏，个人利益虽未增加，但也承受了较少的负疚感，内心才更踏实些，因为追求仁义所在是赵云内心始终未变的信仰。

箕谷退兵第二年（229 年），赵云就因病离世，史书上没有标示他的年龄。皇帝刘禅发布了诏告，肯定了赵云一生的功绩，赞扬他早年在险境中拯救了自己的忠诚，让群臣为他议定谥号。大将军姜维等人追忆了赵云不凡的一生，根据“柔贤慈惠曰顺，执事有班曰平，克定祸乱曰平”的谥法规范，提议追谥他为顺平侯，这是群臣评议并得到皇帝认可的谥号，可以看到其中鲜明的褒扬色彩，赵云在身后是得到了应有的荣耀。后来，他的儿子赵统继承了爵位，被任用为执掌宿卫的虎贲中郎，督行领军，监督出征将军。次子赵广任牙门将，为低级军官，跟随姜维驻军沓中（今甘肃舟曲西北洛大镇一带），在战场阵亡。赵云本人因武艺高强而出名，其实他身上最为珍贵之处是蕴含着传统文化中某种不朽的精神。

2.2（8）献身蜀汉的江南才子庞统

荆州曾是人才汇聚之地，刘备在荆州驻军多年，赤壁之战后又做过两年荆州牧，他在这里吸收了一大批军政骨干，他们很快成为推动刘备集团发展兴盛的重要力量，其中庞统就是为建立蜀汉事业而最早献身的江南才子。

庞统字士元，襄阳人，在当地大名鼎鼎的庞德公是他的叔父。诸葛亮为卧龙，庞统为凤雏，司马徽为水镜，最先都来自庞德公的称呼，水镜先生小庞德公十岁，将他当作兄长看待，称其为庞公。庞统年少时朴实迟钝，不被人所关注，只有庞德公看重他。庞统过了十八岁后，庞德公让他去见颍川司马徽，司马徽有识人评鉴之能，庞统到时司马徽正在树上采桑叶，他让庞统坐在树下叙谈，两人一直从白天说到傍晚，司马徽非常惊异，称庞统应是"南州士人之冠冕"，他同时感叹说："庞德公实在太能识人，荐举人才是一件兴德的事情。"后来把诸葛亮和庞统都推荐给了正在新野驻军的刘备。

庞统在刘表治荆州后期成为南郡功曹，为郡守的主要辅佐官员，其后曹操、周瑜治南郡时庞统仍任原职，他喜欢评议人物，善于议论帝王治政策略，与南方士人交往极广。刘备担任荆州牧时，庞统从南郡功曹调任耒阳（今湖南耒阳县）县令，因疏于政务而被免官。东吴将军鲁肃给刘备写信建议安排庞统在荆州中枢管理机构担任州牧辅佐，诸葛亮也向刘备介绍过庞统，刘备于是任庞统为治中从事，让他在自己身边工作，不久刘备即发现庞统善于言谈，极有才能，自此非常器重（参见 2.1.14《用事业聚合荆州人才》），任用庞统和诸葛亮同为军师中郎将，参与主持军事谋议。

庞统与刘备的关系非常密切，常常在一块儿讨论军政大计。《三国志·庞统传》及其引注记述，庞统曾对刘备说："荆州地理上偏远，东有孙吴，北有曹氏，要想实现鼎足三分策略很难实施。现在益州国富民强，人口百万，军用物资全能自备，我们可以占据该地以成大业。"他从战略发展的角度催促刘备考虑对刘璋西蜀的占取。刘备说："现在与我水火为敌的是曹操，做事上曹操采用急躁，我用宽厚；曹操用暴厉，我用仁爱；曹操用诡谲，我用忠诚。每处与曹操相反，事情才能做成。如果因为小事而在天下失去信义，这事情就不能做。"刘备有皇室宗亲身份，他长期以恢复汉室兴盛为政治目标来号召民众，一直打着忠信仁义的旗帜，在行事上当然要始终遵循宽厚、仁爱、忠诚的方法，而避免那种狭促急躁、残酷暴虐、诡谲欺诈的手段。如果无缘无故地攻击同是汉室宗亲的刘璋，那就违背了自己信奉的原则，自蹈于欺诈天下的陷坑，所以他毫不犹豫地拒绝了夺占益州的设想。而庞统坚持认为，夺取益州只是一时的权变之策，不是政治目标的改变，他说服刘备道："兼并微弱攻夺暗昧，这是春秋五霸做过的事。夺取时可能有不正当的方式，但保守时坚守正义就行，用仁义的办法回报对方，事成后给予优厚的封赏，这并不算失去信义。我们现在不取益州，益州最终也会成为他人的囊中物。"刘备最终被庞统讲述的道理所说服，这当然也是他坚定政治理想推动下无可回避的选择，庞统的论辩理念催促他下了决心，并为他的选择提供了某种心理支持。

刘备在益州官员张松和法正的策应下，以协助刘璋抗御汉中张鲁的名义在 211 年进入西蜀，他与前来涪县（今四川绵阳）会面迎接的刘璋相见时，庞统等人就向刘备建议乘会面时扣押刘璋，兵不血刃地得到整个益州。刘备否决了这一仓促行动方案，不久带领荆州兵众驻军于邻近汉中的葭萌（今四川广元西南）。到了 212 年底，庞统见刘备迟迟不能把进攻刘璋的军事目标拿出来实施，就向刘备提出了三个方案让他选择：一是挑选精兵突袭成都，趁益州没有防备时一举成功；二是找借口佯装返回荆州，引诱附近白水关守将出来送行时将其捉拿，兼并其部队后直接进攻成都；三是退回荆州另待机会。刘备事实上选择了庞统所提出的第二方案（参见 2. 1. 16《进军西蜀》）。他诱杀了白水关守将，收编了其部众后公开与刘璋翻脸对抗。

刘备领兵向南占领了涪县，在此打败了刘璋派来援救的部队，招降了吴懿、李严、费观等将领，刘璋的儿子刘循与部将刘璝、张任等退守雒城（今四川广汉北），刘备进军包围了雒城，在此虽然有所斩获，而雒城被围一年多迟迟攻不下来，庞统在一次领军攻城时为流箭射中，不治身亡，时年三十六岁（参见 2. 1. 17《占领成都》）。历史小说在此虚构描写了庞统换乘的卢马、阵亡于落凤坡的情节，表明庞统阵亡是天意安排，借此也显示了庞统的非同常人之处，总之是表达了对这位江南才子英年早逝的惋惜。

刘备后来调用荆州的留守部队前来增援，不久攻克雒城，夺取成都，占领了益州，以汉左将军的名义兼任益州牧。庞统积极督促和用心实施的战略目标实现了，但他并没有亲眼看到这一成果，刘备为此对庞统的去世非常悲痛，提起来就流眼泪。他后来任用庞统的父亲为议郎，又将其升为谏议大夫，追赐庞统为关内侯，追谥为靖侯，刘备以此表达对这位爱将的抚慰。庞统的儿子庞宏，字巨师，为人刚强率直，像父亲一样喜欢评论和褒贬人物，他在蜀国任职时看不起参与朝政的尚书令陈祗，受到陈祗的压制，死于涪陵太守的职位上。

庞统的弟弟庞林娶了同郡人习祯的妹妹为妻，生有一女。曹操208年攻破荆州时，妻子习氏和庞林分隔两地，大概是两地不能相通吧，习氏在曹操的属地养育女儿十多年。庞林在刘备治下的荆州担任治中从事，夷陵之战时跟随镇北将军黄权自江北进军，蜀军战败后水路阻隔，不能返蜀，即随同黄权归降了曹魏，一家人在魏国团聚。曹丕听到了他们的事迹，赞赏一家人的节义，赐给他们床帐衣物。庞林后在魏受封为列侯，作了巨鹿（治所以在今河北巨鹿）太守，看来也是一个很有能力的人物。江南才子庞统为蜀汉建国过早地献出了自己的生命，他的才能远未得到充分发挥，在留下自身业绩的同时也给后世留下了莫大的遗憾。

2.2（9）法正的才情与功绩

刘备自211年在不到十年间连续夺取益州和汉中，其中做出了重要贡献的是刘璋治下的益州官员法正。法正字孝直，扶风郿（今陕西眉县）人。他的远祖是战国齐襄王田法章，即重用田单恢复了齐国的有为君主。秦国灭齐后，子孙不敢称田姓，故以法为氏，西汉宣帝时迁居三辅关中之地，历世为高官。

法正的高祖父法雄曾做过青州刺史、南郡太守，有清节高名，《后汉书》中有传；祖父法真为关西大儒，远近弟子数百人，生性恬静寡欲，不与人交往，扶风太守请他做郡吏，他坚辞不就，188年去世时89岁，《后汉书·逸民传》中有记。父亲法衍在朝廷做过司徒掾、廷尉左监。法正是出生在关中一个极有社会和文化背景的家庭。大约197年，关中饥荒，法正与同郡人孟达来到西蜀依附刘璋，被任为新都（四川成都平原中部）县令，后来调到州府任军议校尉，这是参议军事的职位，大概是刘璋以法正的才质为其特设吧。刘璋为其设职，却不能用其才，当时外地来蜀地做官的许多同僚看不起法正，甚至诽谤他没有操守，法正在益州职场上很不得意，非常郁闷，只有别驾张松与他相友好。

别驾是州牧的主要辅佐官，张松在别驾职位上感到刘璋在益州难有作为，经常暗自叹息。208 年张松去荆州见到曹操，受到了曹操的傲慢对待，自返回成都后就向刘璋建议联络刘备以抗御外敌。张松自荆州返回时是否见到刘备难以确定，根据地理路线看应该不会见到。张松一定是对刘璋完全失去了信心，在对曹操失望后，应是根据刘备对外界的良好印象，本着追求明主的心理而倾心于刘备，并把自己的心思说给了法正，得到了法正的赞同和支持。法正自此为刘备做过不少事情。

两次到荆州联络刘备领军入蜀　张松几年间一直劝刘璋结好刘备，在刘备做了荆州牧后，刘璋决定派人去荆州联络。选派去荆州的使者时张松推荐了法正，法正佯装推辞，又不得已接受。他从荆州返回后大赞刘备的雄略，与张松暗中商议共同迎接尊奉。211 年刘璋听说曹操要进攻汉中张鲁，他担心曹操拿下汉中后会再夺益州，张松遂建议请刘备入川，让刘备攻打汉中并可抵御曹操。刘璋同意这一建议，再次派遣法正去荆州，让他向刘备转达自己的邀请并接应入川。法正去荆州私下对刘备说："以您的英雄之才，应该趁刘璋懦弱和有张松在内配合的机会取得益州，凭借天府之地的富庶和险阻来成就事业，会易如反掌。"另有资料说，法正还把益州的地理路线和军事防守等情况画下图形交给了刘备。刘备赞同法正的主张，他接受了刘璋的邀请领兵入蜀，实际上已打定了夺取益州的主意。

建议刘备在涪县与刘璋会面时采取行动　刘备带兵入川，刘璋前来涪县相见，法正转达张松的意见，让刘备在会面中扣押刘璋，一鼓作气夺取成都，这当然也代表法正自己的意见。他们的意见与庞统的方案正相一致，但刘备觉得这一行动方案过于仓促，没有采纳。

正确预料到刘璋的防御策略　刘备 212 年底在葭萌与刘璋翻脸后反攻成都，益州官员郑度建议刘璋把梓潼民众迁徙到涪水以西，烧掉巴西一带的仓廪粮谷，采取坚壁清野拒不出战的办法，使荆州军队在遭受久困后被迫退回。刘备听到这一办法非常忧惧，法正告诉刘备说："刘璋不会采用这个办法，不必担心。"刘璋果然不愿采用扰民的方法来防御。法正的预料让刘备能够从容应对益州的军事对抗。

围攻成都前给刘璋写信劝降　自荆州军入蜀后法正似乎一直在刘备身边活动，他明面上应是代表益州来联络和照应刘备的。刘备 214 年调来荆州增援部队攻下雒城直逼成都时，法正以私人身份给刘璋写信，介绍了刘备军队的强大，劝刘璋认清形势主动归降，争取保住家门的尊贵。这一书信应是促成了刘璋心理的转变，不久刘备派简雍进城劝降，刘璋很快接受。

说服刘备重用许靖 蜀郡太守许靖在成都未破时就图谋投降刘备，被城内人士觉察后制止。刘璋投降后，刘备鄙薄许靖的道德为人而未任用，法正劝谏说："天底下有的人获取了虚名但并无其实，许靖就是这样的人。但是现在您开始创就大业，对天下的人不可能逐户去说明真相。许靖的虚名已经播流四海，如果不能给予礼遇，天下人就会认为您轻视贤才。现在应该对他特别敬重，让远近的人都看到，就像战国时燕昭王对待郭隗一样。"刘备采纳了该建议，给了许靖很高的待遇（参见 2.1.18《对荆益两州的稳定与治理》上），由此展现了益州新政权爱才纳士的形象。

说服刘备继娶刘瑁寡妻吴氏为夫人 刘璋的兄弟刘瑁曾娶吴懿的妹妹为妻，刘瑁去世后，吴氏一直寡居在家。刘备夺得益州时，因为孙夫人已经返回东吴，群臣劝谏刘备娶这位吴氏为妻。刘备觉得他与刘瑁同族，娶其寡妻于礼有碍，法正说："按亲疏关系说，远远比不上晋文公娶侄儿子圉的妻子。"刘备听了法正的劝谏，就娶了吴氏（参见 2.1.21《蜀汉皇家状况》）。这一婚亲含有结好益州大族、化解荆益两州旧部心理隔膜和稳定政治局势的意图。221 年刘备称帝建国时，吴夫人被立为皇后。

建议刘备不失时机进攻汉中 217 年底，刘备在益州的政权已基本得到巩固，法正向刘备建议说："曹操一举收降了张鲁，占据汉中，没有利用这个时机进攻巴、蜀两地，必定是内部生出忧患的缘故。估计汉中守将夏侯渊与张郃的才能赶不上我们的将帅，现在进攻汉中一定可以取胜。"法正看到了进军汉中的时机，分析了取胜的把握，并且还指出了战争推进后的上中下三种前景（参见 2.1.19《攻占汉中》上）。刘备接受了法正的建议，经过一年多的争夺，最终把汉中收入囊中。

筹划定军山之战 汉中争夺战打到了 219 年初，刘备领军队从阳平关南渡沔水，循着山根推进，在定军山安营扎寨，曹军主将夏侯渊前来争夺，法正作了筹划，不久认定可以出击，刘备遂下命令让黄忠从高地擂鼓猛冲，夏侯渊被黄忠斩首，曹军大败。历史小说对定军山之战的过程作了很好的发挥描写，而史书上对该战的介绍并不充分，但有记述说，曹操事后听说蜀军作战是法正的筹谋时说："我知道刘备做不到这样，必定后面另有人安排。"定军山之役是蜀军在汉中取胜的关键一战，法正的作战部署大概是曹操也没能料到的。

战场险境中劝退刘备 曹操丢失汉中后前来争夺，有一次刘备在前线战场上指挥作战，当时箭如雨下，处境极不安全，大家劝刘备避开，刘备大概是杀红了眼吧，他发怒不肯退下，没有人敢上去劝谏。这时候法正站在了刘备的身边，刘备大喊："孝直避箭！"法正说："您主帅亲冒矢石，我一个小人物避什么箭？"刘备一看这样，就说："孝直，我和你一块离开吧！"于是才走离险境。主帅刘备当然不能在战场冒险，但当众人都束手无策时，只有法正能够成功劝退刘备，这里能体现出法正的聪明机智，也能看到刘备对法正超乎寻常的君臣情谊。

法正是刘备身边得力的谋士，他为蜀汉事业的推进作出了极大的贡献，是刘备最为亲信的臣属。刘备 214 年自任益州牧时，任法正为蜀郡太守、扬武将军；五年后刘备为汉中王，即任法正为尚书令、护军将军，为军政中枢机构的主事人。他跟随刘备占取成都后，曾经对过去同僚们的积怨睚眦必报，后世人们为此诟病他德行操守的不完美，但无论如何，法正在这一阶段上对蜀汉事业所做出的功绩，是包括诸葛亮在内的任何人都无法替代的。

刘备夺取汉中的第二年（220 年），法正病逝，时年四十五岁。年近六十的刘备为他几天间泪流不止，谥为翼侯，儿子法邈被赐爵关内侯，后任奉车都尉，掌皇宫御乘舆马之职，又兼任汉阳（治所约在今甘肃天水附近）太守，这属遥领的名义职务。222 年刘备领军伐吴兵败猇亭，退归白帝城，诸葛亮悲叹说："法孝直若在，则能制止主上东行出兵；即便出兵，必不至于溃败。"法正对蜀汉发展的作用在他逝后更加清楚地显示了出来。

2.3　大名垂世的能臣（诸葛亮）

诸葛亮是东汉末期的政治明星，是三国时代在后世最有影响、大名垂世的人物。他二十七岁受聘出仕，为刘备集团的发展谋划战略并制定具体行动方案，在首辅的位置上应对危机、躬身治政，为争取蜀汉事业的兴盛无私而忠贞地贡献了自己全部的才智和力量。诸葛亮在自己一生的行为中践行着中下层民众对高层治政者的德能期盼，其做人风格集合了社会上下各界对权力人物所寄望的最大公约数，他的身上体现着当时社会崇尚的一种文化精神，代表着传统文化的许多优秀特征，他的形象因而也成为他所处时代的文化遗产。

2.3（1）从琅邪到襄阳

诸葛亮字孔明，琅邪阳都（今山东沂水南）人。琅邪郡治所在今山东胶南琅邪台西北，早先曾写作琅琊，这里采用史书上简体的写法。诸葛亮的先祖诸葛丰曾在西汉元帝时任司隶校尉，执掌京师百官及附近各郡官员的监督纠察事务。《三国志·诸葛亮传》记述，诸葛亮的父亲诸葛珪，字君贡，汉末为太山郡丞，为郡太守的辅佐。诸葛亮年幼时父亲去世，他的叔父诸葛玄被袁术指派为豫章（郡治在今南昌市）太守，叔父任职时带着诸葛亮和他的弟弟诸葛均到了南昌生活。大概当时朝廷不承认袁术对周边地方官员的任命，选派了朱皓来豫章就任太守。诸葛玄早先与荆州牧刘表相识，于是就去了荆州，诸葛亮兄弟应是随同前往。

另有资料说，当时豫章太守周术病逝，荆州牧刘表推荐诸葛玄作豫章太守，他这里应是从荆州独自出发去南昌的。但朝廷派太尉朱儁的儿子朱皓前往任职。豫章是扬州的属下之郡，朱皓从扬州刺史刘繇那里请来军队进攻诸葛玄，诸葛玄退守西城，这是南昌西边的小城。约在 195 年正月，西城民众造反，杀死了诸葛玄，把他的首级送给了扬州刺史刘繇。在两处不同的记载中，诸葛玄做豫章太守的推荐人不同，但均非朝廷正式任命，上任不久即被他人取代，而诸葛亮兄弟跟随叔父到了荆州生活却是一致的。

诸葛家在荆州南阳郡的邓县，位于襄阳城西二十里处，当地有隆中山，住处故称隆中。诸葛玄去世后，诸葛亮自己耕作种田，他喜好读书，常拜访襄阳庞德公，即庞统的叔父。诸葛亮每到庞家，总是在床下拜庞德公，庞德公一开始并不劝止，应该是建立了一种师生关系。诸葛亮大约十五六岁时，与来自颍川（今河南禹县一带）的石广元、徐元直和来自汝南（今河南上蔡一带）的孟公威等人一同游学，他们三人应该是躲避战乱，并为刘表的文化优厚政策所吸引而来荆州的，这三人的读书特点是追求精深熟透，而诸葛亮则是观其大略，务在领会精神实质。几位同学大概都坚持晨夜苦读吧，诸葛亮早晨或晚间起来则从容淡定，抱膝吟唱，他对三位学友说：“你们三位在职场上可以做到刺史郡守。”学友们问他能做到哪个层级，诸葛亮只是笑而不答。其后孟公威思念家乡，准备回到北方去，诸葛亮对他说：“中原地区的读书人多的是，你何必非到家乡去做事！”史料上的这些细节透露出了诸葛亮的读书方法，以及为自己设定的求仕途径。

诸葛亮在隆中过着边耕作边读书的生活，他长得身高八尺，1.8 米以上，闲暇时喜欢吟唱《梁父吟》，这是乐府楚调曲名，又作《梁甫吟》。梁父是泰山之东的小山，为聚葬死人之处，《梁父吟》可能最早是悼念死者的挽歌，歌词应是慷慨悲凉的。《艺文类聚》引其辞为：“步出齐城门，遥望荡阴里，里中有三坟，累累正相似。问是谁家墓，田疆古冶子。力能排南山，文能绝地理。一朝被谗言，二桃杀三士。谁能为此谋？国相齐晏子。”这里叙述的是春秋齐相晏婴用智谋二桃杀三士的故事，相传该词非原文，应是诸葛亮改写之作。古人认为吟唱抒情，诸葛亮为什么喜欢吟唱这一乐曲，后世学人有不少意趣迥异的多种解读，或认为是惜勇士，或认为是痛谗言，其实诸葛亮也许是由此领悟了社会生活中智在勇上的道理，表达他要追求智识以谋略胜人的路径选择。

诸葛亮种地时还经常把自己比作春秋时代的齐相管仲和战国时代的燕将

乐毅，管仲辅佐齐桓公成为春秋第一霸主，乐毅辅佐战国燕昭王振兴燕国，他们分别是政治和军事领域的成功人士，都是国家最高主政者的主要辅佐人，以智略运筹而出名。诸葛亮以历史上名垂后世的知名人物勉励自己，表达了他对自己人生目标的基本设定：既不是组织势力掌控全盘可以南面称孤的带头大哥，也不是居州领郡的地方大员，这显然比他的三位学友设定要高，是一个最能运用军政治理特长，发挥自己聪明才智的角色。史书上说，对诸葛亮的自我类比，“时人莫之许也。”一位在田间耕作的年轻农夫把自己比作历史名人管仲乐毅，身边的人自然并不认可，只有熟悉他的朋友博陵（今河北蠡县南）崔州平、颍川徐元直（徐庶）对此赞成，他们相信诸葛亮的远大前程。许多年后，回到北方魏国的孟公威（孟建）做了凉州刺史、征东将军，石广元（石韬）作了郡守、典农校尉，徐庶后来在荆州离开刘备返回曹魏也作了右中郎将、御史中丞。他们的职位大体上符合于青年诸葛亮的预计。而诸葛亮为自己设计了一条离开家乡灵活发展的道路，在远离家乡的蜀汉成为辅佐帝王主持军政的丞相，是几位同学中做得最出色的，这完全合于他自己的人生设定，也证实了他当年的自负绝非盲目自大。

襄阳庞德公是当地非常出名的人物，《后汉书·逸民列传》中记述，荆州刺史刘表多次派人请他出山做官，都毫无结果，刘表于是亲自出面去延请，庞德公当时正和妻子在田间劳动，这次同样辞绝了刘表。刘表问：“先生宁愿在田间劳作也不愿出来为官，以后拿什么留给子孙呢?”庞德公回答：“世人都给子孙留下了危险，只有我给子孙留下了安宁。虽然所留的东西不同，但也不算无所遗留。”刘表只好叹息而去。庞德公身边聚集着荆州一大批人才，他特别欣赏三位人物，这就是司马德操（司马徽）、诸葛亮和庞统，他分别称三人为水镜、卧龙和凤雏，司马徽的年龄要稍大些。诸葛亮在隆中躬耕，正属于“潜龙”与“在田”的状态，庞德公称他“卧龙”的意蕴是深刻的，诸葛亮在这里充分吸收了襄阳大地的文化养分，积累着起升的能量。

2.3（2）初出茅庐的功绩

诸葛亮从家乡琅邪阳都来到襄阳隆中生活了二十多年，叔父诸葛玄去世时他大约十四五岁，一边躬耕种田一边游学交友，在文化氛围浓厚的襄阳之地积累下了丰厚的知识学养，并且磨砺和塑定了他不同凡常的人生志向，真正成了待时起升的卧龙。207 年，诸葛亮的人生出现了重大转折的机会，在荆州新野驻军的汉左将军刘备一直为自己事业多年的迟滞不进而惆怅苦闷，水镜先生司马德操和学友徐庶分别向他推荐了诸葛亮，凭着对两位荐举人的敬重和信赖，刘备连续三次赴隆中庐舍中拜访这位声名响亮的年轻人卧龙先生，最后一次两人终于见面（参见 2.1.8《鱼找到了水》），并作了倾心畅谈。

三顾草庐，雄杰相会，史料中没有留下任何传奇的情节，这却是诸葛亮和刘备人生事业发展上的转折性事件，是三国政局中引起海洋风暴的蝴蝶煽翅。诸葛亮接受了刘备的诚挚邀请，加入了刘备集团，找到了他得以大展才能的平台，良驹进了跑马场；刘备为事业的船舰请来了把航高手，自此走进了不同以往的新阶段。据《三国志·诸葛亮传》及其引注记述，二十七岁的诸葛亮自见到刘备起的几年时间中，即为集团的发展做出了不少事情：

三分天下，确定战略　刘备三赴隆中见到诸葛亮后，两人屏退身边人单独谈话。刘备表达了他多年未变的志向，诸葛亮则周详地分析了当时天下政治局势的现状及其变化趋势，向刘备表达了需要夺取荆州和益州，与曹操、孙权形成三家鼎立态势，然后再图发展的长远大计（参见 2.1.9《三分天下的战略》）。这一战略目标的提出，为刘备集团确定了明确的发展方向，首次展现了诸葛亮的个人才能。

安置刘琦，暗落棋子　荆州刘表因后妻进言，爱少子刘琮而对长子刘琦疏远。刘琦非常看重诸葛亮，向其谋求解脱之法，有一次他采取上楼抽梯的手段迫使诸葛亮单独进言，诸葛亮告诉他："您没有看见申生在内有危险，重耳在外就很安全吗？"刘琦领悟了其中的意思，正好镇守江夏（治所约在今武汉黄陂）的黄祖刚死，刘琦请求出守江夏，作了江夏太守。刘琦政治上依附刘备，他在江夏驻军，为刘备集团在荆州棋盘上的立脚早落了一子。

出使江东，联吴抗曹　208 年八月曹军占领荆州，刘备在当阳长坂溃败后，诸葛亮受命与鲁肃到了江东，在柴桑（今江西九江西南）见到了孙权，他用激将法刺激江东领袖孙权的英雄豪情，促使孙权下定了抗击曹操的决心；又全面分析了孙刘军队取胜的有利条件，坚定了孙权战胜曹操的信心。孙权派遣周瑜、程普、鲁肃带领三万水军分次前往江口，与刘备共同抵御曹军（参见 2.1.12《结盟孙吴》）。这里没有草船借箭，也没有祭坛借东风的事情，孙刘联军凭借诸葛亮分析到的有利条件取得了赤壁之战的胜利。

稳定联盟，争夺荆州 208年底赤壁大战取胜后，孙刘两家随之展开了对战后胜利成果的争夺，刘备的军队夺取了荆州南部四郡，诸葛亮被任军师中郎将，督察零陵、桂阳、长沙三郡，征收赋税，以补充军用物资。史料中没有诸葛亮与周瑜的意气之争，没有三气周瑜的事情；刘备去东吴与孙权之妹成婚也是诸葛亮不赞成的，他主要考虑的是刘备人身安全问题。诸葛亮是孙刘盟约的真诚维护者，但主张尽力避免掉入对方的陷阱。

守护荆州，带兵入蜀 211年刘备因刘璋邀请领军进入益州后，三十岁的诸葛亮全面负责荆州的军政事务，从后方保障上支持刘备在益州的行动。214年庞统于雒城阵亡，在刘备益州战事不利时，诸葛亮受命带领张飞、赵云西行入蜀，平定地方郡县，直接参与了益州的争战，直至夺取成都。

主持新政，治理益州 刘备夺取了成都后立即建立益州新政权，他任命诸葛亮为军师将军、益州太守。刘备本人是朝廷任命的左将军，他安排诸葛亮主持左将军府中具体事务，诸葛亮实际成了益州新政运作的主持人，刘备外出时，诸葛亮即坐镇成都，负责整个军政管理。诸葛亮还为新政权主持制定了有别以往的地方法律（参见2.1.18《对荆益两州的稳定与治理》下），从他与法正讨论法律宽严的谈话看，新政遵循的法律是按照诸葛亮的思路制定的。

对付曹魏，劝进刘备 219年刘备夺取汉中后，诸葛亮与其他一百多位臣属参与了对汉中王的推戴。其后经历了关羽失荆州、曹丕受禅称帝的重大事件，东汉朝廷已不存在，荆州的战略支撑也已丧失，在内外形势发生变化后，为了更好地对付曹魏，并鼓舞本集团上下各层的信心，诸葛亮在221年联合其他臣属建议刘备在成都称帝。当时成都传出了汉献帝刘协去世的消息，同时又出现了各种符瑞祥兆，似乎天意不可违，刘备于是接受拥戴，登上了皇帝之位，建立了续接东汉的政权（参见2.1.20《在悲戚中登上九五之尊》），诸葛亮被任命为丞相。

接受托孤，掌控蜀汉 刘备做了皇帝后，即在222年初组织力量大举伐吴，他要夺回失去的荆州，一雪受伤的耻辱。诸葛亮料定自己无法说服刘备对军事战略目标的调整改变，于是没有出面劝阻。当年六月蜀军大败于猇亭，刘备退归白帝城，223年二月刘备发诏令让丞相诸葛亮和犍为太守李严从成都前来受事。在他们君臣最后相处的两月间应该有不少交流，刘备曾对诸葛亮说："你的才干胜过曹丕十倍，必定能安定国家，完成大业。如果我的儿子可以辅佐你就辅佐他；如果他没有才德，你就可以自己取代他。"诸葛亮淌着泪说："臣下怎敢不竭尽全力辅佐，献出忠贞不贰的节操，至死方休！"参见2.1.25《最后的嘱咐》）事业没有成功是刘备临终前最大的遗憾，他希望诸葛亮能不拘方式地把蜀汉事业推向高峰。他们两人的这一对话，应是传统社会中君臣间一次最为坦荡的交心。刘备又给几位儿子留下遗言说："我死之后，你们兄弟与丞相共同处理政务，对待他要像父亲一样。"

刘备当年四月去世后，四十三岁的诸葛亮即成了蜀汉的实际掌控人，他全面负责国家的政治、军事、外交等活动，同时要负责培养十七岁的皇帝刘禅。《三国志·蜀书·后主传》引注中记述，刘禅把各项政务都委托给了诸葛亮，并表示："政由葛氏，祭则寡人。"他本人只负责国家礼仪祭祀的事情。诸葛亮对蜀汉事业的柱石作用在刘备去世后更加充分地展现了出来。

2.3（3）初掌国政（上）

223年五月，十七岁的刘禅继位做了皇帝后，丞相诸葛亮被封为武乡侯，兼任益州牧，他开府治事，主持蜀汉内外政务，实际执掌了国政。像其他任何政权的交接一样，新的掌政人面临的形势总是复杂的。当时益州汉嘉太守黄元因为与诸葛亮关系不和，在刘备病重时就举郡反叛（参见2.1.24《战后政局的变化》），虽被平定，但州内雍闿、牂牁太守朱褒、越巂夷王高定及南中孟获都相继出现了脱离益州政权的反叛倾向，政局不稳定是非常现实的问题；另外，在蜀汉代际交替时刻出现了曹魏的招降活动，如何定位并确立与曹魏、东吴间的三角关系问题亟待解决；还有政权交接后执政人会有不同的行为方式，新的机构运作程式需要重新确认等等。

初掌国政的诸葛亮并没有慌乱，他立足于蜀汉发展的战略目标，从最根本的事情着眼，在诸多事情的相互关系中理清轻重缓急，循着先定内后定外，由本而末的顺序推进解决。根据《三国志·诸葛亮传》及其引注与《资治通鉴·魏纪二》的记述，诸葛亮在掌政初期抓住解决了政治战略、外交方向和内政建设等问题。

首先是重新明确以曹魏为敌的战略目标。刘禅继位后，曹魏头面人物一定料到了诸葛亮的实际掌政地位，他们利用魏国势力上的优势对蜀汉采取招降策略。魏司徒华歆、司空王朗、尚书令陈群、太史令许芝，还有谒者仆射诸葛璋几个年纪老迈的大臣分别写信给诸葛亮，向他陈述天命和人事，无非是魏国代汉符合天命人心的那套说辞，信中劝说诸葛亮向魏举国称藩，这里还附带有让一批老年人向年轻掌政人陈说事理的意味。他们的劝说矮化了蜀汉的地位，意在改变益州人物一生奋斗的目标，弃置诸葛亮早年三分天下的战略方案，自然不能为诸葛亮所接受。诸葛亮写了一篇《正议》的文章，其中说道："当年项羽不是奉行德义而兴兵，虽然占据了华夏中原之地，又拥有帝王的势力，最后终究不免于败亡。曹魏今天又重蹈项羽的覆辙，有几个人凭借自己年长高龄，接受指令而来信进言，说的话就像当年陈崇、张竦称颂王莽的功劳一样，他们即使表现出苏秦、张仪那样欺世惑人的辩才，也不过是浪费辞藻和笔墨。《军诫》上说：'万人有必死之志，就能纵横天下。'当年轩辕氏以几万人控制四方，平定天下，何况我们有几十万人众，占有道义而讨伐有罪，没有什么能够阻挡！"文章篇幅较长，其中还列举曹操多次失败的事实，提到他争夺汉中不得，返回不久即生病死亡的过程，表明诡诈战胜不了正义，又痛斥了曹丕的篡位行径。

诸葛亮没有把文章寄给写信的几位魏国老臣，大概是要显示对他们的轻蔑态度吧，但他肯定是把该文作为了对蜀汉大臣进行思想政治教育的指导性材料，他要让蜀汉的全体官员和民众明确与曹魏争夺天下的战略目标，不为对手的外表强大所迷惑，进而树起立起对敌必胜的信心，团结一致地努力去奋斗。文章可以视作诸葛亮执掌国政的政治宣言，他要将刘备两年前偏转了的政治方向重新扭转回来，把当年三分天下的政治理念及其战略方案灌注到人们心中，依靠九百万蜀汉民众的力量贯彻到底。

其次是外交上对吴关系的恢复。确立了政治上的战略敌手后，就有一个确认敌友的问题，从诸葛亮以曹魏为战略敌手的政治图案上来看，北方曹魏之外，在西境和南方居住的少数民族，传统上所称的蛮夷部落，以及东边的孙吴政权都是可以联络和好，并加以利用的力量。尤其是孙吴集团，其与曹魏有着很长的接壤区，双方存在利益发展上的直接冲突，只要利用得好，既可免去蜀地东线之忧，还可以调动他们分化曹魏东线的力量，暂时弥补起蜀汉丢失了荆州的军事缺失。但问题在于，两年前蜀吴交恶时，孙权已经向曹魏示弱称藩，夷陵之战后对方虽然与身在白帝城的刘备互通了信使，双方太中大夫郑泉和宗玮受命互访（参见 2.1.24《战后政局的变化》），但并没有建立起相互间的真诚信任，而且孙权对曹魏的敬奉态度并没有改变，蜀吴无法进行军事战略上的配合。同时，在蜀汉臣民和朝廷百官的心目中，东吴曾以诡诈手段袭夺了荆州，又在夷陵交战中打败了蜀军，这是咽不下去的仇恨，与这样的邻邦和解友好，将是蜀汉官员们难以理解和接受的。

诸葛亮并没有忘记往昔的怨恨，但他是在朝前瞻望的意义上思考问题，既然确立了国家的战略目标，其他安排就要为这一目标服务，“往者不可谏，来者犹可追”，他是要逆违众人之意，准备和孙吴恢复友好关系。这一外交方式的转变发生在掌政人代际交替的时刻是合乎情理的，诸葛亮只是在选派使者的问题上颇费踌躇。恰好这时，担任尚书职务的邓芝对诸葛亮说：“现在主上年幼刚刚即位，应该派使臣恢复与东吴的友好。”诸葛亮说：“我对该事已考虑很久了，只是没有合适人选，今天找到了。”邓芝问：“这人是谁?”诸葛亮回答：“就是你啊。”于是派邓芝以中郎将的身份去东吴重建友好，邓芝是带着特定使命去东吴的。

这年十月，邓芝到达东吴，因为孙权尚未和曹魏断绝关系，他对蜀国的态度犹豫不定，因而没有立即会见邓芝。邓芝自己上表请求见面，向孙权表示：“我这次来，也是为吴着想，不仅仅只为蜀。”孙权于是会见了他，说：“我确实愿意与蜀和好，但恐怕蜀国君主年幼，国小势弱，被魏国攻击，不能自我保全。”邓芝说：“吴蜀占有四州地盘。您是当世英雄，诸葛亮也是一代人杰。蜀国地势险要，防守坚固，吴国有三条大江的阻隔。凭借这些优势，双方联合起来互相依靠，进可兼并天下，退可鼎足而立，这是很自然的道理。假如大王归附于魏，魏必定会进一步要求您入朝拜会，并让太子作人质，如果不服从，便以讨伐叛逆作借口而发动进攻，蜀国会顺流东下分取利益，到那时，江南就不再为大王您所有了。”孙权沉默了很久后说：“你说得很对。”于是决定和魏断绝关系，专与蜀汉和好。

邓芝是在对国家战略目标明确后，经过独立思考，得出了与诸葛亮同样的外交结论。当他把自己的建议提给诸葛亮时，表明了他对这一外交策略的理解与把握，诸葛亮选定他作与吴和好的使者，果然不负所望，他主观能动，策略灵活，实现了出使的目标。224 年，孙权派辅议中郎将张温到蜀汉进行正式访问，此后吴蜀双方使者和书信往来不断，其友好关系在诸葛亮执掌国政初期已开始不断升温。

2.3（3）初掌国政（中）

诸葛亮在223年五月执掌了蜀汉国政，他在群臣中重新明确了与中原曹魏争锋天下的政治战略，由此调整了与东吴相敌视的外交方针，派尚书邓芝作使者去东吴恢复了双方互相信任的友好关系。224年初孙权已断绝了与曹魏的关系，又派张温到成都回访，临走时成都百官为其饯行，自此吴蜀常有使者和书信往来。孙权还专刻了一枚自己的印章放在驻军夷陵（西陵）的陆逊那里，每次给蜀国的书信都让陆逊先看，如果言辞和处事有不当之处，由陆逊改正后，再用印封好发出，足见对双方关系的重视，诸葛亮的政治外交当年就有了成效。

然而，吴蜀的外交友好是某种局势下双方利益考量的选择，他们各自对此应该是明白的。在张温返吴后不久，邓芝再次出使东吴，吴王孙权问他说："如果天下太平，由两国君主分而治之，也是很好的吧！"邓芝回答说："天无二日，地无二主。在消灭魏国之后，假如大王不能认识天命，两位君主同时称尊，双方大臣将各尽其忠，那时候会擂起战鼓，战争才刚刚开始。"孙权大笑说："你说话竟然这样诚实！"吴蜀共同面对北方曹魏的压力，这是他们的利益能够暂时契合的基础，外交上建立和好并不代表双方根本利益的一致。蜀国群臣因为忌恨于先前的荆州之失和猇亭之败，对诸葛亮的外交联吴方针当时持有更多的保留态度，这不是靠双方使者互访就能完全解决问题的，诸葛亮应该是在违逆不少众意的情况下推行与东吴和解友好的外交策略，这从后面事情的反复中能看得更为清楚。

大约五年之后的229年四月，吴王孙权即位作了皇帝，他迁都建业（今南京），用黄龙年号，大封群臣，自称吴大帝，并派使者向蜀国通告，提议两国并尊二帝，这事情立刻在蜀汉群臣中引起了轩然之波。在益州臣民的心目中，蜀汉是以接续汉朝而建立的国家政权，曹魏属于篡逆政权，是应该铲除消灭的对象，先前邓芝还向吴王孙权当面表达过"天无二日，地无二主"的理念，那是在设想消灭了曹魏之后可能出现的事态，现在孙权公开做了皇帝，从道理上讲也属于叛逆行为，这把一个长期隐存的重大是非挑明摆了出来，应该如何应对？《资治通鉴·魏纪三》《三国志·诸葛亮传》引注中记述，当时群臣中有一种议论，认为与吴国结交没有益处而且名号与关系都不顺，应该显明正义，断绝友好盟约，终止外交关系。根据蜀汉建国的思想逻辑和蜀吴双方恢复友好关系所依凭的现实前提，这种认识和提议是有道理的，当然也含有群臣们早先就对东吴没能消除的忌恨情绪。

当时诸葛亮正在作第四次北伐曹魏的准备，他要对东吴的通告有所回应，同时也必须对群臣的议论作认真对待并表明自己的态度。当时他对群臣讲："孙权有僭号篡逆之心已经很久了，国家所以不计较这一事端的原因，是为了得到一个成犄角之援的力量，现在如果公开断绝关系，必会引起他们的仇视，我们就要移兵向东与其对抗。这样一来，我们就只有先兼并了东吴才能进取中原。现在东吴的贤能人才还很多，他们文武将相尚且和睦，不可能一朝平定。如果我们与吴顿兵相持，不久就会师老兵疲，使北方之敌得势，这显然不是上策。以前孝文帝对匈奴言辞谦卑，先帝宽容地与吴结盟，都是通权达变的深思远虑，绝非普通人凭忿恨用事。时下议论的人都以为孙权满足于鼎足之势，没有北伐的愿望，不能与我们合作，这样推断看起来正确，其实是错误的。为什么呢？因为孙权的力量并不能和曹魏等同，所以只能依赖长江自保；孙权不能跨江北上，就像魏贼不能渡汉水南下一样，不是力量有余有利不取。如果我们大军伐魏，孙权的上策应是攻占魏国土地再作打算，下策是掠夺我们的民众开拓疆境，在国内显示武力，绝不会端坐不动的。即便他们不向北进军而能与我们和睦相处，我们的北伐也没有东顾之忧；魏国在关东的部队要防备东吴，也不敢全部调往西边对付我军，这里得到的利益已经够大了。孙权僭号篡逆之罪，不宜公开表明。"

诸葛亮的这些说法应该是写成了文章，史料上有明确记录，被后世称为《绝盟好议》，其中是对群臣中关于断绝与东吴盟好的建议发表自己的看法。作为执掌蜀汉国政的第一人，诸葛亮在形势变化、国内人心波折的重要关头发表自己对时局的认识，并拿出应有的主张，这都是积极有为的表现，他坚持与吴和好的外交方针不动摇，也显示了他坚定的政治目标和不因波折而改变的行事毅力。然而，通观他的长篇议论，其中并没有涉及为何要联络盟友全力对付魏贼而不是对付吴贼的道义根据；其中提到，如果因断交导致东吴仇恨而引起双方交战，就会造成自身师老兵疲，但蜀汉对曹魏的战争何尝不是这样，向北土用兵的战争对蜀汉应是难度更大，他对这些问题并没有做出必要的解释，还有其他一些似乎讲不通的地方。另外，他在议论中提到“先帝”与吴结盟的事情，拿出刘备的往事说服众人，其实正是刘备当年一手扭转军事战略而出兵伐吴的，他猇亭兵败后退归白帝城尚且写信用语言恐吓陆逊（参见 2.1.24《战后政局的变化》），双方重通信使是孙权派郑泉来访而主动迈出的步子。诸葛亮在这里抬出刘备作为与吴结盟的第一人，实在有点牵强附会，但也表明他凭自个威望来说服众臣时在心理底气上的不足，他要借助刘备的影响来加重自己和吴方针的分量以服众，这也显示了他处事手段上的灵活。

诸葛亮以长篇议论说明与吴国和好结盟的正确性，对这一辩说蜀汉群臣中竟没有人能公开缕析反驳，于是他继续坚持当初确定的政治战略与外交方针，派遣卫尉陈震出使吴国，祝贺孙权称号为帝。卫尉是掌皇宫门卫的九卿之一，这次出使人的级别已经提高，蜀汉高规格地联络东吴，自此双方的交往成了国家间的关系。这次出使还达成了一项协议，约定将来灭魏后平分天下，以豫州、青州、徐州、幽州四州属吴，兖州、冀州、并州、凉州四州属汉，而东汉司隶校尉督察的畿辅地区以函谷关为界作划分。这一协定不知签约者是否相信，但应付蜀汉群臣还是有些作用的。

2.3（3）初掌国政（下）

蜀汉丞相诸葛亮在 223 年五月初掌国政后，不仅重新明确了以曹魏为敌的政治目标，确立并坚持了和好东吴的外交战略，而且致力于国家内政建设的主要方面，在政府机构的运作程式上狠抓现实问题，通过说服教育、躬身示范的方式努力推动工作成效的提升，从而也把蜀汉新一代掌政人特殊的工作风格展现在了人们面前。

蜀汉官场上应存在着工作人员不相协调、各层掌权人自以为是的现象。《资治通鉴·魏纪二》《三国志·诸葛亮传》及其引注中记述，诸葛亮掌政后精简官职，修订法律，开始向官场上的弊端顽症开刀，他下发文告说：“参与处理政务的人，应当集中众人的智慧，广泛吸收对国家有益的意见。如果因为一些小嫌隙彼此疏远，就无法收集到不同意见，使我们的事业蒙受损失。听取不同意见而能得出正确的结论，就如同扔掉破草鞋而获得珍珠美玉一样。然而人们很难做到这一点，只有徐庶在听取各种意见时不受困惑。还有董和，任职七年，每当事情有不周到的地方，他总是反复多次向我报告。如果大家能做到徐庶的十分之一，做事像董和那样勤勉尽职、效忠国家，我就可以少犯过错了。”诸葛亮从推动国家事业的高度，和完善官员个人人格的意义上，论证说明工作中相互协调、吸纳接受不同意见的重要作用；他还用官员们熟悉的人物事迹作范例，为大家树立起对工作忠诚负责，敢于向负责人提出不同意见的榜样。他相信，只要各层掌权人能积极收集不同意见，各位官员无所顾忌地表达出对事情的不同看法，大家都为国家的利益而考虑，事情就必定会做得更好。

针对大家心中的某种顾虑，诸葛亮还对官员们说：“过去我结交崔州平，多次听到他指出我的优缺点；后来结识徐庶，常常得到启发和教诲；先前与董和商议事情，他总能做到知无不言，言无不尽；随后又与主簿胡济共事，他多次劝谏阻止我要做的一些事情。我虽然生性浅陋，对他们的意见不能全部采纳，但和这四人始终友善和好，也足以表明我对直言劝告是不怀疑的。”崔州平仅是他的学友，徐庶和他在荆州共事仅有一年，诸葛亮在这里用自己离开隆中进入本集团十六七年间的任职经历现身说法，列举事例，向大家说明工作中交流意见、相互协调的好处。一方面，崔州平、徐庶、董和、胡济他们敢于评价自己的行为，能指出上司的不足，使自己增长了智识；另一方面，自己也并没有毫无主见地对他们的意见全部采纳，而是根据自己的思考采取了有取有舍的态度，这样做首先是减少了工作中的失误，同时也并没有影响相互间的友好关系，对国家和个人都大有好处。这里提到的董和、胡济两人，当时属于蜀汉朝廷的现任官员，诸葛亮在向百官的谈话中提到他们，当然是对他们的公开表彰，同时也为其他官员树立了敢于在职场上发表意见，能提出自己工作见解的行事楷模。诸葛亮是想要教给各层官员认真处事、协调工作的方法，同时培育出职场上一种和睦共事的良好氛围。

事实上，诸葛亮自己就是一位对工作极负责任和处事认真的典范，他当年开始执掌国政并被封为武乡侯时开府治事，不久又兼任益州牧，大小军政事务都由他拍板决定。他平时不仅善于听取各种意见择善而从，而且做事上亲力而为、勤勉不倦、毫不马虎，具有特殊的工作风格。相府对外发出的公文，他经常都要亲自校对，非常忙碌而劳累，主簿杨颙曾率直地劝谏他说：“做领导工作是有章法的，上司和下级做的职责不能混淆。以治家做个比喻：

现在有一个人，他让奴仆耕田，婢女做饭，雄鸡报晓，狗咬盗贼，用牛拉车，以马代步，家中的事情井然有序无一荒废，各种需要都可得到满足，他怡然自乐，高枕无忧，只是吃饭饮酒而已。忽然有一天，他对所有的事情都要亲自去做，不再委托出去，不使用奴婢牛马等，结果劳累了自己的身体，陷身琐碎事务之中，弄得疲惫不堪精神萎靡，却一事无成。难道他的才能不及奴婢和鸡狗吗？是因为他忘记了作为一家之主的职责。所以古人说‘坐下来论说事情的是王公，亲自行动去做事情的是士大夫’。所以西汉相国丙吉不过问路上杀人的事，却担心耕牛因天热而喘；陈平不去了解国家的钱粮收入，而说‘这些自有主管的人’，他们都真正懂得各司其职的道理。如今您管理全国政务，却亲自校改公文，终日汗流浃背，实在是不应该如此劳累！”汉相丙吉在路上碰见打架杀人的事，他并不过问，认为有当地官员负责；看见有人赶着牛，天气并不炎热而牛却大口喘气，立即派人去询问，他认为这关系着当年的农业收成，陈平也不向汉文帝回答国家府库钱粮的多少，认为有专管人员。杨颙举出这些事例要说明的道理是非常清楚的，是劝谏诸葛亮不要越级行事。

诸葛亮无疑是一位非常勤政的官员，这是出于对蜀汉事业高度责任心的工作表现，杨颙的劝谏指出了他的工作方式在层级职责上出现的问题，诸葛亮当时对杨颙的意见深表感谢，但事实上并没有真正改变。多年后他在五丈原（今陕西岐山南斜谷口）与魏军对阵，魏将司马懿向蜀使者询问诸葛亮的寝食及其事务繁简，使者回答说：“诸葛公夙兴夜寐，军中二十杖以上的责罚都要亲身临看，所吃的饭食不足几升。”当时已是诸葛亮的临终之年，可见他掌政任事后一直是勤勉不懈地工作着，似乎从未顾及层级职责问题，始终保持着他特定未变的工作方式。

诸葛亮执掌国政之后，在确立政治目标和外交战略的同时，还致力于国家的内政建设，在提升政府机构工作成效方面做了不少努力，他用道理和眼前事例引导各层官员要团结协力，善于交流不同意见择善而从，以推动国家利益的实现；同时也发挥自身勤勉工作的带动效应，用优良的风格为部属作出示范教益。

2.3（4）南中平叛

蜀汉在国家掌政人代际交接之时也发生过政局上的不小动荡，汉嘉郡太守黄元听说刘备病重就举郡反叛，他顺青衣江东下投吴，被蜀将在南安峡口截获斩首，当时南部四郡（益州、永昌、牂牁、越巂）相继发生了较大动荡，这包括：①牂牁郡（治今贵州都匀北）代理太守职务的郡丞朱褒骄横放纵不守国法。②越巂郡（治今四川西昌东南）的部族首领高定杀了本郡将军焦璜，他自己在当地称王反叛。③益州郡（治所在滇池，即今云南晋宁东）地方豪帅雍闿杀了太守正昂，他通过交州军阀士燮与东吴联络，又把继任太守张裔拘执送吴，吴王孙权遥封雍闿为永昌郡（治今云南保山东北）太守，并派遣在荆州获得的刘璋儿子刘阐作益州刺史，屯住在交州与益州郡的交界处。

丞相诸葛亮认为国家刚刚遭遇大丧，不好向南中（指今四川大渡河以南及云贵两省）地区派兵，就派越巂太守龚禄迁驻于安上县（今四川屏山），兼管益州郡事务。《三国志・蜀书・后主传》等几处资料记述，蜀汉公府的助理官员常房（又称常颀）例行巡查到了南部郡县，他以都护（管理国家边防和民族事务）李严的官书晓谕雍闿，雍闿回答说："我听说天无二日，土无二王，现在天下分裂，纪年的正朔有三个，我们偏远地方的人心里惶惑，不知道该听谁的。"其态度非常傲慢，根本不把蜀汉官员放在眼里。当时益州郡的其他少数民族部落尚不服从雍闿，雍闿让建宁郡（治所在今云南曲靖）人孟获出面协助。孟获是南中豪强大姓，为当地汉人和土著人共同信服，他告诉那些部族首领说："官方现在要你们交出黑狗三百头，胸部尽黑的螨脑三斗，三丈长的断木三千根，你们能拿得出来吗？"当地的木质很好，但高度不超过两丈，雍闿和孟获编造官方索求，各部族都是满足不了的，于是愿意跟从雍闿反叛蜀汉。益州从事常房到了牂牁郡，他听说朱褒有反叛之意，即召来该郡主簿审问，将其收捕斩杀，朱褒为此发怒，他进攻并杀害了常房，向上报告说常房谋反。诸葛亮顺从朱褒的意思，处死了常房的几个儿子，把常房的四个弟弟从蜀郡成都附近的家乡贬徙到越巂，他是为了暂时安抚南部才这么做的，但朱褒并不收敛悔改，他举郡为逆以响应雍闿的反叛。

诸葛亮刚执掌国政时就遇到了一系列的棘手问题，他要循着先定内后定外、由本而末的顺序推进解决，当时刘备的大丧还要认真对待，于是对南部的反叛采取了安抚之策，希望他们暂时不致把事态搞大。后来看到朱褒等人并不买情而继续扩大事端时，蜀汉政府干脆采取了闭关息民的办法，他们在224年关闭了越巂郡的灵关，与南部暂时中断了往来，致力于务农殖谷的经济恢复和其他紧要事务的解决，把南部的军事行动暂时搁置了起来，希望等民心安定和粮食充足时再出兵。

225年三月，诸葛亮确定了国家的政治目标，落实了与东吴和好的外交策略，并强化了必要的内政建设后，组织三路大军平定南部叛乱。《资治通鉴·魏纪三》《三国志集解》引《华阳国志》等资料中记述，诸葛亮自己带军队自安上由水路进入越嶲，部属马忠领兵进军牂牁郡，李恢领兵进军益州郡。当时参军马谡送行到数十里之外，诸葛亮对他说："我们一起谋划南征之事好几年了，现在你还能提出什么更好的想法?"马谡说："南中地形险要路途遥远，叛离已经很久了，即使今天将其击溃，明天他们还要反叛。目前您正准备集中全国的力量北伐，以对付强大的对手，南部叛匪知道国家内部空虚，我们北伐时又会很快反叛。如果将他们全部杀光以除后患，既不是仁厚者所为，也不可能在短期内办到。用兵作战的原则，以攻心为上，攻城为下；以心理战为上，以兵器接战为下，望您能使其真心归服。"诸葛亮采纳了马谡的建议。

诸葛亮兵至南中后所到必胜，高定在旄牛（今四川汉源南大渡河南岸）、定笮（今四川盐源）、卑水（今四川昭觉东北美姑河）多处构筑壁垒作防守，诸葛亮准备等对方军队聚合时一并消灭，于是驻军于卑水。这时高定的部属攻杀了雍闿，孟获接替雍闿领军。诸葛亮在卑水战胜越嶲叛军并杀掉了高定，同时马忠也攻破了牂牁叛军，牂牁叛军首领朱褒应该是被攻杀于此时，李恢在益州郡兵败突围，三路军队再度会合。夏五月，诸葛亮领军渡过泸水进入益州郡，作战中生擒了孟获。他领着孟获参观蜀军的军营战阵，问他说："这样的军队如何?"孟获说："以前不知道你们的虚实，所以失败。如今承蒙惠赐参观了你们的军营战阵，如果只是这样的军队，我一定能轻易取胜。"诸葛亮笑着释放了孟获，让他重新再战，前后把孟获放回七次又擒获了七次，诸葛亮仍然要将他释放，孟获这次停下来不走了，对诸葛亮说："您有天威！南方人不再反叛了！"于是诸葛亮的军队到达滇池。史书上对几次擒获孟获的具体作战过程没有任何记述，只有清人张若骕《滇云纪略》中记录："七擒孟获，一擒于白崖，今赵州定西岭；一擒于邓賧豪猪洞，今邓川州；一擒于佛光塞，今狼穹县巡检司东二里；一擒于治渠山；一擒于爱甸，今顺宁府地；一擒于怒江边，今保山、腾越之间；一以火攻，擒于山谷，即怒江之蟠蛇谷。”前辈学人卢弼考证说，这几处地点都在今云南大理和永昌（保山）境内。地方史志中言之凿凿地指出了事情发生的具体地点，相信七擒七纵的说法虽无史实记录，但也并非夸张性的虚言。

蜀汉南部的益州、永昌、牂牁、越嶲四郡都被平定后，诸葛亮改益州郡为建宁郡，分建宁与永昌为云南郡，又分建宁与牂牁为兴古郡，对该地行政区域做了重新划分，这里应该是主要考虑了各郡内部的相互制约关系以及地理形势上对蜀汉政府作对抗防守的弱化吧。同时，诸葛亮仍然任用当地原来的首领为地方官吏。有人劝诸葛亮不宜专用当地人员，诸葛亮说：“如果留外地人为官，则要留驻军队，留下军队则粮草供应困难，这是第一难题；这些夷族刚受过战争之苦，存有父兄死伤的怨气，任用外地人而不留驻军队，定有祸患，这是第二难题；这些夷族叛乱分子屡次三番杀死官吏，自知有罪，若留下外地人为官，终究难得他们信任，这是第三难题。现在我们不留军队，不运粮食，使国家法令大体得以贯彻，让夷族和汉人稍微安定下来即可。”他于是搜求像孟获那样的当地著名人物任命为地方官员，让他们向蜀汉政府进贡金、银、丹、漆、耕牛、战马等物资以供军队和朝廷使用。

诸葛亮在223年为了安抚已经反叛的朱褒而杀了常房诸子，后世史家认为是“妄杀不辜，以悦奸慝”，是牺牲无辜者的生命来纵容作恶之人；除此而外他对付南部反叛的整个安排部署及其军事活动一直受到人们的称赞。诸葛亮当年十二月返回成都，结束了平定南部的活动，在他此后的有生之年，南部夷族再也没有大的反叛。

2.3（5）首出祁山（上）

诸葛亮执掌国政后强化了蜀汉政府的内政建设，迅速恢复了与东吴的友好同盟关系，225年又出兵平定了南部四郡的叛乱，获得了南中地区少数民族对国家政权心悦诚服的支持。做好了这些工作后，他开始实施国家的最高政治战略，准备北伐曹魏。诸葛亮是全面主持国政的人物，他要亲自领军队北伐曹魏，所牵挂和要准备的事情自然极其复杂。据《资治通鉴·魏纪二》《三国志·诸葛亮传》等史料记述，诸葛亮在首出祁山前做了多方面的准备。

（一）**南征后即开始军事准备**　225年十二月诸葛亮从南中平叛回到成都就“治戎讲武，以俟大举”，整顿军队，讲习武艺，准备大的军事行动。这里应该有军队组织编制上的优化，人员数量上的增加，战术上的研讨切磋，格斗技术上的苦练，也有后勤物质上的积聚等等。诸葛亮南中平叛时选择的“攻心”方针，以及平叛后安排地方自治的善后措施都服务于后续的北攻战略。从广义上讲，他执掌国政后的主要政务活动都是为北伐曹魏做前期准备，而军事准备则是最直接的对接活动。

（二）选择放心的人物主持丞相府工作 226年五月，丞相诸葛亮准备前往汉中驻军，他让长史张裔、参军蒋琬留下来统领丞相府的各项事务。张裔是一位学者型的行政人才，几年前派他做益州郡太守时被当地叛匪首领雍闿押解送至东吴，224年蜀吴和好结盟时诸葛亮让邓芝将其请回，时年张裔五十八岁，他一到成都就被诸葛亮任用为参军，为重要幕僚，又管理丞相府具体事务；蒋琬是来自荆州零陵的青年才俊，诸葛亮早先就认定他是“社稷之器”。他们都是诸葛亮信任的人物，又有年龄上的互补，主持丞相府工作是令人放心的。

（三）安排后方留守重臣 诸葛亮安排前将军李严负责后方事务，移驻江州。李严是和诸葛亮一同接受刘备遗诏的重臣，刘备临终前任他为尚书令，又为中都护，统内外军事，几年间他一直留镇永安（今重庆奉节），应该是防守着夷陵之战后蜀汉的东境安全。诸葛亮主政后与东吴的关系得到修复，在他要北攻曹魏时把要负责后方事务的李严调驻江州（约今重庆市区），李严不参与益州中枢机构的运作管理，但他接近成都中枢，在关键时候可以控制局面，这应属于一种保障后方安全的重要政治安排；同时诸葛亮另派护军陈到驻军永安，归属李严指挥，对东境的安全保障尚没有完全放弃。

（四）鼓励各级官员为国家荐举人才 诸葛亮征召广汉太守姚伷任丞相掾，为丞相的佐助，姚伷同时推荐了很多文武官员，诸葛亮非常高兴地称赞姚伷说：“对国家效忠进益，莫过于举荐人才，但人们往往会依据自己的偏好来推荐。现在掾属姚伷举荐官员，却能刚柔并济，同时推举文臣武将以备国家之用，可以说得上是广博典雅。希望各位掾属都以姚伷为榜样，不负国家对你们的期望。”蜀汉政权最大的短板是人才短缺，诸葛亮在几年间致力于内政建设时似乎并没有注意到这一事情的严重性，现在由于姚伷的行为启发，他对推举人才一事大力提倡，要求大家不拘一格广举贤才，并且提到为国效忠的高度来看待。在北伐曹魏的战争行动即将展开之时，这一倡导的军事意义是不言自明的，相信此举应该为蜀汉军队引入了不少中下级将官。

（五）利用机会瓦解敌军 孟达原是驻守上庸（今湖北竹山西南）的蜀汉官员，219年关羽荆州兵败后投降了曹魏，深得曹丕看重。226年魏文帝曹丕去世，孟达与魏国新的执政人关系不睦，心中不安。诸葛亮知道了这一情况，立即写信给孟达说服他重新归蜀。经过几次书信沟通，孟达暗中答应回归蜀汉，诸葛亮希望在必要的时候他能就地对魏国发起军事行动，以配合自己在西线的出兵。孟达在魏国的动摇属于随机出现的新情况，诸葛亮迅速将该事与大军伐魏联系起来，他是利用一切机会准备着军事行动的更好条件。

（六）对皇帝刘禅作出谆谆教诲 曹丕在226年五月去世后，东吴趁其政权换代的机会出兵北攻，魏国的作战目标一时被吸引到了东方战场，诸葛亮于是加快了战争准备。诸葛亮在227年出兵北伐之前，觉得还有许多放不下的事情需要对年轻君主做些交代，于是三月份在汉中驻军地向后主刘禅上疏，这是大臣向皇帝的正式书面奏章，有文字档案记载，史书几乎全文记录了下来。因为是诸葛亮统帅大军出征前的奏疏，后世称其为“出师表”；为了与几年后同样体裁的奏疏相区别，三字名称之首再加个“前”字，被称《前出师表》。这是一篇著名的传世文论，后世人们多关注其文学价值和道德蕴意，而从历史过程中的现实意义上讲，文论最主要的内容是在对刘禅进行治政规范的教育：其中提到，宫廷和相府的奖惩升贬应该采取同样的标准，以彰显执政人的公正无私；反复提到行政工作有什么疑难应该与宫中侍中郭攸之、费祎、董允商议，军事问题应向将军向宠咨询；用历史经验告诫刘禅一定要坚持亲贤臣远小人的原则，而不能相反。事实上，一位大臣要写奏疏对皇帝作出基本的常识性教育，有许多话不好表达，诸葛亮所以在文论中屡屡不断地让先帝刘备出场，他是借用刘备代言人的身份出面来表达心思的，包括上面提到的几位议事者都是刘备所认可赞扬的人物。诸葛亮还向刘禅袒露了自己所以要坚持出兵伐魏的心迹，在于要报答先帝刘备的知遇之恩。诸葛亮借用刘备的权威平衡了他们君臣间的关系，实现了对君主刘禅的教育劝诫，并强化了出师伐魏的不可置疑性，力求堵塞自己出征期间朝廷政务可能出现的漏洞。

（七）确定了出兵路线 诸葛亮出兵前同部下商量行军路线，镇北将军魏延说：“听说镇守长安的魏将夏侯楙是魏帝的女婿，此人怯懦而没有智谋。

请给我五千人的精锐部队，带着五千人口粮，直接从褒中（今陕西汉中西南）出发，沿着秦岭向东，到子午谷（在今陕西长安县南秦岭北麓）后折向北方，不到十天即可抵达长安。夏侯楙听到我军突然来到，一定弃城逃走。长安城中就只有御史、京兆郡（治所在今西安市西北）太守了。横门（长安北出西头第一门）粮仓的存粮以及百姓逃散剩下的粮食，足以供给军需。等到魏国在东方集结起军队，还要二十多天时间，而您从斜谷（今陕西眉县西南）出来接应，也完全可以到达，这样可以一举平定咸阳以西之地。”诸葛亮认为这一方案危险而不稳妥，不如安全地从比较平坦的路上出兵，可以稳妥地取得陇右（指陇山以西至黄河以东之地）地区，完全有把握取胜，所以否决了魏延所提方案。他安排镇东将军赵云和扬武将军邓芝领少量部队出箕谷（今陕西勉县褒城镇北十五里箕山中）作为疑兵，自己统帅大军兵出祁山（今甘肃礼县东北），在魏国没有准备的情况下悄然出击。

2.3（5）首出祁山（下）

228年春，诸葛亮在汉中做好了伐魏的多项准备，他声称从斜谷道进军攻取关中郿县，派将军赵云和邓芝领少量部队进入箕谷，诸葛亮则亲自统率大军进攻祁山（今甘肃礼县东北）。魏明帝曹叡惑于诸葛亮声东击西的策略，派遣曹真督统潼关以西各军驻扎在郿城（今陕西眉县东北）防守赵云之军，蜀汉大军则在西线直取陇右，一路上军阵整肃，号令严明。

自223年刘备去世后蜀汉一直没有对外作战的行动，魏国上下都放松了对蜀汉的防备。《资治通鉴·魏纪三》《三国志·诸葛亮传》记述，当诸葛亮率大军突然出现在陇右地区时，魏国朝廷和民众都很惶恐，因而天水、南安（治今甘肃陇西西北）、安定（治今甘肃镇原东南）等郡都背叛魏而响应诸葛亮，关中震动，朝廷大臣一时不知怎样对付。魏明帝曹叡说：“蜀国本来凭借山川之险来固守一隅，现在诸葛亮自己前来作战，正合乎兵书所说调动和引诱敌人作战的策略，一定能够打败诸葛亮。”于是统领步兵骑兵五万大军前往长安，命右将军张郃监管军务，在西路抗击蜀军。

当诸葛亮在陇右各地攻略魏国地盘时，在正面抵御张郃部队的蜀军统领是诸葛亮任用的参军马谡。马谡在荆州跟随刘备，到益州后曾任越巂太守，才气和抱负超过常人，喜好议论军事谋略，南中平叛时攻心为上的策略就是他公开讲给诸葛亮的，诸葛亮一直对他深为器重。刘备临终之时对诸葛亮说："马谡言过其实，不可大用，你再仔细考察吧。"（参见 2.1.25《最后的嘱咐》）诸葛亮认为不是这样，让马谡做参军，为丞相的军事参谋，时常约见，从白天谈论到夜晚。这次出兵祁山，诸葛亮不用旧将魏延、吴懿等为先锋，而是"使马谡督诸军在前"，"督"不是正式军职，但受命负有监督统领的职责，诸葛亮这里是让参军马谡在正面战场负责协调监督各路部队在街亭（今甘肃庄浪东南与秦安东北）抵御张郃。

史书上没有记录街亭之战的细节及其双方较量的具体过程，只说马谡违背诸葛亮的部署安排，军事行动混乱无章，他拒绝裨将军王平的一再规劝，放弃水源上山驻扎，不在山下据守城邑。张郃断绝了蜀军取水通道，发动进攻并大败马谡，蜀军溃散。这里没有发生"骂死王朗"的异常事情，也没有空城退敌的传奇记录。而明确表示说，由于失了街亭，诸葛亮若再前进则无所依托，于是便攻取西县（今甘肃天水西南五十公里），带走当地一千多人口返回汉中。赵云、邓芝的东线部队也在箕谷战败，赵云收敛部队坚守，所幸损失不大。诸葛亮出兵前所期待的孟达在上庸和新城（郡治在今湖北房县）的军事行动也被司马懿迅速平定，孟达被杀（参见 2.4.5《反复无常的孟达》）。这次声势颇大且准备充分的北伐就这样无果而终了。

回到汉中后，全军上下的心情都是沉闷的，诸葛亮把马谡关进监狱，按法度将其处死，他痛哭流涕，亲自为其吊丧，确属"挥泪斩马谡"，事后安抚马谡的子女，如同平素一样恩待他们。在处罚马谡前蒋琬对诸葛亮说："古时候晋国同楚国交战，楚国杀了领兵大将得臣，晋文公喜形于色。现在天下没有平定而杀了智谋之士，难道不惋惜吗？"诸葛亮流着眼泪说："孙武所以能在天下制敌取胜，是因为用法严明；所以晋悼公的弟弟扬干犯法，魏绛就杀了为他驾车的人。现在天下分裂，交战刚刚开始，如果废弃军法，怎么能够讨伐敌人呢？"于是坚持了对马谡的处罚，一同被杀的还有将军李盛，将军黄袭被撤销了军内职务。赵云的东路军损失不大，但也因此被贬为镇军将军。诸葛亮上书刘禅请求将自己贬降三级，刘禅于是任命诸葛亮为右将军，兼理丞相事务，他的职权未变但级别降了。

裨将军王平因为规劝过马谡未被采纳，全军溃败时，王平率领的一千人擂响战鼓，把守营地，张郃怀疑有伏兵不敢往前逼近，于是王平缓缓地收拢各部散余的士兵，率领人马返回。这次作战显示出了王平的实战才能，诸葛亮提拔他为参军，统领五部兵马并兼管营屯之事，不久晋升为讨寇将军，封为亭侯。赵云的部队是有序撤退的，军需物资被全部带回，诸葛亮让将这些物资分给将士，大概是要作为一种奖赏吧，赵云说："军事上没有胜利，为什么要有赏赐?"他拒绝了这样的受赏（参见 2.2.7《纯臣赵云》下），其中表达了一种真诚的价值理念，使诸葛亮深受感动。

诸葛亮刚出祁山时，天水郡参军姜维主动前来归降，另有资料说是当时诸葛亮"围天水，拔冀城，虏姜维"。诸葛亮赞赏姜维的胆识，遂任用他做仓曹掾，主管仓谷事务，并参掌军事。人们认为姜维归蜀和撤军时掠得西县千余人口，可算作这次北攻曹魏的成果，有些官员为了宽慰诸葛亮吧，为这些成果向诸葛亮祝贺，诸葛亮听到属下祝贺的话语马上变了脸色，他非常悲戚地说："普天之下都是大汉之民，国家的力量兴盛不起来，使百姓遭受豺狼的困扰，即便有一个人无辜而死，也属于我诸葛亮的过失。你们拿这些事祝贺我，让我感到非常惭愧。"伐魏的战事这次受到了严重挫败，但诸葛亮的雄心未改，从阻止官员祝贺的言辞中可以看到他吞并曹魏的高远志向。

这次兵出祁山的军事失败究竟是战略抉择失误，战术指挥失误，还是战场用人失误，人们历来都有不同的认识，诸葛亮张大其事地杀掉马谡，以此表示是战场用人上的失误。有人认为这是诸葛亮借用自己的用人失误来掩盖他战略抉择和战术安排的失误，马谡在这里似乎是为诸葛亮本人的错误决策来顶包。无论如何，诸葛亮北伐曹魏的战略抉择既然丝毫未曾动摇，他要坚持到底，那就需要用某种方式对这次失败的结果作出其他方面的解释，以坚定九百万蜀汉全体臣民继续伐魏的信心。有人劝说诸葛亮再次增兵北伐，他回答说："大军在祁山、箕谷之时，军队数量都多于敌军，但反而被敌人打败，问题不在于兵少，而在于统兵的将领。现在我打算反思过失，减少兵将，另用变通的办法；如果不能这样，即使兵多也没有用处!"这里提出精兵北伐，体现着诸葛亮作战术调整的新思考，表明他已认识到了自己战术指挥上的失误。

北伐曹魏的战略抉择是诸葛亮始终坚持的方向，他向民众公开宣布自己已被彰显的失误，鼓励大家批评过错，同时在境内练兵讲武，吸收精简干练的士卒，考察有功将士，擢用人才，准备新的军事行动，以至人们都忘记了既往的挫败，沉浸在恢复汉室的巨大热情中。

2.3（6）兵出散关

诸葛亮在228年初首次伐魏而兵败，三月底退回汉中，他严行赏罚，处斩了马谡，贬处了其他相关责任人，同时自贬为右将军，代行丞相事务。他反思教训，调整策略，在境内继续练兵讲武，准备新的军事行动。这年十一月，诸葛亮听说魏国扬州牧曹休在东线石亭（今安徽桐城西南）与东吴交战失败，魏兵东下，关中虚弱，认为这是出兵攻魏的又一机会，于是决定另选路径再行伐魏。

二次北伐时，群臣中很多人存在疑虑，大概是持有不同意见吧，代理丞相职务的诸葛亮于是给君主刘禅再一次写了奏疏，叙述了所以要坚持伐魏的理由，同时也表达了自己对这一战略选择的坚定意志。鉴于年初祁山进军的失败，诸葛亮这次调整了行军路线。《资治通鉴·魏纪三》《三国志·诸葛亮传》记述，当年十二月诸葛亮带领部队从散关（今陕西宝鸡市西南大散岭上）进军，准备直接包围陈仓（今陕西宝鸡东），在魏国大军没有西返前，一鼓夺取该城。

诸葛亮没有料到的是，几月前蜀军撤退后，魏国关西都督曹真即平定了天水、安南和安定三郡，他离开关中前安排将军郝昭镇守陈仓，告诉郝昭说，诸葛亮以祁山之败为戒，后面一定从陈仓出兵。他让郝昭修建城池，加强防守。因为陈仓早有防备，并且城池坚固，蜀军到达包围后果然攻打不下来。诸葛亮于是改变策略，他打听郝昭是并州太原郡人，就派其同乡熟人靳详前去劝降。靳详在城外远远地劝说郝昭，郝昭在城楼上对靳详说："魏国的法律你是熟悉的，我的为人你也了解，我深受国恩而且门第崇高，你不必多说，我无非一死而已。你回去告诉诸葛亮，就来攻打吧。"靳详把郝昭的话告诉了诸葛亮，诸葛亮让靳详再次劝告郝昭，说："兵众悬殊，抵挡不住，何必白白自取毁灭。"郝昭对靳详说："前面已说定了，我认识你，箭可不认识你。"靳详只好返回，劝降没有起到作用。

诸葛亮觉得蜀军几万兵马，而郝昭才有一千多兵众，又估计魏国东来的救兵未必能很快赶到，于是安排猛攻陈仓城。蜀军架起云梯，郝昭则让士兵用带火的箭头射向云梯，云梯着火后，梯上的人都被烧死；蜀军又用专门攻城的冲车来冲击，守城士兵则用绳子系上石磨掷击蜀军的冲车，冲车多被击毁。诸葛亮再出一策，他安排制作了百尺高的井字形木栏，让士兵站在高处向城中射箭，同时用土块填塞护城的壕沟，想让军队直接攀登城墙；郝昭则在城内筑起另一道城墙，蜀军仍然难以攻破。诸葛亮后来又挖地道，想从地道突然进入城中，郝昭则在城内挖横向壕堑进行拦截。双方昼夜攻守相持了二十多天，陈仓城仍然在魏军将士手中。

曹真派遣将军费耀等援救郝昭，魏明帝曹叡召见屯军方城（今河南叶县南方城东北）的大将张郃，命他前往关中攻击诸葛亮。曹叡亲自来到河南城（今洛阳市西），摆下酒席为张郃送行，他问张郃说："等将军赶到，诸葛亮是不是已经取得了陈仓呢？"张郃知道蜀军深入作战缺乏粮食，他屈指计算后回答说："等到我到了陈仓，诸葛亮应已撤走了。"张郃日夜兼程赶路，还没到达，诸葛亮因军粮用尽而无处补充，已经领兵退回去了。将军王双领着骑兵追赶蜀军，被诸葛亮安排击杀。事后曹叡颁诏书封给郝昭关内侯的爵位。

诸葛亮想利用魏军大部队赴东线作战未及西返的机会，很快出兵拿下陈仓城，他没有多带粮食，以为凭蜀军数万人马无论如何会在二十天内攻取仅有千余守军的陈仓，然后就地取粮，以战养战，逐步扩大战果，推进后续发展。但事与愿违，守城的郝昭竟是一位镇守河西十余年，战功显著、软硬不吃、油盐不进的铁豌豆。靳详的劝降被他客气而坚决地拒绝，蜀军多种方式的攻坚被他一个个成功抵御，他反应灵活，见招拆招，终使诸葛亮在他预计的时间期限内未能得逞破城。当蜀军粮草用尽后仍然在望陈仓城而兴叹时，就宣告了这次出兵无功而返的必然结局。

从史料中看，魏国军队中当时有两个叫王双的将军，一个在 222 年跟随大司马曹仁进攻东吴，为吴将朱桓所败，王双被俘获（见《三国志 · 朱桓传》）；另一个就是这次陈仓之战后领兵追赶蜀军而被诸葛亮击杀的将军，历史小说非常夸张地描写了这位王双的非凡武功，意在衬托诸葛亮这次出征的战绩，其实两个王双都不是出名的武将。诸葛亮退兵途中斩杀了魏将王双，相对于几万军队的长途征战而言，似乎也算不上什么值得提及的战果。

诸葛亮这次进攻陈仓城耗时二十天最后无功而返，以数万军队远途出征，在攻城受阻后也没有组织绕道方向上或其他形式的军事行动，魏国派出的张郃、费耀两路援军尚未到达，就撤回汉中。诸葛亮的雄心是要吞并曹魏，但把成功的希望寄托在对方大部队不能出现的特殊情况下，没有与敌人大规模决战的勇气，就只能沦落成这种流寇式的袭击。不能设想，以他避免大规模决战的心境去求战，即便这次攻夺下了陈仓城，蜀军将如何应对魏国后面到达的两路援军？在魏国的西境连续骚扰而无决战的筹划，诸葛亮的宏图大志真的能如此实现？

2.3（7）对《后出师表》的议论

在228年蜀汉军队兵出散关之前，朝臣中有些人对连续伐魏提出了异议，诸葛亮大概是要平息舆论，并坚定君主对讨伐魏国的信心吧，他出军前给后主刘禅写了一份奏疏，其中着重叙述了蜀汉所以要坚持伐魏的理由。该文与他初出祁山前写给刘禅的奏疏形式相同，所以也被称为“出师表”。因为两篇文论在时间上有前有后，为了把它们做出区分，后世人将此篇文论称为《后出师表》。

《三国志》的作者陈寿没有载录这篇文论，南朝宋时史家裴松之为全书作注时在这里引用了《汉晋春秋》的大段篇章，其中包含这份奏疏的内容。但他在录用了文论之后特别标注：“此表，《亮集》所无，出张俨《默记》。”古人把臣下写给皇帝的奏章称为“表”，张俨是三国时代吴国的学者，在吴帝孙皓时担任执掌国家礼仪的大鸿胪，266年曾代表吴国出使新建的晋国吊祭司马昭，而张俨的三卷本《默记》在隋唐时就已失传。裴松之的标注是告诉人们，他对该文是否属于诸葛亮本人所作是不能确定的，有可能属于伪作。后世学人对这篇文论从文字内容上做了考证，发现其中提到赵云已逝的事情与事实不符，《赵云传》中记载赵云逝于蜀汉建兴七年（229年），奏疏如果真是诸葛亮228年十一月所写，就绝不会写出赵云已逝的文字，文论搞错了赵云去世的时间，显然不是诸葛亮所作；还有学人认为，这篇文论在表达了诸葛亮为伐魏“鞠躬尽瘁，死而后已”的决心后，紧接着说：“至于成败利钝，非臣之明所能逆睹”。这类缺乏信心而付诸天命的语言，与诸葛亮当时的精神风貌不相符合。但也有一些学人认为，赵云的卒年有可能是本传上记错了；另外还提到，诸葛亮在吴国任大将军的侄儿诸葛恪约在253年攻魏前对同僚们说：“最近看到我叔父为与魏贼争战所写的奏表”（见《三国志·诸葛恪传》），多半是诸葛亮的第二份奏疏就是通过诸葛瑾、诸葛恪父子一直在吴国流传。

《后出师表》的真伪是一时无法辨清的问题，而《资治通鉴》上载录了裴氏引注的全部内容，毫无保留地视作诸葛亮所作，我们不妨暂将其作为诸葛亮祁山兵败后再次北伐前这一特定时期内的某种思想轨迹来看待。

一年前诸葛亮给刘禅上表，当时是要教给年轻皇帝主持政务的规范和方法；这次上表的目的有所不同，他是要向君主讲明白所以坚持伐魏的理由，在许多大臣对这一军事行动有不同意见的情况下，尤其要让留守后方的君主对此保持坚定的态度。与《前出师表》一样，《后出师表》同样打出先帝刘备的政治追求之牌，将其置放到最高的位置，作为整个立论以及具体论事的基础。诸葛亮一开始就提到，先帝认为王业不能偏安一隅，所以托付我征讨魏贼；我受命以来，许多年间南征北伐，是因为要奉行先帝的遗愿，但却因此引起了一些非议。诸葛亮接下来一连述说了所以要连续伐魏的六条理由，我们主要看看这些理由各自的思想逻辑是如何支撑伐魏的军事行动的。

①汉高祖那么英明，他的谋臣那么聪明，尚且经历了巨大风险才建就了汉家基业；现在陛下您比不上高祖皇帝，我们这些臣属比不上张良、陈平，怎么能依靠持久之计来取胜呢？诸葛亮的意思是，因为我们不聪明，所以不能靠拖延时间来实现目标，必须不怕挫折，争取早日取胜。因为能力不强，所以要加快去做，这样的论证总给人不明就里之感。

②当年扬州刺史刘繇、会稽太守王朗各自占据州郡，谈论安危之计，引证圣人之言，而连年不征伐打仗，使孙策在身边强大起来，最终吞并了江东，丢失了他们占据的州郡。诸葛亮的意思是，我们不能像刘繇王朗那样，听凭曹魏在身边继续强大。

③曹操的智谋超过别人，指挥作战好似孙武、吴起，但也经过了南阳被困、潼关遇险等多次危难才篡得天下；我本人才疏力弱，怎么能幻想不经过危难就平定天下！诸葛亮的意思是，要想复兴汉室就必须敢于迎接危难。这与第一条理由有些相似。

④曹操五次进击昌霸（昌豨）无法攻克，四次跨越巢湖（与吴交战之地）不能成功，任用李服（王服）而结党谋叛，委任夏侯渊而遭受败亡；先帝多次称赞曹操是英才，还有这些失误，何况我才质庸常，怎能作战必胜！诸葛亮的意思是，应该理解蜀军在战场上的失利。这为数月前的祁山兵败做了些开脱，而与伐魏的必要性没有逻辑关联。

⑤我到汉中一年多时间，但赵云、阳群、马玉、阎芝、白寿、刘郃、邓铜等部将七十多人，以及军中散骑、蜀羌武勇一千余人已经离世，这都是几十年间从各地集合起来的精英，如果再过几年，就要损失三分之二，还能用什么去对付敌人呢？诸葛亮的意思是，时间在流逝，猛将勇士在老死，我们经不起岁月的消耗，必须乘猛将勇士尚在时尽快北伐曹魏。这条理由看起来很有道理，但正好暴露了文论执笔人的思维缺陷：首先是，时间对于相互敌对的双方都是公平的，当蜀汉军中老逝了一批坚强骨干之时，曹魏方面也发生着同样的事情，谈不上谁家更为急迫；同时更为重要的在于，国家和军队的发展强大必须永远立足于不断补充新鲜血液，接收新的人才。掌政人不能单纯看到老者的离世而形成无法消除的惶恐感，更应该致力于对青年人才的培养吸纳，如果忽视了新鲜要素的增加而谋求集团发展，无论如何都是没有成功希望的。

⑥如今民众贫困兵士疲乏，可是国家的事情不可停息，国事不可停息，那么原地驻守和出兵行动所付出的辛劳费用正好相等；我们不乘关中空虚的时机进攻敌人，怎么能以一州之地同敌人长期对峙！诸葛亮的意思是，国家要存在运转则军队不可缺少，而军队的驻守和作战在耗费上是相等的，与其原地驻守，还不如趁关中空虚之时出兵伐魏。但事实上，军队的行军作战和原地驻守在消耗上能相等么？作战中人员和器械的损伤、军需物资运输中人力的增加，都要付出巨大的成本，不知该文论的执笔人为何在此写出了这样不合常识的道理，但也仅是论证了国家用兵的必要，尚不是何以坚持伐魏的理由，而关中当时守备空虚可能也是事实。

诸葛亮在六条论述的前面曾说，先帝托付我讨伐贼寇，知道我才弱敌强。然而不讨伐贼寇，帝王的基业也会夭亡；与其坐而待亡，不如起来讨伐，所以毫不犹豫地托付我这一重任。在六条论述之后又表示说：“天下大事是难以预料的，当年我们在荆州当阳战败时，曹操高兴地以为天下已定，但先帝东连孙吴，西取益州，挥师北伐，杀了夏侯渊，汉朝的事业开始兴盛；后来吴国又违背盟约，荆州丢失，曹丕称帝。世上事情就是这样变化难料。我只有鞠躬尽力，死而后已，至于成败得失，不是我的见识所能预见的。”文论的首尾陈述中的确充满着浓厚的悲观情绪，如果以全篇论述来显示作者“正其义不谋其利，明其道不计其功”的道德情怀当然是不错的，但对追求蜀汉事业兴盛之功利的丞相诸葛亮而言，似乎以此并不能显示出其形象的伟岸和道德的高尚。

《后出师表》表达了一种听天由命的思想倾向，对作者自己并无坚定信念的伐魏之事，要列举出多种理由来论证它的必要性，当然是十分不易的。从中可以看到，六条伐魏的理由陈述在思想逻辑上并不严谨，论证并不充分，内中还有一些视角的局限和常识性的错失。在这样的意义上，我们宁可相信该文不是诸葛亮写给君主刘禅的正式奏章。

2.3（8）与魏军的两次交锋

诸葛亮228年十二月自陈仓退回汉中，在二次伐魏之后的两年间又连续两次与魏军交锋：一次是诸葛亮的主动出击，取胜后很快退还；另一次是魏将曹真向汉中的进击和蜀军在防御中的应对。两次交战的防守性质、出军路线和实际情况不同，而军事意义均不大，被后世算作诸葛亮第三次和第四次伐魏之战。

《三国志·诸葛亮传》《资治通鉴·魏纪三》中记述，蜀汉建兴七年（229年）春，诸葛亮派遣部将陈式（又称陈戒）攻打武都（治今甘肃省成县西）、阴平（治今甘肃省和县西）二郡，魏国雍州（治今陕西西安西北）刺史郭淮领兵前去相救。诸葛亮亲自抵达建威城（今甘肃省和县北），郭淮退去，诸葛亮于是攻下二郡回师。蜀军的这次军事行动速战速归，似乎非常干脆利落，但不清楚这次蜀军出兵的背景是什么，尤其是对诸葛亮这次出兵的目的更加迷惑不清。不是坚持王业不能偏安一隅，立志要吞并魏国吗，蚕食也行啊，为什么仗打赢了，敌将郭淮退走了，地盘夺取了，却要很快撤军回返？而率军队远途出征，其攻战夺地的意义究竟何在？刘禅倒是对此战有过“降集氐、羌，兴复二郡”的表彰，大概是重新任命了当地少数民族部落长官，名义上让其归顺了蜀汉吧，但史书中并未记载，也未见后来这二郡如何配合蜀汉军事行动的记录，不禁会让人们在此对进军的目的大惑不解。

诸葛亮这次回军后收到了后主刘禅的诏书，其中说：“街亭作战之败的过错在马谡，而你却承担了责任，自作严厉贬处，因为不想过分违背你的心意，所以就顺从了你的意见。去年我军出兵陈仓，斩杀了敌将王双；今年征战使郭淮逃走，迫降了氐羌之众，夺得两郡，威震敌军，功勋显著。当今天下骚乱，首恶未除，你担负国家大任，承受着繁重事务，如果长期自我贬损，就不能光大我们的事业和声誉。现在恢复你的丞相职务，请不要推辞。”

诸葛亮接受诏书恢复了丞相之职后，却遇到了孙权称尊为帝的通报，这是对天下既有政治关系的挑战，蜀汉群臣们要求断绝与东吴的友好同盟关系，诸葛亮本着现实主义的原则，写了被后世称为《绝盟好议》一文，说服大家接受这一事实（参见 2.3.3《初掌国政》中），派使者陈震去向吴国孙权祝贺，坚持了原有的外交方针以及继续伐魏的政治战略。诸葛亮还在当年十二月把相府、军营迁移到汉中南山下的平原上，在沔阳县（治今陕西勉县东）修建汉城（今陕西勉县西南），在成固县（今陕西城固东）修建乐城（今陕西汉中市东），为坚持和实施长期伐魏的战略，他已作了常驻汉中的准备。

230 年七月，魏国朝廷就是否进攻蜀汉展开了讨论，大司马曹真认为：“蜀汉多次入侵，魏国大军由斜谷（褒斜道在今陕西眉县段的山谷）出兵讨伐，各将领分几路同时并进，可以大胜。”明帝曹叡听从了曹真的建议，颁布诏书命大将军司马懿逆汉水由西城（今陕西安康西北）进军，与曹真在汉中汇合，其他将领有的由子午谷（指陕西长安以南至汉阴以北穿过秦岭的山谷）进军，有的由武威（治今甘肃武威）入蜀。司空陈群劝谏说：“太祖以前到阳平攻打张鲁，大量收集豆麦以增加军粮供给，张鲁没有攻下而粮食已经缺乏。如今既然不能就地取粮，况且斜谷地势险阻，进退都很困难，转运粮食肯定会被抄袭截击，如果多留士兵据守险要之处，便会使战士受损失，不可不深思熟虑！”曹叡听从了陈群的建议。曹真再次上书坚持要从子午道进攻汉中，陈群又陈述不便行事的理由，并谈到军事费用的预算情况。曹叡下诏把陈群的议论交给曹真。因为曹叡没有制止曹真的军事行动，大概只是让他把陈群的意见做参考，态度模棱两可吧，曹真于是按照原计划从子午道向汉中进军。

蜀汉丞相诸葛亮听说魏军来到，聚军驻扎在成固、赤坂（今陕西洋县）等待魏军。他调李严率领两万人马赶往汉中，并上表请让李严的儿子李丰为江州都督，接替李严原在后方的督军事务。当时秦岭南北大雨不停，连降三十多天，栈道断绝。魏国太尉华歆、少府杨阜分别上书明帝曹叡建议撤兵，散骑常侍王肃上书说：“从前的书上说：‘从千里之外供给粮食，士兵会面有饥色；依靠就近拾柴做饭，军队就会经常吃不饱。’这说的是平路行军的情况，现在我们军队是深入峻岭，靠开凿山路前进，所费劳力与平地行军相比一定艰难百倍。又逢霖雨不断，山道崎岖陡滑，兵众拥挤不能展开，粮食在远处难以跟上，实在是行军的大忌。”他又反映说，曹真发兵已过了一个月，但行军才到子午谷的半路。他建议等待机会再行伐蜀，于是曹叡在九月下诏命曹真班师。

这是诸葛亮来汉中后第四次对付曹魏的军事行动，他驻军秦岭南麓等待魏军。史书上没有记录他的全部军事部署，如果只是凭借山路险峻消耗敌人力量，准备收以逸待劳的效果，其实还是比较危险的，几十年后魏将钟会、邓艾的行动已证实了这一点；如果在山势险峻之处能够设伏拦阻魏军，御敌于国门之外，同时组织力量袭击敌军，最大程度地消灭敌军有生力量，方是万安之计。也许蜀国人了解当地秋季的气象规律，诸葛亮预先知道秦岭南北秋雨连绵的常态，以及大山中深谷沟壑旁可能发生的山洪恶流，据此认为依靠自然力来消耗魏军就足够了。这次魏蜀双方没有发生实际交战，曹魏军队就因难于进军而撤退了。

2.3（9）射杀张郃的祁山之战

231年二月，蜀汉丞相诸葛亮命中都护李严统理汉中留府事务，他本人亲自率领大军进行第五次北伐，蜀军用木牛运输军用物资，直接进击祁山（今甘肃西和东北之山）并将该城包围；诸葛亮还招致鲜卑族人头领轲比能助战，轲比能在北地郡石城（今陕西富平、耀县一带）远远策应蜀军。魏明帝曹叡命大将军司马懿代替病重离世的曹真驻守长安，统领将军张郃、费曜、戴陵、郭淮等抵御蜀军。这是诸葛亮第二次自祁山线路进军，是他与司马懿第一次正面交锋。

《资治通鉴·魏纪四》《三国志·诸葛亮传》及其引注中记述，司马懿根据诸葛亮的行军路线，命费曜、戴陵留下四千精兵与自己一同守御上邽（治今甘肃天水），其余部队全部出动，往西援救祁山。张郃打算分出部分兵力驻守在雍县（今陕西凤翔）、郿县，这两地在祁山东部，是蜀军在关中可能的出口，张郃是想在此分兵驻守，司马懿说：“如果前面的部队能够独立抵挡敌军，将军的意见就对了；如果前面的部队不能抵挡敌军，我军却分为前后两部分，这就要重复楚国三军被黥布击溃的事情了。”司马懿借用楚汉争夺时的战争案例，婉转地向张郃表达了要集中兵力对付蜀军的作战意图，于是张郃部队也向西到达了祁山。

诸葛亮分出一支部队留下来包围进攻祁山，他亲自率领大军到上邽迎战司马懿。郭淮、费曜等在半道截击诸葛亮，诸葛亮击败他们，乘机收割了上邽的麦子，与司马懿在上邽以东相遇。司马懿收兵据险防守，两军不得交战，诸葛亮只好率军后退。司马懿尾随诸葛亮之后到达卤城（今甘肃天水、礼县之间），张郃进谏说：“诸葛亮这次远来迎战我军，求战不得，认为我军利在守御，预料我们是想以持久之计获胜。我们可以在这里驻军，然后分出一支奇兵，从他们的后面包抄进攻，不应当尾随追击。现在诸葛亮孤军深入，粮食又少，坚持不下去就要撤离了。”张郃的意见显然是大胆出击，以攻为守，出奇制胜的方案，魏军利用自己的优势兵力，在上邽、祁山两地有所防守的前提下，另外分出一支后方包抄攻击部队，两面夹击，使对方首尾受敌，应该是能获得战场上很大的主动权，张郃还想利用蜀军粮草不济的实际情况，逼使他们早日撤离退归。但司马懿没有听从张郃的意见，有意尾随蜀军，看着已经赶上了，又上山扎营，不肯与对方交战。

另据其他史料，祁山城中被蜀军围困的魏军部将贾栩（又作贾嗣）、魏平多次请求司马懿出战，对其说：“您畏蜀如虎，不怕被天下人耻笑！”其他将领们也纷纷请求出战，司马懿对此很忧虑。蜀军中有一支部队号称“无当军”，言其将士精勇无人能当，这次被安排驻军城南包围祁山，五月中旬，司马懿让张郃领兵攻击蜀监军何平带领的无当军，他亲自据中路与诸葛亮正面对峙。诸葛亮则派魏延、高翔、吴班迎战，大败魏军，俘获了魏军三千人马，黑色铁甲五千领，角弩三千一百张，这应该是蜀军不小的胜利，司马懿退军保卫大营。

六月，诸葛亮因为粮尽退军。《三国志·张郃传》《御览》291卷引《汉末传》上记述，当时司马懿命令张郃领军追击，张郃说：“兵法上说，围城要给敌人留下出口，返回的敌军不要追赶。”应该是不愿意追赶吧，司马懿不接受他的建议，张郃不得已而追击，进兵到木门（今甘肃天水市西南五十公里处的关隘，又称青封）与诸葛亮交战。早先蜀军已在此削掉前面路边大树皮，上面写上“张郃死此树下”，并预先占领夹着道路的两边高地，埋伏下几千弓弩手等待，张郃经过时万箭齐发，他右膝中箭而死。

这次祁山交战，诸葛亮虽然没有获得攻城略地的实际战果，但却可以算作不错的战场胜利。蜀汉军队在没有后方支持的情况下迎战更为强大的魏军，交战半年而没有失败和损失，反而在祁山周边大败魏军，俘获敌军数千人，夺得不少军用物资，还收割了当地的麦子以补充军用；尤为显著的战绩是，在退军途中杀死了魏国名将张郃。史书上说，张郃用兵善于机变，能根据地形安营布阵，在关西战场作战多年，许多蜀国大将都忌惮他。应该说，对付蜀军的进攻，大将张郃可能有他自己的一套安排部署，他一开始提出自己驻守雍县、郿县，多半是为了摆脱司马懿的约束；后来提出分兵包抄蜀军后方的意见，没有被司马懿采纳，他是在极不情愿的情况下奉命追赶蜀军，遭到蜀军暗算的。蜀国这次射杀张郃，除掉了北伐曹魏的一大隐患。

大将军司马懿是这次魏国参战军队的主帅，这是他与诸葛亮在战场上的首次交手。司马懿聚敛部队而不能大胆组织出击，掌握优势兵力而不敢分兵包抄敌军，亦步亦趋地追随敌人而不能出奇制胜，祁山解围时反被蜀军打败，损失惨重，在与诸葛亮的正面交手中屡显下风。宋元之际的史家胡三省说："司马懿其实是恐惧诸葛亮的，同时又觉得张郃与蜀军多次交战，在关西很有名望，所以不愿意听从他的意见。"司马懿对张郃有统帅指挥权，但从他否决张郃关于驻守雍县、郿县意见时极不正常的客气态度看，从他派张郃进攻蜀国无当军，其后又强令张郃追击蜀军的多次特意安排看，司马懿这次被调防到关西战场上作统帅时，对张郃应该是心存芥蒂的。司马懿的怯敌畏战心理及魏军主将间的矛盾隔阂被诸葛亮借势利用，取得了这次祁山交手的战场胜利。

2.3（10）李严公案

诸葛亮231年在祁山与司马懿直接交手，取得了不小胜利后，当年六月声称粮尽而撤兵，其实这次在战场突然返回是另外原因造成的，其中牵扯到与后方留守官员李严的一场公案。诸葛亮在229年恢复丞相职务后，当年年底把相府军营迁移到汉中南山下的平原上，修建汉城和乐城，次年调中都护李严率领两万人马到汉中，并上表请李严的儿子李丰为江州都督，接替李严的督军事务；这次出兵前他特意任命李严统理汉中留府事务，李严在此改名为李平。

诸葛亮出兵祁山时李平留守后方，掌管督运军需事务。《三国志·李严传》《资治通鉴·魏纪四》中记述，当时正值阴雨连绵，李平担心运粮供应不上，就派丞相府任参军的幕僚狐忠和任督军职务的成藩传喻后主旨意，叫诸葛亮退军，诸葛亮是接到这一旨意后撤兵退回的，大概为了避免将士们过多的猜测才说成是粮尽退兵。而汉中李平听到退军的消息，假装惊讶，说“军粮充足，为什么就回来?”又要杀掉督运军粮的岑述来解脱自己失职的责任，并借此显示诸葛亮领着军队不能进取的过失；李平还向后主刘禅上表，说“军队假装退却，是想引诱敌人”。诸葛亮出示李平前后亲笔所写的全部信函、书奏等，其间矛盾重重。李平理屈词穷，低头认罪。于是诸葛亮上表奏明他前后的罪责，罢掉官职，削去封爵和食邑，流放到梓潼郡。又任用李平的儿子李丰为中郎将、参军事，参与国家中枢事务。

李严曾是在白帝城与诸葛亮一同接受刘备托孤的人物，以刘备的识人精准应该不致有过大的问题，但自221年刘禅继位后，李严约十年间一直镇守永安、江州，在国家高级职位上没有发挥多大的作用；这次调到汉中留守，竟然为了运送军粮而迟误的事情，就在后主刘禅与诸葛亮之间捣弄是非，假冒圣旨召回前方征战的大军；军队返回后又佯装不知，犯了比迟送军粮更大的罪错。相信一般人不敢冒如此大的风险去掩盖本来不很大的错误，李严应该不会不分轻重，用谎话去召回正在战场拼杀的几万将士吧。但史书上记录如此，这里真是让后世人产生莫名其妙的感觉。如果那种神经错乱式的罪错确是李严所为，这当比马谡的无意之错更为严重，诸葛亮如此的处罚其实是轻微的，梓潼地处汉中到成都的半道，所谓流放也不是荒凉之地。不明白诸葛亮对李严做了并不过分的处罚，为何还要提升其儿子李丰的官职作为对李家的补偿。

处分了李严后，诸葛亮给后主刘禅上书说：“自从先帝去世后，李平留守后方事务，能够得到一些小利益，他安身求名，对国家的事情没有多少责任。我准备北伐时想借助他手中的部队驻守汉中，他用多种方式推辞不想前来，又想在州内五大郡中得到巴州刺史职位。去年我筹划西征祁山，想让李平都统汉中，李平说司马懿、陈群开府征召人。我知道李平不重人情，是趁我临行之际通过要挟来谋取自己的利益，所以我上表让李平的儿子李丰镇守江州，提升他们的待遇，只是想得到事情的顺遂。李平到达时我把手头事务都委托给他，群臣们都责怪我对待李平过于厚道。我觉得国家大事未定，在汉室倾危之时，责备李平的短处，不如褒扬他的长处。当时只觉得李平仅仅是为了获得点个人利益而已，没想到他内心是非如此颠倒。这事情如若拖延不处理，将会产生更大的祸难。”

给刘禅的上表是其他一般官员看不到的，这里提到了李严任职期间一个严重的问题，李严曾在来汉中前向诸葛亮表露了魏国司马懿和陈群开府招聘人才的信息。诸葛亮认为李严表露此事是为了在蜀汉要挟得到更高的官职。魏国是与蜀国敌对的国家，蜀国高官李严如果当时真有如诸葛亮所说的那种借魏自重，以投靠来要挟的意图，那就绝不像现代职场上的跳槽那样简单，应属于叛国投敌的重大问题；如果李严改投门庭，去在司马懿手下任职，事情必定会在当时轰动天下政坛。诸葛亮对蜀汉高官这样的事情竟然在当时未予重视，采用满足对方欲望的手段来敷衍。人们在这里对诸葛亮任用官员的方式同样难以理解，莫非李严用搬弄是非的方式召回前方征战的将士，是充当了曹魏的卧底之人，要为战场失利的司马懿暗中助力？

对于李严的处分，诸葛亮同时还有公文报给朝廷尚书，其中说：“李平身为国家大臣，受到过量的恩典，却不思忠心图报，平白制造事端，他不顾危险和羞耻来欺瞒上下同僚，无视法规军律去作奸误人，罔顾天地惩罚而狂放情志。他料到奸情败露，随生非分之心，听说大军到了眼前，即假称有病，企图向西走脱，后来又想返回江州，参军狐忠多次劝谏方才停留。现在篡汉之贼未灭，社稷多难，国家的事情只有和谐才可以克敌制胜，如果包容作奸就会危害大业。我与群臣们商议，解除李平所任职务，免其官禄、印绶，削其爵土。”公文中提到群臣的地方，列举了代理中军师车骑将军都乡侯刘琰、使持节前军师征西大将军领凉州刺史南郑侯魏延等22位臣属各自的所有职位姓名，表明了对事情慎重严肃的态度。

作出了对李严的处分后，诸葛亮写信告诫李丰说：“我和你们父子同心协力辅助汉室，这不仅人人尽知，连神明都知道，上表推荐你父亲典理汉中事务，委任你在东关（成都以江州为东关）镇守，没有让其他人参与意见，自认为真心感动，可以保证我们始终互相信任，怎么会想到中途背离呢？过去荆州来的官员屡次受贬，最后都恢复了职务，追求道义就有好的结果，这是自然的定数。希望你对都护多加宽慰，让他反思前面的缺失。现在虽然对他免官，表面上失去了职务，而奴婢宾客有上百几十人，你自己担任中郎和参军，在公府任职，和其他同僚相比较，尚是上等人家。如果都护能够认识错误，能够一心想着国家，而你与蒋琬能够推心置腹，同心共事，那么堵塞的路子可以开通，失去的可以重新得到。请仔细思考我的劝诫，明白我的用心。我面对书信只能长叹流泪而已。”诸葛亮在书信中仍然把李严称作都护，重在叙述他对李家的友好，表示受罚者如果改过自新后仍然可以重新启用，他在处罚李严后要尽力消弭李家对他的私人仇怨。

诸葛亮先前任用蒋琬为长史，他几次外出征战，蒋琬都能筹措足够的粮食和兵员。诸葛亮每次都说：“蒋琬忠心而又有雅量，当是与我共同佐助帝王之业的人。”在他给李丰的告诫信中就提到，希望李丰能与蒋琬交心共事。他还就处分李严一事专门给蒋琬、董允写信说：“孝起以前对我说李严心机多，他的乡里人都认为不好接近。我以为李严虽然心有鳞甲，但不触犯他也无妨，没有想到有苏秦、张仪那样出人意料的事情，可以让孝起知道这事。”书信中提到的孝起，就是担任卫尉的陈震，即是孙权 229 年称帝后诸葛亮派去东吴祝贺的那位官员，陈震是从荆州跟随来蜀的人物，应该与诸葛亮有亲密关系，所以向他反映了李严的阴暗一面。陈震本人肯定能或迟或早地知道对李严的处分一事，诸葛亮这里特意托人向陈震转告此事，是要让陈震知道，他当年所反映的关于李严的看法，丞相是记在心里没有忘却的，借此也对陈震的看法做了肯定，略表了一点歉意。

在祁山战场取胜而撤军，是诸葛亮北伐曹魏中的一件憾事，他返回汉中后，追查了留守官员李严编造皇帝旨意而上下欺瞒的罪责，对其做了免职流放处分，为此给后主刘禅、蜀国尚书、中郎将李丰和亲信蒋琬董允写了四份奏表和书信，对李严的这一公案表达了不同的信息和态度。这些文字并没有解开后世之人对李严公案的迷惑，同时展现了蜀汉丞相诸葛亮平衡职场矛盾的某种方式以及他处事的精细。

2.3（11）对同僚的惩处

诸葛亮从祁山撤军后处置了假传谕旨而贻误军机的中都护李严，这不是他对朝臣的唯一惩处。《三国志·蜀书·刘彭廖李刘魏杨传》中记述了他对同僚廖立、彭羕犯事后的态度与惩处，联系他对李严一案的处置，可以看到诸葛亮在职场上的做人风格以及他面对是非而处人处事的方式。

廖立是刘备任荆州牧时任命的州府助理，当时年未三十，被提拔为长沙太守，应该与诸葛亮年龄大体相当。当年孙权使者来荆州询问诸葛亮与谁一同辅佐刘备，诸葛亮回答说："庞统、廖立，都是楚地良才，与他们一同扶持大业。"后来吕蒙偷袭荆州时，廖立脱身西走到了蜀地，刘备没有责备他，像往常一样对待，任命他为巴郡（治在今重庆市区）太守，刘备作了汉中王后，任廖立为侍中，为府中辅佐。后主刘禅继位后任其为长水校尉。校尉是掌管特种军队的将领，常设的有步兵校尉、屯骑校尉、越骑校尉、长水校尉、射声校尉，廖立当时在五校尉之列。

廖立觉得自己的才能和名气应该在诸葛亮之后，而现在却落在了李严等人之下，因而经常心中不快。有一次丞相府助理李邵、蒋琬来见，廖立与他们谋划军事，中间说道："过去先主不早取汉中，而前去与东吴争夺南方三郡，结果还是被吴人夺去，白白地劳累军士，无功而归。后来得到汉中，却使关羽死后连骨头都收不回来，上庸同遭惨败，白白丢失一方土地。这是关羽仗恃自己的勇威声名，带兵作战无方，主观臆断任性而为所导致，故此前后几次丧师失众。"又说："向朗、文恭都是些平庸之辈。文恭任职做事毫无章法；向朗过去信奉马良兄弟，称他们是圣人，现在作长史，平时就能和稀泥。中郎郭攸之，只善于跟随别人，不足以干大事，现在却让他作了侍中。如今我们处在弱世，任用这三个人确实不恰当。王连是个流俗之人，一旦他搜刮民财，会使百姓困苦不堪。"廖立在与同僚的交谈中议论刘备当年军事部署上的错失，并放肆地贬低其他官员的才能，的确有些狂妄自大，他虽然没有任何犯罪的行动，但在传统社会中，议论过世皇帝的过失，不管说的话是否有道理，其议论本身就是一种罪错。

李邵、蒋琬把这些话全告诉了诸葛亮，诸葛亮写了一份弹劾廖立的奏章，说："长水校尉廖立妄自尊大，贬论朝廷大臣，公开指责国家不任贤达而用平庸，又说万军统率者都是些不中用的小子；诽谤先帝，诋毁群臣。有人说国家军队干练、建制分明时，廖立仰头望着屋顶，愤然变色叱责说：'有什么可称道的！'诸如此类情况不可胜举。一羊乱群，都能造成危害，何况廖立身居高位，中等以下的人谁能分辨他的真伪?"关于廖立的罪错，诸葛亮掌握到的事实其实更多些，还有其他臣属反映了廖立另外的问题，如对国家军队及其建制的贬损和蔑视等。听到李邵、蒋琬反映的情况后，诸葛亮并没有息事宁人的打算，他把这些事实汇总起来，写成了弹劾廖立的奏章报给有关部门。

诸葛亮就廖立一事还同时给刘禅有份上表，其中提道：“廖立跟随先帝时就没有忠孝之心，当年镇守长沙时开门就敌，代理巴郡太守时就有暧昧卑劣的事情，跟随大军出征时有诽谤讥笑之言，为先帝守丧时曾在宫旁以刀杀人。陛下即位之后给各位升职，廖立升为将军，他当面给我说：‘我怎么能在将军之列！不任我为卿，却只是校尉！’我回答他：‘将军职务，是随三年考核而升的，至于卿的职位，现在李严都没有担任。你就应该在五校职位上。’自此之后他心中怏怏怀恨。”这里挖出了廖立历史上的几桩问题，用亲历的事实表明了廖立对国家心怀不满的原因，是他想获得更高官职的野心在作祟。值得注意的是，史书上说廖立在吕蒙偷袭荆州时是“脱身走”，诸葛亮在这份上表中表达的是“开门就敌”。“就”字有归于、走进之意，表中的文字表述有些马虎，但仔细琢磨则成了开门迎敌之意，情况和性质已大不相同，诸葛亮在报送给刘禅单独阅看的文书中显然有夸大事态的表述。不知是刘禅有意马虎还是根本没有认真对待这一事情，他下诏书说：“当年三苗扰乱政局，舜帝便流放了他。廖立狂妄惑乱，我不忍心施刑，快将他迁到不生草木的荒地去吧！”于是下诏废廖立为平民，廖立最后被流放到汶山郡（治在今四川汶川西南绵虒镇）。

另外有一位名叫彭羕的西蜀汉子，他当年在刘璋手下不得志，刘备领兵入蜀在葭萌驻军时他前去联系庞统，经庞统和法正的介绍认识了刘备，为刘备所赏识。刘备攻取成都作了益州牧后任用彭羕为治中从事，在益州中枢机构工作。因为在职场上起步低，上升快，彭羕就有点得意自傲，史书上说，诸葛亮虽然表面上正常对待彭羕，但内心并不看好他，几次私下给刘备说，彭羕“心大志广，难可保安”，这八字是不好把握的评语，总之是倾向于否定的结论。刘备因为信服诸葛亮，他观察彭羕的行事为人，此后稍有疏远，不久调任他作江阳（郡治在今四川泸州）太守，有点贬用的意味。从事情的前后关系看，这应该是215年或216年北攻汉中以前的事情。

彭羕去江阳就任前很不高兴，他前去面见马超，马超问他说：“你那么有才能，君主又很器重，我以为你可以与诸葛亮、法正等人并驾齐驱，怎么能到外地去管理小郡，失掉了人们的期望！”彭羕说：“老兵皮做事荒唐，不要再提起他！”他的这话是针对刘备的，后来又对马超说：“你在外面做事，我在内部照应，天下的事不用费力就能搞定。”马超归顺刘备时间不长，他心里常不踏实，听到彭羕的话大吃一惊，当时没有应答，事后他把彭羕的话上报朝廷，彭羕于是被有关部门收捕。

彭羕在狱中给诸葛亮写了一信，信中说：“我当年觉得曹操暴虐，孙权无道，刘璋暗弱，只有咱们主公具有霸王之气，可与成就事业，实现自己的志向。我过去在益州被人视作凡庸之人，后来跟随了明君，被从布衣百姓提升作了国士，君主是把他对儿子的厚恩分给了我，谁对我的恩情能超过这呢？我有一天突然发狂胡说，自己犯下了死罪，要做不忠不义的鬼魂了。之所以说那些埋怨的话，是觉得事业刚开始，就要把我放到江阳去，不理解主公的意思是什么，本来是要感激的，却喝酒说了胡话。至于说到内外照应，是说让马超在北疆立功，跟随主公共讨曹操，怎么能有其他心思呢？马超所反映的那些话是有的，但没有做出区分，让人觉得痛心。”彭羕向诸葛亮表白了自己的心迹，解释了与马超内外照应话语的真实内涵。

彭羕最后对诸葛亮说：“我过去与庞统发过誓，想跟在您的后面，尽力扶持主公的大业，像出名的古人那样功绩载于史册。现在庞统不幸去世，我自取其祸而堕落，能埋怨谁呢！您是当世的伊尹、姜太公，必能辅佐主公完成大业。天地明察，神祇有灵，我没有什么可说的！仅是想让您明白我的本心。再见吧！希望您努力并自爱，自爱！”彭羕说了这么多，没有半个字表达乞怜求情，足见他的心气之高，自尊之强；他信末对诸葛亮表达了敬佩、激励和问候，其真实的用意很清楚，是希望在临死关头诸葛亮能拉自己一把。史书上对诸葛亮在这里的态度没有任何记录，只是说，彭羕不久被处死，时年三十七岁。

几年之后的 220 年七月，驻守上庸、房陵的刘封兵败失城，逃回成都，刘备责备刘封欺侮孟达和不救关羽的责任，诸葛亮考虑到刘封为人刚猛，在刘备之后无人制御，就劝刘备借此杀掉了刘封。从诸葛亮对待刘封的态度看，他对性格刚硬而狂放的年轻人是心有芥蒂的，对这些人的控制和驾驭总是心存疑虑。可以料到，诸葛亮在收到彭羕的苦情书信后不仅不会作出人们希望的挽救行动，还有可能对处斩一事暗推波澜。

2.3（12）秋风五丈原

诸葛亮 231 年六月从祁山战场返回汉中，他处置了耽误北伐战机的李严，同时在当地鼓励耕作，训练军队，又修整斜谷囤积军粮物资的仓库，制作了木牛和流马，这是两种不同的运输工具，前者是有前辕供四人推挽的车子，后者是单人推的独轮小车。诸葛亮把粮食运送到斜谷积攒起来，让百姓和士兵得以休息，约定三年后第六次伐魏使用。

234 年二月，诸葛亮带领十万大军由褒斜道进军魏境关中，并派遣使节前往吴国相约同时大举出兵。《资治通鉴 · 魏纪四》《三国志 · 诸葛亮传》及其引注记述，当年四月，蜀军兵出秦岭北麓斜谷关（今陕西眉县西南），在东西流向的渭河之南安营。司马懿率领军队渡过渭水，背水立营抵御蜀军，他对将领们说："诸葛亮如果向武功进发，依山而往东，那就令人担忧；如果向西前往五丈原（今陕西岐山县南斜谷口西侧），将领们就没事了。"武功在东面靠近长安，但后勤补给线较长而易被切断，五丈原在背靠秦岭的谷口而易于防守，诸葛亮果然驻扎在五丈原。雍州刺史郭淮对司马懿说："诸葛亮肯定争夺北原，应当抢先去占据。"多数人都说不会这样，郭淮说："如果诸葛亮跨过渭水登上北原，和北山连兵，就断绝了长安通往陇西（郡治在今甘肃临洮南）的道路，使百姓和羌人动荡不安，这对国家是不利的。"司马懿便让郭淮驻防在北原。营垒还没有筑成，蜀军就已经到来，郭淮领兵击退了敌军。

诸葛亮前几次出兵都因为粮食运送不及，使作战目标未能达到，这次他分出军队进行屯田，为长久驻军做准备。屯田的士兵夹杂在渭河之滨的居民当中，而百姓安居乐业，蜀军也没有侵犯民众。五月，吴主孙权率军驻巢湖口，直达合肥新城，号称十万大军；又派遣陆逊、诸葛瑾和将军孙韶、张承分兵进击，与魏将满宠的军队交战。魏明帝曹叡七月亲赴合肥战场，他临行前派遣征蜀护军秦朗统率步骑兵二万人援助西线驻守的司马懿，传令给司马懿说："一定要坚壁拒战，以此挫败敌军锐气，使他们的进攻不能得逞，撤退不能交战，停留时间长久则粮食耗尽，劫掠也不会有收获，他们必然撤军。待敌撤退时再去追击，才是全胜之道。"

在东线战场上，魏军满宠等部队对吴军采取断敌退路，扼其粮道的作战策略，很快取得了胜利（参见 1.5.11《应对南北两面之敌》），孙权与吴将先后撤军。魏军取胜后，群臣以为司马懿正在同诸葛亮相持，曹叡后面会西临长安。曹叡说："孙权已经退走，诸葛亮没有胆量进军，大军足以制胜，我没有忧虑了。"于是在寿春奖赏将领后返回了许昌。

诸葛亮与司马懿在五丈原相持了一百多天，他几次挑战，司马懿拒不出兵。急于交战的诸葛亮遂把女人使用的头巾、发饰和衣服送给司马懿，司马懿恼羞成怒，上表请求出战。魏明帝曹叡派遣卫尉辛毗执持着符节作军师来节制司马懿的行动。护军姜维对诸葛亮说："辛毗持符节来到，贼军不会再出战了。"诸葛亮说："司马懿本来就无心作战，之所以一定要请求出战，是向部众表示敢于用武而已。将领在军中，君主的命令可以不接受，如果他能制胜我军，难道还要远隔千里去请战吗？"

当诸葛亮听到吴国在东线作战没有取得任何结果的消息时，他的心情是非常沉重的，这次出兵，蜀国为此准备了三年之久，与吴国各自出动了最大数量的兵力，双方同时行动，东西呼应，希望能够获取成功，但蜀国出兵数月却久困于五丈原而没有进展，吴国已经失利撤军，诸葛亮为自己一生的壮志难酬和心力空耗而悲伤。稍先之时诸葛亮派遣使节到司马懿军中，司马懿向使者询问诸葛亮的睡眠、饮食和办事多少，不打听军事情况，使者答道："诸葛公早起晚睡，凡是二十杖以上的责罚，都亲自披阅；所吃的饭食不到几升。"司马懿告诉人说："诸葛亮进食少而事务烦，他还能活多久呢！"心情悲伤，事务繁杂，长期压抑不能解脱，诸葛亮不久果然在五丈原病重了。

诸葛亮患病的消息传到成都，后主刘禅派遣尚书仆射李福前来问候，同时询问对国家大事的安排。李福八月到五丈原，与诸葛亮谈话完毕后辞别而去，几天之后又回来。诸葛亮说："我知道您返回来的意图，近来虽然整天谈话，有些事还没有说到，又来听取我的意见了。你所要问的事情，蒋琬适合。"李福道歉说："日前确实不曾询问，如您百年之后，谁可以担负国家大任，我返回就为询问这事。现在还想再问蒋琬之后谁可任职？"诸葛亮说："费祎可以。"又问费祎之后谁来继任，诸葛亮没有回答。

这个月，秋天的凉意笼罩五丈原，诸葛亮在军中去世了，长史杨仪按照事先的安排整顿军队而退兵。百姓跑着去报告司马懿，司马懿追赶汉军，姜维命令杨仪调转战旗方向，擂响战鼓，仿佛是即将对魏军进攻，司马懿收军后退，不敢向前逼进。于是杨仪让将士列队成阵，渐次离去，进入斜谷之后才为诸葛亮发丧。当地百姓为此事编了谚语，其中有一句说："死诸葛吓走活仲达。"司马懿听到后笑着说："我能料到诸葛亮活着，不能料到诸葛亮已死啊。"司马懿到诸葛亮驻军地察看蜀军的营垒安置，感叹说："真是天下奇才啊!”他领兵追到赤岸（今陕西留坝东北二十公里），没有追上，只好率军返回。

诸葛亮留下遗言把自己安葬在汉中定军山（今汉中勉县东南十里），让靠着山势造坟，墓穴能容下棺木即可，入殓用平常服装，不用特别器物陪葬。蜀汉后主刘禅为此颁发诏策，其中褒扬了诸葛亮的功绩，表达了“肝心若裂”的悲痛，派朝中左中郎将杜琼持符节来到汉中，送来丞相武乡侯印绶，谥号忠武侯。当初临逝前，诸葛亮给刘禅上表说：“我在成都有桑树八百株，薄田十五顷，这些供后代的衣食，略有宽裕。至于我在外任职，没有别的开支，我自身的吃穿，都由官府供给，没有别的产业来增加任何家财。到我死的时候，不要让我家中有多余的物品，在外有多余的钱财，以致辜负了陛下。”他去世后，果然家无余财。

诸葛亮 27 岁离开隆中跟随刘备创业，为蜀汉建国与发展鞠躬尽瘁，贡献了毕生的精力，病逝时 54 岁，留下了未竟的事业，干干净净地离开了世界。“出师未捷身先死，长使英雄泪满襟。”唐人的不朽诗句表达的是后世人们心中长久难灭的遗憾。

2.3（13）退军中的是非（上）

诸葛亮第六次出兵伐魏期间于 234 年八月不幸病逝于五丈原，当时有十万蜀军在渭河之滨与司马懿对峙，主帅在战场意外离世，马上出现了两个重大问题：一是将战争继续打下去还是立即撤兵；二是将十万军队交由谁来统领。诸葛亮在临终时头脑非常清楚，他对两个问题均有考虑并作出了细致安排。但由于军队将领们各自想法的不同，以及诸葛亮本人处事方式上的缺陷，一次终止北伐收敛部队的撤军行动竟然引起了部队将领们之间的相互拼杀，发生了在半年战场对抗中都未曾有过的重大损失。

事情起因于大将魏延和长史杨仪的矛盾。《资治通鉴·魏纪四》《三国志·魏延传》及其引注记述，起初，蜀汉前军师魏延勇猛过人，善待士兵。几次跟随诸葛亮出征，总是请求带兵一万人马和诸葛亮分道行军，想要从另外的道路进入关中后在潼关会师。诸葛亮始终没有同意这一方案，魏延常说诸葛亮胆怯，怨恨自己的才干没有充分施展。杨仪担任丞相府秘书长的职务，他办事干练机敏，诸葛亮每次出兵，杨仪常常规划调遣部队，筹办粮谷，不假思索很快办完，诸葛亮军事上的节制调度都依靠杨仪处理。魏延独立镇守过汉中，性情高傲自负，众将领都回避和谦让他，只有杨仪对他不加忍让，魏延为此愤恨，两人如同水火不能相容。诸葛亮非常爱惜二人的才干，不忍心偏废任何一方。

诸葛亮病危之时，与杨仪和担任丞相府司马职务的费祎等人安排死后退军及调度事宜，命令魏延殿后阻击追敌，姜维作为副将；商议说如果魏延不服从命令，军队便自行出发。诸葛亮去世后，杨仪秘不发丧，让费祎去魏延军营揣度他的意向。魏延说："丞相虽然去世，还有我在。可让丞相府的亲信和官属将遗体送还归葬，我自己统率各路大军攻打魏军，怎么能因一人死去而废弃天下的大事呢？何况我魏延是什么人，就应当受杨仪约束而作断后将军！"他与费祎另外作出军队的部署安排，让费祎亲笔签名配合自己一同行动，并传告下面将领。费祎诓骗魏延说："我为您返回去向杨仪解释，长史是个文官，很少经历军事阵战，一定不会违抗。"费祎出营后魏延有些后悔，但费祎策马驰离已追之不及。

这里首先就暴露了诸葛亮平时在领导方法上的严重缺陷，商议自己身后十万部队在异国战场上的行动部署，怎么能不请手下第一大将前来参与呢？三年前在处置李严误军责任时上报给朝廷的公文，文后一同署名者除诸葛亮外有 22 人，均标明各人职位姓名，并严格按职位高低排列，其中第一位是刘琰，这是刘备早年在徐州时结识的同宗好友，年龄大不任事，享有较高荣誉职务；第二位即是使持节、前军师、征西大将军、领凉州刺史、南郑侯魏延；第七位是领长史、绥军将军杨仪；第十位是行中护军、偏将军费祎；第十四位是行护军、征南将军、当阳亭侯姜维。其中的"领"，是高职兼任低级职务之意；"行"是兼任或代理某官职之意。大将魏延的军中职务显然比长史杨仪和费祎的职务要高很多。诸葛亮与部属商议军队的行动部署，这都是事关重大的公务活动，绝不能仅仅把预料中和自己意见相同的人物召集起来私下议定，而把会有不同意见的人排斥在外，背着他们做决定。高明的领导人尤其会注意把意见不同的人请到当面，相互打通思想，形成统一认识，达到行动上的彼此配合与协调一致。其次，安排临时统领军队的主将，绝不是私相授受的个人事务，如果非要绕过高级将领而越位低授，一定要当面说清原因，取得高位将领的理解，必要时剥夺他的军事指挥权也未尝不可。诸葛亮在临死前商议和安排重大的军务之事，恰恰只是叫来几个信任的将领而背着魏延作布置，他不按规矩出牌，犯了组织领导工作中的大忌；他明知道魏延和杨仪两人平时不相和睦，临终前不在国家利益的名义下去化解他们的纷争，反而用错误的方式刺激和激化了两人的矛盾，为事态的恶化埋下了火引。另外，诸葛亮几个人还错误地商议决定，如果魏延不服从就撇下他自走，他手里可是掌握着部分军队啊！军队是蜀汉国家的军队，撇下他们是让继续北伐还是纵容其自我行动？这是决策人极不负责的态度！

魏延对诸葛亮北伐曹魏的政治战略始终没有动摇，但他一直对伐魏持有不同的想法，主要表现为大胆出击，攻其根本。在诸葛亮去世后他想象着由自己统领大军，按照不同的军事方案继续伐魏，不能因丞相去世而终止国家事业的进展。从道理上讲，这种认识才是推动国家走向兴盛的正常思维；他在费祎来到军营时私下商议军队行动并迫使其签名认可，方式上是不合适的，但这一不合适是由诸葛亮的错误行为所引发。

魏延派人窥探到杨仪等人打算按照诸葛亮确定的计划，让各军营依次带领部队撤还，他不禁愤然而怒，于是抢在杨仪发兵之前，率领自己所属的部队径先南归，将所经过的栈道用火烧绝，意在阻止大军撤回汉中吧。杨仪在返回的路上命令砍伐山林打通道路，日夜兼程行进，紧随在魏延之后。魏延占据了南谷口（今陕西汉中北二十公里出秦岭的谷口），派兵迎击杨仪的部队，杨仪让将军何平去前面抵御魏延，何平叱责先登上南谷口的士兵说：“诸葛公死亡，尸骨未寒，你们怎么敢如此行事！”魏延的部众知道魏延理亏，不愿为他卖命，都四散逃走。魏延独自和他的儿子共几个人逃奔汉中，杨仪让将领马岱将他们追上斩杀，马岱把魏延的首级送给杨仪，杨仪用脚踩着说：“混蛋！还能再作恶吗？”最终诛灭了魏延三族。

魏延是蜀汉建国后最有影响的一员大将，史书上说，在五丈原与杨仪发生冲突后，魏延不去北投曹魏而向南赶路，开初的本意是想杀掉杨仪等人，各位将领平时的想法不同，他希望自己能接替诸葛亮领兵，确实没有反叛之心。事实上，是诸葛亮临终处事上的失误，引发了部将间的积怨和冲突，使第六次北伐在收军回归时遭受了本来不会发生的重大损失。可以想象，在当代社会，有哪个战区的司令官如果像诸葛亮那样安排战场上的总撤退，而导致自己军队相拼杀的结果，这位司令官在事后一定会受到上级的裁处。

世界上没有天生的才俊，不能幻想一个聪明的人物做什么事情都会超人一等，组织领导领域中能力的成长离不开各层生活的体验，诸葛亮在领导方式上的失误与他的个人经历不无关系。他二十七岁前在乡野生活期间耕作读书，其后投身于刘备集团，被任命为高级幕僚，一开始就主持一个集团的军政事务，随着蜀汉建国而成为国家丞相。从他的个人经历上看，缺乏特定团队中基层工作中作为普通职员的做事经历，不能理解一个被领导者在平面性纵横关系中的复杂心态，把员工对领导人的追随和服从视作天然的本来状态；在集团最高层的领导职务上又过于自信自负，视员工对领导人方针的质疑为不合理的违规事态，故而一直对有个性的部属持不信任态度，甚至产生忠诚度上的怀疑。他对廖立、彭羕、刘封如此，对魏延也是这样。诸葛亮在自己的团队中当然不会有心害人，但他的个人经历以及其他因素造成了思维方式上的褊狭，其识人上的各次失误和对下属同僚的严酷心态都不是偶然产生的。

2.3（13）退军中的是非（下）

诸葛亮在234年第六次伐魏，半年间一直没有找到与司马懿交战的机会，当年八月他病逝于五丈原，临终前安排长史杨仪统领和调度部队撤回汉中，却引发了大将魏延与杨仪对抗被杀的悲剧，这是诸葛亮以错误的处事方式安排军队行动和委任统兵将领而导致的恶果，造成了蜀汉政权当时仅次于他本人去世的另一重大损失。

魏延和杨仪的矛盾是很早就有的，《三国志·费祎传》中记述，魏、杨两人互相憎恶，每当坐在一块儿就发生争论，魏延有时会拿起刀在杨仪面前比划，致使杨仪泣泪横流，好多次都是费祎坐在两人中间劝说分解，他们两人不相和睦是人所共知的，但却未见领导人对此作出化解。诸葛亮与部属们商议身后军队的行动部署时召集了杨仪、费祎和姜维，而把料想有不同意见的魏延却排除在外。当魏延打探到杨仪的安排计划后，他带领自己掌控的部队抢先南撤，准备在秦岭南谷口堵截杨仪。

这里发生了两个方面的反应：①魏延和杨仪在一开始发生冲突时，他们各自向成都蜀汉朝廷上表诉说对方反叛，两人的奏书同一天之内先后到达。后主刘禅不知该相信谁，他为此询问侍中董允和丞相府执事的蒋琬，董允和蒋琬都担保杨仪而怀疑魏延，蒋琬还领着宫中宿卫军赶往汉中方向接应，他率领禁军向北走了几十里，听到事态已经平息的消息才又返回。②魏延抢在大部队前面占领了南谷口想在这里堵截，杨仪派将军何平（王平）前往对付，王平的武艺大概还不是魏延的对手，但他发挥舆论的威力，喊话让跟随魏延的士兵们分清是非，士兵们都料到魏延的行为是不正当的，结果四散而逃，导致魏延父子被马岱追杀。

当魏延和杨仪为撤军而闹起了冲突，在他们双方争夺诸葛亮身后的军事统帅权时，大家都相信杨仪是正确的一方。这里有一个道义是否正确和程序是否正当的交叉关系问题，只有道义正确且程序正当的授权才是最合理的，而现实生活中的情况却是复杂的。在一个组织系统中，领导者相对于被领导者往往占据着主导的方面，因为他们掌控着组织内外的话语权，而且掌握着组织程序的操控权。在234年蜀军撤退的是非纷争中，杨仪从临逝的诸葛亮手里接到了统兵权，似乎缺乏道义上的正确，但他毕竟是领导人所授之权，他的权力具有组织程序上的保证；魏延的行为不失道义上的正当和动机上的纯真，但缺乏组织上的授权和程序上的支持，没有组织程序保证的道义正当，往往是不会被社会所认可的，这里是遵循着程序高于道义的原则。另外，诸葛亮是蜀汉国家的掌政人，因而对人物和事情的评判具有最高的话语权，他平时的言谈信息和交往的疏密也都表明他对部属个人信任的程度，董允、蒋琬是诸葛亮在后方安排的亲信人物，他们拿到魏延和杨仪各自状告对方的上表，在毫无其他证据的情况下就能判断杨仪是真正接受了诸葛亮委托的正当的统兵之人，应该与诸葛亮平时的言论影响分不开。无论诸葛亮对杨仪的统兵授权在方式上存在怎样的缺陷，人们都最终认定了杨仪统兵的正当性。在这里，道义的正当性要经过一定话语来判定，而组织系统中的领导人又掌握着最高话语权。既然如此，那无论魏延动机无误的行为出于怎样的被迫性，他的争夺行为就似乎带有反叛的性质。

《三国志·魏延传》及《资治通鉴·魏纪四》中都提到，魏延不去北投曹魏而向南回返，本意是想杀掉杨仪，接替诸葛亮来统领军队继续伐魏，确实没有反叛之心。另有三国魏郎中鱼豢所撰《魏略》中说，诸葛亮病重时，对魏延等众将说："我死之后，只需防守就行，你们不要轻易前来。"他让魏延暂代自己处理事务，魏延后来带着丧车和部队秘密撤军，走到褒口（褒河入汉水之口，今陕西汉中西北）才为诸葛亮发丧。诸葛亮的长史杨仪平时与魏延不和，见魏延代统军队，害怕被魏延所害，于是扬言魏延要领部队北降曹魏，并带领部众进攻魏延。魏延本无北投之心，但他的军队听了杨仪的鼓动，四散而走，杨仪派人追上魏延将其斩杀。史家裴松之认为，《魏略》中的上述说法是蜀汉敌国传闻之言，没有多少可信度。尽管这样，也可以从中看到，在魏国人的传说及史料记述人的理念中，他们宁可相信诸葛亮是把统兵权交给了魏延，这里应该是遵循着道义的正确性来想象事情的。

稍早之时费祎曾出使吴国，吴王孙权酒醉后问费祎说："杨仪、魏延都是小人，虽然有些鸡鸣狗吠的本事，有益于时务，现在已经任用他们，势必不能轻视。一旦诸葛亮不在了，必定发生祸乱，各位糊涂，不知道要用心防备，这难道是为子孙谋的办法吗？"因为是在外交场合，费祎作了彬彬有礼地回答说："杨仪、魏延的不和，是起因于私忿，而没有黥布、韩信的叛逆心意。"费祎也解释了诸葛亮所以任用二人的原因。他回去后把孙权的话讲给诸葛亮，诸葛亮听到后，认为孙权的话是知心之言。这里的问题是，孙权怎么能够知道蜀国大臣的被用与为人情况，当时的信息交流并不畅通，孙仲谋不是神仙人物，他如何比蜀国朝臣还更了解魏延杨仪两人？《三国志·董允传》引注《襄阳记》中记述，当费祎听到孙权的问话时，一时惊讶得说不出话来。大概有一种深感对方判断精准的惊叹吧。应该说，吴国没有在蜀国军营中安插卧底人物，这些评价只能来自蜀国内部高层人士的传言，即便有卧底人物也只能看到现象，却难以作出结论，而孙权对两人的评价都是结论性的，这不能不使人们想到诸葛亮与兄长诸葛瑾家人间常有的多种交往。蜀国团队中领导人的内外话语权之大可见一斑。

统领军队返回汉中的杨仪，在收到魏延首级时非常得意，他消除了职场上升的对手，以为自己统兵回归功劳至大，可以代替诸葛亮来执掌权力。《三国志·杨仪传》记述，杨仪为自己升职之事叫来朝中都尉赵正为自己算卦，卜得了事情不顺的卦，他沉默无言，很不高兴。诸葛亮向刘禅推荐的掌政人其实是蒋琬，杨仪被任为中军师，这是丞相属官，没有统兵权。杨仪觉得自己的年龄和资历高于蒋琬，才能又超过对方，因此对蒋琬执掌国政在内心非常愤恨。当时人们怕他说话不节制，大家都不敢接近他，只有后军师费祎前往看望安慰他，杨仪对费祎愤恨地讲述五丈原撤军的前后经过，并说："当初丞相离世之时，我若带着大军去归顺曹魏，现在还能这样落寞吗？现在非常后悔，可惜来不及了!”费祎把这话暗中报告了上去，235年朝廷将杨仪削职为民，贬徙到汉嘉郡（治在今四川名山北），杨仪到了贬徙之地，再次上书诽谤，言辞激切，朝廷又准备将其收捕，杨仪愤而自杀。

可以看到，杨仪本人的确不是一位胸怀国家大局的谦谦君子，当时在五丈原撤军时拿到的统兵权，很快成了他要挟高级职务的筹码，导致自己身败名裂。诸葛亮临终前的一个错误决定，既坑了魏延，又害了杨仪，诸葛先生如能知道这样的结果，未知可有反思与悔恨！另外能看到，蜀汉小朝廷当时充斥着一种告密现象，李劭、蒋琬对廖立，马超对彭羕，这次费祎对杨仪都是这种伎俩，无论告密内容的真实性如何，这都是政治生活中一种戾气阴重的邪恶行径。对同事的错误言论可以劝诫说服，可以当面指责，而告密则涣散同僚的团结意志，毒化团队的内在精神，蜀汉掌政人诸葛亮生前对此未加制止，并且亲身参与，实在是推波助澜，他对高层职场政治生态的恶化难辞其咎。

2.3（14）诸葛亮的家庭

诸葛亮在临终时公开了他的家庭财产，表示他留下的八百桑树和十五顷田地已经可以保证后代的生活，身后再没有其他多余的财物。史书上说这一清单在后来证明是真实的。这里提到他的家庭和后代，史书上没有集中记述诸葛亮家庭的构成和人员，综合《三国志·诸葛亮传》及其引注和其他篇章相关的零星资料，可以看到他家庭和家族的基本情况。

诸葛亮的家族本姓葛，大约是陈胜属下部将葛婴的后裔，原在琅邪郡诸县（治今山东诸城西南）居住，后来迁徙到阳都（今山东沂水南），因为阳都先有姓葛的家族，当地人就把从诸县迁来的葛家称为诸葛，以示区别，家族遂以诸葛为姓氏。诸葛亮的先祖诸葛丰曾在西汉元帝时任司隶校尉，给家族带来不少荣耀。他的父亲诸葛珪，汉末为太山郡丞，在诸葛亮年幼时去世，叔父诸葛玄任豫章（郡治在今南昌市）太守时带着诸葛亮和诸葛均从家乡琅邪阳都到了荆州，在南阳郡邓县西边的隆中安家，这里没有提到他母亲（章氏）的情况。

诸葛亮有个约大七岁的亲哥哥诸葛瑾，少年时攻读《诗经》《尚书》等经典，稍长时游历京师洛阳等地，母亲去世时回家居丧，对待继母非常恭谨，大约在曹操为报父仇而血洗徐州郡县的193年前后避乱到了江东，后来做了东吴重臣，比诸葛亮晚逝七年，他的长子诸葛恪后来在吴国非常了得。此中可见诸葛亮少年在家乡先后受生母和继母抚养。诸葛亮的亲弟诸葛均与他一同到荆州定居，至迟在蜀汉建国的214年离开隆中到益州做事，官至长水校尉。诸葛亮还有一位同宗族之弟诸葛诞，在曹魏任职干事，官至征东大将军，三国后期在寿春（治今安徽寿县）举兵反司马昭，闹出了很大动静（参见1.19.5《举州起事的诸葛诞》），在诸葛亮逝后24年时兵败被杀。

另外，《三国志·庞统传》引注《襄阳记》中提到诸葛亮的小妹说："庞德公（庞统叔父）的儿子庞山民，有很好的名声，娶诸葛亮的小妹为妻，为魏国黄门吏部郎，早逝。儿子庞涣，在晋国初年任牂牁太守。"诸葛亮有小妹，就应该还有大妹，从其他资料上可知，他另有一位姐妹嫁给了襄阳望族蒯祺，家族中有蒯良、蒯越等荆州名人。蒯祺在刘表为荆州牧时为房陵（治今湖北房县）太守，后属曹魏，刘备作益州牧后令孟达攻取房陵，蒯祺被孟达所攻杀。从诸葛亮两位姐妹均嫁襄阳的情况看，跟随叔父诸葛玄来到荆州安家居住的应是诸葛亮在琅邪阳都的全家人。

诸葛亮年轻时在襄阳很有名声，到了结婚成家的年龄，当地名士黄承彦对他说："听说你要订婚娶妻，我家有位丑女，头发黄肤色黑，才情可与你相配。"诸葛亮随即应诺，后来娶了这位黄家女子。史书上没有记录她的名字，近人评书上称作黄月英，似不靠谱。当时乡间人们把诸葛亮娶妻当作笑话，流传谚语说："莫学诸葛亮娶妻，抱回了阿承的丑女。"当时荆州有一兴盛的蔡氏家族，主事人蔡讽，是蔡瑁的父亲。蔡讽的姐姐嫁给了汉太尉张温，即与董卓有过多次交集的那位官员；蔡讽的两个女儿，长女嫁给了黄承彦为妻，小女为刘表的后妻，即那位偏爱刘琮的蔡夫人。诸葛亮的岳母是刘表后妻的亲姊妹，想必蔡氏其人及其生女黄氏不至于过分丑陋吧，黄承彦对女儿的才貌如有自信，也总要有些自谦之辞，却未料他的自谦引起了世人的误会。后世传说诸葛亮的许多机械发明是受妻子黄氏的点拨而成，史料中找不到什么依据。

诸葛亮结婚后多年没有儿子，他请求哥哥诸葛瑾把204年出生的第二个儿子诸葛乔过继给自己，诸葛瑾请示过孙权后即让诸葛乔西去益州，诸葛亮把他作为自己的嫡子看待，将其字仲慎改为伯松，"伯"有兄弟中的老大之意。诸葛乔后来做了蜀汉驸马都尉，这是执掌皇帝副车之马的侍从亲近职务，大约在226年跟随筹备北伐的诸葛亮到了汉中。诸葛亮给诸葛瑾写信说：“乔本来应在成都，现在各位将领的子弟都要参加后勤运输，觉得应该让他和大家荣辱与共。目前让他带领着五六百士兵，与其他将领的子弟在山谷中搞运送。”诸葛乔约在228年25岁时死于汉中，其子诸葛攀后来在蜀汉为行护军、翊武将军。253年吴国孙峻政变杀了诸葛恪并灭其吴地家人，诸葛攀又回复为诸葛瑾的后裔，也不幸早逝。

诸葛亮自己在227年与妻子黄氏生了儿子诸葛瞻，234年诸葛亮兵出五丈原前给诸葛瑾写信说：“瞻今年八岁，聪慧可爱，担心他早熟而不能成为大器。”诸葛瞻17岁时娶了刘禅的公主，任骑都尉，先后担任过羽林中郎将、射身校尉、侍中、尚书仆射、加军师将军，工于书画。蜀国人因为追念诸葛亮，朝廷每次颁布有利于民众的政策法令，虽然诸葛瞻并未参与，大家总是互相传告说：“这是诸葛君做的好事。”诸葛瞻赢得了超过实际的名声和赞誉。261年，诸葛瞻和辅国大将军董厥共同执掌朝政，魏国征西将军邓艾两年后偷渡阴平，直逼成都，诸葛瞻统领人马在涪县（今四川绵阳）驻军抵御，部队战败，退军至绵竹。邓艾写信给他说：“你若投降，我保你做琅邪王。”诸葛家原籍在琅邪，邓艾所以以此引诱。诸葛瞻斩掉了邓艾的使者，率军作战，结果大败，本人临阵战死，时年37岁。诸葛瞻的长子诸葛尚与父亲一同被魏军所杀。

诸葛瞻的次子诸葛京，与诸葛攀的儿子诸葛显，他们叔侄与家人在蜀汉灭亡后的次年（264年）迁徙到河东郡（今山西西南部，治今夏县西北），诸葛京后来在关中做过郿县令，其间得到过尚书仆射山涛的赞扬，后来官至广州刺史，另有资料记作江州刺史（治今江西九江）。

从家庭成员及其相互关系可以看到：①诸葛亮少年时喜好读书和交游，应该受到大哥诸葛瑾的影响，他们兄弟对传统家庭的亲情及其传承伦理还是非常看重的，这从他们对诸葛乔诸葛攀父子的前后对待上可以看出。②诸葛亮对私人家庭与集团利益的关系始终有一个基本界限的把握，他与黄氏结婚后与蔡瑁有不远的亲戚关系，但他在新野和樊城时并没有据此而选择自己的政治站队，反而与刘表长子刘琦有不错的交往；他的姐夫蒯祺被孟达在房陵攻杀时，也未见他做出特别的保护；诸葛瑾在把儿子诸葛乔过继给蜀汉丞相诸葛亮时，是首先请示了孙权，在得到认可后才送至成都的，兄弟俩都注意把家庭交往与国家利益区分开来，使前者不伤害后者，至于他们能把握到什么程度，是否因此而影响国家大政方针的制定，就不得而知了。③像天下做父亲的其他人一样，诸葛亮也喜爱自己的儿子，但从不骄纵，不因自己的位高权重而让其享受特殊待遇；他45岁得到生子诸葛瞻，也曾因其少年聪慧而担心爱子被早熟所误，希望儿子能按照自然生长的规律成为栋梁之材。④诸葛亮的儿子诸葛瞻参政后作为不大，保卫成都时阵战而亡，其文韬与武功均让人们失望。有史家据此比较认为，司马懿的儿子能接替父亲执掌国政的权力而不逊色，诸葛亮应该是没有对儿子进行过这类专门的特殊培养引导，没有私家掌权的意念，表明他在执掌国政期间的确没有篡国之心，诸葛瞻诸葛尚父子殉国，应是三代忠臣，满门忠烈。

2.3（15）身后的追忆

诸葛亮234年逝后不久，蜀汉多地的民众要求为他立庙，因为对逝去的大臣进行庙祭不合于礼仪规矩，朝廷没有同意，老百姓于是遇到祭祀的节令就在各处道路田陌私自祭奠。有人提议可以允许人们在成都为诸葛亮立庙，后主刘禅没有听从，而民众的祭祀并没有断绝，为了规范民间的祭祀活动并更好地追忆逝者，蜀汉官员提出了在成都之外为其建庙的办法。

《三国志·诸葛亮传》引注《襄阳记》中记述，当时步兵校尉习隆、中书郎向充等多人共同署名向刘禅上表，他们说："周朝人怀念召公的美德，将他听政其下的甘棠树保留以作纪念；越王思念范蠡的功绩，为其铸下金像留存。自汉朝兴起以来，因小善小德就画像立庙的情况很多，何况诸葛亮德行名声远近传扬，功勋卓著，我们蜀汉朝廷能够保持存在，依靠的就是他。现在祭祀只限于私人活动，没有为诸葛亮立下庙像，使各处百姓在街上和乡野祭奠，这不是追忆逝者思念功德的好办法。"他们认为，如果顺应百姓的要求到处建庙，则不庄正且不合典章，建在京师成都又侵逼宗庙，所以应在接近墓地的地方，让他们的亲属依时祭奠；凡是旧臣故吏想要奉祭的都在庙中进行，停止私人祭祀，以合于正当礼仪。事实上，刘禅所以不同意为诸葛亮建庙，就是担心其在成都的庙宇会侵犯到皇家宗庙的祭祀声势和尊严，习隆等大臣的提议解决了这一问题，又限制了故旧部属的私人祭祀，刘禅终于允准。

景耀六年（263年）春，在诸葛亮死后29年时，蜀汉后主刘禅下诏为诸葛亮在沔阳立庙。沔阳是西汉时设置的县，治所在今陕西汉中勉县东，以在沔水之北得名，定军山在县城之南，诸葛亮的坟墓靠山而建，武侯祠的选址即在墓葬附近。刘禅下此诏数月后就开城降魏，成了亡国之君，但无论如何，这是至今唯一由皇帝下诏修建的祠庙，时间更早，规模颇大。

益州巴西郡安汉县（治在今四川南充市东北近郊）有一位叫陈寿的年轻人，他曾向同郡人谯周拜师求学，他的父亲在马谡手下为参军，马谡军败受刑时受到牵连，被诸葛亮处以剃去须发的髡刑；陈寿后来在刘禅的朝廷作观阁令史，这是掌文书簿记的职务，诸葛瞻是他的上级主管，当陈寿遭受朝廷宦官黄皓贬黜时，诸葛瞻并没有保护他，反而有所轻视。后来263年蜀汉亡国，这位青年几年间无事可做。265年西晋代魏建国，司空张华推荐陈寿担任佐著作郎，这是辅佐他人编撰国史的职务，又出任阳平县（治今山东莘县）令。当时晋朝大臣荀勖、和峤等人上奏晋帝司马炎，让这位来自蜀汉又编纂过史书的青年把诸葛亮的事迹汇总记录下来，陈寿遂根据上司的要求，把诸葛亮的文论收集了24篇，汇集成《蜀相诸葛亮集》，计十万四千一百一十二字。他把编纂的文集送上去后，被朝廷提升为著作郎，这是专掌国史编撰的职务，并兼任本郡考核人才品级的事务。青年人在一片鼓励声中撰写了魏蜀吴《三国志》六十五卷，为纪传体史书，文笔精炼，被人们称“善叙事，有良史之才”（参见《晋史·陈寿传》）。这是二十四史中记录汉末三国史实的断代史，为我们今天了解这段历史提供了最权威的资料。

《诸葛亮传》是《三国志》的第35卷，陈寿在该篇中列出了先前所撰《蜀相诸葛亮集》24篇的全部篇目，并附录了当时上奏文集时给晋武帝司马炎所写的编纂说明，其中表达了一些很有意味的思想理念，比如他说：“诸葛亮辅佐的是局势不安定的国家，不服从中央的管辖，现在朝廷让我汇集其言论，担心有好的方面被历史遗忘，这真是我们大晋光明的德行，恩惠没有边缘，这是前所未有的事情。”一个新建的朝廷安排史家去用心搜集敌对国家大臣的言论著作，的确需要一定的胸怀，陈寿这里对所在晋朝的赞颂，还不全是违心的虚言吹捧之辞，从中也可看到诸葛亮在北方敌国的影响之大。陈寿继续说到：“诸葛亮年轻时就有超群之才，具英霸之器，他受刘备三顾之请，两人厚相接纳，二十七岁就献出奇策，后来在益州立定法度，整顿军队，施行文教，赏罚分明，后来国家被治理得官员都行正道，人人都自我激励，社会上道不拾遗，强不欺弱，具有良好风气。”这些是陈寿年轻时在蜀汉经历过的事情，可能会有些夸大之辞，但和他后来经历过的另外地区相比较，也不失为一时的内心感慨。

陈寿对诸葛亮屡次北伐劳而无功的动机和结果进行分析说：“诸葛亮做丞相时其志向是，要进取就夺取天下，要退守就跨州连疆，能影响天下。他自己觉得身后蜀汉无人能进攻中原、与大国抗衡，所以不断地用兵，炫耀武力。诸葛亮治军上有优长，却缺少战场上的奇谋；治理民众的才干，超过他的军事谋略。同时他的对手常是人中俊杰，加上军队众寡悬殊，攻守的方法和态势又有所不同，所以他连年劳民动众，却不能取得成功。过去萧何推荐韩信，管仲荐举王子城父，都是觉得自己的所长不能兼有另外的方面；诸葛亮的才能在理政上，他是紧随管仲、萧何的一类人物，但当时却没有城父、韩信那样的名将，所以功业难成，志向不能实现，这也是天命有归，不可以凭借智力去争得。”这里牵扯到对诸葛亮自身才能的认识和评价，“治戎为长，奇谋为短，理民之干，优于将略”，应当是陈寿认真思考后得出的结论，但一直成为后世人们争论的话题：赞同者认为史家说得非常公允和正确，特别欣赏偏爱诸葛亮的人则认定这都是贬低传主之辞，他们认为陈寿父子早年在蜀汉任职时分别在诸葛亮父子手下干事而受到处罚和轻视，所以作者在传记中就作出不公允的贬低。其实，客观地说来，在陈氏的所有文字中还没有发现他对故国丞相的任何抱怨情绪和刻薄之言。

针对有人认为诸葛亮文集中其言语缺乏文采，说话过于叮咛周到而辞不简练的看法，陈氏举例解释说：“皋陶是贤人，周公是圣人，《尚书》对他们的言论都有记载，但皋陶是与舜、禹谈话，所以话说得简练而文雅，周公是对群下的臣子说话，所以显得烦琐而周全。诸葛亮也是对大众凡人说话，所以他的文意不能宽泛高远，必须细致周到。”从这里的解释看，陈寿非但没有对诸葛父子的抱怨情绪，反而是为诸葛亮遮短补长。每一位史家的认识都有他的特征和不完善处，但陈寿治史的态度却是十分严肃的，不能凭对某人的好恶就轻易对此质疑。

陈寿在诸葛亮本传中还肯定了他长于巧思的特点，他对过去人们使用的连弩箭做了损益革新，以铁为矢，矢长八寸，一弩可连发十矢，称为元戎，极大地提升了战场上对敌人的杀伤效果；他制作了适于山路运输的木牛和流马；又根据兵法要义，将古人的八阵图推陈出新，都成为军事技术上的出名创新。他还制定了八务、七戒、六恐、五惧，都有具体条规，用以教诲勉励百官臣属。陈寿以一位良史的敏锐和严谨，向人们全面介绍了诸葛亮的历史性功绩，并在传末再一次表示，诸葛亮多次北伐所以没有成功，就是因为“战场应变的军事将略，不是他所长”的既成结论。

2.3（16）身后轶事

史家陈寿在受命汇编《蜀相诸葛亮集》之后撰写完成了六十五卷的国别体史学著作《三国志》，该书的叙事过于简略，造成了一些关键人物史料记载不足的缺陷。当时社会上流传其他不少有关三国的历史资料，但过于杂乱，且不好搜集阅读。一百多年后，南朝中书侍郎裴松之奉诏为《三国志》作注，他在原书叙事简略的地方，摘引一百四十多种史书中的相关记录，采用史实增补的方法作注。裴松之的引注广采博引，因为后来许多摘引的资料原文已经亡佚，他的引注就非常珍贵，因而后世已将其作为《三国志》不可分割的内容。裴松之在《诸葛亮传》中特别记录了西晋官员郭冲讲到的诸葛亮轶事五则并专门做了辨析，这在当时属于不能辨明真伪的名人轶事。

刑法问题 诸葛亮在益州制定和实施的刑法严苛，刻剥百姓，社会各层都有怨言，法正为此去见诸葛亮，他以汉高祖约法三章的事例劝谏诸葛亮缓刑弛禁，以满足百姓的愿望。诸葛亮向法正解释了所以要制定严厉法律的理由（参见 2.1.18《对荆益两州的稳定与治理》下）。裴松之认为，当时刘备在世主政，诸葛亮只是辅佐，他应该没有法律的最终制定权。

刺客之事 曹操曾派刺客去见刘备，两人坐在一块儿谈论伐魏的事情，刺客说的话很合刘备心意，两人非常亲近，但刺客尚未得到下手的机会。这时候诸葛亮进来了，这位客人于是神色有变，举措慌张，诸葛亮感到来客并非平常人。一会儿客人去了厕所，刘备对诸葛亮说：“现在得到了一位奇士，完全可以协助你做事。”诸葛亮问这人在哪里，刘备说：“刚才离开的那位就是。”诸葛亮有所感叹地说：“我看见来客脸色变化，有恐惧的神情，眼光下视而多次上翻，向外泄露出奸诈之行，内心必然藏着邪恶，一定是曹操派来的刺客。”刘备派人去追寻，果然已经翻墙而走。裴松之认为能做刺客的人一定有暴虎冯河的勇力，而能被刘备视作奇士的人必然心有韬略，君主当会珍惜他的才器，就不会当作刺客去用的。

空城计 诸葛亮驻军在阳平（今陕西汉中勉县西白马河入汉水处），派遣魏延等各路军队合军东下，诸葛亮仅留下一万军队守城。司马懿带着二十万军队与蜀军对抗，但与魏延的军队错道而行，一下子接近了阳平，离诸葛亮只有六十里，侦探告诉司马懿说，诸葛亮在城中兵少力弱。诸葛亮也知道魏军马上就到，如果自己向前去追赶魏延的部队，但路途很远难以实现，这时候城中将士非常紧张，不知道该怎么办。诸葛亮则非常平静，他让全军偃旗息鼓，不得轻易走出营帐，并下令大开四面城门，让人洒扫地面。司马懿一直觉得诸葛亮做事谨慎，不会把自身放在弱势险境，怀疑其有伏兵，于是带领军队到了北边山根。第二天吃饭时，诸葛亮对他的军中参佐大笑着说："司马懿肯定觉得我外示怯弱，后面有强军埋伏，他会沿着山离开。"派去侦查的士兵回来报告敌情，果然同诸葛亮预料的一样。司马懿后来知道了这一情况非常后悔。裴松之在这里指出，诸葛亮早先在汉中阳平屯军时，司马懿正担任荆州都督，镇守宛城；直到曹真去世后，他才开始与诸葛亮在关中相对抗的，而且魏延在伐魏期间从未单独率领过大部队行动。

孔明拒贺 诸葛亮首出祁山时，陇西、南安二郡当时归降叛魏，蜀军包围天水并攻取冀城，俘获了姜维，后来撤军时驱略男女几千人回还。人们为此向诸葛亮祝贺，诸葛亮听到后脸色忽变，面有愁苦之容，他认为这次蜀军兵败街亭而被迫退归，没有什么战绩可贺（参见 2.3.5《首出祁山》下）。裴松之在此认为蜀人的祝贺完全是没有意义的，但没有否认诸葛亮拒绝祝贺的事情。

军中树信 魏明帝曹叡亲自征蜀，车驾到了长安，让司马懿带领张郃等部队，以及雍、凉两州精兵共三十多万人马秘密进发，准备直达剑阁（今四川剑阁南）。诸葛亮正领军在祁山（今甘肃西和东北之山），军队严整，把守着险要。当时蜀军把十二万军队分出三分之一作轮休，战场上有八万军队，在魏军将要列阵对抗时，蜀军刚到了轮换期，部下将领觉得敌人兵力强盛，军队人少就无法对抗，建议让轮换回家的士兵多停留一个月，以壮大蜀军的声势。诸葛亮说："我统兵作战，以大信为本，得原失信，古人也不去做；现在要离开的人已经整理好行装等待时间，他们的妻子儿女在家里计算着日子盼望团聚，虽然我们战场上面临困难，但不能失了信义。”所以催着这些士兵让他们离开。那些要回去的士兵都非常感动，自愿留下作战，留下的士兵也非常踊跃，愿意以死相报。士兵们相互说：“诸葛公之恩，至死都报答不了。”临战之时，战士们拔刀争先，以一当十，斩杀了张郃，击败了司马懿，这一仗凭借着信义的力量取得了大胜。从这里所说事情的背景看，应该是指231年诸葛亮兵出祁山之战。当年春秋霸主晋文公在攻夺原邑（今河南济源西北）时向士兵们宣告攻打三天时间，打不下就撤军；但在第三天晚上，城内有人缒城而降，约定次日开门献城，晋文公认为这样会失了信用，天亮后坚持解围离去，原邑的民众认为他是一位讲信义的有道之君，纷纷出城归降。诸葛亮在治军中也不愿意做得原而失信的事情，他坚持以信义立军的方针。裴松之在这里指出，这一仗曹叡并没有亲自到长安来，同时也提出了其他些微质疑，但对诸葛亮讲求信义本身则没有做出否定。

西晋王崇所撰写的《蜀书》中记述，郭冲是晋初的官员，金城（今甘肃兰州附近）人，他与镇守关中的扶风人王骏、司马刘宝、长史桓隰诸位官员士大夫，一起议论诸葛亮的往事，大家多认为诸葛亮投身蜀汉事业有些遗憾，后来劳困蜀地百姓，力量小雄心大，不能权衡自家的能量。郭冲则认为诸葛亮高超的权谋智慧超过了管仲和晏婴，只谈他的功业没有实现，是议论者的失误，为此他列举了诸葛亮隐没而不为人知的上述五件事情，听了这些事情，刘宝等人也无话可说，王骏则慨然赞同郭冲的看法。《蜀书》中记述的这些事情，可能晋初在社会上流传很广吧，史家裴松之认为其缺乏历史真实性。无论如何人们能够从中看到，在诸葛亮离世七八十年之时，人们仍然在谈论着关于他的话题，改换了的朝廷官员中仍然有他的粉丝。

2.4 声名超常的臣僚

蜀汉前期的创业活动和后来在成都的建政立国，都重用了在当地有声誉名望的人物，以此扩大自身的社会基础。这些人物给刘备集团带来了良好的社会影响，后来又为蜀汉事业的兴盛奉献了应有的才智。

2.4（1）受到曹魏策反的许靖（上）

刘备214年夺取成都做益州牧时，任蜀中人物许靖为左将军长史，主管刘备军府的内外事务；五年后刘备做了汉中王，许靖升为太傅，是君主身边职务最高的辅弼官员；221年刘备称帝建汉，许靖被策命为司空，属三公之位。许靖实际参与掌管的权力并不多，但他一直享有最高的荣誉职务，丞相诸葛亮见面也行下拜之礼。这位声望颇重的蜀中名臣因为职业生涯长，早年交往广泛，曹魏集团的老臣利用故旧关系曾多次对其进行过策反。

许靖，字文休，汝南平舆（治今河南平舆北）人，他的堂弟许劭评论人物最为出名，认为曹操为“治世之能臣，乱世之奸雄”（参见1.3.3《是“能臣”，亦或奸雄?》）的正是此人。《三国志·许靖传》及其引注中记述，许靖年轻时与许劭都喜欢品评人物，他们每月更换评论的话题，所以汝南当地称为“月旦评”，两人一同出名，但他们私情并不融洽。许劭任本郡功曹，为郡守的最高辅佐属吏，许靖受排斥不得被录用，只好以马磨粮为生。后来颍川人刘翊担任汝南太守，举荐许靖为掌管簿籍的计吏，又把他推为孝廉，任为尚书郎，掌管郡中的人物选举。

189年董卓掌政专权时，任用周毖为吏部尚书，让他同许靖共同商议任用有德望的人才，在他们的荐举下，荀爽、韩融、陈纪等人作了公卿，尚书韩馥为冀州牧，侍中刘岱为兖州刺史，张咨为南阳太守，孔伷为豫州刺史，张邈为陈留太守等。后来许靖本人被任为巴郡（治今重庆市区北）太守，他推辞而不赴任，被补任为御史中丞，执掌宫中文秘事务并负责官员考察，这是许靖早年最为名盛之时。然而，韩馥等人到任后，他们在关东与袁绍兴兵讨伐董卓，董卓愤怒地责问荐举人周毖，认为这是欺骗了自己，下令处斩了周毖。因为许靖的堂兄许瑒在担任陈国（治今湖南淮阳）相时追随孔伷而对抗董卓，许靖害怕受到董卓惩处，就投奔了孔伷；孔伷死后他又去投靠了扬州刺史陈祎，之后又去江东辅助早有交往的吴郡都尉许贡和会稽太守王朗。

许靖在会稽时，曹操给他写信，具体内容不详。许靖想前往，但当时袁术在周边惹出了战乱，道路不通，未能如愿。那时许劭也在江东，经常与许靖在许贡座间争论，甚至会拳脚相加，许靖常能出于仁厚之心而收留帮助亲属和同乡。孙策 195 年领军东渡长江争夺江东时，人们纷纷逃往交趾（五岭之南今两广之地）躲避战乱，许靖自己坐在江岸上，让随从人员乘船先走，亲属族人都出发后自己才随后起身，当时看到这一场景的人莫不赞叹。到了交趾郡，他受到太守士燮的敬重和厚待。

陈国人袁徽也在此避难，他给朝廷尚书令荀彧写信说："许文休乃英才伟士，智谋策略足以参与国家大事。自他流落交趾以来，与众人生活在一起，每当遇到危急之事，他总是先人后己，与亲族内外的人同饥共寒。"写信的意图应该是希望朝廷任用许靖吧。当时朝廷有个叫张翔的官员奉王命到交趾办事，他因敬慕许靖，想让许靖跟随自己行动，许靖予以辞绝，同时给曹操写了一封长信，信中首先解释了自己在会稽收到对方来信后没有前往的客观原因和目前身居交趾的无奈，其中说："现在知道您奋发忠义，率领威武之师迎回了圣主，占据了中岳一带地盘。听到这些消息，我在窘困中且悲且喜。"信中还写道："听说圣主非常英明，公开授予您专征之任。现在您扶危持倾，是国家的柱石，执掌着姜太公般的大任，居霍光那样的重位，五侯九伯，都在您的手下，从古到今，为人臣的都赶不上您的尊贵。"许靖在信中对曹操的恭维之言还不止这些，他随后也向曹操提出了希望，鼓励他为国效命，用好人才，争取青史留名。许靖的这封信大概是希望曹操看后有个回复，到时候再决定自己的行动去向。他把信交给张翔让回许都时带给曹操，张翔怨恨许靖不配合自己行动，在返回的路上他找出许靖的书信扔在了水中，曹操应该是没有看到这封信。

后来刘璋派遣使者征召许靖，许靖于是来到了益州，被任命为巴郡、广汉太守，这一事情应是 208 年之前。南阳人宋仲子在荆州给蜀郡太守王商写信说：“许文休风流倜傥奇伟不凡，有盖世之才，您行事应当以他为楷模。”211 年许靖被调任为蜀郡（治所在今四川成都）太守。214 年刘备带领的荆州军进攻成都时，太守许靖试图投降刘备，被城内人士觉察后制止。刘璋投降后，刘备因鄙薄许靖的道德为人而未加任用，法正劝谏说：“天底下有的人获取了虚名但并无其实，许靖就是这样的人。”他建议刘备应在许靖身上作出重用人才的姿态，刘备采纳了该建议（参见 2.1.18《对荆益两州的稳定与治理》上），后来一直给了许靖很高的待遇。

许靖在刘备手下干事时已六十多岁，他早先在汝南、洛阳两地任职，其后流落江东、岭南之地，后来又在刘璋主政的益州做事，个人经历颇为曲折，在南北各地结交了不少有影响的人物。从以往的经历和行为看，许靖对曹魏建政人曹操应该有较早的交往和倾心，他在江东结识的王朗也早已是曹魏的重臣。当许靖在刘备手下获得了较高任职时，曹魏的大臣看中了许靖，其中王朗至少三次给许靖写信拉拢关系，甚至送来重礼，进行暗中策反。其中第一封信写道：“获悉您一切平安，非常高兴，没想到我们分别三十多年尚且无缘相见！现在我身居歌舞升平的京都，像攀附飞龙一样跟着圣主做事；我们同辈剩下的不多了，所幸我和您还年老尤在，但我们却相隔几千里之遥。我不时听到您的消息，听说您起先在益州任职领郡，老而有为，当时我跟着武皇帝（指曹操）在江陵刘表当年的议事堂上把您谈论了一整夜，非常思念，却没法见到您。自天子（指曹丕）做太子及即位期间，每次会见群贤，议论天下健在的才智出众人物，总认为您是打头的。有道是同声相应，同气相求，刘将军（指刘备）与大魏，其实是可以兼而有之的。把相合的事情做得不合，不是武皇帝的本意，先前的事情有所颠簸，泰反为否，相信也不是您的本意，希望能再做思考。特地托人送上吴地献来的名马、罽、貂。道路已经开通，我们可以叙情问候，久别后的思念不是笔墨所能表达，想必您也是这样。”

王朗希望恢复魏蜀双方的友好关系，似乎是不错的心意，但他口口声声把魏家的君主称为皇帝、天子，而把蜀家的君主称为刘将军，他是要在一种君臣定分的前提下建立双方和好，直白些说，就是要让蜀国俯首称臣。王朗也许尚不知道许靖在蜀汉只是享有荣誉职位而并无实际权力的人物，他利用早年的私人关系而对许靖采取叙情、炫耀、拉拢、送礼和吹捧等方式，代表魏国在许靖身上下赌注，是想要达到不战而屈敌的效果。

2.4（1）受到曹魏策反的许靖（下）

魏国为了达到不战而屈敌的效果，御史大夫王朗向蜀汉重臣许靖连续致信进行策反，他的第一封信中将魏主曹丕称作“天子”，那此信最早应是220年曹丕称帝之后的事情。在两三年时间内，王朗至少向许靖写过三封书信，运用私情引诱和事理评说来规劝许靖引导蜀汉放弃帝号而归顺大魏一统。直到许靖222年去世一年之后曹魏才停止了对他的策反活动。

许靖虽年过七十，仍然喜爱人才，奖掖后进，品评清谈而不倦，221年蜀汉建国时刘备封他为司空。《三国志·许靖传》引注《魏略》上记述，王朗在写给他第一封信的末尾询问：“目前您的亲生儿女有几人？年龄多大？我自己连续失去了一儿一女，现在有两个儿子，大儿子名叫王肃，二十九岁，生于会稽，小儿子才一岁多。临书仓促，非常想念。”王朗主动介绍了自己的儿女，希望许靖把自家儿女的情况相告知，想要建立更加长久的私人交往。

在第二封信中王朗写道：“我过去在《尚书》上看到尧禅位于舜的事情，又在《论语》上看到舜让位给禹时所说的话，没想到到了老年却遇上了天命转换，亲见了眼前禅让帝位的美辞，观看到各种祥瑞汇集，亲睹了肃穆的盛典，瞻见到缭绕的青烟。当时我忽然觉得自己是处在唐、虞的世代，生活在美好的天堂，唯一遗憾的是不能拉着您的手在场同列，聆听圣主的策命。您虽身处边远之地，想必也是极目眺望，侧耳远听，非常向往吧。昔日陈蕃任职太尉时，他一定要把上卿之位让给服刑的李膺，认为李膺聪明慧达，文武兼具。以此类推，我就应该把职位让给您，如果使您任职而我得个让位的美名，我就放下印绶和责任，像陈平、周勃那样郊游论谈，与您共话当年避难时的艰辛，乐聚痛饮，高谈大笑，完全可以不知忧愁忘记年老了。提笔陈情，随以嘻笑。”王朗的这封信写得更加直露，他叙述曹丕篡汉之事，完全歪曲了事情的性质，向许靖描绘了一幅盛世景象，也借此炫耀了自己在大魏的尊贵地位，以期对方的倾慕向往之心；然后又援引东汉桓帝早期的官场事例，提出要把自己的职位让给许靖，其间对许靖的蛊惑、吹捧、利诱和情感拉拢，无不是策反的套路。

王朗的第三封信写道："去年夏天给您的信没有收到，现在再次致信问候。皇帝对刘将军（指刘备）的离世深感哀痛，同时又怜悯他的子嗣，觉得您与孔明等气类相同的人士被埋没在羌夷异族之间，却与华夏相隔绝，而且没有了朝聘中国的机缘，也失去了瞻仰桑梓故土的希望，所以再一次心生慈爱，重新下诏让我与几位同僚写信给您。以您的聪明，应该能够理解圣主（指曹丕）的心意。过去伊尹离开夏而到殷，陈平背楚而归汉，他们后来都能在宰相的职位上建功立业，如果您在辅佐先君子嗣时能帮他拿定主意，去掉僭伪称号，归顺承受天命的大魏，就会得到当世最大的荣誉，天下各层人都会感受到您的好处，这个功劳完全可以超过伊尹和太公。我是受诏致信，又带着往日的私情，所以把话说得直白。若不向上回馈您的想法和能做到的事情，就是没有把圣主的诏命讲清楚，而叙述往昔的思念全是我的一厢情愿。如果上天开启大家的心窍，您能主导蜀汉的决策，就确定下我们携手和好的时间以显示诚意；如果路途险峻尚不平坦，您的谋划不被听从，哪敢问其中的原因，我们也无缘见面！"

这第三封信应是刘备刚去世的223年所写，王朗明确地表白说他是奉诏行事，秉承着魏帝曹丕的旨意写信，并且不是一人署名。该信仍然通过私人关系的渠道送达，但其内容强化了官方的意志。在蜀汉政权代际更换之时，的确面临着国家政治方向大转换的可能与机会，曹魏公开抛出了橄榄枝，希望蜀汉去掉帝号而归顺，这是抓住了很好的时间节点。他们同时也有王朗等五位老臣联名写信给诸葛亮，信中陈述天命规劝和好（参见2.3.3《初掌国政》上），两封书信的主旨和目的相同，而表达方式应是不同的。写给许靖的信要求做出回复，对提到的事情给予明确表态，其中表达了对许靖的信任，同时也考虑到了他可能遇到的作难，希望事情不顺时能说明原因所在。这封信后面有附言说："前后三封信，每次说到此事，不能真切动心的很少。您曾经周游各地，到达过南海，看遍了各种蛮夷的习俗，想必心中对华夏有很深的思念。为自己选择安身之居，为主上选定安稳之所，怎么能不考虑京师，而迟疑滞留于荒僻之地呢？请仔细考虑我的话，希望很快回复。"但真实的情况是，许靖本人在222年就已去世，魏国大臣在不知情的情况下给他寄了这信，而许靖已经不可能看到了。

许靖的儿子许钦在父亲身前即已离世，许钦的儿子许游，在蜀汉后期担任尚书。史称许靖早年的多位相好，那些在曹魏做了公卿大臣的人物如华歆、陈群、袁涣等都给他写有书信，叙谈旧日友谊，情义诚恳真挚，具体内容不详。像王朗那样政治上的策反行为的确分离不出私人交情的因素，但史料中没有看到许靖的片言回复。

在三国鼎立的政治格局中，由于高层官员个人经历、思想感情和价值理念等方面的原因，蜀汉国家的政权机构中存在亲魏派人物和亲吴派人物，许靖应该是亲魏派的代表；而诸葛亮有过联吴抗曹的经历，加上与诸葛瑾的兄弟关系，当然是亲吴派的代表。刘备在晚年拒绝他人的劝谏而决然伐吴，显然是带着一种个人复仇心理，同时也预示了军事战略的大调整，这种调整并非不能引起政治战略及其策略方针上的某些转换。223 年诸葛亮执掌蜀汉国政，表明亲吴派掌控了政权，国家必然要走上与曹魏敌对的政治道路；如果走到了与吴敌对而与魏和好的地步，必定是许靖等亲魏人物活跃在蜀汉政治舞台上。229 年孙权称帝，诸葛亮主张的联吴方针显然已失去了道义上的支撑，但他仍然坚持联吴抗魏的政治战略（参见 2. 3. 3《初掌国政》中），这不仅是亲吴派的历史选择，也是他们牢固掌政的根据。许靖等亲魏人物其实一直是蜀汉权力边缘的人物，曹魏对许靖的策反注定是费力多而功效微。

2. 4（2）不上战场的将军

刘备身边有一批很早跟随的人物，他们对刘备忠心耿耿终生追随，在刘备遭受挫折而身处艰难的时刻不弃不离，甘愿奉献自己全部的力量，给了刘备精神上和物质上极大的支持，属于蜀汉事业的一支骨干力量。《三国志 · 蜀书》有他们各人的传记，从中可以看到，在刘备夺得益州，稳定地占有了一块地盘后即封这些人物为将军，其实将军对他们只是一种职务和待遇，他们应该是不上战场的将军。

安汉将军麋竺　麋竺字子仲，东海朐县（治今江苏连云港西南锦屏山侧）人，他的先祖世代经商，雇工和仆役达万人，家产巨亿。据说麋竺用陶朱公的办法聚集钱财，富比王家。后来徐州牧陶谦征召麋竺为别驾从事，相当于州牧助理。陶谦在遭受曹操血腥报复的进攻中于 194 年去世，麋竺按照陶谦的遗命，推举前来救援徐州的刘备作徐州牧（参见 2. 1. 2《在徐州的艰难岁月》），麋竺自此在刘备手下干事。196年，吕布乘刘备出军与袁术作战时袭取下邳，俘获了刘备的家室，刘备被迫退军至广陵海西（今江苏灌南东南），麋竺于是将自己的妹妹嫁给刘备作夫人，并将家中的二千雇工和金银财物全部用来支持军队，刘备在非常困难之时正是依靠这笔军资才得以恢复振作。当时刘备属于抗击袁术的同盟军，曹操遂把泰山郡分出五县而设置嬴郡，并荐举麋竺兼任嬴郡太守。麋竺的弟弟麋芳任彭城（治今江苏徐州）相，属于一种助理职务。

刘备后来围剿吕布、反叛曹操、投靠袁绍，麋竺兄弟都是抛弃官职，一路跟随。201年刘备在汝南兵败后准备投靠荆州刘表，因他本人曾被汉献帝封为左将军，于是给了麋竺左将军从事中郎的身份，委派他提前去荆州与刘表联系。214年刘备攻克成都，自领益州牧，遂封麋竺为安汉将军，位次在军师将军诸葛亮之上。麋竺为人敦厚并温文大方，但治理军政非其所长，所以给了他较高的待遇，但没有授予其统领军队的职任。

麋竺的弟弟麋芳在刘备与诸葛亮入蜀后任南郡太守，协助关羽镇守荆州，其间因私情而生二心，正当关羽在樊城与曹军激烈鏖战时，麋芳在江陵被东吴策反投降，吕蒙几乎兵不血刃地拿下了荆州南郡，导致关羽兵败被杀（参见2.2.2《关羽事迹辨正》中）。身在成都的麋竺把自己绑起来去向刘备请罪，刘备宽慰说，兄弟之间罪不相及！像往常一样对待麋竺，麋竺因惭愧愤恨而生病，一年后离世。他的儿子麋威，官至虎贲中郎将，执掌王室宿卫。麋威的儿子麋照，曾任虎骑监，为宿卫骑兵的监理官。据说麋家祖孙三代都熟习弓马，善于射御。

麋竺本传引注《搜神记》中记述了一事，早年麋竺赶着车从洛阳回家，离家几十里路程时，路旁站着一位女人请求乘车，麋竺让她坐了几里路，这位女子临去时感谢麋竺说："我是天帝派来的使者，要去烧东海麋竺的家，为感谢你让我坐车，所以告诉你。"麋竺私下求情，女子说："不能不烧。既然如此，那你赶快回去，我则迟些来烧，太阳正端的时候起火吧。"麋竺回家后把贵重财物很快搬出来，正午时家中起了大火。另有资料说，麋竺家内马厩侧旁原有一古墓，麋竺夜间听到哭泣声，他出门寻找，看见一妇人光着背走来，对他说自己在西汉末为赤眉军所害，棺材被揭翻后剥去了衣裳，袒露在地下羞于见人，已近二百年了，请求麋竺将她穿衣深埋。麋竺为女尸穿上青衣衫并置于棺椁掩埋，后来家中失火时得到了回报。还有三国时期一资料说，朐县东北海中有一大洲，称为郁洲，当时住在这里的都是麋家的僮客，曾有麋家庄，祭祀要称麋郎。麋竺在他的家乡应是很有影响的。

秉忠将军孙乾 孙乾字公祐，北海（治今山东昌乐）人，刘备接替陶谦作徐州牧时，大学问家郑玄推荐孙乾在州中干事，不知内中存在什么交情。孙乾被刘备任为从事，为一般僚属，其后他一直跟随刘备征战。刘备200年反叛曹操，派孙乾去联络袁绍；后来欲投刘表，又派他与麋竺一同前去荆州，办事都很称意。后来刘表给袁尚写信劝说其与袁谭和好，信中说："我每次与刘左将军（指刘备）、孙公祐一块儿谈论你们兄弟之事，未尝不痛心入骨，感到非常悲伤。"可见刘表对孙乾的看重。刘备作益州牧时，将孙乾提任为秉忠将军，比麋竺的待遇稍低些，此后不久孙乾即去世。

昭德将军简雍 简雍字宪和，涿郡（指今河北涿州）人，他青少年时就与刘备相好，后来一直跟随刘备四处征战。刘备在荆州时，简雍与麋竺、孙乾同为从事中郎，经常担负一些对外往来的任务。刘备受邀领兵入蜀，刘璋见到简雍后非常喜欢，后来刘备反手包围并攻打成都，特意派遣简雍进城去劝说刘璋归降，刘璋后来与简雍坐着同一辆车出来献城。刘备任简雍为昭德将军，待遇与孙乾相等。

简雍长于谈笑议论，性情简傲洒脱，与刘备同坐于席，尚且两腿张开，斜着身子，他不讲究威仪和严肃，只求随意舒坦；与诸葛亮以下的人见面时，他独自在床榻上躺着说话。当时天旱粮少，政府宣布禁酒，酿造者要判刑。官吏常到居民家中搜寻出酿酒工具，想要将他们与酿酒者同罪处罚。其时简雍与刘备一起出游，看见路上一对男女一同行走，简雍对刘备说："这两人有奸情，怎么不逮捕?"刘备问："你怎么知道的?"简雍回答："他们有作案的工具，与想要酿酒者相同。"刘备听后大笑，于是宽宥了那些有酿酒工具的人。简雍经常有这类滑稽的事情，但史书上并没有介绍简雍其他的情况。

车骑将军刘琰 刘琰字威硕，鲁国（山东曲阜一带）人。刘备担任豫州（治所在今安徽亳县）刺史时，任其为从事。因为他也是宗亲之姓，又风流善谈，刘备于是对其非常亲厚，他一直作为宾客跟随刘备征战。刘备作益州牧时，任命刘琰为固陵（今重庆巫山及湖北巴东秭归一带）太守。刘禅继位后，封其为都乡侯，班位在李严之后，为卫尉中军师后将军，不久升为车骑将军。

刘琰不参与军政事务，只领着一千多士兵，跟着丞相诸葛亮参与议事而已。建兴十年（232年），刘琰与前军师魏延起了冲突，说了一些荒诞的话，受到诸葛亮的斥责，刘琰为此向诸葛亮写信，承认自己“一时迷醉，言有违错”，表示以后会改正过失。诸葛亮于是让他回到成都，职位未变。234年正月，刘琰年轻的妻子胡氏进皇宫向太后贺岁，一个月后出宫返回，他怀疑妻子在宫中与刘禅私通发生奸情，对其殴打羞辱，被胡氏告发，引起了不小的是非（参见2.2.1《刘禅执政》中），随后刘琰被逮捕下狱，不久被斩首弃市，时年六十多岁。

对于战乱年代争夺天下的政治集团而言，领军队作战是最能立功而且非常风光的事情，将军是人们仰慕的职务，刘备为了激励手下几位忠心耿耿的文臣部属并保证他们的待遇，在益州自设了安汉、昭德、秉忠的军中名号，给予麋竺、孙乾和简雍三位长久追随奉献人以将军职位，以肯定他们长久跟随奉献的功劳，最大限度地满足他们的荣誉需求。刘琰的车骑将军名号则是汉朝军队常设的较高军位，那是后主刘禅所封，从刘琰前后所受相反的对待看，中间应该是有不正常的情况。

2.4（3）外事场合的出彩者

蜀汉在诸葛亮掌政时坚持推行了一条联吴抗魏的政治战略，因而与盟友东吴的使臣来往关系较多，然而吴蜀双方在北向抗魏的大方向之下仍然时常发生摩擦，外交场合的不相和谐与暗中较量难以避免，这里的较量包含有智力和心气上的高低比试，获胜的一方则求得折服对方并为己方争光的效果。《三国志·蜀书八》就记述了伊籍和秦宓在外交场合的出彩之事，表现了蜀汉之臣与东吴人士交往中的敏捷机智与丰厚学识。

伊籍字机伯，山阳（治今山东金乡西北）人，年轻时他依附同乡人镇南将军刘表，两人都是同郡高平县（今山东微山县西北）人。刘备在荆州时，伊籍经常往来交流，自刘表去世后，他就一直跟随刘备，后来得到了益州，伊籍被任为左将军从事中郎，待遇略逊于简雍、孙乾。有一次伊籍受命出使东吴，孙权听说他有辩说之才，就准备折杀他的气势。伊籍会见时进门拜见孙权，孙权说：“你侍奉无道之君劳苦啊！”伊籍马上回应说：“一拜一起，没有感到劳苦。”伊籍如此机智敏捷，使孙权非常惊奇。

在出使东吴时，吴主孙权一开口就把对方侍奉的君主称为无道之君，表面上贬损的是后主刘禅，实际上是在打压使者伊籍的气势。如果有哪位使臣在出使国的正式交往场合，听见对方贬损自己的国君而默然无言，自然就使自己和国家同时蒙羞，因而必须作出反击性回应；但伊籍面对的是交往方的君主，与对话人的关系并不对等，如果反驳过烈则会造成相互间的伤害，影响双方的外交和好大局。伊籍的机敏就在于，他把孙权所说的“奉侍”在脑子里转换了场景，故意视作对自己进门叩拜劳作的指称，他表面上是说“一拜一起并不劳苦”，实际上如果按照孙权的原话来推论，“无道之君”转为眼前这位叩拜的对象，成了孙权本人。当然在场的人没有谁敢去公开推论，大家都像孙权一样在惊叹伊籍的机智敏捷，当时会见的仪式自然正常进行，但在东吴君臣的心中已经不敢对蜀汉来客有丝毫的轻视与怠慢，伊籍在这里为自己的国家外交活动赢得了高分。伊籍先曾与诸葛亮、法正、刘巴、李严共同修订律令，益州施行的法律就是他们五人制定的，后来他升为昭文将军，可惜对这位机智聪明的人物，史家当时能够收集到的资料极少。

秦宓字子敕，广汉绵竹人。他青少年时就很有才学，刘焉刘璋父子治蜀时他都拒绝出仕，州郡征召时称病不去。刘备作了益州牧后，广汉太守夏侯纂请秦宓为师友祭酒，这是郡守延揽郡内人才养于府中专供谋议的散吏，其时还兼任五官掾，主管郡内春秋祭祀的事务。后来被调任为益州从事祭酒，在州府任职，为州牧手下诸多属官从事的总长。刘备称帝后，在 222 年准备东征孙吴，秦宓陈述说征吴不合天时，不会有好处，被逮捕关进监狱，不久获得释放。

224 年刘备已经去世，丞相诸葛亮兼任益州牧，他选择秦宓为别驾，其后任他为左中郎将、长水校尉，大概是觉得他在联合吴国的政治态度上相一致吧，因而赋予他更多的职权。当时东吴派使者张温来成都作正式访问，离开时朝廷百官一同前往饯行（参见 2. 3. 3《初掌国政》中），应该是有组织的活动，但众人都到场了而秦宓还没有来，诸葛亮几次派人去催促。张温问：“他是什么人?”诸葛亮告诉说：“是益州的学士。”秦宓到来后，张温与他进行了一场精彩的对话，展现了蜀中人物的才学风韵。

张温（W）：您从学吗?

秦宓（M）：五尺高的儿童全都从学，何必问到我！

W：天有头吗？

M：有的！

W：头在哪方？

M：在西方！《诗经》上说："乃眷西顾。"以此推之，头在西方。

W：天有耳吗？

M：天处高而听卑，《诗经》上说："鹤鸣于九皋，声闻于天。"如果没有耳，用什么听？

W：天有脚吗？

M：有。《诗经》上说："天步艰难，之子不犹。"如果没有脚，用什么走步？

W：天有姓吗？

M：有！

W：姓什么？

M：姓刘！

W：怎么知道的？

M：天子姓刘，所以知道天姓刘。

W：太阳升起在东方吗？

M：虽然升于东方却落于西方。

答问如响，应声而出，张温大为敬服。秦宓走进这次外事收尾的场合，在毫无准备的情况下对对方故意所提出的几个怪异刁钻的天文难题做了浪漫主义的人文回答，于不经意间展示了蜀中人物的学识之丰。张温当然可以提出质疑和反驳，因为秦宓的回答结论是永远不能被证实的；然而秦宓在答问中所用的论据都是《诗经》上的浪漫主义文学名句，传统士大夫奉该书为经典，明知这不是谈论天文的，但也无法对其提出质疑，甚至根本不会产生质疑的心思。既然秦宓的回答不能被证伪，那就只能接受他的结论，众人从这里能够获得的只有对秦宓的学识渊博和反应敏捷的惊叹。

秦宓在回答中最为突出的亮点在于告诉对方"天姓刘"。张温在当场也许是毫无目的的提问天之所姓，也许是他认为《诗经》上不会有与此有关的句子，以便借此问题难倒秦宓。秦宓以人间的伦理关系做逻辑根据，并借用传统社会赋予皇帝的特殊尊称无可辩驳地证明了天的刘姓结论。在东汉末年，人们尚不敢在名义上公开否定刘汉的皇室地位，这是延续了四百年的天下共识，但秦宓的最终意图反而在于，他是要用天的刘姓来昭告成都蜀汉政权的正统性，为自己的国家争得天下的最高地位，从而否定其他国家政权存在的合理性：既然天本来姓刘，其他非刘姓政权的存在就是逆天行事！能在东吴使臣面前公开宣称天公姓刘而使其无法反驳，这应是蜀汉在与东吴外交较量中赢得的一次重大成功。历史小说上基本采用了这里的史实，并增添了秦宓反问时张温的尴尬情景，似乎该场面成了诸葛亮为扳回蜀汉外交优势而作出的刻意安排，但无论如何人们都能从中看到外交活动在政权交往中的作用。

秦宓是当时蜀中不可多得的人才，与张温的对话是他丰厚才学的偶然展现，已足以显示蜀中的人物气象。他在张温访问后不久升任大司农，为掌管国家财政收支的高级官员，于 226 年去世。陈寿在撰史时曾埋怨蜀国不置史官，遗失了不少史料（见《三国志·蜀书·后主传》），致使许多蜀人的传文极为简略；而秦宓的本传文字极丰，因为秦宓的优长更在于文学，正是秦宓留世的文才充实了本传的内容。

2.4（4）屈为蜀臣的刘巴

荆州人物刘巴很早就以才情而出名，诸葛亮曾说：“运筹策于帷幄之中，我比刘巴差得很远。”这位盛负才名的刘巴大概一心想在曹操的手下建立功业，他曾经拒绝荆州征召，并有意回避刘备的任用，为此浪迹南海，流荡半生，但最终仍然身抵益州，作了蜀汉之臣，在刘备的属下任职干事，他个人的才能没有抵抗过命运的安排。

刘巴字子初，零陵郡烝阳（今湖南邵东东南）人。《三国志·刘巴传》及其引注中记述，刘巴的祖父刘曜曾任苍梧（岭南地区，治在今广西梧州）太守，他的父亲刘祥为江夏（郡治在今湖北新洲西）太守、荡寇将军。190 年关东军队举兵抗击董卓，当时长沙太守孙坚在行军途中因南阳太守张咨不给军粮，就动武将其杀掉（参见 0.6.5《将星的暗淡与坠落》上），刘祥是孙坚的追随者，南阳百姓为此怨恨刘祥，后来兴兵攻打，刘祥战败而亡。荆州牧刘表也不喜欢跟随孙坚的刘祥，于是拘留了身在荆州家乡的刘巴，准备将其杀掉。中间几次派其父刘祥过去身边的亲信送假信给刘巴说：“刘州牧想要害你，赶快跟着我逃命吧。”但刘巴每次都不予答应，并把这些事情汇报给了刘表。也许刘巴在这里看出了所送假信息的什么破绽，或者他觉得能够逃走的可能性并不比争取宽恕的可能更大，因而选择了自认最为稳妥的方式。而刘表在这里始终感到了刘巴的真诚，加之刘巴也没有什么可杀之罪，因此刘表放弃了杀害刘巴的念头。

刘巴长到十八岁时，零陵郡任用他为户曹史，执掌郡内户口、狱讼等事务并负责记录上报，当时刘巴已是出名的才士，荆州有个少年天才周不疑，曹操认为只有自己的儿子曹冲才与周不疑资质相当（参见 1.3.12《既爱美色，也爱才俊》），周不疑的舅舅是荆州别驾刘先，他曾经希望外甥跟着刘巴学习，但被刘巴婉言谢绝。荆州牧刘表多次征召刘巴来州府任职，并将他举茂才，刘巴均未接受，大概是对刘表先前的拘留心存芥蒂吧。

刘表去世后，曹操在 208 年八月南征荆州，刘备自樊城退守江南，荆、楚一带的士人都纷纷相随，但刘巴却一直向北去拜见曹操，曹操任用他为掾，为一般属从官员。赤壁之战后曹操准备北还，他派遣刚归降的荆州官员桓阶去招纳长沙、零陵、桂阳三郡，桓阶说做这些事情自己根本不如刘巴，刘巴于是被委派去荆州南部。刘巴对曹操说："现在刘备在荆州，南部三郡难以收回。"曹操回答说："刘备如果去夺这三郡，我马上把大部队带过来。"曹操在这里一定是低估了刘备的力量和雄心，他大概以为刘备不会去争夺荆州南部郡县，为了鼓励刘巴前去，因此许下了不能兑现的诺言。因为曹操的安排，刘巴就去了荆州南部执行任务。

刘备后来攻夺了荆州南部武陵、长沙、零陵、桂阳四郡，刘巴的任务没法完成，又因道路阻隔，他也没办法返回复命，准备到交趾（五岭之南地区）暂避一段时间，等道路畅通时再返回许都。当时诸葛亮在临烝（治今湖南衡阳东），离刘巴的家乡很近，他们两人都是荆州名士，早先应该相识吧，刘巴给诸葛亮写信说："我冒着危险，受命到这里做事，但民众都有自己的心思，他们顺应自然之势，不是我用什么办法就能劝动的。如果我穷困无路，就去沧海边托身寄命，也回不到荆州了。"诸葛亮马上给刘巴回信说："刘公（指刘备）雄才盖世，现在占据荆州，很多士人都归附了，也可以看出人心所向，不知道你有什么打算?"刘巴回复说："我接受使命而来，事情没有办成则要返回复命，这才是应当做的。不知道您想说什么!"诸葛亮的本心是要邀请刘巴归顺刘备，但刘巴并没有这样的心意，这在先前避开刘备北上投奔曹操时就已看得非常清楚，后来他果然向南到了交趾。刘备知道了这一切感到非常遗憾。

刘巴到了交趾，改姓为张，应该是为了隐藏身份吧。但他与交趾太守士燮议事不合，发生摩擦，大概是不好逗留下去了，于是离开交趾从牂牁（郡治在今贵州都匀北）向北行走。刘巴选择牂牁一路返回，多半是想避开荆州刘备，他不希望在东边来时的路上经过荆州时再被诸葛亮和刘备所纠缠。但刘巴在西边一路北返时，没想到却被益州郡（治今云南滇池晋宁东）所拘留，太守准备把他杀掉，郡中主簿说："这人看起来不像平常人，不可杀他。"主簿请求亲自将其送到州府成都。刘巴到成都见了益州牧刘璋，刘璋的父亲刘焉早年与刘巴父亲刘祥要好，他见了刘巴非常惊喜，每次遇到军政大事都来咨询，刘巴因此就留在了益州。当时刘璋派法正迎接刘备入蜀，刘巴劝谏说："刘备是人中之雄，入蜀必为祸害，不能接纳他。"刘璋没有听从；后来刘巴又劝谏说："如果你让刘备去讨伐张鲁，那是把老虎纵放于山林中。"刘璋仍然未加听从，刘巴于是闭门称病。

214年刘备领兵进攻成都，他对军中下令说："如果有谁伤害了刘巴，将诛及三族。"不久平定了益州，刘巴前来道歉致谢，刘备并不责备，他为得到刘巴而高兴。诸葛亮几次称赞过刘巴的才能并向刘备推荐，刘备遂任命刘巴为左将军西曹掾，留在自己身边做辅助事务。张飞一直是礼敬人才的，他曾经前往刘巴的住处相见，而刘巴并不与他说话，张飞忿恨离去。诸葛亮对刘巴说："张飞虽然是个从武之人，但他很敬慕您，现在主公正协调文臣武将，想推进我们的事业，您虽然天分高，还是应该对人谦逊些。"刘巴说："大丈夫处世，当交四海英雄，如何能与武夫谈论深交！"刘备听到这话后忿恨地说："我想要平定天下，但刘巴专欲为乱。他本意是要回到北方，当初只是想从这里借道路过，不要认为他是为了成就我的事情！"刘备又对人说："刘巴才智超人，我可以任用他，没有我他将很难任用。"

诸葛亮一直很赞佩刘巴的才情，他曾说过："运筹策于帷幄之中，我比刘巴差得很远！如果擂起战鼓与敌人对阵，让老百姓喜欢投军为武，我是有资格发言的。"当时刘备刚攻下成都，军中将士都去城内府库获取财物，军用物资缺乏，刘备为此非常忧愁。刘巴说："这事情很简单，只要铸造出面值百钱的货币，政府设立官市，使用新币平抑物价就行。"（参见2.1.18《对荆益两州的稳定与治理》上）刘备采纳了这一建议，几个月后府库的财物就充足起来了。

219年刘备做了汉中王，刘巴担任尚书，次年代替去世的法正为尚书令（尚书台长官）。刘巴自己清平俭朴，不治产业，他常觉得自己归附蜀汉不是出于本心，害怕受到猜疑，所以平时说话不多，追求安静无事，所谓“恭默守静”，他退朝后没有私人交往，不是公事不轻易交谈。另有资料讲到，刘备称帝时，刘巴是不大赞成的，他希望时间上作些延缓，曾与主簿雍茂劝谏刘备，刘备借其他事情杀掉了雍茂，刘巴也就不再多说什么。但刘备称帝建国时，昭告皇天上帝后土等神灵的所有文诰策命，都出自刘巴的手笔，据此人们认为，所谓刘巴不赞成刘备称帝的资料是不真实的。

222年刘巴去世，魏国尚书仆射（尚书台副长官）陈群在写给诸葛亮的信中曾询问刘巴的情况，提及刘巴时非常敬重，吴国重臣张昭曾对孙权提起刘巴拒绝张飞一事，认为刘巴为人做事过于偏狭，孙权说：“如果让刘巴随同世俗而改变，能取悦刘备，与什么人都交往，那怎么能称他为高士呢！”刘巴尽管无可奈何地做了蜀汉之臣，但他始终是以高洁之士而名世。

2.4（5）方正刚严的董氏父子

蜀汉朝廷有一位相继担任国家重臣的父子，他们为人俭朴，行事刚正，敢于向上司提出自己对事情的不同见解，秉持公正道义的原则，两人都是刘备先后选拔并量才任用的官员，丞相诸葛亮对他们非常欣赏，曾不惜溢美之词公开肯定过他们的优长，这就是董和与董允。《三国志》第三十九卷中包括他们两位的本传，从中可以看出他们父子都曾是国家掌政者的重要辅助人物，儿子董允尤其位高权重，成为国家政权后期稳定的柱石，两人在蜀汉朝廷代表着一种昂扬向上的正气。

董和字幼宰，南郡枝江（治今湖北枝江东南百里洲）人，汉朝末年，董和领着他的家族向西迁徙至益州，董和在刘璋作州牧时先后担任牛鞞（县治今四川简阳西）、江原（治今四川崇庆东南）县长和成都县令，一直是县级官员。蜀地的人家境富实，崇尚奢侈风俗，做生意的人家，穿戴同于王侯，饮食玉液琼浆，到婚娶丧葬时，几乎倾尽家财来铺张办理。董和到了地方任职时倡导节俭，亲身表率，自己粗衣素食，制定规矩标准，防止逾越规定。他所在的地区都能改变习俗，形成良好风气，大家畏惧规则而不敢冒犯。当时县里的一些豪强因为恐惧董和的严厉，因而鼓动刘璋调任董和为巴东属国（201年分出巴郡置为巴东蜀国，治涪陵）都尉，这是借升职的名义要将董和调离，但县内有几千民众扶老携幼前来挽留他，刘璋于是决定让董和留任两年，后来转升为益州郡太守。董和在太守任上仍与过去一样清约节俭，他与周围蛮夷族打交道时，总是以诚心相待，故此深受当地少数民族的信任和爱戴。

刘备占有益州后，听到董和的治政名声，于是征召他为掌军中郎将，与军师将军诸葛亮并署左将军大司马府事，两人总管军府事务。董和遇事总是能拿出自己认为可行的方案，对认为不正确的决定则坦率地说出自己的意见，因为这些，他与诸葛亮成为至交。董和在蜀地任职二十多年，后来在刘备属下官居要职，到220年去世之日，家中无担米之财，应该是少有的清廉。诸葛亮执掌国政之初曾致力于国家内政建设，他对政府工作人员进行思想与作风教育，就常拿出董和等人的事迹作范例（参见2.3.3《初掌国政》下），他推崇董和在职任上对国家忠诚和对工作极端负责的精神。

董允，字休昭，是董和的儿子。刘备221年称帝后策立刘禅为太子，董允被选为太子舍人，宿卫和侍从太子的职事，后来调任太子洗马，太子出行时负责在前面开道，一直为太子刘禅的属官。223年刘禅继位作了皇帝，董允升任黄门侍郎，属皇帝宫中的侍从官。诸葛亮准备北伐时于226年去了汉中，他考虑到后主刘禅年龄尚轻，有时候会分不清是非利弊，觉得董允为人正直、是非分明，于是想委任他负责处理宫内的事务，遂在227年给后主刘禅上疏（即《前出师表》），其中提道："侍中、侍郎郭攸之、费祎、董允等人，都是善良诚实的人，并且忠诚无二，所以先帝把他们选拔出来辅佐陛下。我认为宫中之事，无论大小，都询问他们，然后施行，一定能够弥补疏漏，获得好处。"又说："如果没有劝勉陛下弘扬圣德的忠言，就处罚郭攸之、费祎、董允等人，以彰显他们的失职。"（参见2.3.5《首出祁山》上）。诸葛亮本人远离成都，不久又要翻越秦岭进入关中与曹魏军队作战，他把辅佐皇帝的任务交给了上述三人，并且明确了他们的责任，足见对董允等人的信任。

不久，诸葛亮任命侍中费祎为丞相府参军，随从军队北伐，于是董允接替他担任侍中，兼领虎贲中郎将，统率宫中宿卫亲兵。而史书上说，郭攸之生性和顺，难负什么责任，大概是资历较老而名位在前吧，其实只是一位凑数的备员而已，所以宫中出主意做决定的事情都是董允一人负责。董允处理事务以防制为主，敢于匡正刘禅的不当行为。刘禅经常想要选民间美女充实后宫，董允认为传统上天子后妃的数目不超过十二位，现在嫔妃数目已够，不应当再增加。他始终坚持自己的看法，并不按照刘禅的提议办理，刘禅也无可奈何，此后变得更加畏惧他。

诸葛亮去世后，魏延和杨仪在前线争夺兵权，两人互相上告对方谋反，董允和蒋琬都保举杨仪，真实地捍卫了诸葛亮的意志。当时尚书令蒋琬负责处理丞相府政务，兼任益州刺史，曾经给刘禅上书说："董允在宫中任职多年，辅佐王室，应该赐给他爵位和土地，以奖励他的巨大功劳。"但董允坚决不予接受。刘禅年龄稍大后，他很喜欢宦官黄皓。黄皓其人善于钻营，极会谄媚，经常想在宫中揽权。董允时常对上公开匡劝君主，对下则多次责备黄皓，黄皓畏惧董允，不敢胡作非为，终董允之世，黄皓的职位不过是黄门丞，为黄门令的佐助官。在诸葛亮北伐期间及其离世后一段时间内，董允在宫中匡扶君主，与蒋琬一起维护了蜀汉政权的稳定。

董允是当时国家位高权重的官员，但他对下级官员能够平等相待，没有高高在上的姿态。有一次他与尚书令费祎、中典军胡济等人约定时间去游乐饮宴，车驾都已经准备好了，而郎中董恢前来拜见，董允马上停下来接待他。董恢当时年龄轻职位低，见董允为普通官员操劳，心中不安，于是请求离去，说要去参加另一宴会。董允回答说："本来出行的目的就是与志同道合之人游玩畅谈，现在你已屈尊前来，刚要一起谈论说话，却要舍掉此行去参加宴会，这不合适。"于是便与费祎等解开驾车的马匹，取消了这次游玩。他恪守正直，礼贤下士的事情还有很多。

246 年董允去世后，陈祗接替董允为侍中，陈祗与黄皓关系很好，自此黄皓参与政事，获取了宫中权力。而陈祗 258 年死后，黄皓从黄门令升任中常侍、奉车都尉，成为侍从皇帝执掌御乘车马的宫中高级官员。他操持国政，直至 264 年蜀汉亡国。董允在国家政治生活中中流砥柱的作用，在他死后更充分地显现了出来。

2.4（6）悲戚的马氏兄弟

赤壁大战后，刘备接替刘琦做荆州牧时事业出现兴旺迹象，他在当地吸收和任用的一批人才，其后成了蜀汉政权的骨干力量，出身襄阳宜城（今湖北宜城南）的马氏兄弟马良、马谡就是其中的代表，他们是对刘备忠心耿耿并具有不小才气的人物，与诸葛亮也意气相投，心有倾慕，具有亲如兄弟的关系，但两人不幸中年喋血，悲苍地倒在了为理想目标而奋发作为的路途上，令人们生出无尽的悲戚。

马良字季常，家中兄弟五人，都因才能而出名，因为兄弟们的名字中都含有”常”字，而老大马良眉中有白毛，家乡人于是口头有传言说：“马氏五常，白眉最良。”给了马良以最好的评价。《三国志·马良传》及其引注记述，刘备主政荆州时，任用马良为从事，为一般僚属。后来刘备与诸葛亮先后入蜀，马良留在荆州做事，他曾写信给诸葛亮说：“听说雒城已被我们攻拔，这是上天的福佑，尊兄把握时机辅佐大业，宏伟的迹象已经显露。推动变化需要高超的思维，审查事情需要聪明才智。”他向诸葛亮提出入蜀后选取人才的重要性，并用管弦调音做比喻，表达了取得益州后需要采用新治理方式的意见。后世史家裴松之曾留意到，信中称诸葛亮为“尊兄”，据此认为马良与诸葛亮应是结为了兄弟，或者有什么亲戚关系，因为马良年龄稍小些，才有这样的称呼。无论如何，马良这里对益州前线的作战给予了高度赞扬和衷心鼓励，并且提出了治理西蜀的长远设想，都是很有现实针对性的。刘备夺取了益州后，即调马良来成都任用为左将军掾，成了刘备身边做事的僚属。

后来马良奉命出使东吴，他对诸葛亮说：“现在接受朝廷命令，协和两国友好关系，希望能将我的情况向孙将军做个介绍。”诸葛亮说：“你尝试自己写封介绍信吧。”马良当即起草说：“我们的君主特派属官马良前往访问，以发扬古代贤人崇尚友好亲邻的传统。来人是位贤士，曾在荆楚做过县令，不曾轻率浮华，始终德行完美，希望能屈驾接纳，以利他完成使命。”孙权见信后恭敬地接待了他。马良所写介绍信中提到在荆楚做过县令，相信不是凭空杜撰，应该就是他归顺刘备之前在荆州的实际职务；其中对自己人格品德的描述，应该是他对自己认可的地方，也表明他对做人最看重的方面。221 年刘备称帝后，任命马良为侍中，仍为皇帝身边的近臣。

刘备伐吴时，派遣马良到武陵（治在今湖南常德）招纳五溪蛮夷。早先古代川东巴人的一部分迁徙到湘西武陵一带散居，当地人以居住地或某种特征分别称他们为雄溪、樠溪、酉溪、潕溪、辰溪，统称五溪，均为少数民族部落，处在武陵郡辖地。他们本身具备较强的自卫能力，但和汉族一直没有发生正常的社会交往，当然是可以联系和借用的军事力量。史书上说，马良受命自佷山（今湖北宜昌长阳县）来武陵招纳五溪蛮夷，采用金帛收买等方式加以安抚，这些部落渠帅头领大多接受了蜀汉封给的印号，《资治通鉴》中记述，“武陵蛮夷皆遣使往请兵”，各个部落都派使者前来请求领兵参战（参见 2.1.23《夷陵攻战的失误》），马良的活动达到了预期的目的，使命完成得不错。但后来刘备在夷陵之战中兵败而退，马良不幸遇害，时年三十六岁。史书上没有说明马良遇害的具体情况，不能知道其身亡是否由五溪蛮夷的反叛所致。事后刘备任命马良的儿子马秉为骑都尉，作为对马良忠诚献身的报偿。

马良的小弟马谡，字幼常，211 年以荆州从事的身份跟随刘备入蜀，攻克益州后马谡先后被任用为绵竹县令、成都县令、越嶲太守。马谡才器过人，喜欢谈论军事谋划，丞相诸葛亮对他非常器重。刘备在白帝城临逝前对诸葛亮说：“马谡言过其实，不可大用，你再深切观察吧！”诸葛亮对此不以为意，他任用马谡为参军，每次召他来总会从白天谈论到夜晚。诸葛亮平定南中叛乱前，马谡向他献出了攻心为上的策略（参见 2.3.4《南中平叛》），深得诸葛亮之心。228 年，诸葛亮统大军兵出祁山，当时有勇将魏延、吴壹等人在军中，人们都以为会任用他们作先锋，但诸葛亮违背众望而提拔了马谡，让他统领大部队在前。马谡与魏国大将张郃战于街亭（今甘肃庄浪东南与秦安东北），马谡违背诸葛亮的作战部署，放弃水源让军队驻扎在山上，部队分置调度混乱，先锋将官王平多次劝谏而他不予采纳。他还依仗南山的地势，不在山下据守城邑。张郃到达后则断绝了蜀军的取水通道，蜀军经不起张郃军队的进攻，最终败逃溃散。诸葛亮进军没有落脚据点，只好全军退还。

回到汉中后，马谡被关进监狱，他在狱中给诸葛亮写信说：“您把我马谡当作儿子看待，我也把您视为父亲，希望对我能采用像舜帝处死鲧而扶持其子大禹那样的德义行事，不亏负我平生与您的深情交往，我就是死了也在地下没有怨恨。”马谡的意思很明确，他知道自己大罪难恕，但希望不株连他的家属子女。当时蒋琬到汉中向诸葛亮提出对马谡予以宽恕，军队中十万将士都为马谡悲伤，而诸葛亮为了严明军法，还是流着眼泪坚持将马谡处斩（参见 2.3.5《首出祁山》下），马谡时年三十九岁，他死后，诸葛亮亲自临祭，像以前一样善待他的子女。

关于马谡之死，史料上还有一些零星的补充性记述。《三国志·向朗传》中说："朗素与马谡善，谡逃亡，朗知情不举，亮恨之，免官还成都。"应该是马谡兵败街亭后畏罪逃亡，向朗与马谡一向交好，他知情不报，诸葛亮非常忿恨，免掉了向朗丞相长史的职务。这样看来，马谡给诸葛亮的信是他归案之后所写，大概他前面有畏罪潜逃的情节，对他的处罚就更不能宽恕。另据《三国志·王平传》记述，与马谡一同被斩的还有将军张休、李盛，将军黄袭被免职，对失街亭的责任追究是牵涉到多位将军，马谡则是主要的责任人。而《三国志·马谡传》中说："谡下狱物故，亮为之流涕。"马谡在狱中死亡，诸葛亮为之流泪，似乎是说马谡未及受刑时就在狱中病亡。就是说，按照军法和主帅的态度本来就要被处斩的马谡，没有等到临刑之日就病死在了狱中。

马氏兄弟都忠诚于刘备，与诸葛亮也有很深的交情，他们在刘备和诸葛亮主持国政的两个时期，为不同的军事战略而殉身，满腔壮志一朝幻灭；马谡本是执政人看重的英才，但因缺乏领兵作战的经验而被授予统军之职，致使一战获罪，身败名裂，留给后世无尽的叹息。

2.5　人生曲折的臣属

跟随刘备创业的人物大都经历了曲折的人生道路，其中有些人生的结局和个人最初的追求会大相径庭，诸多现实的情况会给人们提供更多的人生借鉴。

2.5（1）屈死的魏延

蜀汉群臣中来自荆州的人才，大多是在刘表主政时得不到重用而被刘备吸纳的人物，其中的文臣以诸葛亮和庞统为代表，而武将中最突出的是黄忠和魏延。黄忠在刘备争夺汉中时一战成名，被刘备封为后将军，与关羽、张飞、马超并列；而年轻将军魏延属于后起之秀，他因军事胆识与阵战才能的逐渐显露而被刘备看中并加以重用，其疆场上的勇猛善战在诸葛亮伐魏时期得到进一步展现，但因用兵方式的分歧和个人性情的缺陷，他却在与敌作战的前线与同僚们发生误会，屈死于战友们的同谋陷害，留下了蜀国历史上的一出重大冤案和后世之人空有的惋惜。

魏延字文长，义阳（今湖南桐柏东）人。《三国志·魏延传》记述，211年刘备入蜀时，魏延领着部曲跟从。部曲一般指军队编制中的基层单位，但最早也指地方豪强的私人武装，这里无论属哪种情况，都是指魏延个人统领着数量不多的队伍随从刘备入蜀。史书上没有出现他此前在荆州活动的任何信息，既没有长沙救黄忠的事情，也没有受到别人关于他脑骨不正常的指斥。魏延跟随刘备入蜀后多次立有战功，这些战斗应该发生在212年底刘备在葭萌关收编杨怀、高沛的部队后占领涪县（今四川绵阳东）时，以及向南围攻雒城（今四川广汉北）期间与蜀将张任、冷苞、邓贤等反复交战之时。攻克雒城的战事持续了一年，军师庞统阵亡于此，刘备为此从荆州调来了诸葛亮、张飞、赵云率领的大量军队，这里应该是打得非常艰苦（参见 2. 1. 17《占领成都》），史书上没有记录荆州军在雒城的具体战斗情节，只提到夺取了益州后因为魏延有突出的战功，刘备提升他为牙门将军，这属于中等品级的军官。

217 年益州军北上与曹魏争夺汉中，魏延是随军参战的将军，刘备 219 年作了汉中王，他返回成都主持军政前，需要选定一位将军镇守汉中，大家以为必定会选择张飞，张飞心里也觉得应该是自己，刘备却出人意料地提拔魏延为镇远将军，任他为汉中太守以留守汉中，任命公布后全军将士非常吃惊。刘备召集群臣聚会，他问魏延说："现在把重任交给你，你后面有什么打算?"魏延回答说："如果曹操领着他的全部军队前来，我为大王抗拒；如果他派哪位将军领着十万军队前来，我为大王吞掉。"刘备觉得很满意，将士们也很受鼓舞。221 年刘备称帝后，魏延被任为镇北将军，今四川绵阳梓潼某地尚有魏延祠及石碑，据说曾是魏延行军时的驻营处，他当时一直在北方成功地保守着汉中。

魏延在后主刘禅继位时被封都亭侯，几年后诸葛亮来到汉中准备北伐，魏延在 227 年被改任督前部，前部先锋将官，兼丞相司马。丞相府原设有长史而无司马一职，因为要专事用兵，所以设置司马职务，主理军事事务，同时任魏延为凉州刺史，当时蜀国只占有凉州的武都（郡治在今甘肃西和县西南）和阴平（治今甘肃文县西北）两郡部分地盘，凉州刺史属于一种名义上的遥领职务，魏延自此结束了近十年的汉中太守之任，开始在诸葛亮的麾下领兵征战。

228 年诸葛亮首出祁山时制定出兵方案，魏延要求自领五千兵马从子午谷直抵长安，与诸葛亮自西进击的大部队在关中夹击魏军，试图一举平定咸阳以西地区，诸葛亮认为这一方案危险而不稳妥，否决了他兵出子午谷的方案（参见 2. 3. 5《首出祁山》上）。230 年诸葛亮在城固赤坂（今陕西洋县东）防御曹真的部队进攻时，曾派魏延领军西入羌中（指羌族居住的地区，约今青海西藏及四川甘肃部分区域），魏国后将军费瑶、雍州刺史郭淮与魏延大战于阳谿（约在今甘肃渭源县东北），魏延大破郭淮的军队，得胜而还，被提升为前军师征西大将军，假节，这是朝廷授给他战场上杀伐犯军令者的权力，同时封他为南郑侯，南郑即今汉中，这一爵位应该不低。在随军北伐的过程中，魏延几次想与诸葛亮分兵进击，但终归没有如愿，他认为诸葛亮内心有怯，感叹自己的军事才能没有得到充分发挥。

魏延善待士卒，勇猛过人，生性又颇高傲，当时许多将领都谦让回避他，只有丞相长史杨仪不加忍让，长史相当于丞相府的秘书长，他与魏延所任丞相司马的事务可能有些交叉吧，两人时常发生冲突，关系有如水火。234 年二月，诸葛亮最后一次北伐，大军出了斜谷北口，诸葛亮驻军五丈原，魏延作为前部先锋，在距离诸葛亮军营十里的地方安寨，当时诸葛亮已经生病，魏延有天梦见自己头上长出了犄角，他询问能够占梦的赵直，赵直欺骗说："麒麟有角但不使用，你梦见头上有角，这是不用作战而魏军就能失败的象征。"但赵直返回大营后却对其他人说："角这个字，是刀下用；头上用刀，是极凶的征兆。"

到了这年八月，天气已经入秋，诸葛亮的病情加重，他料到自己不久人世，遂与长史杨仪、司马费祎、护军姜维等人秘密商定了身后退军的计划，让通知魏延断后，并决定如果魏延不服从，大军自行撤回。魏延在并不知情的情况下接到为大军殿后撤归的命令，他擅自领部众抢先南行，企图截断大军的返回之路，由此引发了蜀军内部的冲突，魏延的部众被煽动溃散，他与儿子等数人逃奔汉中，杨仪让马岱领兵将他们追上斩杀，旋被灭族（参见 2.3.13《退军中的是非》上）。魏延被杀，蜀汉失去了一位优秀的将领，这是由诸葛亮临死前做出的错误安排和商议事情的不当程序所导致，主要的责任在诸葛亮本人，但魏延自己的性格缺陷也为他自陷亡地提供了条件。当赵直、费祎、王平、马岱、姜维和朝中蒋琬、董允都在危急时候结成团伙、不谋而合地对魏延设局作害时，无论如何都要看到他们为了设阱而结成团伙的原由，总是与被害人的某种作为脱不了干系。

可以看到，魏延在刘备和诸葛亮两个不同主政者的手下受到不同的对待，在伐魏战场上，是作战方式的不同导致了魏延与上司诸葛亮的意气分争，而他个人心性的耿直和高傲加深了相互间的分歧，由此也影响到他和同事间的和谐关系。现实生活中，不同领导人行事方式、个人经历和胸怀性情的不同，决定了他们对同一下属会有不同的认识，形成不同的评价，做出不同的使用。刘备是从战场上拼打出来的领袖人物，加之本人的开拓性气度，他对具有同样经历且军事上常具出奇谋略的魏延就有更多的赏识；诸葛亮是从耕种读书人而一下子走上领导岗位的，他更欣赏的是马谡、杨仪等人，而对过于自负并敢逆上的魏延有着不同的看法和使用，魏延在诸葛亮的手下是没有威信的将军，由此导致同僚们的消极性评价，他本人对这一境况一直没有做出应有的矫正，使情况最终大大超出了预料的程度。在事情走到偶然危急的关头，当各种不利因素突然间互相叠加而所有当事人一时难辨清晰时，众人的合力作用就导致了极凶的结局。

当时蜀国有一位耿直忠厚的官员杨戏，诸葛亮逝后一直在相府从事主簿文书工作，其间撰写了《季汉辅臣赞》（参见 2.10.1《陈寿眼中的杨戏》），其中有“赞魏文长”一段云：“文长刚粗，临难受命，折冲外御，镇保国境。不协不和，忘节言乱，疾终惜始，实惟厥性。”杨戏的赞辞前四句称赞了魏延的非凡之功，后四句指出了魏延的性格缺陷及其导致的结果，表现了对其悲剧命运的极大同情，这里至少能看出当世人物对魏延的一种认识态度。

2.5（2）坚贞不二的霍氏父子

刘备 211 年进入西蜀为刘璋在葭萌（今四川广元西南）抗击汉中张鲁，一年后借军粮问题与刘璋翻脸，开始向成都方向进攻，实施夺取益州的战略方案。当时与张鲁处于敌对状态，大军离开时需要选用一位战将留守葭萌，以便抵挡汉中方面的反攻并保证大军南进的后方安全，刘备为此选取了归顺不久而跟随自己入川的战将霍峻。后来的事实表明，这位霍将军是一位有勇有谋、坚贞不二的人物。

霍峻字仲邈，南郡枝江（今湖北枝江）人，他的哥哥霍笃曾在乡里聚集起了家族武装几百人，称为部曲。霍笃不幸离世，荆州牧刘表命霍峻统领这支队伍。刘表病逝后，霍峻后来领着队伍归顺了刘备，被任为中郎将，属于普通中级军职。他跟随刘备进入益州，在大军反向南攻时接受了防守葭萌城的任务。张鲁派遣属下将军杨帛面见霍峻，引诱说要协助他共同防守，霍峻回答说：“你可以拿去我的头，但得不到这座城。”杨帛无奈，只得离去。

刘备当时在葭萌驻军时，名义上说是要进攻张鲁，实际上在当地广施恩惠，收买民心，同时等待自己的发展机会，并没有在此与张鲁发生冲突，可能预料这里不会发生多大的战事吧，因此离开时只留给霍峻几百人的少量人马。后来益州牧刘璋派扶禁、向存两位将军领着一万多人由阆水（嘉陵江在阆中县境的一段）而上，依仗优势兵力围攻葭萌，霍峻率领将士坚守，对方一年之久未能攻下。霍峻带着这几百人并不是只作简单防御，他趁对方疲惫之时，选拔精锐伺机出击，作战中斩了向存的首级，大破益州军，最终以少敌多，成功保守了葭萌，为刘备大军攻取成都作了有力的保障。霍峻归附刘备的时间不长，前面也没有看到他作战的实例，葭萌防守展现了他突出的军事才能和忠贞精神，也再一次表明刘备不愧是一位善于识人的伯乐。

刘备夺得益州后，表彰了霍峻的战功，从广汉郡中划分出梓潼郡，任霍峻为梓潼太守、裨将军。梓潼郡包括了益州北部葭萌、白水、剑阁、江油、涪城等几个重要关隘，刘备应是特意把益州的重要防区划分给英勇坚贞的部属来镇守，表现了对霍峻的极度信任。但霍峻像他哥哥霍笃一样不幸早逝，任职只有三年，去世时四十岁。刘备非常痛惜，安排他还葬于成都，并对诸葛亮说："霍峻是位优秀的将军，他对国家有功，我要亲自祭奠。"安葬之日，刘备率领众臣前往吊祭，还在他的墓前留宿，给霍峻送上了极大的荣耀。

霍峻的儿子霍弋，字绍先，刘备晚年任其为太子舍人。刘禅 223 年继位后为朝廷谒者，传达皇帝命令的普通职务。丞相诸葛亮 226 年北驻汉中，请他作为记室，负责章表文檄及簿记事务，并让他与自己养子诸葛乔一同从事其他事务，足见对霍弋的信赖。诸葛亮去世后，霍弋为黄门侍郎，这是侍从皇帝的中级官员，238 年后主刘禅立儿子刘璿为太子时，任霍弋为中庶子，这是太子的属官，负责东宫的教育和管理事务。霍弋早年做过刘禅的陪侍，现在刘禅又安排他教育自己的儿子，可见刘禅对霍弋早年的印象是非常不错的。史书上说小太子刘璿喜欢骑射，行为缺少章法，霍弋援引古人的理念耐心规劝，在这方面很有一套方法。

后来，益州南部出现了地区不安定的现象，霍弋被调任庲降（约南中地区，治今云南曲靖）担任当地驻防将军阎宇的参军，又转任护军，管理军营事务。当时永昌（治今云南保山东北）地区少数民族依恃险阻而不臣服蜀汉，经常进行骚扰，朝廷于是任霍弋兼任永昌太守，让他率领军队征讨，霍弋攻破他们的村寨，斩杀其头领，永昌遂得安宁。霍弋受命镇守南中地区，他在这里充分展现了自己作战与治军的军事才能，不久因功升任监军翊军将军，兼任建宁（治今云南曲靖）太守，统管两郡政事。

263 年霍弋被朝廷封为安南将军，军职有所提升。这年九月，魏将钟会和邓艾攻入益州境内，霍弋听说魏军攻入，想要领军队返回成都，刘禅说有办法对付敌军，不允许他返回。后来听说成都失守，霍弋穿着丧服大哭了三天。身边的将士都劝他赶快向魏国投降，霍弋说："现在路途阻隔，不知道我们君主的安危，后面的行动不能仓促。如果我们君主与魏国讲和，能够得到对方的礼遇，那时候我们守护好边境再归降也不迟；如果我们君主受到危害和羞辱，我将会以死抗拒魏国，还说什么投降的快慢！"后来刘禅东迁洛阳时给霍弋送来问候的口信，霍弋领着六郡的将军和官员上表说："我听说人生在世，最难的事情在于坚贞不二。现在我们国家败亡，君主归附，我们无法坚守死节，所以愿意拜见听命，不会有其他心思。"当时在魏国朝廷主事的司马昭收到这份上表后非常高兴，当即任命霍弋为南中都督，让他总监益州南部地方事务。霍弋后来还参与了平定南方交趾等地的军事行动，被封为列侯，受到嘉奖，为益州南方的安定贡献了最后的力量。

在蜀汉开国到灭亡的四十多年间，霍氏父子是一对非常突出的人物。霍峻曾在北境葭萌为早年建国做出了卓越贡献，儿子霍弋在即将失国的后期镇守南部数郡，安定了地方局势。蜀汉兴灭的时间两端和跨度千里的南北两地，都留存着他们父子为国奋斗的不朽业绩。霍峻217年离世不久，刘备即选任霍弋陪侍自己的太子，后来诸葛亮和刘禅也先后安排霍弋与自己的儿子在一起工作生活，因为霍弋和父亲霍峻一样，同样具有诚实的人格和高尚的品行，故能得到蜀汉各位主政人物的真诚信赖。在面临战场危急和国家危亡的紧要关头，霍氏父子都没有丝毫的畏惧和怯懦，也没有对个人利害的任何顾忌，想到的只是自己担负的使命和事业的存亡。霍弋抗击魏军的请求被刘禅制止了，但其坚贞精神却为走向衰败的益州政治风气增添了光彩，使他们霍家父子成为蜀汉历史上难得的英雄。

2.5（3）刘封在上庸的纠纷（上）

蜀汉后主刘禅是207年刘备的甘夫人在荆州所生的长子，当时刘备46岁，应该属于得子颇晚之人。在刘禅出生之前，困守荆州的刘备因为中年无子，没有继嗣，曾在当地认养了一位十多岁的儿子刘封，刘封长大后与刘备存在着父子和君臣兼而有之的双重关系。在传统社会，单纯的关系有着单纯的规范，而多重的关系往往缺乏简单的行为标准，刘封本人不能准确把握自己的角色定位，因而在镇守上庸的不长时间就惹出了满身纠纷，导致了悲凉的人生结局。

从《三国志·刘封传》以及其他史料上看，刘封是长沙一位刘姓人士的外甥，本人姓寇，应该是家庭变故而寄养在舅家吧。刘备在荆州时大概和这位儿童的舅舅有所交往，因为自己没有儿子，就把这位寇姓童子领为养子，改姓为刘，称为刘封。刘封练有武艺，气力过人，刘备 211 年领兵入蜀，其后自葭萌反攻刘璋时，二十多岁的刘封在 214 年领兵与诸葛亮、张飞等一同自荆州溯流西上，参与攻夺益州的战争，他非常英勇，在攻城略地时总能取胜。刘备占有益州后封他为副军中郎将，这是刘备专设的军职，史家认为有尊宠之意。

218 年刘备与曹操争夺汉中时，刘封应是跟随参战的。《三国志·曹彰传》引注《魏略》中记述，曹操领军到了汉中，驻军于山上的刘备派刘封下山挑战，曹操大骂说："卖鞋的小子，只会叫你的假儿子抵挡太公！等我家黄须儿到了再来收拾你。"黄须是指曹操那位长着黄胡子的儿子曹彰，曹彰当时连夜赶路前来，但刚到长安时曹操就已撤军。

刘备当初入蜀时，刘璋是派法正和孟达各领二千人去荆州迎接的，刘备后来让法正留在自己身边，两人的军队让孟达一并统领，驻守在江陵（今湖北沙市西北）。夺取益州后，刘备任孟达为宜都（郡治在今湖北枝城）太守。后来夺取了汉中，刘备即令孟达从秭归北攻房陵（今湖北房县），房陵太守蒯祺应是刘表当年任用的官员，后来归顺了曹魏，孟达受命进军，一举攻克了房陵；其后刘备让孟达继续进攻上庸（今湖北竹山西南），因私下担心孟达独自难以胜任，于是派遣刘封自汉中顺沔水而下，与孟达在上庸会合，并统领孟达的军队。

上庸太守申耽在蜀军的两路进攻面前举众投降，并让自己的妻子儿女及宗族到成都居住，这是主动送来人质以示归降的真诚之意吧，刘备加封申耽为征北将军，兼领上庸太守，他的任职与员乡侯爵位依然保留，同时任申耽的弟弟申仪为建信将军、西城（治今陕西安康西北）太守。刘备后来又提升刘封为副军将军。

当刘备稳定地占有了益州和汉中之地后，他需要将西蜀地盘与荆州连成一片，为此他让孟达从驻军地北攻而扩充地盘，以便打通并扩展这一中间连通地带，这在战略上是非常正确的。但刘备认为这样重要的战略地带必须由自己的亲信来镇守，他与孟达交集不多，应该有些不大放心，而刘封在益州和汉中的争夺战中已经显示了较高的才情，他是自己的家庭成员，当然是非常信任的，加上有对自家亲人提拔重用的意图，因而就委派他去做上庸之地的统领主将，这在用人上也没有什么问题。刘封的手下有宜都太守孟达、上庸太守申耽和西城太守申仪，提升他的官职也理所应当。

刘封初到上庸就碰到了一个非常棘手的事情，总督荆州事务的关羽领军队包围了曹魏的樊城和襄阳，他连续通知刘封、孟达，让他们发兵前来相助，但两位将军却推说几个郡刚占领不久，难以抽出兵力，不接受关羽的调令，关羽很快兵败被杀。刘备知道了上庸拒绝出兵的事情后非常气恨。同时刘封与孟达共事中两人不相和睦，时常斗气相争，刘封夺取了孟达军中演奏的乐队，孟达既怕刘备治罪，又忿恨刘封，于是给刘备写了一封信表明心迹，然后率领自己的部队投降了曹魏。

魏文帝曹丕在220年派遣征南将军夏侯尚、右将军徐晃协助孟达进攻刘封，孟达用兵前给刘封写了书信说服刘封主动投降，但刘封拒绝了孟达的劝降。在曹魏三位将军的进攻面前，西城太守申仪首先背叛了刘封，刘封兵败后逃回了成都，上庸太守申耽其后也投降了魏国，房陵、上庸和西城之地到手一年后至此全部丢掉。蜀汉继失去了荆州后，益州东出的通道又接连丧失，战略上的损失已无法弥补。面对逃回成都的刘封，刘备追究他欺凌孟达致其投魏，同时又不援救荆州的两项责任，诸葛亮觉得刘封刚烈勇猛，刘备身后无人能够制服驾驭，劝刘备借此机会除掉他，刘备于是让刘封自尽，这属于一种比较体面的死法。刘封自裁前叹息说："我后悔没有听孟达的话。"刘备听到刘封死前的感叹，曾为他伤心流泪。

刘封被杀与他自己的幼稚和作为有直接关系。争夺汉中取胜后，汉中王刘备派他东去统领孟达的军队，本身就是一种信任和重用。刘封以二十多岁的青年将官总督荆州、汉中以外远离益州的地区，没有其他人能达到这样的地位，其中兼具王子的身份以及带有尊宠的将军职位是他获得统御数郡权力的独特条件，这些条件本来是他顺利统领年长将领并做好事情的保证，但在刘封那里，却成了他欺凌部属的资本，他没有弄清楚自己在蜀汉政权结构内上下左右的真实关系，也许对同僚和部属有些骄横，尊贵的身份反而会引起他人的鄙视，导致相互间的纠纷及其恶果。

尤其严重的是，作为刘备家中的一员，无论担任什么具体职务，应该都是蜀汉整体事业的主人，荆州在刘备集团事业中的重要支撑地位是不言自明的，无论进攻襄樊的战事因何而起，当战争已经打了起来并且需要上庸方面给予支援时，刘封理应毫不犹豫地出手援助，这里与刘备关羽的私情关系无关，应该站在荆州丢不得的角度考虑自己的行动选择，而不能仅仅想到自己保守的一隅地盘。即便上庸抽不出兵力，或者其他部属拒绝援助，哪怕领着自己的少量随从，甚至单枪匹马前往参战都是应该的。正确的做法应该是马上出兵，同时向成都方面报告荆州的危急和上庸的隐患，这里至少要表明一种态度，展现全局在胸的格局。遗憾的是，这位青年将领不知是听了别人的规劝，还是打起了自己的小算盘，竟然龟缩在山郡中听任荆州自溃。荆州的丢失刘备和诸葛亮当然应负不小责任，但刘封在上庸拒绝救援，首先是作为刘家成员在态度和格局上的差失，同时也耽误了在麦城救援一位上将的可能机会。

在责任面前需要拿出王子的气度，在与同僚交往中则要完全摒除出于身份的骄横，刘封恰恰弄反了这两重关系，最终误了事情，也害了自身。诸葛亮是最后关头能挽救刘封性命的人物，但他担心在刘备身后对这位兼有王子身份的臣属难以驾驭，因而表明了对这位年轻将领极不吉祥的处置意见。刘备对未来蜀汉主政人的态度不能不予考虑，为了身后事业的畅顺，他以君父的身份勒令刘封自裁，而十多年的养育之情以及青年人曾对君父寄予的信赖毕竟使他难禁心酸的泪水。

2.5（3）刘封在上庸的纠纷（下）

刘备219年七月自称汉中王时立十三岁的嫡子刘禅为王太子，派遣养子刘封领兵自沔水东下攻夺和镇守上庸，刘封不久被提升为副军将军，总督宜都太守孟达、上庸太守申耽和西城太守申仪各路部队，二十多岁的刘封因为兼有王子的身份，在臣属中算得上年轻位重。然而他在履职半年多的时间中，却拒绝救援关羽任由荆州陷落，同时欺凌下属孟达致其降魏。这时候，君主刘备忿恨他没有王子的心态和格局，包括诸葛亮在内的臣属们则惧恨他王子般的刚猛和骄横，刘封是他自己不能把握一种特殊身份而受身份贻误的年轻将领。

孟达在220年配合魏将夏侯尚和徐晃进攻刘封前给刘封写过一封劝降信，其中说道："你与汉中王其实没有骨血之亲，却据势掌权；你与我们没有君臣情分，却处于上位。出征时你有更高的威仪，镇守时你有副军的名号，这些大家都能看到，但自从刘禅被立为太子以来，能看透的人都为你寒心。"这里当然属于挑拨之言，但也指出了刘封与刘备双重关系所引发的问题。也有人认为，刘备既然要让亲子刘禅继位，那长子刘封的存在必然始终是对刘禅的威胁，加上其高傲不逊的心性，只有早先除掉他才符合刘备身后权力稳定的需要。对于一种特殊的身份，刘封不能很好地把握自己，人生发展的有利条件反而转化成了贻害自身的因素，导致身败名裂的结局，他的儿子刘林后为蜀国牙门将，在264年蜀亡后迁徙于河东（今山西西南部）。

孟达的信中还以魏军的攻势威胁刘封，其后引诱说："以你的才能，前来魏国，你可以重续罗侯后裔，也不算背弃祖先。我们魏国君主（指曹丕）刚接受了禅让，用德行招致远方的人，如果你能幡然归顺，不会像我一样只得到三百户的封爵，一定会有更大的土地，让你作始封之君。"这里提到的罗侯极有渊源，据《左传》上记载，宜城西山之地原有熊氏所建立的罗国，公元前699年曾与楚国交战取胜，后来被楚国所迫迁至南郡枝江县，秦时再迁于长沙郡湘阴县东北，当地被称为罗，江流也被称为罗水。刘封原来的寇姓生父（或祖先）即被东汉朝廷封于此地为罗侯，应该说，当年寄养于长沙刘氏舅舅家中的寇姓少年虽然家有变故，但也不是普通人家的孩子，其刚猛强势的心性应该与他的家庭出身和少年成长环境不无关系。大概刘备当时看上了其英武峻拔的不俗之气，非常喜欢，于是请求把他收为养子，并给他起了一个官场上最受切盼的"封"字之名。但时过境迁，当刘备有了自己的儿子并打下了一片江山之后，他对这位养子却有了不同的眼光，也可能生出了一丝担心，这与诸葛亮的顾虑角度不同而有一致之处。孟达的书信借此拨弄其与君父的关系，同时又以恢复寇家的兴盛气象做引诱，以打消他降魏时会有的叛亲心理，这是有极大蛊惑性的。

与刘封镇守该地的还有申氏兄弟两位将军，史料上记述，申耽字义举，上庸郡人，他大约在191年在西城（治今陕西安康西北）、上庸两地聚集了数千户人家，组成队伍，其后与汉中张鲁联系紧密，又派遣使者拜谒曹操，曹操给了他将军名号，让他担任上庸都尉，后来又升任太守，封员乡侯。直到219年受到孟达和刘封的进攻时举郡归降了刘备，被封为征北将军，兼领上庸太守，保留员乡侯。同时他的弟弟申仪被任为建信将军、西城太守，同时接受刘封节制。

当220年孟达劝降刘封被拒绝后，魏军向刘封发起了进攻，申仪首先背叛，致使刘封兵败逃走，随后申耽也投降了魏军。曹丕安排申仪屯军在洵口（约今陕西旬阳县城东），又把房陵、上庸和西城三郡合置为新城郡，让孟达任新城（治在房陵）太守，孟达实际是为魏国镇守原来刘封统管的地盘。魏国觉得申耽不是主动归降，于是给了他怀集将军的名号，让他徙居南阳，等于削夺了他的统军之权，后来终老于南阳家中。申耽在一年前归降蜀汉时，已经把他的家属和宗族之人全部迁到了成都，相信蜀汉不会因为申耽的无奈行为而对他作出更多的伤害吧。

刘封之后的上庸三郡仍然是不安宁的。大约是孟达统领时的权力过重而引起了魏国内部反对者的反弹，曹丕在223年设置魏兴郡（治所在西城），取大魏兴盛之意，这是从新城郡中划出一块再加新拓地盘而设之郡，申仪被封为魏兴太守，返回原来驻地，与孟达的地位相并列，但申仪在这里与孟达又闹起了纠纷，他几次写信向上级报告孟达存有二心。

蜀汉丞相诸葛亮在225年平定南中期间，听到魏国降将说到孟达的情况，返回成都后他作伐魏的准备，为了引诱孟达配合反魏，他给孟达写信，信中提到几年前的上庸纠纷说："当时确实是刘封欺凌你，伤害了先主礼待贤士的大义。"信中把孟达当年降魏的原因归咎于刘封的欺凌，当然有有意和缓与孟达关系的意味，但也代表对刘封两人当年纠纷起因的一种官方表态。孟达自收到诸葛亮的书信，两人有过多次信件往来。曹丕226年去世后，孟达在魏国一时失势，他遂有背叛魏国的心思。有资料说诸葛亮为了催促孟达下定与魏决裂的决心，故意将其与蜀国联络的信息泄露了出去。

魏国早就收到申仪反映孟达存有二心的报告，至此更加确信，227年底魏国大将军司马懿自宛城领兵前来征讨，申仪此前已隔绝了房陵与蜀地的通道，使孟达困守孤城得不到支援，也无法逃离。史书上说，孟达此前一直没有作出明确的降汉表示，因而在他被魏军包围进攻时诸葛亮也就没有派兵救助，孟达不久被司马懿破城斩首。《资治通鉴·魏纪三》中记述，申仪在魏兴太守的职位上，擅称秉受旨意而私刻印章，多次假借名义授官。司马懿召见而逮捕了他，把他送回洛阳。另有资料说，魏主曹丕任他为楼船将军，属于可以上朝的中级官员。

220年刘封出离上庸后，孟达与申仪在此地发生了更大的纠纷，直到八年后他们再无交集为止。在这里，国家间的争夺与私人名利的冲突相交织，通过守将的个人纠纷表现出来。前后事实表明，上庸三郡是在三国割据局势下归属多变的不稳定地区，年轻气盛的刘封思想简单，又缺乏地区统领的经验，在此与部属发生纠纷是难以避免的。

2.5（4）反复无常的孟达

协助刘封镇守房陵的孟达是一位聪明能干的人物，他一表人才，能言善辩，自负颇高，但因为缺乏人们共守的道德信念，过分聪明的心性使他总是个人利益当先，在同僚中不甘屈就，遇到风口善于见风使舵，因而不具应有的政治定力，在不同利益的诱惑面前常常首鼠两端，不能把持坚定的人格与立场，充当了三国时代反复无常的丑角。

孟达字子敬，后改为子度，扶风郡（今陕西关中中部）人，他的父亲孟佗，字伯郎，是当地的富豪，与大宦官张让家的一个仆人结好，送礼毫不吝惜，这仆人问他如何报答，孟佗说："我只希望你们为我一拜。"在一次张让大宴宾客之时，孟佗也前往张家，当时门口停着几百辆车子，迟来的人不能进去，那仆人领着同伙在路上迎拜孟佗，推着其车子进门。宾客们大惊，认为孟佗和张让很相好，都争着拿珍宝奇玩送他。孟佗分一些给张让，其中有一斛稀有的葡萄酒，张让因此推举孟佗当了凉州刺史（参见0.1.4《张让忠诚清廉吗?》）。宋人苏轼曾有诗句"将军百战竟不侯，伯郎一斛得凉州"，后一句说的正是孟佗。

孟达出生在一个富贵而少有操守的家庭。据《三国志·刘封传》及其他资料记述，建安之初（196年），李傕、郭汜乱长安刚刚过后，关中连年受灾，孟达与同郡人法正为避饥荒，一同自关中来到益州投奔刘璋，211年受命与法正去荆州迎接刘备入蜀，自此归附刘备。因刘备叔父的名字中含有"敬"字，为避名讳，孟达改字为子度。他受刘备指令统领原班人马驻军江陵，任宜都太守。后来又按照刘备的安排从秭归北攻房陵，房陵太守蒯祺是诸葛亮的姐夫（参见 2.3.14《诸葛亮的家庭》），他是刘表当年任用的官员，后来归顺了曹魏。孟达攻克了房陵，守将蒯祺战死。219 年六月，刘备让孟达与刘封两路进攻上庸（今湖北竹山西南），上庸太守申耽举郡投降，刘备让申耽和他的弟弟申仪分别为上庸太守、西城（治今陕西安康西北）太守，他们与镇守房陵的孟达都在刘封属下镇守该地。

当时刘备做了汉中王，义子刘封实际兼有王子的身份，他是王室的成员，作为镇守东部三郡的统领并不违背情理，而孟达可能没有把刘封当作真正的王子看待，他资历高，功劳也较大，在二十几岁的年轻将领手下干事，心里是不高兴的，两人共事中时常斗气相争，刘封还夺取了孟达军中演奏的乐队。另外，他们镇守该地不久，总督荆州事务的关羽领军队包围了曹魏的樊城和襄阳，他连续通知刘封、孟达，让他们发兵前来相助，但两位将军觉得几个郡占领不久，难以抽出兵力，因此没有接受关羽的调令，关羽很快兵败被杀。刘备知道了上庸拒绝出兵的事情后非常气恨。孟达惧怕刘备治罪，又忿恨刘封，于是给刘备写了一封信表明心迹，然后率领自己的部队投降了曹魏。

魏文帝曹丕很欣赏孟达的才情和外貌，他任命孟达为散骑常侍、建武将军，还封他为平阳亭侯。220 年，曹丕派遣征南将军夏侯尚、右将军徐晃协助孟达进攻刘封。孟达写信说服刘封投降，被刘封拒绝，但西城太守申仪反水降魏，刘封独力难支，兵败而逃，申耽随后也归顺了魏国。事后曹丕调离了申耽，又安排申仪屯军在洵口（约今陕西旬阳县城东），把房陵、上庸和西城三郡合置为新城郡，让孟达任新城（治在房陵）太守，孟达实际是为魏国镇守原来刘封统管的地盘。大约 223 年，曹丕设置魏兴郡（治所在西城），申仪被封为魏兴太守，返回原来驻地。这是从新城郡中划出一块再加新拓地盘而设郡，与孟达的地位相并列，但在这里申仪与孟达又闹起了纠纷，他几次写信向上级报告孟达存有二心。

225 年蜀汉丞相诸葛亮平定南中，年底返回时到了汉阳县（今贵州威宁水城一带），据《三国志 · 费诗传》记述，其时刚刚自魏降蜀的李鸿前来拜见诸葛亮，蒋琬、费诗等人也在场，几人议论起了魏国的事情，稍前蜀国牙门将王冲因与江州都督李严的矛盾而北投了曹魏。李鸿对诸葛亮说："我自魏国来时见到了王冲，王冲说他北逃路上去见过孟达，告诉他说，'诸葛丞相当时对你降魏非常痛恨，坚持要杀掉你的妻子儿女，只是先主刘备不同意才没有杀。’孟达听到后说，‘诸葛亮做事考虑周全，他不会有这想法’。孟达不相信王冲说的话，看来他对你印象还很好。”诸葛亮说：“我回成都后会给孟达写封信。”费诗说：“孟达这个小人，当时在刘璋手下就不忠诚，后来又背叛了先主，对这种反复无常之人，何必给他写信。”诸葛亮当时没有回答什么。

从南中返回成都后诸葛亮准备北伐，他为了引诱孟达，最后还是给他写了信，信中说：“我领兵南征，年末返回时在汉阳见到了李鸿，听到了你的情况，非常感叹。当时确实是刘封欺凌你，伤害了先主礼待贤士的大义。另外，李鸿提到王冲编造的谎话，又听说你很能理解我的心思，不相信王冲的鬼话。听到你的磊落之言，想起我们平生的友好，不由得向东遥望，于是写了这封信。”诸葛亮在书信中把孟达当年降魏的原因归咎于刘封的欺凌，当然有有意和缓与孟达关系的意味。孟达收到诸葛亮信后即有回复，驻军江州的前将军李严也曾给孟达写信说：“我与孔明同时受嘱托，事情多责任重，希望得到优秀的同伴。”诸葛亮在给孟达的信中也写道：“做事干脆，决策迅速，这是李严的特性。”蜀汉高层人物当时与孟达的书信往来应是比较频繁。当初，孟达受魏主曹丕宠信，又和桓阶、夏侯尚关系密切，226 年五月曹丕去世后，桓阶和夏侯尚也相继故去，孟达在魏国一时失势，心中忧虑不安，因此有背叛魏国的心思，但犹豫未决。

孟达镇守的新城郡处在魏蜀吴的交界处，《晋书·宣帝纪》中说，孟达在此“连吴固蜀，潜图中国”，身为魏臣的孟达是和蜀、吴两家同时有联系的，他是希望择机获取最大化的个人利益。诸葛亮觉得孟达下不了反魏的决心，知道他与魏兴太守申仪有矛盾，就在 227 年派下属郭模诈降，路过西城时把孟达谋降蜀国的书信交给了申仪。当时司马懿总督荆州和豫州各路军马，驻于宛城（今湖北荆门南），听到了孟达反叛的图谋，担心他很快行动，就故意给孟达写信说：“你当年抛弃刘备，蜀国人没有不痛恨你的，郭模说给申仪的那话，如果真有这事，诸葛亮会轻易泄露出来吗？想想就知道是怎么回事。”孟达接到这信后非常高兴，知道司马懿仍然相信他，因而继续犹豫观望。而司马懿暗中行军，日夜兼程，八天就赶到了房陵城，包围了孟达。

当初，孟达写信给诸葛亮说：“宛城距洛阳八百里，距我这里一千二百里。听说我起兵，自然要向朝廷报告，往返需一个月时间，那时我的城池已防守坚固，军队也作好了准备。我的防区地形险要，司马懿肯定不会亲自前来，其他将领来，不会对我造成危害。”及至司马懿的军队已经到达，孟达又写信对诸葛亮说：“我起兵仅八天，司马懿便兵临城下，怎么如此神速！”司马懿的快速出击打乱了孟达的部署，魏军包围房陵十六天后，孟达的外甥邓贤、部将李辅开城投降，司马懿破城后将孟达斩首，并将首级传送京师，一万多将士成了俘虏。孟达的儿子孟兴为议督军，父亲死后他被遣返回扶风家中。

孟达的驻守地不仅在魏蜀吴三家的交界处，而且是崎岖险峻的山区，交通不便，同时又远离各国中心，不易受到各方高层管理机构的控制，这些情况使镇守之将拥有更多的个人自决权。公子哥儿出身的孟达心气高傲，又看重个人利益的追求，他选择了从事政治活动的职业，但并没有摆脱投机获利的家庭影响，因为缺乏必要的道德操守和政治定力，因而在复杂多变的政治风口上把定不了自己的立场，他脑子灵活却决事迟滞，想抓住一切时机却贻误了最好时机。他惯于夸夸其谈，死到临头时还有写不完的书信，缺乏操守的人格支撑不了他的雄心，自视聪明反而处在他人的算计中，属于精致利己而无刚正风度的丑角。

2.5（5）泪水为谁而流

诸葛亮234年八月病逝于五丈原，引起了蜀汉民众极大的悲伤。国家开创者刘备主政时间不长，并且在世时偏重于军事活动，后期伐吴失利又病卧白帝城，他只是人们心中想象的明灯，而百姓能实际感到的是丞相诸葛亮所提供的温暖，尤其是近十多年来他辅佐幼主，独撑国政，南征北战，御寇保民，成了益州民众心目中不能离开的主心骨。当人们听说自己身边那只撑天的巨手已经滑落，心中的惊痛是可想而知的。然而，在黎民百姓和亲信僚属之外，当年受过诸葛亮处罚的几位官员听到噩耗时也流下了失望和伤心的泪水，这给后世之人带来了不少话题。

长水校尉廖立 廖立字公渊，武陵临沅（治今湖南常德西）人，是刘备在荆州招募的州府从事，与诸葛亮年龄相当，不到三十岁就被刘备提升为长沙太守，诸葛亮曾对东吴来使说，庞统和廖立是与他一同扶持大业的人物。刘备和诸葛亮先后入蜀时，廖立一直在荆州长沙太守的任上。219年吕蒙偷袭荆州时，廖立脱身西走到了蜀地，刘备任命他为巴郡（治在今重庆市区）太守，后来调任至州府为侍中。223年诸葛亮执掌国政时廖立改任为长水校尉，为统属特种军队的将领。

廖立对自己的任职非常不满，尤其对名位落在李严之下心中怨恨。官场上互不服气是常有的事情，但廖立却把自己的一腔怨言说给了丞相府前来谋划公务的两位助理李邵和蒋琬，提到刘备迟夺汉中的战略失误及荆州丢失的责任，并抨击向朗等几位现任官员平庸无能。两位助理回府后把这些话告诉了诸葛亮，诸葛亮写了一份弹劾廖立的奏章，同时给君主刘禅写了上表，把廖立在几个不同场合的言论综合上报，指出了问题的危险性，请求给予惩处。刘禅下诏废廖立为平民，并将其送到汶山郡流放（参见2.3.11《对同僚的惩处》）。

廖立到了流放地，他领着自己的妻子儿女耕地种田维持生计，在这里度过了近十年的流放生活。他听到诸葛亮已经去世的消息，流泪叹息说："我大概终究要成为蛮夷的属民了吧！"廖立不看好朝廷其他的官员，听到诸葛亮的死讯，当然就为国家的命运担忧；同时他也为自己晚年的悲惨命运而叹息，因为他始终认为诸葛亮是最了解自己才能的人，既然识己之才的人不在了，后面无论谁接替执政，都不会重新启用自己，而自己晚年的艰难境况将无从好转。廖立受到诸葛亮的惩处，但他这时候的流泪和叹息是发自内心的。后来朝中监军姜维率领偏师经过汶山，前去看望廖立，见他言谈自若，不减当年意气，姜维还当面对他作了称赞。廖立最终老死在流放之地，他的妻子儿女都返回了成都。

骠骑将军李严　李严字正方，南阳（治今河南南阳市）人。年轻时为郡府职员，以做事干练而著名，荆州牧刘表让他在各郡县轮换任职，208年曹操军队进入荆州时，李严正在秭归县主持政务，大概是不愿归顺曹操吧，李严于是向西到了蜀地，刘璋任命他为成都县令，他在这里再次获得能干的名声。213年李严被刘璋调任为护军，带领军队在绵竹与进攻成都的刘备荆州军对抗，不久投降了刘备，被任为裨将军，为低级军官。刘备夺取了成都后，李严被任为犍为（治今四川彭山）太守、兴业将军。218年，当地叛匪马秦、高胜等在郪（今四川三台县）起事叛乱，聚合了数万人的队伍，进攻到了资中县（今四川资阳），当时刘备正带领军队与曹操争夺汉中，李严表示不需要增加军队，他率领本郡仅有的五千将士前往征讨，最终砍掉了马秦、高胜的首级，他们的部众四散溃逃，李严给他们恢复了民籍。不久越嶲（治今四川西昌东南）夷族头领高定派军队包围了新道县（治今四川绥江），李严迅速前往救援，反叛队伍被击败逃走。因为这些战功，刘备加封李严为辅汉将军，犍为太守的职务继续保留。

222 年，病卧白帝城的刘备召李严来永安宫，任命他为尚书令，这是朝廷尚书台的长官，为职权颇重的高级官员，因为李严在军政两方面的突出表现和积极作为，刘备交给了他国家重任。次年刘备病重，李严与诸葛亮一同接受遗诏辅佐少主刘禅，李严被任为中都护，统领内外军事，并留镇永安（今重庆奉节东）。刘禅继位后，封李严为都乡侯，假节，加光禄勋，为宫内总管，226 年初转任为前将军。因为当时李严留驻永安，他的许多任职可能在当时都属一种不具实权的名义职务。

226 年诸葛亮为了准备伐魏而前往汉中，需要李严参与后方事务，于是李严从永安移屯江州（县治在今重庆市区嘉陵江北岸），另调护军陈到驻于永安，接受李严统属。另有资料说，李严当时曾劝说诸葛亮晋爵称王，受九锡，诸葛亮写信予以拒绝，回信收于《诸葛亮集》中。诸葛亮三次出兵伐魏，李严都参与后方保障事务。230 年，李严升为骠骑将军。当年魏将曹真筹划三路进军汉中，诸葛亮让李严领二万部队赴汉中增援，同时让他的儿子李丰任江州都督，接替李严在江州的事务。诸葛亮筹划下一年第五次北伐，于是让李严以中都护的身份署理丞相府事务。

事情就出在了这年的祁山之战中，诸葛亮领着十万大军与司马懿在祁山较量，蜀军打得非常顺利，当时正值阴雨连绵，李严担心运粮供应不上，就派丞相府参军狐忠和成藩传喻后主旨意，叫诸葛亮退军。诸葛亮接到这一旨意后撤兵退回，而李严见到退回的军队却假装惊讶，说军粮充足，不应该退军。他还向刘禅上表，说军队是为引诱敌人而假装退却。诸葛亮出示李严前后亲笔所写的全部信函，其间矛盾重重，李严这才低头认错。于是诸葛亮上表说明李严前后的罪行，罢掉官职，削去封爵和食邑，将他流放到梓潼郡（参见 2. 3. 10《李严公案》），李严因为贻误军机而受到了应有的惩处。234 年，李严在流放地听说诸葛亮病逝，他经受不了这样的打击，竟然发病而死。史书上说，李严平时希望诸葛亮给他改过自新的机会，进而恢复他的职务，他料到接替诸葛亮的人做不到这些，所以激愤成病，不幸而亡。他的儿子李丰后来官至朱提（郡治在今云南昭通）太守。

廖立和李严都是受到诸葛亮惩处的官员，按说他们是忿恨诸葛亮的，但恰恰相反，他们在受罚流放之地却为诸葛亮的逝世而悲伤。据此东晋史家习凿齿发表议论说：“水至平，倾斜的东西以它为标准；镜子最明，丑陋的人就是看见丑也不会发怒。水和镜子都没有私心，所以不会招人怨恨。”习凿齿认为廖立和李严身受处罚而悲痛于诸葛之逝，受诛而无怨恨，正表明了诸葛亮用法上的公正无私。其实，习氏这里的议论有欠中肯，廖立和李严的确流过泪，并且是在诸葛亮去世之时，然而，他们的泪水不是流给诸葛丞相，不是感激后者的用法公正而让自己受到惩处；他们感叹诸葛的寿命生命之短，其时的悲伤之泪是流给自己的，更准确地说来，廖、李二人对诸葛亮生命的眷恋，应该主要是从自身重新被任用考虑的，是他们对蜀汉后继掌政人物的失望所致，而诸葛亮在用法上具有相对公正的态度和追求，当然也是应该肯定的。

2.5（6）向氏叔侄的不俗人生

蜀汉群臣中有一位来自荆州的叔侄向朗向宠，他们学识超人，德行敦厚，也广有人缘，在军政工作职位上阅历丰富，认真负责，甚或做出了某种突出的业绩。尽管经历了曲折的人生历程，但因为他们有自己为人做事的特定理念，并且忠诚地以行动去践行，因而受到人们不少的称赞。

向朗字巨达，襄阳郡宜城县（治今湖北宜城南）人。《三国志·向朗传》及其引注中记述，向朗早年跟着司马德操（即水镜先生）学习，与徐庶、庞统和韩德高等人都很要好，荆州牧刘表任他为临沮（治今湖北远安西北）县长，刘表去世后他即跟随了刘备。刘备主政荆州时，安排向朗总督秭归、夷道（治今湖北枝城）、巫山（今重庆巫山）、夷陵（治今湖北宜昌东南）四县军政事务，这是刘备治区北境上沿长江的县区。后来刘备占领益州，向朗被任命为巴西郡（治今四川阆中）太守，后又转任牂牁（治今贵州都匀北）太守、房陵（治今湖北房县）太守。可以看到，向朗在荆州时师从水镜先生，受到了比诸葛亮似乎还要优越的名人教育，他208年后在主持县级军政的岗位上履任六七年，又在郡级职位上任职近十年，积累了极为丰富的地方军政工作经验。史书上没有记录他地方工作的具体事迹，但以他难得的教育经历和其后的职位升迁看，应该是工作中不缺业绩的踏实型官员。

223年后主刘禅继位，向朗被任为步兵校尉，又接替王连任丞相长史。诸葛亮南征时，向朗留守汉中，主管后方事务，227年他到汉中协助诸葛亮北伐。诸葛亮与向朗有同学关系，应该对他有更多的了解，在执掌国政后即将他从郡守的岗位上调任至国家中枢机构工作，后来又放置自己身边任职，主管相府的繁杂事务，自然其中包含着极大的信任。然而正是在这个职务上，向朗在履职中出现了极大的问题，使他自己的职场生涯发生重大挫折。

向朗平素与丞相府参军马谡相好，蜀军首出祁山，马谡统领部队在街亭与张郃交战大败，惧而逃亡，向朗知情不报，诸葛亮为此非常忿恨，罢免了向朗官职，让他返回成都。向朗身为丞相府秘书长，负责协调各方面的关系，他历来主张为人和睦亲善，大概是他平时就欣赏马谡的才情，在其危急时宁愿出手搭救；或者是他看到丞相与马谡的亲密交往，在关键时候把不准上司的真实态度，因而在马谡兵败逃亡时选择了隐瞒不报的方式，他没有想到处斩马谡在诸葛亮北伐大棋盘中的重要意义，试图挽救马谡性命的行为于是成了违反丞相法令的罪错，被上司毫不留情地免去职务，二十年的工作业绩一朝受毁。

几年之后，向朗被任为光禄勋，掌领宫内宿卫侍从事务。234年诸葛亮去世后，向朗调任为左将军，这属于上卿之位，考虑到他以前的功劳，朝廷封他为显明亭侯，作为一种特殊身份的晋升。史书上说，自他被撤掉长史职务后，散闲无事将近二十年。向朗后期的这些任职可能当时仅是名义上的挂职，并不负责具体事务。

向朗年轻时虽然涉猎文学，然而在这方面没有发挥坚持，所以一直以做官的军政才干著称。自从免职后他更加潜心研究典籍，孜孜不倦，年过八十时仍然自己动手校勘书籍，刊定谬误，他所积藏的书籍在当时首屈一指。他也经常开门接待宾客，接收和引导青年，只谈论古书文义，不涉及时政，以此在当时颇为著名，上自朝中执政，下及少年儿童都很敬重他。向朗其实不乏治学的才能，他在军政职务上遭受挫折后，一心投身于治学和教育，在文化事业上仍然做出了不俗的业绩。

247年向朗临逝前训诫儿子说："古书上说战胜敌人凭的是团结而不是凭人多，这是说，天地和谐则生成万物，君臣和谐则国家平安，家族和谐则行动就能实现追求，即便不做什么也能得到平安，所以圣人坚守和谐，懂得存亡之道。我本来是荆楚之地的一个小人物，少年时早失父母，靠我的两位兄长养育成人，使我的心性和行为不因追求财富利益而堕落。至今不过家穷些，贫穷并不可怕，唯有和为贵，你要为此努力。”向朗把他最珍贵的人生经验归结为人际间的和谐团结，希望儿子努力践行，这其中包含着对传统文化的精深把握和对几十年工作经历的深刻体悟。他的儿子向条字文豹，也博学多识，继承了父亲的爵位，在蜀汉末年任御史中丞，为宫中掌文书监察的辅助官员，后来在晋朝为江阳（治今四川泸州）太守、南中军司马，负责益州南部的驻军事务。

向朗哥哥的儿子向宠，刘备在世时任牙门将，刘备在夷陵之战惨败，只有向宠的军营保存最完整，223 年他被封为都亭侯，后为中部督，管理守护宫廷的部队。诸葛亮首次伐魏前上表给后主刘禅说：“将军向宠，性情温和稳重，通晓军事，过去已被试用，先帝称赞他很能干，所以公众议论一致推举他为督军。我觉得有关军中的事情，都应向他咨询，一定能使军中和睦协调，优劣各得其所。”向宠被升为中领军，240 年在征讨汉嘉（治今四川名山北）夷族反叛时遇害身亡。他的弟弟向充，历任射声校尉、尚书。

264 年六月，蜀汉亡国次年，魏国镇西将军卫瓘在成都得到璧玉印玺各一枚，上面的文字似乎为“成信”二字，魏国人将印玺在群臣百官中宣示，后来珍藏在相国府（指司马昭大将军府）。向充听到后说：“我曾听谯周说过，蜀国先帝名称为备，这是具备的意思；后主名称为禅，这是授给的意思。两人名称合起来的意思是：刘氏具备的东西，后面会授给别人。现在晋王继位人名子称炎（指司马炎），而汉年终止于炎兴（指蜀汉 263 年改年号为炎兴），祥瑞出于成都，而珍藏在相国府，这都是天意啊。”这是一段内涵颇丰的谶纬技术。

东汉初公孙述自以为兴起于成都，自号为成氏，因而刻制了两枚“成信”的印玺，被魏国卫瓘在成都得到。当时魏国政归司马氏已经非常明确，向充把蜀中经学家谯周对蜀汉两位君主人名文字的引申、司马昭儿子的名称与蜀汉亡国时的年号联系起来，用谶纬预兆的方式说明司马代魏的必然性，虽然这是一种为权力政治服务的老套技术，但其说明论证不失应有的精致，没有一定文化储备的人是绝对做不到的。这一年，向充被任为梓潼太守，次年十二月司马炎称帝，蜀汉亡国时的年号“炎兴”于是乎得到了验证。向充能综合各种资料提前对晋朝代魏给出推断预测并对此作出完整精巧的解释，无论其御用色彩多么鲜明，也足见他的文化根底之深厚，显示了向氏家族所受到的非凡教育。

2.5（7）倾心诸葛的王连与吕乂

在蜀汉集团中，丞相诸葛亮推行了一条坚定的政治战略，他的事业能够持续推进，离不开一批中层官员忠诚的配合和支持，从《三国志·王连传》《三国志·吕乂传》等记述中可以看到，诸葛亮在长期主政的实践中观察发现了诸如王连等与自己具有相同风格的人物，加以提拔任用，曾形成过一些人才成长的连锁效应，这些优秀人物倾心于诸葛亮的人格，他们极大地协助了诸葛亮执掌国政后所推动的蜀汉事业。

王连，字文仪，南阳（治今河南南阳）人。刘璋为益州牧时他来到蜀地，被任梓潼县令。刘备 212 年底在葭萌起兵向南进攻成都，王连闭紧城门而不投降，刘备认为他守义，因此没有强攻逼迫他，大概是绕过梓潼县城继续南进吧。一年多后刘备平定了成都，王连应该是在刘璋献出成都之后归顺了刘备，他在多个方面对蜀汉政权建设作出了贡献。

地方治理的成就　王连原来为梓潼县令，刘备调任他为什邡县令，又转任广都（今四川成都北）县令。可以看到，他在成都北部三个县先后任职，主政之地离成都越来越近，当时广都与新都、成都三县号称属三都，都是地方的重要属县。王连作为一位新近归顺的降吏，任职级别一时未变，而他的工作地离成都不断靠近，表明了益州高层对他信任的不断加深，愿意把成都更重要的门户地交付他，史书上说王连所治理的地方都有政绩。

为国家聚财　王连不久被提升为司盐校尉，负责盐、铁的经营事务。盐铁经营在古代是一个很重要的财富积聚活动，政府盐铁官掌控着国家财政收入的重要渠道，王连担任盐铁校尉，是他具有对国家忠诚、治政有方、善于理财等显著业绩被高层看中的结果。他在该职位上，应该有着更大的作为，但遗憾的是，蜀汉“国不置史，注记无官，是以行事多遗”（《三国志·蜀书·后主传》），因为这些原因，史家陈寿没有能够记录下蜀汉经济管制的具体方式及王连的有关事迹，只是提到，王连在司盐校尉的职任上为国家获利甚多，支持了蜀汉的财政开支。

选拔了一批人才 王连作了司盐校尉后，选拔推举了一批优秀人才作为自己的部属，如吕乂、杜祺、刘幹等，这些人后来都成了蜀汉国家的重要官员。王连本人后来被升任蜀郡（治所在成都）太守、兴业将军，但仍然兼管盐府政务。选用优秀人才支持自己的事业，使自己的工作系统和任职团队成为良才汇集的人才群，则能极大提升工作效率，创造更好业绩，王连是看到了其中的关联。

在丞相府任职 223年王连被任命为屯骑校尉，兼任丞相长史，封平阳亭侯。这是在刘备去世当年丞相诸葛亮执掌国政之时，他被调任丞相府担任秘书长，负责府内的日常事务。诸葛亮主持国政后，担任丞相长史的先后为王连、向朗、杨仪，王连是唯一终逝于该职位上的人，他对诸葛亮情深意笃，两人应该有着相同的工作风格。王连的工作正是受到了诸葛亮的赏识，才受到了不断的提升和重用。

当时南方几郡都不肯臣属，诸葛亮打算自己亲自征讨，王连劝谏说："那是不毛之地，瘟瘴之乡，不值得主持国家政务的人去那里行险。"诸葛亮考虑到各位将领的才干都比不上自己，觉得自己一定要去，而王连的劝谏则更加恳切，所以停留了很长时间。不久王连去世，儿子王山继承了他的爵位，官至江阳（治今四川泸州）太守。

吕乂，字季阳，南阳郡人。他的父亲吕常，送原先的将军刘焉入蜀，那应该是汉灵帝晚年189年的事情（参见0.5.1《刘焉对益州的圈占》）。吕常随刘焉到了蜀地后，因关中战乱而官道堵塞，不能返回中原，他们全家大概就因此留住在当地。

吕乂自小失去父亲，喜好读书弹琴。当初，刘备平定益州后设置盐府校尉一职，担任这一职务的王连推举吕乂、杜祺、刘幹等人作同僚。吕乂同样有突出的工作业绩。

地方考核居首 吕乂从校尉调任为新都、绵竹县令，他心地善良体恤百姓，当地民众无不称颂，在考核中为州内各县第一，遂被提升为巴西（治在今四川阆中）太守。丞相诸葛亮连年出兵，征调各郡兵员、钱粮，不少地方都不能及时如数送交，吕乂招募士兵五千人送到诸葛亮军营，他对这些人进行慰问，讲明道理并加以监督制约，这些人竟没有一人逃走。

负责军需粮草 吕乂后来被调任汉中太守，这是当年魏延担任的职务，处在北伐曹魏的前沿地，其重要性可想而知。吕乂还兼领督农，负责供应北伐的军需粮草，对这位认真负责的臣属，诸葛亮把最重要的任务交付给了他。

杜绝奸巧贪占 诸葛亮去世后，吕乂先后担任广汉、蜀郡太守。蜀郡为京都所在地，户口众多，诸葛亮死后，士兵开小差的增加，有些人冒领逃兵空额的军饷，各种奸巧事情不断出现。吕乂到任后，进行防范禁止，他对人们开导劝谕，几年之间，那些脱漏军籍而自愿出来的人有一万多。看来吕乂是一位做思想工作的能手，和先前送士兵到军营一样，他用开导劝谕的方式，加以政策法治的监督约束，尽可能地杜绝下层组织出现的违规贪腐行为。

入朝执事 吕乂后来入朝为尚书，接替董允为尚书令，对公事都及时处理不作拖延，门庭内没有停留等待事情的人。吕乂先后任职朝廷内外，自己生活俭朴，谦虚少言，为政简明而不烦琐，以清明能干著称于朝；然而用法过于严苛，喜欢任用文官俗吏，因此后来官居高位，但他的名声比不上在各郡县任职之时。陈寿说他临郡赢赞声，在朝名受损，属于有瑕疵的名臣。251年，吕乂去世，他的儿子吕辰在蜀汉晚期担任成都县令，吕辰的弟弟吕雅被任朝廷谒者，承担宫中传达事务，是著有《恪论》文篇的清雅文士。

王连当时荐举任用的还有两位：杜祺，南阳人，受王连推举历任郡守、监军、大将军司马。蜀汉在诸葛亮234年逝后的次年设置总揽国事的大将军一职，由蒋琬担任，大将军司马是大将军府内掌管军事的官员，其职任颇为重要。刘幹是南乡郡人，在王连推举后担任过巴西太守，与吕乂交好，当时也有名声，而在节俭朴素和坚守法律上稍逊于吕乂。

王连是南阳人，当年所推举的吕乂、杜祺都是自己的同乡，刘幹所在的南乡郡是曹操208年进入荆州后沿淅川在南阳西界划出地盘新设之郡，原来也属于南阳。贤不避亲，王连归顺刘备后献身蜀汉事业，成为诸葛亮主政的坚定支持者，他同时把自己故土的优秀同乡推举任用，力求壮大支持者的队伍，也属一种人才相引的连锁效应。

2.5（8）多难中逃身的名臣

“大厦之成，非一木之材也。”蜀汉在三国鼎立的格局中并不是势力强盛的一方，即使这样，集团事业的进展也不是仅靠少量顶头人物推动实现的，其中离不开许多僚属的积极参与和艰难协作。史志中记载了少量具有代表性的人物，他们反映着时代的特征，是一定集团更为基本的构成因素。蜀中屡陷危困而大难不死的张裔，就是不惧磨难、才气颇丰而并非完美的名臣。

张裔字君嗣，蜀郡成都人，《三国志·张裔传》记述，张裔年轻时钻研《公羊春秋》，并广泛涉猎《史记》《汉书》。许靖来到蜀地后，认为他干练敏捷，是中原名臣钟繇一类的人物。从所受文化教养和专业人士的评价看，张裔应是一位并不凡俗的出色人物，出仕的起点应该不低。刘璋作益州牧时，他被举孝廉，任鱼复（今重庆奉节）县长，后来回到州府担任从事，兼任帐下司马，分别为州牧和将军的中下层属官。刘备自葭萌进攻成都时，张飞从荆州由垫江进入蜀地，刘璋让张裔领着军队在德阳陌下（今四川遂宁东南涪江流域附近）抵御。这是一次极不对称的交战，刘璋大概对张飞其人毫不知情吧，他让一位钻研学问的文臣领军队去与张飞对阵，无异于把张裔送进虎口。蜀军果然大败，而张裔这次有惊无险，退回了成都，这是他第一次免于死难。

刘璋似乎非常看重张裔，不久他让张裔作为自己的特使前去会见刘备，刘备答应礼遇刘璋并善待益州众臣，张裔回到成都做了汇报，刘璋于是献城给刘备。刘备任张裔为巴郡（治今重庆市区）太守，后来调他回成都担任司金中郎将，负责农具、兵器的制造，应该是交给了他紧要的职任。当时益州郡（治所在今云南晋宁东滇池附近）的人杀死了本郡太守正昂，似有反叛倾向，而起事的老年首领雍闿在当地素有威望，大概是考虑张裔久在益州，熟悉蜀中情况吧，朝廷让张裔去担任益州太守。张裔直接赴郡所上任，但雍闿并不配合和服从，他手下的人扣押了张裔，想要把他像前太守正昂一样杀掉。雍闿此前派人四处活动并与远方孙权联络，他假借鬼教鼓动人说："张府君像只葫芦，外面虽说光亮但内面实际很粗糙，不值得杀他，你们把他缚绑送往吴国吧。"（参见 2.3.4《南中平叛》）于是他们把张裔押送给了孙权，张裔从雍闿反叛者手中再次侥幸免于死难。

刘备去世后不久，诸葛亮着手恢复与东吴的友好同盟关系，他在 223 年十月派遣邓芝出使东吴，让邓芝言谈间顺便请求孙权放还张裔。张裔自到东吴几年来，一直流放隐居，孙权并不知道他，故此答应了邓芝的请求。张裔临走前孙权召他相见，问他说："蜀地卓氏的寡妇跟着司马相如私奔，你们当地的风俗怎么会是这个样子?”张裔回答说:“我觉得卓家的年轻寡妇尚且胜过朱买臣的妻子。”孙权又对张裔说:“你回国后一定会被西蜀任用,不会像个农夫待在乡间小巷里,那你将用什么报答我?”张裔回答说:“张裔负罪回国,性命将由政府部门审判决定。如果能侥幸赦免,不被杀头,那我五十八岁以前是父母给的生命,自此以后的生命则是大王您的恩赐。”孙权欢悦谈论,有器重张裔的表情。

西汉武帝时的蜀地才子司马相如与年轻寡妇卓文君自由恋爱结成夫妻的故事,在传统社会尚是不合礼教的笑料,孙权以此取笑蜀中的人情风俗,是外交场合对对方国家的贬低;张裔则拿出西汉同时代朱买臣妻子在贫穷时背叛丈夫投身他人,后在朱氏发迹时遭到羞辱自尽的事情作比较。朱买臣是江东吴县人,如果像孙权那样故意将个别人的事情视为所在地区的人情风俗,那朱买臣妻子的背叛行为及后来的结局更有损于东吴的风俗之美。张裔早年就熟通汉史,他在关键的场合极其敏锐地调动出了脑子中早先的文史储备,只说出一段无法否认的客观事实,就不动声色地击垮了孙权的语言挑衅,取得了驳论中的优胜。张裔在接下来的答问中表达了对孙权的感激,这完全抹掉了双方论驳中的不快,使时年五十八岁的孙权对其已心生敬意。

出了与孙权谈话的庭室后,张裔非常悔恨自己当时没有佯装愚钝,因为他觉得让孙权看重绝不是自己的福分,于是就赶快坐上船,昼夜兼程地离开。孙权果然派人来追赶,而张裔早已进入永安地界几十里路了,孙权派的人没能赶上,张裔从东吴流放地第三次逃脱死难而生还。

回到蜀国后,丞相诸葛亮任用张裔为丞相府参军,参与相府政务,又兼任益州治中从事,参与州府中枢机构的工作。227 年,诸葛亮为筹备伐魏而北驻汉中,张裔以射声校尉身份负责成都留府的长史事务,他经常称赞说:“丞相赏赐不遗漏疏远的人,惩罚不照顾亲近的人,官爵不给无功者,刑罚不因权势而免,这就是聪明人和愚昧者都能忘身为国的原因。”第二年,张裔北上汉中去向诸葛亮咨询有关事务,送行的有好几百人,车马占满了道路。张裔从汉中回信给身边亲信说:“前几天动身上路,昼夜接待来客,得不到休息。人们敬重丞相长史,男子张裔附在这一职位上,故此疲倦得要死。”他谈吐诙谐机灵,一直都是这样非常乐观的工作态度。张裔的第三次脱难完全得益于诸葛亮的用心挽救,他对诸葛亮有极大的信任和忠诚,是诸葛亮主持国政的重要支持力量。后来他还被加封辅汉将军，照旧兼任长史。

张裔年少时与犍为人杨恭友好，杨恭早年去世，留下了没几岁的孩子，张裔将杨家人接到自己家中，分出房屋让他们居住，像对待亲母一样侍奉杨恭的母亲。杨恭的儿子们长大后又为他们娶妻，购买田宅产业，让他们自立门户。他抚恤旧友的家属，救济衰落的家族，十分讲义气，看来也是一位心性善良的官员。然而，《三国志·杨洪传》中记述了另外两段事情：当初张裔在少年时与杨洪关系亲密，张裔流放东吴时，杨洪到张裔的家乡蜀郡任职。张裔的儿子张郁在郡中为吏，曾因一点小过失受到杨洪的处罚，杨洪并没有徇私情而给予宽容。张裔从东吴返回后听说了这件事，对杨洪甚为怨恨，友情也有所冷淡，他在工作中看来不能完全摆脱私人感情的左右。另外，张裔后来又与司盐校尉岑述不知为什么闹起了矛盾，以致两人互相仇恨。诸葛亮给张裔写信说："你过去在陌下时，所守军营被攻破，我心里为你担忧，以至食不知味；后来你被流放南海，我心里为你悲叹，以至睡不安宁；你从东吴回归后，委大任于你，共同为王室尽力，我自认为与你可说是交谊坚固的朋友，相互之间就应帮助对方除掉仇敌，割下自己骨肉来表明诚心，即使这样也不用相道谢。现在我只是委托岑述做事情，你就不能忍受了吗?"他们的矛盾需要上司从前线写信回来作调解。

张裔是一位诚实能干的官员，但他为人做事上的缺点也非常明显，是一位优劣兼具并不完美的名臣。230年张裔去世，他的儿子张毣继承了爵位，历任三个郡的郡守和监军，张毣的弟弟张郁担任中庶子，负责教育和管理的太子属官。张裔的曲折经历与复杂心性是特定社会阶层的代表，其中展现着各类人物不可改易的两面性。

2.5（9）才质未尽的杨洪

和张裔相同，蜀汉人物杨洪也是积极投身国家事业且才具出众的名臣，他关键时刻曾给诸葛亮提过重要建议，在国家主政人缺席的场合依靠自己的独立判断提出了平定郡守反叛的方案，表现了非凡的预察决断能力。综合各种情况看，杨洪眼光高远，心胸开阔，同时待人谦和，少有私心，对事情的分析判断精准而独到，有极高的预见性，是蜀汉群臣中才能潜质没有得到充分发挥的人物。

杨洪，字季休，犍为武阳人，《三国志·杨洪传》中记述，在刘璋作益州牧时杨洪在几个郡中干过事，刘备夺取益州后，他被犍为（郡治在武阳）太守李严任为郡中功曹，为郡守的高级属员。李严要搬迁郡府建造房舍，杨洪竭力劝阻，因李严不听，杨洪就辞去功曹，请求退职；李严后来推荐他到州府任益州从事，作了州牧刘备的属官。218 年刘备争夺汉中时，写急信要求发兵，军师将军诸葛亮就此向杨洪询问，杨洪说：“汉中是益州的咽喉要地，存亡的关键，若无汉中也就没有蜀地，魏军在汉中是我们的家门之祸。现在男子应该参战，女子应当运粮，发兵还有什么犹豫呢！”（参见 2. 1. 19《攻占汉中》下）当时蜀郡（治所在成都）太守法正跟随刘备在汉中前线，诸葛亮于是上表推荐杨洪代理蜀郡太守，杨洪把各项事务都办理得很好，于是让他正式担任该职务，不久转任为益州治中从事，成了州牧的助理，主管州府内外事务。

刘备称帝后征讨东吴失利，退驻永安。汉嘉（治今四川名山北）太守黄元因与诸葛亮有隔阂，听说刘备病重，唯恐时局有变，他带领全郡反叛，烧毁了临邛城（今四川邛崃）。其时诸葛亮正东往永安探望刘备，黄元更加无所顾忌。杨洪立即启奏太子刘禅，让将军陈曶、郑绰率领皇室亲兵讨伐黄元。众官员都认为黄元如果不能围攻成都，就会经由越巂占据南中地区。杨洪说：“黄元一向性情凶暴，毫无恩信，不得人心，怎么能占据南中呢？他不过乘水（指青衣江）东下，盼望主公平安后再捆绑起自己请求主公治罪；如果他想反叛，也不过是逃奔东吴求条活命而已，只要让陈曶、郑绰在南安峡口埋伏拦击，定会抓住黄元。”陈曶、郑绰按杨洪的吩咐办，果然活捉了黄元（参见 2. 1. 24《战后政局的变化》）。223 年杨洪被封关内侯、忠节将军，再次担任蜀郡太守，不久转任越骑校尉，执掌益州宿卫的高级官员，而依旧任蜀郡太守。

蜀郡是益州府的所在地，为蜀汉政权的政治中心，杨洪从犍为郡辞职后几年间一直在州府任职或主政蜀郡，后来一身二任，两处兼职，应属于位高任重的官员。杨洪的职任是他凭自己的才情而获得的，他对诸葛亮所提增兵汉中的建议，配合并支持了顶头上司刘备与法正在汉中的战争，保证了益州集团对战略要地的争夺，最终壮大了益州的势力；面对黄元反叛的危急事态，他表现出了超凡的精准预察和独力见解，在几位主政人远离成都的时刻，他也展现了少有的个人担当精神，事实表明这位杨洪是一位堪当大任的优秀人才。

刘备初进益州时最亲信的人物是诸葛亮、法正、李严，李严是最先赏识杨洪的人，杨洪在犍为辞职后，李严坚持把他荐举到州府刘备身边，他的才能在此显示后必然会得到刘备的器重，而丞相诸葛亮则荐他代理蜀郡太守，进而正式任命，蜀郡太守是由法正担任的，杨洪以他的能力代替法正任职当然毫无问题。从杨洪职位的反复变化中却可以发现，在三位高官的权力冲撞中，杨洪似乎充当着棋子的角色。法正 220 年病逝，杨洪则在越骑校尉职位上继续主政蜀郡事务，他是被蜀汉高层看重而委以重任的英才。

227 年，丞相诸葛亮为筹备伐魏准备北驻汉中，想用张裔为留府长史，问杨洪怎么样？张裔是多次从死难中逃身的蜀中名臣，几年前诸葛亮将他从东吴流放地索要了回来，是诸葛亮的亲信之人（参见 2.5.8《多难中逃身的名臣》）。诸葛亮询问张裔的留用之事，杨洪回答说："张裔天赋聪慧敏锐，善于处理突发事务，才能足以胜任该职务；然而他的品性不够公正，恐怕不能独任，不如留用向朗。向朗性情中伪饰的成分少，张裔在您跟前随从行动，发挥他的才干，这样对两边事情都好。"向朗早年在襄阳师从水镜先生，算得上是诸葛亮的学友。不知什么原因，这次诸葛亮没有采纳杨洪的建议，他让张裔在成都留府工作，安排向朗随自己去汉中相府主事。事情的结果是，留守在成都的张裔不久与司盐校尉岑述发生了意气之争，损污名声，诸葛亮曾给张裔写信作了劝慰和责备；而随诸葛亮前往汉中的丞相府长史向朗，228 年在街亭兵败的主要责任人马谡惧而逃亡时知情不报，被免去了一切职务（参见 2.5.6《向氏叔侄的不俗人生》），似乎两人都没有好的结果。这一结局从侧面证实了杨洪对诸葛亮所提丞相府分工建议的正确性。

杨洪早年与张裔关系亲密，张裔在东吴受流放时，杨洪到张裔的家乡蜀郡任职。张裔的儿子张郁在郡中干事，因为过失受到处罚，杨洪并不因私情而宽恕他。张裔从东吴返回后听说了这件事，就很不高兴，对此耿耿于怀，与杨洪的友情也有所淡漠。张裔可能认为杨洪缺少照顾朋友的为人义气，而从国家利益的角度考虑，杨洪不徇私情，公正处事，应该是正直的优秀官员。这次杨洪向诸葛亮提了相府分工建议而未被采纳，在诸葛亮前去汉中后，杨洪来到张裔府第，把自己对诸葛亮所说的话都告诉了张裔，大概是怕张裔听到后产生误会吧，他是以光明磊落的态度看待自己的提议。张裔回答说："丞相已决定我留任，杨郡守您再说也无用。"当时，有人猜疑杨洪是想自己任留府长史，有人怀疑是杨洪知道张裔与自己有嫌隙，因而不愿让张裔身居要职以掌管留守成都的事务。后来，张裔与司盐校尉岑述不和，以至于积怨成恨。而诸葛亮也写信责备张裔，人们才明白杨洪的提议并未掺杂私情，发现他对人的把握也很正确。

史书上载，杨洪年少时不好学问，但忠心耿耿，心地清亮，他忧公如家，侍奉继母极为孝顺，属于德行高尚，心系国家，做事忠诚并磊落的那种风格。另有资料说，他发现手下的属员何祗非常能干，就荐举他作了郡吏，几年后这位何祗便当上了广汉太守，当时杨洪也还在蜀郡太守任上。每次朝会时，何祗按位次挨着杨洪而坐，杨洪笑着问："你的马要驶向哪里?"何祗回答说："老部下的马不敢跑，老上司还没有挥鞭呢。"大家都传为笑谈。实在些说，在蜀汉事业的发展中，杨洪的才能并没有得到充分发挥，他对自己后期受任用的状况可能有些想法，只是不便正式表达而已。228 年杨洪在任上去世，留下了不小的惋惜。

2.5（10）蜀中奇才何祗

三国历史过了千余年之后，世人选择可以配享刘备昭烈庙的名臣时把曾担任蜀郡太守的杨洪列入其中，杨洪是自身才质没有得到完全发挥的重臣，他对蜀汉事业的另一重要贡献，是发现并荐举了蜀地奇才何祗。《三国志·杨洪传》中记述，杨洪发现给自己私人做文字秘书的书佐何祗才智谋略极其出众，就把他用为郡中吏员，让其担任一定的公务职责，而何祗则不负所望，从普通吏员做起，工作中不断展现出他的非凡奇才，后来一直做到郡守职位。

史志中没有为何祗单独立传，裴松之在杨洪本传中引注三国时蜀人陈术所撰《益部耆旧传杂记》（已佚）中记述何祗的几百文字，使人们对何祗至今能获得一个大概的了解。何祗字君肃，少年时家中贫寒，他为人宽厚通达，身体长得强壮高大，饮食量多，喜好声色，不持节俭，因此当时人们并不看重他。贫寒的家中一般总能生长出生活拘谨和善于节俭的少年，但何祗偏偏不是这样，他心性无拘，漠视贫寒，反而是无视小节、不修边幅的行为放浪之人，对这种不太合于传统规矩的少年，人们总是习惯性地不予看好。但不知什么原因，蜀郡太守杨洪却让何祗担任自己的书佐，属于给他私人配置的文字秘书，资料中没有记述何祗因为什么被郡中大员看中，相信他总有一些非常特出之才得到了杨洪的认可和赏识。

何祗起先在本郡干事，后来被任为督军从事，为协助州牧督查军事事务的属官。当时诸葛亮用法严峻细密，私下听说何祗做事马虎放纵，不认真对待掌管的事情，就准备突然间到监狱去检查，或者去阅看案情记录，大家都为何祗捏了一把汗，何祗听到了诸葛亮要查看的消息，他当天晚上点着灯火面见囚犯，阅读诸多案状，诸葛亮第二天早上前往，何祗把所有案状都暗中记熟了，对诸葛亮的询问作出对答解释，没有一点迟滞，诸葛亮感到非常惊异。应该说，诸葛亮这次专门针对何祗的工作检查事实上并没有采用突袭的方式，他要真正突袭检查岂能不作保密！诸葛亮明知何祗工作上的粗糙与放纵，也许是有意放出了一点风声，给出他一晚上时间，想要看看何祗在紧急任务面前的应对能力，结果发现他有惊人的记忆力以及精细的辨析力，感觉到何祗有足够的能力做更重要的工作，只需要认真上心而已。

年轻的何祗不久补缺调任为成都县令，当时邻近的郫县令也正缺额，就让他同时兼任了两县县令。《后汉书·郡国志》中显示，成都县和郫县都是蜀郡的下属县，当时蜀郡太守为杨洪，何祗应该是在杨洪的支持和安排下兼任两县县令的。资料中说，何祗任职的两个县人口杂多，又都靠近州府，各种奸邪的事情时有发生。何祗处理这些事情，每当接近这些人就睡着了，等他睡完觉醒过来，总能辨清对方的奸诈之处，作案人都很怕他的案情辨析，有些人以为他有法术，因此没有人敢欺瞒他。何祗在这里采用的是对作奸之人的瞒哄方法，他一靠近人就睡着了，但并没有真正入睡。他用假象瞒哄对方，使他们放松警觉，以便能更加自由和随意地陈述，他本人则是边听边盘算；睡完觉醒过来，其实正是他盘算清楚之时，众人佩服他的处断，总以为他依靠法术来辨析案件，何祗则把一种高深莫测的神秘手段展现了出去，使对方不敢随意作奸施诈，他以欺瞒方式换来了作案方不敢轻易欺诈的效果。

何祗在报告账目时让别人计算，他自己则听着对方的读数在心中计算，最后与别人计算的结果相合。何祗的这种方法当代称之为“心算”，这是一种深具功夫的硬技术，在一千七百多年前的古代社会，的确是不可想象的，表明何祗那种常人难及的高超智商和处事的精明。

何祇有一次梦见井里长出了一棵桑树，他为此去询问占梦专家赵直，对于所谓“生桑之梦”，赵直告诉何祇说：“桑树不是井里能长的东西，长下就会被移植走；而桑（桒）字表示四十下八，你的寿命恐怕过不了这个数。”赵直通过占梦预测何祇的职业不会久处当下位置，应该有所变迁；解梦的后半部分则是采用的拆字法，古桑字“桒”，内中包含四个“十”和一个“八”，赵直于是解释为“四十下八”。何祇听到赵直的解释后笑着说：“能到这个数已经满足了。”不久汶山之地的夷族人骚动不安，朝廷委派何祇作汶山（治今四川汶川西南绵虒镇）太守，这些夷民对他的治理非常信服。后来何祇被调任为广汉太守，汶山夷民又骚乱反叛，他们说：“除非让先前的何府君来，我们才能安定。”当时何祇因故难以回返调职，朝廷就选用了何祇家族的人去汶山做太守，夷民才停止了骚乱。资料中没有记述何祇采用什么奇谋妙法获得了汶山夷民的信服，相信他的方法总是深刻地切中了夷民的风俗心理，打动了他们那凡常人难以把握的精神世界，使当地少数民族感到了来自地方政府从未有过的坚强依靠。

有一位名叫张嶷的巴郡壮士与他并不熟悉，因为得了重病又家境贫困，听说广汉太守何祇通达仁厚，就自己驾车来拜会投靠，何祇拿出全部财产为他医疗，几年后痊愈，张嶷后来成了蜀汉一员大将（事见《三国志·张嶷传》），何祇的忠厚和信义看来不是虚有其名。何祇作广汉太守时，推举他的老上司杨洪仍然在蜀郡为太守。当时人们都以何祇的任用为例证，称赞执掌国政的诸葛亮用人上能尽人之才。每次朝会时，何祇按位次挨着杨洪而坐，杨洪笑着问：“你的马要驶向哪里？”何祇回答说：“老部下的马不敢跑，老上司还没有挥鞭呢。”大家都传为笑谈。杨洪的玩笑话中似乎带有一丝酸楚，其实，何祇属于策划型、技能型的人才，像他那样不大注重传统规矩的人作到郡守职位已属少有，而那种以诈治诈的治理方式更不适合高级官员在大范围内使用。蜀汉执政者对何祇的确是才尽其用，甚至才过其用，但以杨洪职位的滞留不进反衬何祇的职场顺达，使人们能够感觉到的是对杨洪的屈才（参见 2.5.9《才质未尽的杨洪》），从他们两人的职场对比中应该看到对杨洪的确未尽才用。执政人的阳光应该普照而不能选照或单照，否则就是职场上的不公，人才应该放在最适合的职位上才是上等用法。何祇后来转任犍为太守，四十八岁而逝，正如赵直所言。蜀中奇士何祇不幸早逝，实在是天妒英才！

当时广汉郡的王离，字伯元，也因才干而出名，担任过督军从事，用法持平恰当，因政绩而提升了职位，接替何祇为犍为太守，在地方治理上有良好政绩，基本走着与何祇相同的职场路子，人们会把两人相提并论。史料中提到，王离的文采超过何祇，而敏捷聪明不及何祇。其实何祇应是蜀中才不世出的奇士，聪敏不及者何止王离！

2.5（11）为功名所累的杨仪

诸葛亮后期任用的丞相府长史杨仪是一位善于调度规划的文职官员，他实施领导人安排的具体事务干练机敏，效率颇高，诸葛亮对他的工作应该是比较满意的。但跟着统帅人物做事情时间长久，就容易生出自以为是的心态，觉得自己就是统帅之副，完全可以指挥和调动属下的千军万马，并能筹划和实施一切复杂的事务。眼光短浅的人就是这样看不到各种事务表面运作背后的错综真相，把复杂的事情倾向于简单化看待，进而会生出一些非分之想，希望可以谋取到统帅职位，最终为光环遮罩着的功名所累。杨仪恰好就是这样的人物。

杨仪字威公，荆州襄阳（治今湖北襄樊）人。曹操在 208 年八月一度占领荆州后在此任命傅群为荆州刺史，治所大约设在宛城（今湖北荆门南），而杨仪就担任傅群的主簿，负责文秘事务。根据《三国志·杨仪传》的记述，大约在赤壁大战后曹操退回北方之时，杨仪离开傅群投奔了襄阳太守关羽，关羽任他为功曹，在此任职数年之久。后来关羽派他为信使去西蜀面见刘备，刘备与他谈论国家军事大计，议论政治得失，非常喜欢他，于是征召他为左将军兵曹掾，为主掌兵事的中下级官员。219 年刘备做了汉中王后升任他为尚书，为王府中掌文书的中级官员。刘备称帝后出兵征讨东吴期间，杨仪与尚书令刘巴不和，被改任弘农太守，弘农为接近函谷关的关中东部之地，蜀汉并不占有，杨仪只是一种遥领职务，应是带有贬用意味。

225 年丞相诸葛亮南征期间领着杨仪一同出征，任用他为参军，让代行丞相府的事务。227 年杨仪跟随诸葛亮到汉中配合北伐行动，228 年丞相府长史向朗因罪错被免职后，杨仪应该是履行向朗长史的职务，但因诸葛亮自贬为右将军而不具丞相名号，因而杨仪并没有立即升为长史。及等到诸葛亮第三次北伐后恢复丞相职位不久，杨仪于 230 年升为相府长史，加封绥军将军。

杨仪自进入职场起就大多从事领导分配的文秘与执行事务，对这些程式已非常熟悉，因而担任相府秘书长的工作很让上峰满意，诸葛亮多次出军，杨仪总是帮他制订规划，筹措粮草，做事不用过多考虑，很快就能处理完毕，军队的节制调度都由杨仪安排和检查，似乎成了诸葛亮身边须臾不能离开的人物。

杨仪和魏延常有矛盾，两人颇有积怨，诸葛亮爱惜他们的才干，不忍心偏废任何一方。234 年，蜀军第六次北伐，诸葛亮病逝于关中五丈原，杨仪按照诸葛亮临逝前的吩咐领部队向汉中撤退，与阻挡大军行动的魏延发生冲突并将其诛杀（参见 2.3.13《退军中的是非》上），因为当时魏延的行动被朝臣认定为反叛行为，因而杨仪组织大军撤归和对魏延的处置就被认为是为国立功，杨仪也自以为功劳很大，加上他后期一直是丞相各项决策的部署安排与推动实施人，他觉得诸葛亮逝后理当由自己接替执政，为此他约来朝中都尉赵正，让他就自己升职一事做个卜筮，结果得了“家人”卦，《周易》上对该卦解为：“妇女的事吉利。”杨仪对此沉默不欢。其实诸葛亮生前已有密奏，觉得杨仪心性偏狭，有意让蒋琬担当重任，蒋琬于是被任为尚书令、益州刺史；而杨仪回到成都后被任命为中军师，这是丞相属下的中级官员，不统领部队，更加从容闲散一些。

起初，杨仪在汉中王刘备手下任尚书时，蒋琬为尚书郎，职权都高于蒋琬，后来两人都担任过丞相参军长史，但杨仪每次都不是留守，而是跟随在诸葛亮身边，承担的事务更为繁重。杨仪觉得自己比蒋琬年龄大、资历老，才能也超过蒋琬，于是声色间经常流露出怨愤之情，发自内心地斥责他人，叹息自己。当时臣僚们都怕他出言不逊，不敢与他交往，只有后军师费祎前往慰劳看望他。杨仪对费祎表示了自己的怨恨愤怒，说了许多以前的事，还对费祎说：“以前丞相去世时我如果带部队投归曹魏，今天怎会落寞到这种地步！真是令人追悔莫及。”费祎将这些话私下汇报了上去（参见 2.3.13《退军中的是非》下），朝廷于是对杨仪作出了处置，235 年他被废为平民，流放到汉嘉（治今四川名山北）郡。杨仪到了流放地后再次上书诽谤，语气措辞更加激烈，于是朝廷派人下到郡中捉拿他，杨仪遂自杀。

在这里，杨仪为了一时没有到手的官职而表现出了极度的愤懑，正是在丞相府多年的秘书长工作，使他不恰当地看大了自己的能耐，又过分眷恋功名表面的光环，因而走向了没有归途的偏狭邪路。杨仪看不到许多事情背后的决定因素，他始终认为继任丞相的人选在各方面都比不上自己，因而总是顾恋着自己人生的落差；所谓悔不投魏的言论，表明了他以个人名利为中心和漠视蜀汉国家利益的内心世界，显示了他与朝廷执政人的对立，的确已不适合留在朝廷的高层职位上，在当时受到处置是理所当然的。然而，本来已经受到了制裁，无论如何应该吸取教训吧，但杨仪在流放地仍然心有不甘，继续向朝廷发泄自己的私愤，这已到了为取功名而疯狂的程度，丧失了一位相府官员应有的胸襟和气度，也显示了做人智慧的严重缺失。明清有史家说，当年魏延所谓的反叛，实在是杨仪的行为所激成，而后来杨仪又嫉妒蒋琬秉政，看来他是一位怨愤不休的人，而他在流放地写信发泄愤恨，是近乎无赖的自弃行为。也有史家认为，当时朝廷的执政人应该考虑到杨仪的心理要求，给他一个稍高的职务以酬谢其先前的功劳，如果觉得无法驾驭此人，只需要不给他实际权力就行。这是主张用一种职场平衡术来缓和矛盾和平息事态，其实事情最重要的方面应该是杨仪本人对人生的反省和对自己内在心境的调整。

杨仪在流放地死后，他的妻儿老小都回到了成都，这应属于朝廷对杨家的礼遇。另有资料说，杨仪的哥哥杨虑，字威方，少年时就很有德行，在家乡江南之地为出类拔萃的人物，州郡官府都曾按礼节征召，也有许多官员邀请他，他都辞绝不往，年仅十七而夭亡，当地家乡人称他为“德行杨君”。非常可惜的是，杨家哥哥如此良好的德行和淡泊名利的作风丝毫没有影响到他的兄弟，致使才赋优良的弟弟终为功名所累。

2.5（12）劝阻刘备称帝的费诗

刘备在219年六月做了汉中王后连续遇到了荆州陷落、曹魏代汉、上庸失守、法正病亡等悲痛事件，不久又传来了献帝刘协禅位后被杀的噩耗，为了打破曹魏的独尊之势，聚合并鼓舞天下尊崇汉室的力量，经过一定的舆论准备和程序过渡，他于221年四月在成都登基称帝，建立了续接东汉的国家政权。刘备称帝受到了益州群臣的热烈支持，但也有个别臣僚持善意的反对态度，费诗等人就是这样的耿直之臣。

费诗字公举，犍为南安（县治在今四川乐山）人。《三国志·费诗传》

记述，在刘璋为益州牧时，费诗为绵竹县令，刘备213年进攻绵竹时他率先举城归降，后来刘备进入成都作了益州牧，任命费诗为督军从事，为州牧属下的将官，不久出任牂牁太守，后来又回成都担任州前部司马。219年刘备为汉中王时拜关羽为前将军，派遣费诗前往荆州给关羽送去文书和印绶。关羽听说黄忠为后将军，等次与自己并列，认为“大丈夫终不与老兵同列!”因而不肯受拜。费诗用汉初萧何谦让的事实作例证，启发关羽应该与汉中王休戚与共，不必去计较官号名位的高下，最终使关羽深有感悟而接受了印绶（参见2.2.2《关羽事迹辨正》下）。当时诸葛亮在事前对关羽的拒绝态度有所预料，费诗所以能说服自矜高傲的关羽而完成使命，自然靠费诗的聪明能干，但也离不开刘备事前的指点（参见2.2.6《黄忠一战成名》），由此也可以看到费诗与刘备的良好关系。

事过不久，关羽兵败被杀，荆州和上庸接连失陷，刘备的事业遭遇了空前挫折，而在曹丕代汉称帝之后，刘备决定针锋相对，以汉室宗亲的身份在成都建立续接东汉的新朝廷。当时成都群臣们非常支持，自然也有许多吉祥的图谶符瑞表明这是一次顺天应人的行为，成都处在天地更新庶民喜庆的舆论氛围中（参见2.1.20《在悲戚中登上九五之尊》）。但前部司马费诗却不赞成刘备这一行为，他怀着一片忠诚之心给刘备上书说：“殿下因为曹操父子逼迫皇帝，篡夺帝位所以才万里流亡，召集士卒，领兵讨伐曹氏奸贼。如今大敌尚未击败，您却先自称皇帝，恐怕人们会对您的行为产生疑惑。当年汉高祖与项羽约定先攻入秦国的人做王，他杀进咸阳，俘虏了秦王子婴，尚且退让，何况现在我们没有走出益州门庭，怎么能自立称帝呢？愚臣我实在认为您不应该这样做。”费诗的上书谏言非常不合时宜，但却是他的肺腑之言，他是不为舆论和众人情绪所影响，能够独立思考得出特定认识的有思想的臣属，但上级部门认为他是忤旨，违背了圣意，将他贬为永昌（治今云南保山东北）从事，在南部边远之郡担任一般职员。

另有资料显示，在刘备筹备登基之时，接替法正作尚书令的刘巴认为此事不宜过急，应该缓行；而主簿雍茂也公开出面劝谏刘备，刘备借其他罪名杀掉了雍茂，刘巴觉得自己不是刘备的亲信之人，也就没有再说什么。总之，刘备建立蜀汉政权是他事业发展中的重大事件，要考量天下政治趋势的变化，权衡由此引起的各种利弊得失，做出一种综合性的有利判断才是。对如此复杂的问题，当然不会是一个声音，有不同的意见和见解反倒是很正常的。刘备事实上并没有因为费诗等人的劝谏而停止登基建国的步伐，他在 221 年四月称帝。

225 年诸葛亮平定南中时费诗随从在军，史料中没有记述他是早期从永昌返回后跟随出征，还是诸葛亮军至南中之地后召他前来，属于后一情况的可能性更大些。费诗在永昌五年后参加南征，自此结束了受贬生涯。年底返回成都时军队到了汉阳县（今贵州威宁水城一带），先前自魏降蜀的李鸿前来拜见诸葛亮，蒋琬、费诗等人也在场，几人议论起了魏国的事情，李鸿对诸葛亮说起他在魏国听到前去降魏的王冲讲述新城太守孟达之事。孟达是当年协助刘封驻守上庸三郡的蜀国将军，后来叛投了曹魏。诸葛亮当时表示说，回成都后他会给孟达写信，应该是想拉拢孟达再归蜀汉以配合后面的北伐行动吧，费诗当即对诸葛亮说："孟达这个小人，当时在刘璋手下就不忠诚，后来又背叛了先主，对这种反复无常之人，何必给他写信。"诸葛亮默然无言，没有回答，他心里有什么想法谁也不知，而回成都后他给孟达写了信（参见 2.5.4《反复无常的孟达》）。

多年间遭受贬用，其实并没有改变费诗的坦率之性，当诸葛亮公开表示要给孟达写信时，当然已是他自以为正确的决定，费诗并不考虑上峰如何考虑，他只是要真实地谈出自己对事情的看法，而不做丝毫的规避和隐藏。当年在刘备称帝时是这样，这次劝谏诸葛亮也是这样，至于说出真实见解后会给自己带来什么样的后果，费诗是不考虑的，这才是一种不计个人私利而忠诚国事的耿直之臣。当然，任何人的见解也可能是不全面不正确的，但忠直之人把自己对上峰有意的隐瞒视作对上不诚的表现，宁愿始终对所信任的上司报以赤诚的态度。

诸葛亮对孟达的书信产生了拉拢引诱的效果，但最终对蜀汉伐魏并未起到相配合的作用。史书上没有记述费诗跟随诸葛亮南征返回成都后他个人的任何事情，只是说，蒋琬执政时，任用费诗为谏议大夫，这是执掌议论顾问的中级官员，最后费诗终老于家中。蒋琬正式执政是从 235 年开始的，在从南中返回成都的十年间，费诗似乎连不具实权的谏议大夫也没有作上，诸葛亮把他从永昌带回成都，在返回的路上发现其并未改悔的耿直心性，就放弃任用而将他长久闲置，这样的推论说起来让人感到非常悲催而很难相信。

2.5（13）拘谨使臣陈震

诸葛亮的联吴方针当时并非所有蜀汉群臣都予接受的，特别是在荆州被夺和刘备夷陵之战失利后，益州官员中充斥着一种复仇倾向，而诸葛亮在223年执掌国政以后，坚定地推行了抗魏联吴的政治战略，把东吴确定为实现兴汉大业的联合力量。几年后在与东吴关系出现波折的重要时刻，老臣陈震被委派去吴国缔结双方盟好，陈震对诸葛亮及其政治方针高度真诚，是一位在外交活动中行事谨慎得过分的使者。

陈震字孝起，南阳（郡治在今河南南阳）人。《三国志·陈震传》中记述，刘备209年作荆州牧时，陈震被任用为从事，负责所统诸郡的事务，后来跟随刘备入蜀，214年刘备夺取了益州后，陈震为蜀郡（治今成都）北部都尉，协助郡守处理北部事务，后来蜀郡北部被划分出来另行设郡，陈震作了汶山（治今四川茂汶北）太守，不久调任犍为（治今四川彭山）太守。从陈震职场初期的职任看，他是颇受刘备看重和信任的人物。

在诸葛亮掌政时期，陈震在225年被任为尚书，不久升为尚书令，奉命出使东吴。229年孙权称帝，此事在益州掀起了轩然大波，诸葛亮尽力做好群臣的工作，继续坚持联吴抗曹的国家战略，为此他让陈震作为卫尉，代表蜀汉前往东吴祝贺孙权登基，卫尉为朝中九卿之一，执掌皇宫门卫诸事，陈震任此职务应当主要体现一种身份，表示着对吴国外交规格的提升，他之前曾出使过东吴，应该有过良好表现，鉴于他是能理解联吴方针并有出使东吴经历的人，因而诸葛亮特意选中并安排他在关键时候去履行这项重要的外交使命（参见2.3.3《初掌国政》中）。陈震这次去吴国，诸葛亮写信给兄长诸葛瑾说："孝起的性情忠义纯厚，年老而更加诚实，由他来襄助两国关系，推动双方合乐相处，应该会不负使命。"从诸葛亮给兄长的书信中可以看到，出使者陈震这时的年龄已经不小，属于一位老成持重的官员；诸葛亮对陈震有很高的信任度，希望他能在兄长诸葛瑾的配合下出色完成外交任务。

陈震进入吴国国境后，在给吴国守关官员的公文说："蜀与吴两国驿使往来，冠盖相望，结盟续好，开始新的友谊。尊敬的吴国皇帝继承皇统，接受符命而祭祫上天，开疆辟土，使天下响应，民众归附。此时如果大家共心协力讨伐国贼，什么样的敌人也可以消灭！我们蜀国君臣，很高兴地信赖贵国并翘首瞻望。我陈震以无才之人，这次作为使节，奉命重续友好，一进入贵国就非常欢欣，如同到家一样。当年献子前往鲁国，触犯人家忌讳，受到《春秋》的讥讽。我希望诸位注意作出提醒，使我的言行能合于贵国礼节和习俗，今天开始我张开旌节昭告，大家践行誓约。顺流的船行驶快，各国的典章制度有所不同，害怕有所违犯，希望务必斟酌提醒，指示我应该如何行动。”公文中对吴国做了过高的抬举，并不断絮叨让对方提醒他应该注意的异国习俗。

春秋后期晋国之卿士鞅前往鲁国访问，他向鲁国臣子询问前面两山之名，鲁臣把两座山所在村庄的名字告诉他，士鞅大概对上了号，于是反问道：“那不就是具山和敖山吗?”鲁人回答：“那是我们先君献公（指姬具）、武公（指姬敖）的名讳。”士鞅回来后也觉得是因为自己没有学识而闹了笑话。此事在《国语·晋语九》上有记述，属于古人非常看重的名讳，即已逝君主的名字是绝不能在公开场合提及的。能够感到，由于蜀国对这次外交活动的高度重视，担任这次使命任务的陈震似乎有了自身的心理负担，生怕自己出现一点失漏，因而在通告公文中作反复叮嘱，这是一种看似十分谨慎实则缺乏交往自信的表现，属于不该出现的败笔。

陈震到了武昌（治今湖北鄂州），孙权与他升坛歃盟，这次出使双方达成了一项协议，约定将来灭魏后平分天下，以豫州、青州、徐州、幽州四州属吴，兖州、冀州、并州、凉州四州属汉，而东汉司隶校尉督察的畿辅地区以函谷关为界作划分。吴蜀两国间的和平协定没有涉及关于荆州的历史问题，对最关键的事情避而不谈，却对战胜曹魏后的那种虚幻结局做出毫无意义的规划，这一协定当时对于平复蜀汉群臣的某些情绪也许是有些作用的。陈震返回成都后被封为城阳亭侯，大约算是对这位老臣出使成功的肯定。

陈震是从荆州跟随来蜀的人物，应该与诸葛亮有亲密关系，所以先前向诸葛亮私下反映过中都护李严的阴暗一面。231 年诸葛亮在祁山之战中与司马懿直接交手并取得了不错的战果，当年六月因为李严的作梗而撤兵，回到汉中搞清了事情的真相后进行责任追究，最后上奏朝廷，对李严罢掉官职，削去封爵和食邑，流放到梓潼郡。诸葛亮事后就处分李严一事专门给蒋琬、董允写信说：“孝起以前对我说李严心机多，他的乡里人都认为不好接近。我以为李严虽然心有鳞甲，但不触犯他也无妨，没有想到有苏秦、张仪那样出人意料的事情，可以让孝起知道这事。”（参见 2.3.10《李严公案》）当时陈震应该已是年老离职之人了，诸葛亮这里特意托人向陈震转告对李严的处置，是要让陈震知道丞相对他当年反映事情的挂怀以及对他本人的惦记，借此对其再次作出慰藉。235 年，即诸葛亮去世的次年，陈震离世，他的儿子陈济继承了爵位。这位真诚的部属因为一次拘谨并有成效的外交而为国建功。

2.6　蜀中名士

蜀汉在成都建政立国后，吸引和笼络了一批当地的文人才士参与政权，史书记载了蜀中名士与军政人物的交往及其相关的参政活动，能够从中看到蜀中文人才士参差不齐的才质和追求。

2.6（1）名师与耳聋的学生

西蜀之地有一批才学出众的名士，他们专心学业，无意功名，致力于文化的承传，虽然受到政治人物的崇敬和征召邀请，但总是以各种方式予以推辞，他们淡泊名利，刻意与现实政治保持距离，但却为地方培养了一批人才，从而以他们的教育成果影响了地方政权的构成乃至决策。西蜀之地自西汉司马相如之前就有特立独行的高才学人，开始了地域内的文化传承，三国时代的名士至少应从任安算起，而继之以杜微等人。

任安（124—202年），字定祖，广汉郡绵竹（今四川绵竹）人。《后汉书·儒林列传》上记述，任安年少时去京师进入太学，这是朝廷官办的最高学府，汉武帝立五经博士，其后以攻学儒家经典为主。任安主学《孟氏易》，这是西汉孟喜所撰解读《周易》的著作，任安同时还通晓几种经典，又跟绵竹同郡人杨厚学习图谶。杨厚字仲恒，他的祖父和父亲都曾是蜀中出名的学问大家，被朝廷征召至太学任教，教授门生上千人。任安勤奋努力，穷尽了杨厚的各种学问，当时人们说称："欲知仲恒问任安。"又说："居今行古任定祖。"是说任安居于今世而行古道。任安学成后回到家乡教学，学生都从远方前来，不久本地的州、郡请他担任过一般官职，其后朝中太尉给他拜授博士，一再邀请，又派来公车征召，他都借口有病而辞绝。益州牧刘焉曾向朝廷上表推荐他，但汉灵帝末期及其之后政局大乱，诏命没有到达，202年七十九岁的任安逝于家中。

任安在当地所教的学生很多，梓潼人杜微，蜀郡成都人杜琼，郪县人何宗等都后来成了蜀中名人，他逝后众多的学生从四面八方赶到绵竹悼念，并为他立碑作纪念。二十多年后，在蜀汉政府机构任职的秦宓对任安依然非常敬佩（参见2.4.3《外交场合的出彩者》），有一次诸葛亮询问秦宓关于任安的优长，秦宓回答："记人之善，忘人之过。"任安对蜀汉人物和社会风气的潜在影响是很大的。

杜微，字国辅，梓潼郡涪县人。《三国志·杜微传》中记述，杜微年少时在广汉人任安门下学习，刘璋征召他为从事，后来因病离职；刘备平定蜀地后，杜微常常称自己耳聋，在家中闭门不出。224年，丞相诸葛亮兼任益州牧后，特意选拔委任了一批有德望的名士，以秦宓为益州别驾，五梁（又作伍梁）为功曹，杜微为主簿。杜微坚辞不就，最后用车子把他请来。

杜微来到后诸葛亮立即会见，杜微表达了谢意，诸葛亮考虑到杜微听话困难，于是在座位上给他写字道："听到您的大名，很久希望见到，只因清浊分流，一直没有机会请教。王元泰、李伯仁、王文仪（指王连）、杨季休（指杨洪）、丁君干、李永南兄弟、文仲宝等，常常赞叹您的高尚志趣。我才疏学浅，统领益州，德薄而任重，为此深深忧虑。现在我们的君主（指刘禅）年方十八，天性仁厚聪敏，敬爱德行，礼待贤良。天下之人都想盼望汉室重兴，我想与您一道顺应天意民心，辅佐英明主上，建创复兴汉室的功业。常言说贤者与愚者无法一起谋事，但让我们的勋绩垂载史册，或胜过您隔绝尘世而独守勤劳之身，也不只是屈身于人而已。"

诸葛亮以极其谦逊的态度接待，而杜微自称年老多病，仍然要求返回家中，诸葛亮又给他写道："曹丕弑君篡位，自立为帝，这就像土塑的龙、草扎的狗一样徒有其名。我打算与众位贤士用正义之道讨灭邪恶伪诡之徒，而您没有对我作教诲，就要退归山野。现在曹丕又在大兴劳役，准备进攻吴楚之地。现在考虑到曹丕境内多事，故打算守住边境致力农耕，让百姓休养蓄财，同时治理兵甲，等待他受挫之时，然后出兵讨伐，这样就可以兵不战、民不劳而平定天下。您只需以自己的德行辅助朝廷，不参与军政事务，何必匆忙地请求返回呢？"诸葛亮对杜微非常敬重，于是任命杜微为谏议大夫，这是参与朝中议论顾问的中级职务，没有实际事务和责任，以顺从他的志向。

在诸葛亮的诚恳请求下，杜微应该是在蜀汉政府中任职了，作为一位耳聋之人，职场上和其他同僚的确难以交流沟通，但他在机构中的任职能提升蜀汉政府官员的素质，可以抑制某种邪恶的风气，也能带动职场的道德风尚，诸葛亮正是看中了这些才下功夫邀请他任职的。也有人认为杜微的耳聋只是他不愿在蜀汉官府任职的一种假托之词，因为他对这一政权是不看好的，任职后也从来没有提出什么有益的谏议。这种可能是有的，但无论如何，诸葛亮请这样的名人做谏议大夫，优化了职员成分，也装点了政府门面的色彩。

2.6（2）看不懂的星象预测

古代学问家中有人致力于天文星象的观察钻研，这是一门很有意义的自然科学探究，但钻研者却往往对天人相通理念做出不恰当的发挥，认为天文星象的流变预示着现实社会生活将会出现的某种现象，进而放弃和终止了对天文运行规律的探究，转而用天象的运行来预言社会人事的未来，由此产生了一批颇使世人迷惑的星象预测术士。蜀中名人周群就是这样的人物，史家陈寿在《三国志·周群传》中记述了他让人看不懂的星象预测。

周群，字仲直，巴西郡阆中人，他的父亲周舒，字叔布，年少时师从广汉人杨厚学习术数，声望仅次于任安等名家，曾多次受到官方征召，他始终没有答应。当时有人问周舒：“《春秋谶》中说‘代汉者当涂高’，这是什么意思?”当时关东军阀袁术也在这一谶语上大做文章，认为‘涂高’指的就是他的字‘公路’（参见 0.6.1《袁术的称帝闹剧》上），而周舒说：“‘当涂高’指的是‘魏’。”史书上没有记录周舒进一步的解释，同乡中的学人都私下传播他的言论。

周群从小就跟着父亲学习，他特别专心于天候星象之术，后来在自家庭院中建造了一座小楼，他家中富裕，蓄养了很多奴仆，就经常让家奴轮流在楼上值班观看天象变化，不论早晚日夜，一发现异常云气，值班者立即告知，周群马上上楼观看。所以凡有气候变异，周群都能亲眼观视，他精于此业，预言往往能得到应验。益州牧刘璋征召周群为师友从事，给了一个没有职守的荣誉职务。

刘备平定蜀地，请周群代理儒林校尉，这是蜀国特设的次于将军的职位。

刘备打算与曹操争夺汉中，询问周群，周群回答说："能得其地，但不得其民；如果分兵出征，一定不利，务必慎重！"当时益州后部司马张裕也通晓星候之术，且天分超过周群，张裕劝谏刘备说："千万不能争夺汉中，出军一定不利。"后来刘备没有采纳张裕的意见，结果确实得到了汉中之地，派出的将军吴兰、雷铜等人进军武都，都战死而未生还，似乎一切都如周群所料。于是周群被举荐为茂才。

周群与张裕都是星象预测的术士，他们对同一事情用同一专业方式进行预测，得出了相反的结论，其实这已经表明了该专业方法的不可靠性，刘备显然是抛弃他们的预测，按照自己的思想判断去行事的。汉中争夺结束后，无论结果如何，在两种相反预测中总有一方会与事实大体相合，这就是所谓的被验证。周群在这里是幸运的，因为他关于"能得其地"的主体结论与战争的结局相符，因而他的预测细节就得到了人们刻意的回护。比如，"不得其民"分明是错误的预测，但人们解释说，曹操撤军时让雍州刺史张既把武都的五万人口迁至关中（参见 2.1.19《攻占汉中》下），还有，汉中之地的数万人当时跟随曹军迁到了关东洛阳一带，以此说明周群关于"不得其民"预测的正确性，这种回护显然是荒唐的，因为汉中的绝大部分民众还是留在原地归属了刘备。周群还提出了作战中分兵而有所伤亡的预测，其实哪个争夺地盘的大规模战争不曾分兵，不会死人？刘备与曹操数万军队决战，折兵损将是避免不了的，把必然会或大概率要发生的事情作为预测结论，只是表明了周群的聪明之处。

周群作为蜀中出名的星象专业术士，当然不会只有一次预测，另有裴松之引注的《续汉书》中记述了周群的其他事情，这里不妨看看资料中介绍的他的三项预测成果：①202 年，越嶲郡有一位男子长成了女人，周群说汉哀帝时也出现过这种事情，这是改朝换代的象征，果然到了 220 年时曹魏代汉。汉哀帝刘欣是公元前 7 年继位的西汉末期皇帝，他在公元前 1 年离世，八年后王莽篡汉建立新朝。人世间某一个体的性别转化与天下改朝换代本来就是风马牛不相及的两类事情，即便周群对此论证得很有道理，但这与星象有何干系？这里完全超出了他星象预测的专业范围。②在 207 年十月，有彗星的光射入鹑尾次区，该次区对应荆楚之地。周群据此认为荆州牧将要死亡并会失去土地，果然第二年秋天刘表去世，曹操占有了荆州。其实，当时荆州牧刘表年迈是天下人尽知的事实，居处荆襄许多年的诸葛亮与刘表的蔡夫人有亲戚关系（参见 2. 3. 14《诸葛亮的家庭》），他们一大群青年人物也无一前去投奔，是对他的前景极不看好，因而关于荆州牧人死地失的预测，似乎也不是需要天象观测才能获得的神秘成果。③在 212 年十二月，彗星照射到五诸侯星区，该星区是古代天文学上特指的一种方位。周群据此认为在西部占据一方的人都将失去土地。当时西部有四大割据势力，周群作出预测后，果然 213 年，凉州韩遂被曹操击败；214 年占据枹罕（今甘肃临夏东北）的宋建被夏侯渊包围斩杀；当年秋天刘璋的益州被刘备夺取；215 年曹操占有了张鲁的汉中，周群的预测全部应验。我们无法判断周群第三项研究成果的科学含量，只是觉得，当中原地区的归属已经确定后，周边割据地盘肯定要成为下一轮争夺的对象，势力弱小的西部军阀被淘汰出局似乎应在预料之中。另外，世间还存在一种现象，当某个天晴之日，有人预测说，“这次月圆之后北方的各个山上都会见到雨水。”因为没有时间对应，这一预测此后必定会得到完满验证，但这与月圆的天象有关系吗？

周群对天文观察有浓厚的兴趣，他利用自己拥有的资源，在这方面投入了不少的财富和精力，如果能把这种观察研究用之于对农业经济的某种指导中，其意义无疑是很大的，但传统士人的社会政治情结却促使这批学人把他们的研究目的落脚到对社会人事现象的预测上，在对天人相通做了扭曲性理解的逻辑前提下，试图从天象变化中发现人类社会可能出现的某种未来趋势，似乎是不大靠谱的。但周群本人对自己的研究活动却非常自信，并且充满激情。他死后，他的儿子周巨继承了他的事情，毕竟，人总是要吃饭的。

2.6（3）术士与权力的冲突

西蜀名士中有些专门从事人世事态预测的人物，他们以星象预测、相面或占卜为技术手段，似乎拥有专业化的理论学识和从业经验，能满足人们对未来预测的需求，有些还在社会上混出了颇高的知名度。《三国志·周群传》记述的星象预测专家周群就是其中的代表，该传中所记述的张裕也是同时代知名的术士。周群因为对汉中争夺战的积极性预测得到了刘备的认可而被权力部门所赏识，与此不同的是，张裕则最终走到了为主政者不能相容的境地，由此展现了术士与权力的真正关系。

张裕字南和，蜀郡人，张裕不仅熟通星象，还善于看相，据说他的天分超过周群，是兼具两种技术手段的预测专家。刘璋为州牧时张裕担任益州从事，有史料记录，他当时给刚到西蜀而穷途寻路的年轻人邓芝作出了“活到七十岁，位至大将军并封侯”的预测，当时寻找他做预测的人应该不少。211年底刘璋邀请刘备带领荆州军队进入西蜀，委托刘备去北面边境防御汉中张鲁，刘备行至涪县时刘璋带领蜀中众多官员前往见面相会，叙说友好（参见2.1.16《进军西蜀》）。当时张裕作为刘璋的从事也陪同在座，他与刘备首次见面，不料两人在此结下了梁子。

张裕长得满脸胡须，刘备当场开玩笑说：“过去我在涿县时，那里姓毛的人特别多，东西南北都是毛，涿县县令于是说：‘这么多毛环绕涿县啊！’”张裕当即回敬说：“过去有个人作上党郡潞县县长，后来转升为涿县县令，辞官回家后，当时有人给他写信，想称他潞长则失其涿令，想称他涿令则失其潞长，于是就称为‘潞涿君’。”刘备是涿县人，可以称为涿君，他没有胡须，张裕故意强调一个“潞（露）”字，以此反讥。两个人都围绕胡须做文章，把对方的生理特征作为聚会上的调笑点，自然有不大妥当之处。有人根据籍贯推测张裕可能是益州别驾张松的同族，张松与法正其时已暗中结好刘备，也许刘备有故意亲近张裕的用心。无论如何，刘备在酒酣之际首先说了玩笑话，虽然并不得体，但也无伤大雅，张裕面对君主所邀贵客的玩笑话，也不必过分认真，但张裕对此却感到不能接受，当即给予回应，似乎失去了对待客人的风度，刘备当场也许会以笑应之，而内心自然是不大高兴。

两年多时间过后，刘备在214年攻入成都作了益州牧，张裕被任为后部司马，仍然属于政府机构内受聘用的官员。张裕大概是作了他的什么预测吧，私下对人说：“庚子之年，天下当改朝换代，刘氏王朝的运数到了尽头。我们君主取得了益州，九年之后，在壬寅、癸卯之间一定会失去它。”按照他的说法，东汉王朝几年后就会终结，而刘备九年后会失去益州，有人将此话密报刘备。

刘备在218年出兵与曹操争夺汉中前，就此事询问善于星象预测的周群，周群基本作出了“能得其地”的结论，而张裕劝谏刘备说：“千万不能争夺汉中，出军一定不利。”刘备没有听从张裕的劝阻，他领军出兵，次年从曹操手中夺回了汉中，同时还做了汉中王。资料中只有刘备主动询问周群的记录，而未见刘备询问张裕。应该说，张裕因为先前言语不恭，并且在敏感的政治问题上口出狂言，刘备对他已经心生厌烦，有所厌恶，遇到重大问题的咨询去找周群而不找他，就是对他规避而不信任的态度，但张裕本人似乎并不在意，他是未经约请而拿出自己的预测结果去劝谏刘备的，偏偏还是一个消极的预测结论，不知道他的结论是属于技术性的错误，还是想有意阻止刘备的势力扩张。张裕看来是一个交浅言深，不识时务的专业预测术士。

社会生活总是历史运动的主体，任何个体包括专业人士的劳作都必须服务和服从于这个主体的运作，而不能妄自尊大，为此必须对社会生活各方面的构成要素给予尊重，政治权利对尘世社会生活起着直接的制约作用，尤其不能轻视。传统社会的名流们追求恒定的存在，喜欢与社会生活的政权机构保持距离，也有些人士喜欢与权力保持若即若离的关系，以灵活方式博取到个人利益和人生价值的最大化，这都是他们独特的价值选择，是无可厚非的。然而，面对权力作出选择的人必须看到社会权力的需求及其忌讳，它需要的是配合与支持，甚或需要真诚的谏争，也可能不十分反对相互距离的存在，但却忌讳一切对立和诋毁的言行。张裕是蜀汉政府体制内的职员，作为当时的专业预测术士，他选择的应是有保留的合作方式，也许他因为先前的心结而在内心并不喜欢刘备当政的权力机构，希望以自己的言行来影响和改变某种现实的存在，但他过分看大了自己的专业技术与名士的影响，有点自我膨胀，因而在与权力合作的外表上没有规避对方的最大忌讳，最终让自己走入了困境。

汉中之战结束后，刘备将周群举茂才，这是一种对官员品德才学的官方认定，应该算作对周群预测的奖赏；而刘备早先就怀恨张裕出言不逊，加上后来他散布“天机”，妄议朝廷和主上的命运，于是就把他预测汉中争战而不应验的事实宣布了出去，将他投进监狱，打算杀掉。诸葛亮上表请求宽恕其罪，刘备回答说：“芳兰长在门庭，不得不除。”香花长在门前，妨碍了主人的道路，再好也要把它除掉。生性抗直且言语无忌的张裕在与权力的矛盾冲突中过分自我化，他无视权力的意志，借预测的手段蛊惑人心，而为了新建政权的稳固，权力就需要将他除掉，张裕于是被处死并暴尸示众。宣布张裕预测不验的事实，是要张扬他专业技术的荒谬性以及预测的欺骗性，将其弃市则是要消除他的各种妄言在民众中的不良影响。

张裕预测刘备得到益州九年后即会失去，到223年时益州并没有丢失易手，他的预测应该是错误的，但也有人说当年刘备在白帝城去世，也算是刘备失去了益州，而这种解释似乎不大符合张裕表述的原意。曹丕220年代汉称帝，东汉命运到头，这似乎给张裕蛊惑人心的预测挣回了一些面子。史书上说，善于看相的张裕每次拿起镜子自照，似乎知道自己要受刑而死，于是常将镜子摔在地上。但一种预测结果如果是铁定而无法调整，走向悲惨结局的路程也无法改变和中止，又不能给预测对象的生命生活带来福祉，不知这样的预测还有什么意义。

2.6（4）刘备为他们编排了小品

刘备平定蜀地身任益州牧后，应具有不小的雄心壮志，当时百废待兴，社会建设的各个方面都需要重新振作，文化建设因而也是主政者关注的重要方面。当时益州历经丧乱破坏，学问之事久废不举，刘备觉得应该聚集法典图籍，并淘汰各家学说，为此他征召任用了一批熟悉典章古籍的文化人士，包括来敏、许慈、胡潜等人。《三国志·蜀书十二》中记述，为了促进他们和睦相处，刘备还以他们的事迹为素材，编排了小品上演，为地方文化的兴盛煞费苦心。

来敏，字敬达，义阳新野人，东汉初名将来歙的后人。来敏的父亲来艳，汉灵帝时曾任朝廷司空，好学下士，曾开馆教学。来敏在汉末大乱时跟随姐姐投奔到荆州，他的姐夫黄琬是刘璋祖母的侄儿，所以刘璋派人接来黄琬的妻子，来敏于是随从姐姐进入蜀地，常常作刘璋的宾客。来敏涉猎书籍，熟悉《左氏春秋》，尤其精通《仓颉篇》《尔雅》的训诂学，喜好校正古籍文字。刘备平定益州，让来敏代理典学校尉，这是益州设置的负责典籍文化整理的职位。

许慈，字仁笃，南阳人。他从师刘熙，精通郑玄的经学，钻研《周易》《尚书》《三礼》《毛诗》《论语》。建安年间，他与许靖等一道由交州到达蜀地（参看2.4.1《受到曹魏策反的蜀臣》上），应该是受到了刘璋的任用，史书上没有记载这一段经历。当时还有熟通典礼的胡潜，字公兴，魏郡（治所在邺县，今河北临漳西南）人，不知道他怎样来到益州。胡潜的学问并不渊博，然而他卓然出众记忆超凡，对祖宗礼仪、丧纪五服规矩都了如指掌，举手即得。刘备在益州着手重振文化事业时，让许慈、胡潜一并作为学士，与来敏等人一起掌典文献古籍。

这些人物从不同的地方来到蜀地，为了一个共同的目标汇聚一起，当时正是百业草创之际，典籍整理和文化建设中经常会产生一些疑义，而他们的专业方向不同，对事情的认识和理解也有差异，于是工作中就发生了不少的分歧和摩擦。许慈、胡潜互相争胜攻击，两人书籍从不互通有无，他们夸耀自己贬抑他人，忿争毁谤，声色俱厉，以至于有时还寻衅厮打，以此震慑对方，大概是犯了文人相轻的毛病吧，闹得非常不好。

刘备知道了这些情形，感到很遗憾，于是他会集群僚百官，选定优人假扮二人的面容模样，仿效他们相互控告对方的情形，饮酒奏乐，以此演出嬉戏。这应是刘备安排表演的小品剧目，剧中的情节是，许慈和胡潜两人起初各自据理争辩，互相诘难，最后则操起刀杖相击打，刘备是想借这种形式来感悟他们。事实上，把现实生活中的人物纷争戏剧化，让当事人作为局外的看客去体悟其中的事理，应该是一种不错的教育和自省方式，客观上也淡化了文士们矛盾冲突的性质，等于向外界表示，这种纷争无异戏闹的玩笑。清末学人钱名山认为，这应是最早开始的梨园戏曲。小品演出后不久胡潜就去世了，来敏在刘备称帝后被任为太子家令。刘禅继位后，来敏被任为虎贲中郎将，执掌宫中宿卫，许慈逐渐升至大长秋，职掌后宫事务，死后他的儿子许勋承传他的学问事业，也作了博士。

刘备编排的小品是否对许慈和胡潜两人起到了警示和教育作用，至今无法知道。但与他们一同做事的来敏，此后却屡次犯错受到处分。第一次是丞相诸葛亮驻守汉中时，请来敏前往为军师祭酒、辅军将军，分别为丞相府和军队中的中级官员，却因过失而被罢免。史书上没有记述被罢免的原因，《诸葛亮集》中有《黜来敏教》，其中有如下说明："将军来敏曾对上级官员公开说，新来的人有什么功德而能占有我的荣誉和职位？大家何必都这样憎恨我？来敏年老狂妄，于是有这些怨言。当年刚进入成都，人们都说来敏不合群，先帝因为觉得用人之际就宽容他；后来刘巴选他任太子家令，先帝并不高兴，但不忍拒绝。后主即位后，我暗于知人，就把他提升为军师祭酒，没有听别人的劝诫，也违背了先帝的意思，他自己表示能够自勉向上，坚守正义，现在既然做不到，就免去职务，让他闭门思过。"看来来敏是希望留在成都做皇宫守卫的事务，对董允挤走自己执掌宫中之事是不满意的，于是在汉中口出怨言，大发牢骚，诸葛亮翻出了他被任用的历史，借用刘备当年的态度说事，免去了他的军中职务。

诸葛亮去世后，来敏返还成都任大长秋，应是接替许慈的职务，不久被二次罢免；后来逐渐升迁为光禄大夫，是朝中次于三公的高级官员，后来又因过错而遭第三次免职。他前后多次受贬，都因为说话毫无节制，举止违反常理。来敏属于饱学之士，受到人们的看重，他又出身于荆楚名族，加之早先是太子刘禅东宫的老臣，所以受到一些优待，被罢免后总能再次起用，后来又任用他为执慎将军，这是蜀国为来敏特设的将军名号，是希望他以该职位而自我警戒，大约 260 年前后，九十七岁的来敏去世，儿子来忠同样博览经学，受到大将军姜维的赏识而被任用为参军。

从事凡俗的政府行政工作与经学典籍的钻研探究属于两个不同的领域，各有其关注对象和内在事理。学问有成的人士常常受到社会共有的推崇，但如果他们把钻研学问的方法、心态及其较真劲头不加区别地移植到行政工作中的对人关系上，往往会违反另一领域的规矩，闹出戏剧性的笑话。上述几位被征用来做益州文化典籍整理的士人，他们合作干事的行政素质所以不高，应该是他们没有注意到两个不同领域的区分。

2.6（5）诸葛亮的涪县同学

《三国志·蜀书十二》记述了三国时代诸多益州文化名人的事迹，其中有两位同时出身于涪县的才士尹默和李譔，他们的专业方向、学派归属、个人经历和学术成就等方面都有许多相同相似之处，两人的经历和成就表明了人才成长中的地域连带效应，也展现了战乱之世执守学问路途人士平静无奇的一生。

尹默，字思潜，梓潼郡涪县（治今四川绵阳）人，他早年就是立志投身于学问钻研的青年。西汉初的经学传承有今文经学和古文经学两大流派，前者注重发挥经文的“微言大义”，后者注重考证和训诂。汉武帝在太学置五经博士，传授的是今文经学，倾向于为现实政治服务。尹默看到益州地区的学者都崇尚今文经学而不喜欢章句之学的古文经学，觉得他们的学问不精深渊博，于是远游到荆州地区，师从司马德操（司马徽）、宋仲子（宋忠）等学习古文经学。后来尹默对诸多经史都很精通，又专心探研《左氏春秋》，自刘歆条列而下，经郑玄、贾逵父子、陈元、服虔的注解，他都不需参看书本就能诵述讲解。

尹默在文化教育领域应是颇有成就的，刘备平定益州作了州牧后，任命尹默为劝学从事，这是为益州设立的位次略低于典学从事的学官，执掌州内教育文化事务。221 年蜀汉建国后册立太子，以尹默为仆，为太子东宫的较高属官，尹默奉命用《春秋左氏传》教授刘禅。后主刘禅继位后，任命尹默为谏议大夫，为朝中参与议论顾问的官员。丞相诸葛亮 226 年北驻汉中筹备伐魏，请尹默随同前往作军师祭酒。《三国志》的作者陈寿撰史时为避晋朝司马师名讳，史料中称为军祭酒，为丞相府中级官员。228 年诸葛亮去世后，尹默回到成都，被任为太中大夫，执掌顾问应对的中级官员。去世后，其子尹宗继承他的学业，为博士。

李譔，字钦仲，也是梓潼郡涪县人。李譔的父亲李仁，字德贤，与尹默一起远游到荆州，师从司马德操、宋忠等学习，李仁虽修古文经学，但也偏好技艺文学，并终身从事文学。李譔全部继承了父亲的学业，又跟从尹默学习经文义理，对五经与诸子之学无不广泛浏览。另外他还爱好技艺，算术、卜数、医药、弓弩、机械器具，对这些方面都用心探究，是一位爱好广泛并善于钻研探究的博学人士。李譔起先为州书佐、尚书令史，均为担负特定事务的低级官员。

238 年，后主刘禅册立刘璿为太子，以李譔为庶子，升任为仆，为太子府的中级官员，后调任为中散大夫、右中郎将，职位有所提高，仍伺候太子。太子刘璿因为李譔知识广博，所以对他十分喜欢。然而李譔为人轻佻，喜欢戏耍，故此人们不敬重他。李譔平生著有古文《易》《尚书》《毛诗》《三礼》《左氏春秋传》《太玄指归》，都以贾逵、马融之说为准则，而异于郑玄之说。他与魏国学者王肃相隔较远，所以起初相互没有看到对方的著述，然而他们的见解颇多相同，李譔约 261 年左右去世。史书在该篇还介绍了汉中人陈术，字申伯，也博学多闻，著有《释问》七篇、《益部耆旧传》和《益部耆旧志》（参见 2. 5. 10《蜀中奇才何祗》），曾历任新城、魏兴、上庸三个郡的太守。

尹默应是李譔的长辈，年轻时与李譔的父亲李仁远赴荆州求学，拜师在司马德操门下，司马德操即水镜先生，是当时荆襄地区很有声望的名士，诸葛亮、向朗都曾做过他的学生，尹默他们与诸葛亮未必同时在其门下求学，但应该也有同学之谊。所不同的是，学问人尹默、李仁，以及后来的李譔他们从年轻时选择了学问之路，并且刻意追求远离现实政治的钻研方向，后来走上了与权力合作的道路，成为蜀汉国家体制内的官员，但仍然是以自己的专业知识为政治和权力部门服务。无论生命的路子多么平淡无奇，但他们都终生从事自己喜好的事情，符合于年轻时最初的职业选择。

人在年轻时处在职业生涯的岔路口，生命历程的唯一性和不可逆性需要每一位投身职场的人士做出自己职业路径的最终选择，人生经历的短暂往往使选择者对学问之路和从政之路的利弊得失纠结不清，从诸葛亮涪县同学的人生经历可以看到，与投身政治活动领域的同学相比较，因为他们一直专注于学问的探究，而不是留意于治国平天下的使命，所以他们总是处于社会生活的非中心或者边缘境地，基本上没有轰轰烈烈的人生业绩，却有衣食无忧、平稳安静的人生；他们对社会发展的贡献主要体现在文化教育的方面，这种贡献往往是隐性或潜在的，同时他们的职业成就更需要有甘守寂寞的耐心和毅力。

2.6（6）身在蜀汉心系曹

“人上一百，形形色色。”蜀汉文化教育领域集聚了一批学识通达的名人和才士，和其他如政治与军事领域的人才一样，尽管每一位都不是完美之人，但他们同样属于社会事业发展中一支不可或缺的力量，为国家建设做出了应有的贡献。然而，还有另外一些人物，他们在体制内工作和生存，却似乎并不与自己所依附的政权同心同德，他们利用所掌握的知识资源创造自己的“成果”，利用私密的场合迷惑人众，积极从事着毒化舆论和瓦解人心的事情。从《三国志·杜琼传》的记述中即能看到，传统社会文化建设领域的事情并不是如同人们想象的那样单纯。

杜琼，字伯瑜，蜀郡成都人。他少年时跟从名师任安学习，精通任安的学问，刘璋为州牧时被征召为州从事。刘备作了益州牧后，任命杜琼为议曹从事，这属一种荣誉职务。后主刘禅继位，杜琼被任为谏议大夫，升为左中郎将、大鸿胪、太常，从中级职务一直升任到掌管礼仪和宗庙事务的高级职务。

杜琼为人性格静默少语，常闭门自守，不问世事。蒋琬、费祎等都很器重他。杜琼虽说学问精深，但他从不对天象的吉凶发表什么评说，年轻的儒学后辈谯周询问他为何对此不发表评论，杜琼回答说："想要明白星象之术很难，须得自己亲身观察，只了解表面的东西，不能令人信服，必须早晚日夜地劳苦，然后才能知其底细；知道了又担心泄漏天机，所以不如不知。故此我不再观察天象了。"谯周借机问他："对'代汉者当涂高'一语，过去周群认为'当涂高'是指魏，他说的道理是什么?"杜琼回答说："魏，宫殿大门的意思，在大道上高峻矗立，圣人取其象征之意而言。"他又反问谯周说："难道有什么不通之处吗?"谯周说："没有说透。"杜琼又说："古代的官职都不称'曹'；自汉代起始，官职都称为'曹'，吏称作'属曹'，卒称作'侍曹'等，这大概都是天意啊。"

杜琼是一位说话慎重的名人，他强调对天文的观察不能只看表面现象，提醒后辈学问的研究要靠自己长期的劳苦来获得，都是中肯的心得，由此看来不失为严肃认真的学人，他因为担心星象预测得到的成果会产生不良的社会影响，干脆终止了对星象的观察。从逻辑上讲，费尽辛苦而获得的时效成果不能公布出去，当然就不必观察研究了，这从道理上也说得过去。当时有一句困惑全民的谶语，名人周群只是向身边人武断地宣告了结论，而并没有作出说明（参见 2.6.2《看不懂的星象预测》），当后学谯周向杜琼请教周群为何把'当涂高'解释为魏时，处在私密询问的场合，杜琼对此没有保留地做了解释，虽然他将其说成是比类取象，但这种解释还是非常勉强的；为了促使这位后生信服，杜琼又提出汉代以来低层官职名称中带有"曹"字的事实，意在启发后学：天下的官职都属于曹，那汉之后的天下归谁就很清楚了，以此加深他对所提谶语解释的确信。其实，任何无厘头的事情都可以做出各种方向上的发挥理解，关键在于发挥者内心确定的思考方向。在对未来社会趋势的预测上，把毫无牵连的现象刻意往"魏"和"曹"两字上联想归结，反映出来的实在是一种政治态度。从这里可以看到，在当时的蜀汉政权体制内士人队伍中，的确存在着杜琼一类向往中原、身在蜀汉心系曹的人物。杜琼著有《韩诗章句》十多万字，但不将其学问教给儿子们，其家中没有传业之人。他活到了八十多岁，250 年去世。

后学谯周根据杜琼的教诲，把那种触类旁通刻意发挥的方法做了开拓性运用，他把历史政治与现实政治问题搅和在一块，连续说了几件事情：①《春秋传》记载晋穆侯给太子取名叫“仇”，仇的弟弟叫“成师”。晋国大夫师服说：“国君给儿子起名太奇怪了，好的配偶称‘妃’，不好的配偶叫‘仇’，现在晋侯将太子称作‘仇’，将太子的弟弟称作‘成师’，这预示着国家要发生内乱，做哥哥的要被替代了啊?”这件事在《史记·晋世家》也有记载，后来果然如师服所言。②汉灵帝刘宏将他的儿子刘辩、刘协分别称“史侯”“董侯”（参见 0.1.2《何太后的小家思维》），两个儿子先后被立为皇帝，即少帝和献帝，因为父亲以“侯”称之，两位皇帝先后都被降免为诸侯，谯周认为这一情况与师服所说的极为类似。③蜀汉先主称“备”，其字训释为“具”，后主称“禅”，其字训释为“授”，这是说刘氏的政权已具备了，后面却要授与他人。在谯周发挥讲到的三件事情中，他用历史上发生过的事情论证自己发挥方法的正确性，反过来又用得到验证的发挥方法来确定他对现实问题的联想结论，针对第三件事情对现实政治走向的推论，他说：“这要比晋穆侯、汉灵帝给儿子取的名字还要不祥。”谯周甚至把他关于蜀汉政治结局的这一推论讲给身边的人听（参见 2.5.6《向氏叔侄的不俗人生》），当时受这一舆论影响的蜀汉臣属应该不止向充一人。大概私下流传的议论，没有人向上汇报吧，谯周并没有受到任何追究，但其对蜀汉事业发展的消极作用应该是可想而知。

后来宦官黄皓在宫中弄权，朝政腐败而颓废。262 年宫中一棵大树无故折断，谯周据说为此深为忧虑，他又开始琢磨能够得出的预察结论，但苦于无人可与交谈，于是在柱子上写了十二字：“众而大，期之会；具而授，若何复?”史书上介绍说，曹的意思是“众”，魏的意思是“大”，曹魏既“众”且“大”，天下人终当聚会其下；“具而授”即是前面对蜀汉两帝名讳的引申发挥，强调授予别人后也无法恢复。这里仅是在上次人名联想结论的前面附加了接受方曹魏，但其解释并没有表明，大树折断与曹魏有什么关系，其最终结论与周群、杜琼他们对谶语的解释武断地保持一致。

263 年，即宫中大树折断的次年，魏国将军邓艾出奇兵攻入成都，刘禅出城投降。蜀国确实是谯周在柱子上写字后不久灭亡了，人们都以为谯周的谶纬式推论预言得到了应验。但不知史书上对谯周所写十二字前六字的解释，是否是谯周本人在亡国后所做的说明，因为从字意的查阅和引申上，并不能直接得出曹为众、魏为大的意思，更不能用“众”和“大”去反身代表“曹”与“魏”，不是思念曹魏陷入痴迷和昏头的人，是得不出这样结论的；即便是谯周事后跳出来做解释并自圆其说，仍然牵强得难以让正常人信服。

当时大概总有人被谯周的自我解释所迷惑，因而会作出对于他政治动向预测的某些赞赏吧，事后谯周对人讲：“这虽说是我自己推论寻思的，然而这种推论有所本因，是从杜琼先生的启发中发挥引申而来，并无神秘的灵感和我独特超人之处。”自己所在几十年的国家灭亡了，谯周没有一点儿留恋和感叹，却卖关子炫耀自己当年私下诅咒言论的正确，假作谦逊姿态以显示自己德行之高。人们不禁在此疑惑，无论谯周学问大小，这究竟是一种什么人格！

2.6（7）陈寿的老师谯周（上）

一个政权的文化教育事业常常需要内行的人物参与和总领，这些人物既是学识丰厚的名士，也是国家的重要官员，具有一身二任的角色，蜀汉学界的谯周就是一位参与和执掌蜀汉学政时间较长的人物。早年巴西郡安汉县（治在今四川南充市东北近郊）有位名叫陈寿的年轻人曾向谯周拜师求学，许多年后，陈寿在晋朝著作郎的职位上撰著了《三国志》（参见2.3.15《身后的追忆》），谯周的事迹于是得到了更多记述。从这些记述中可以看到，文化名士谯周后期在蜀汉政权中取得了颇高的地位，而这位一直身在蜀汉心系曹的人物却在国家面临突发危机的时候，利用自己的学人声誉借机推销他的夙愿，促使后主刘禅屈降了曹魏。

谯周字允南，巴西西充国人也。父亲蚈，字荣始，钻研《尚书》，兼通多种经典及纬书图谶，多次拒绝了州郡的征召邀请，后来在益州代理师友从事，属于没有固定职守的荣誉职务。谯周幼年丧父，与母亲、哥哥一起生活。成年后酷爱古籍，笃志好学，家里虽然贫穷，但他不曾治理产业，整天诵读经典文籍，心有所得时独自窃笑，有时忘记了睡觉吃饭。他精心钻研《六经》，尤其擅长撰写书信，也很熟悉天文星象，但无意投身此事；对不太喜爱的诸子文论并不全部阅读。他身高八尺，外表和衣着都很简朴，生性诚实而不矫饰，没有雄谈辩论的才情，但胸有学识内心机敏。

后主刘禅在位前期，丞相诸葛亮兼任益州牧，任命谯周担任劝学从事。有资料说，谯周首次来府中，诸葛亮身边的人看见他不禁发笑，谯周离开后有官员请求辞退发笑的人，诸葛亮说："当时我都不能忍住，何况身边的人!"谯周使初见者无论何人都会生出忍俊不禁的发笑感，他的长相应该总有些怪异，陈寿是他的学生，只说他"体貌素朴"，看来在此有点有意饰丑。史书上没有介绍他为什么事去了州府，也没有记录他在诸葛亮执政时期的个人活动，推测谯周向杜琼请教询问的事情应该发生在这一期间，他熟悉天文而放弃此业的行为大约也是受了杜琼先生谈话的影响（参见 2.6.6《身在蜀汉心系曹》）。234 年诸葛亮在五丈原去世后灵柩返回汉中，谯周在家里听到消息立即前去奔丧，朝廷很快发下诏书禁止前往，只有谯周因为行动快得以到达。朝廷禁止奔丧，大约只因路途遥远，为避免官员和民众前往人多而对工作生活造成不良影响吧，可能不是如后世人揣测的那样包含过多的政治顾忌。谯周出发在朝廷禁令下达之前，这里展现了他内心机敏的一面，确实讷于言而敏于行，同时也体现了他对诸葛亮的一片深情。大将军蒋琬兼任了益州刺史，升任谯周为典学从事，这比原任的劝学从事职级更高，总领益州学政。

238 年后主刘禅立刘璿为太子，任谯周为太子东宫属官仆，后调任为家令。当时后主常常外出游玩，增加了声乐歌舞人数，谯周上疏劝谏，他用光武帝刘秀的事迹劝勉刘禅，提到刘禅在父丧三年间时常流涕不止的大孝之行，希望他体察父亲之志，为子孙节俭。这次上疏不久谯周被调任为中散大夫，为参与议论顾问的中级官员。当时姜维率军队多次讨伐曹魏，益州疲弊不堪，谯周与尚书令陈袛谈论该行为的利害，他模仿西汉司马相如对汉武帝的劝谏方式，写下长篇散文《仇国论》，其中假设因余之国与肇建之国相争而为仇敌，因余之国比肇建之国小但总想创造机会灭掉对方，为此国家高卿前去询问伏愚子以弱胜强的方式，伏愚子以历史事实为据，对其讲了好多道理，认为民众不堪忍受就会使国家生出危机，说到"多次射箭而不中，不如审慎而后发"。谯周的意思是很明白的，他是换个方式来谏阻掌政人穷兵黩武。两篇文论中不时有优美的句子，陈寿说他"尤善书札"，看来不是虚言。

后来谯周升为光禄大夫，位次在九卿之后，应该属于国家的高级官员。他虽然不参与政事，但作为文化名人而受到礼遇，国家有大事常常向他咨询，他总能引经据典给予回答，而志在上进的年轻人也喜欢听他答疑解惑。

263 年冬，魏国大将军邓艾攻占江由（今四川江油北五十公里），长驱直入。而蜀国本来料到敌军不会攻来，未作守城的准备，听说邓艾已进入阴平

(今甘肃文县西北),百姓慌乱骚动,纷纷逃进山林荒野,政府禁止不了。后主刘禅召集群臣商议,没有人能想出对策。有人认为蜀与吴国为盟友,可以前往投靠。谯周坚持认为:“自古以来,没有寄寓别国而作天子的事,如果投奔吴国,就是臣服吴国。将来魏国能够吞并吴国,而吴国却不能吞并魏国。同样是向人称臣,不如向大国称臣。与其遭受两次屈辱,不如忍受一次屈辱。”谯周在这里似乎混淆了几个问题:投靠吴国是去暂时避难,而不是要去做天子;避难中屈己求人是免不了的,但应不属于臣服吴国。投靠盟友的方案自然利弊俱有,但总体上却属于一种暂屈东山,机会不灭,可以争取未来的设想。谯周把曹魏的力量在设想中加以夸大,认为他们先灭蜀汉,旋灭东吴,在这样的想象中,投吴避难当然成了两次屈辱之事。

当时还有人认为南中七郡,陡峭险阻,容易守御,建议撤至南方坚守。谯周说:“如果投奔南中七郡,就应该早作准备,然后才能有所凭依。现在大敌当前,灾祸就在眼前,无法保证手下人的心志齐一,恐怕出发的那天,就会发生不测之变,怎么还能去到南方呢?”这里谯周又夸大了南撤的风险性,当时姜维、廖化、霍弋、罗宪的几处部队尚在国土稍远处,刘禅当然可以要求他们前来勤王,或者选择一部前往会合,其后再行安排。谯周对这些可以直接参战的部队闭口不提,似乎处在成都就不可轻动,只有投降邓艾一条路子。

群臣们被谯周引向了丧失想象力的偏狭思路,他们已经提不出其他方案,只是诘难说:“现在邓艾部队离得不远,恐怕他不会接受投降,这将怎么办?”谯周说:“方今东吴并未臣服魏国,情势决定他们不得不接受我们投降;接受之后不得不给我们以礼遇。如果陛下降魏,魏国不以土地分封陛下,我谯周亲身前往京师,以古来的信义与他们争辩。”群臣们都无法说服谯周。刘禅仍然考虑想撤向南方,谯周立即上疏,陈述了自己的反对意见,他坚持认为,南方夷聚之地,自诸葛亮南征后虽然跟从朝廷,但提供一点官赋和兵员就很困难,现在穷迫而往,希望依靠他们,必然会加重夷民的负担,这会促使他们反叛;另外他认为,魏军已到蜀国,如果朝廷南撤,他们必然会追奔到南方,那时候仍然无法抵御。总之,谯周认为蜀汉君臣只有投降魏军一条路可走,另外的方案都极有风险难以实施。其他官员大概心里总觉得这样做有些不大妥当,但他们想不出反驳谯周的理由,军情仓促之际,刘禅见大家拿不出更好的办法，于是听从了谯周的意见，派人与魏军联系投降了邓艾（参见2.2.1《刘禅执政》下），把刘备诸葛等前辈辛苦几十年打下的江山拱手相让。

陈寿在谯周本传中写道：“刘姓一家平安，整个蜀国得以完好，都在于谯周的谋划。”这一认定与后来多数学人的评论大相径庭。裴松之在此连续作了两处引注，借以表明自己的看法：东晋学者孙绰认为：“让作天子的人乞降活命，这是多么大的耻辱！”孙绰的议论应是既针对拍板的人，也针对作筹划的人。同时东晋名士孙盛根据当时蜀汉君臣可以掌控的兵力，具体分析了他们可以再图恢复的可能性，尤其强调了君臣们应该坚守的气节；他赞颂了历史上面临危机而奋起恢复振兴的英雄业绩，认为“刘禅属于暗主，谯周实在是位劣臣！”裴注之外，后来的清代学人刘咸炘就陈寿的评论直接表示说：谯周本传中竟然称赞他的功劳，这是陈寿多大的鄙陋啊！后学的评论都是极有道理的。千余年来，人们对陈寿给诸葛亮所做“应变将略非其所长”评语的公允性争论不休，其实那里的评价没有什么问题，陈寿在撰著中最明显具有曲笔回护而失掉起码公允，以至形成价值观错误的是对自己老师谯周的记述和评议。

2.6（7）陈寿的老师谯周（下）

蜀汉光禄大夫谯周是具有影响的学界名士，他曾长期主管蜀汉文化教育事业，并著书立说，培养了学生，对文化的传承有所贡献，但在263年魏将邓艾出奇兵进袭成都的危急关头，他却孤行已意处心积虑地说服后主刘禅举国投降，把他个人向往魏国的心愿强加给蜀国君臣，严重违背了传统士大夫的伦理操守，使苟活着的蜀汉君臣丧失了人们自古所崇尚的做人气节，他理所当然地受到了后世之人的无尽痛斥。

然而，他的个人境遇当时也曾风光一时，《三国志·谯周传》中记述，其时司马昭担任魏相国，觉得谯周有推动蜀汉举国而降的大功，于是封他为阳城亭侯，又下发文书，征召谯周来京师洛阳。谯周行进到汉中，为疾病所困就停留了下来。当时魏国划分益州版图，在汉中之地新设置了梁州（治所在今勉县东），265年夏，巴郡名士文立被任命为梁州别驾从事，文立原为蜀汉朝中尚书，这次从京城洛阳赴梁州就任，他在汉中路过时见到了病困休养的谯周，谯周说话困难，就在木板上写下字出示给文立，只见上面写着八个字：

“典午忽兮，月酉没兮。”史书上说，“典午”指的是司马，“月酉”说的是八月。另有资料解释：典，掌管之意，与司同义；午，在十二生肖中是马，所以“典午”是“司马”的隐语。另按“月建”之法，农历每月都有对应的天文星辰，这根据北斗七星斗柄顶端的指向而建，如正月建寅，二月建卯等，于是八月建酉，“月酉”因而代指八月。这年到了八月，魏相国司马昭果然离世。谯周向文立出示的八字，同他几年前在蜀宫大树折断时所写的“众而大，期之会”一样，是一种事后勉强能得到说明，而事前无法搞清的推测，用这种似是而非的把戏在事后足以忽悠人众。

谯周的推测往往反映着他个人的某种思想倾向，传统社会的政治舞台上执政者忌于对自我队伍的消极影响，对不具信义的叛归者往往没有好的对待，谯周应该知道司马昭的阴狠为人，虽然他一直向往中原大魏之国，但此时的魏已非原初的曹魏，已经成了司马之魏，谯周出卖千里疆土得到了封侯之赏，当他就要一览中原气象时，却感到那里已物是人非，充满诡诈权斗，他无法料知这次去洛阳的个人结局，因而在人生风光时却生出了一丝担忧。大概觉得需要做些观察再来决定是否可应召前往，他遂借病驻留于汉中，而内心实在希望权臣司马氏在魏国政坛上消失，于是就有某种内心的期盼。出示给文立的那八字，与其说是预测，不如说是他推测下的诅咒。

265 年十二月，司马昭离世不到半年，其子司马炎逼迫魏主曹奂禅位，建立晋朝，新的朝廷连续下诏书至汉中谯周的寓所，催促他前往洛阳。谯周只好乘着车子带病而行，应该是走走停停的节奏，直至 267 年方才到达。到了京师谯周病重得不能起床，这当然仍是陌生环境下一种观察回旋的策略。晋朝拜他为骑都尉，谯周表态说自己没有功劳，不该受封，希望回到自己侯爵的封土去生活，朝廷概不允许。谯周几年前把蜀汉献予了魏国，受禅让而立的晋国，其每一寸土地似乎都与谯周没有直接关联，加之实际当权人已经变换，所以谯周在司马炎的朝廷不敢以功臣自居，他的脑子是清楚的。谯周当时受封的阳城之地在今河南登封东南，年近七十的谯周无意做晋朝的官员，希望在魏国所封的中原之地享受晚年的生活，这既是一种政治选择的态度，也是一种个人求存的方式，但这最低的要求被朝廷所拒绝，似乎显出了不给个人选择生活自由的意味。

269 年，在洛阳做官的学生陈寿被调任到家乡巴西郡担任中正，这是负责察访本地人才的职事，他办完了官方各种手续后，准备回蜀地休假，临走前去与老师谯周告别，谯周对他说："孔子活到七十二岁，刘向、扬雄活到七十一岁，现在我年过七十，平素仰慕孔子遗风，大概可以与刘向、扬雄他们相同了。恐怕我过不了后年就会长逝，我们以后再难相见了。"陈寿说，他觉得老师谯周可能用什么方法预测知道了自己的年寿。270年秋，在被任为散骑常侍后，谯周的病情加重，只能免去受职拜谢仪式，这年冬去世。

谯周离世后，晋帝司马炎下诏说："我非常悲伤，赐朝服一具，衣裳一套，钱十五万。"他的儿子周熙回复朝廷，父亲临终交代说："我长期生病，未能上朝，如果朝廷恩赐朝服衣物，请不要给我穿在身上，把我的灵柩送回家乡埋于旧墓，道路险峻不好行走，准备下轻型棺材。等殡敛结束后，把朝廷的赏赐全部归还。"谯周不愿带走晋朝的任何一物，也反映了他临死前的政治态度，他是至死不愿做晋朝的官员和臣民。朝廷表态说：衣物可以归还，棺材钱送予。谯周不愿穿着晋朝赐予的服装入殓安葬，朝廷对他心里的想法不会不清楚，但坚持送给他棺材钱，要把安抚人心的姿态做足。谯周的三个儿子谯熙、谯贤、谯同，只有少子谯同喜好父亲的专业学问。

陈寿特别提到了谯周所著《法训》《五经论》《古史考》三部著作，另有资料表明，这些书在唐时尚能看到书名，前两书涉及祭礼、丧服和礼服等内容，夹有插图，不时被其他书所引证，但为数不多；第三本书内含二十五篇，是根据各种典籍资料试图纠正司马迁《史记》中的错失。谯周死后十一年，人们在汲郡（今河南汲县）一座战国古墓中发现并出土了一批竹简古书，包括《竹书纪年》，西晋史家司马彪说，他根据这批竹简古书，发现谯周的《古史考》中122处失误；司马彪另外还提到，自己所著《续汉书》中的"五行志"，是综合了散骑常侍谯周等四人的相关记录。谯周以蜀汉官员的身份进入史籍，但无论如何，他个人的学术成就是不能被否认的，他一生最可惜的是差了些品德。

说到底，蜀汉亡国后谯周并没有过上自己向往已久的天堂般生活，早年作为个体名士，他曾经仰慕中原，身在蜀汉心系魏，当他后来于国家权力中心拥有了发言权时，遂在巨大的危急关头积极推动国家并入曹魏，未料进入了司马家的天下，换来的是内心的疑惧和恐慌，并且失去了晚年生活选择的自主权。当他成了晋朝政权的装饰品而无法摆脱时，遂以装病的套路消极对付了五六年，可这与他美好的想象已经相差太远了，当他回想先前在蜀汉的尊贵地位与悠闲生活时一定是五味杂陈。

2.6（8）深情爱国的孟光

在蜀汉名士队伍中，孟光是一位热爱国家、为人忠直且颇有思想的人物，他不避权贵，遇事敢于发表自己的见解，史书中对他的事迹记载并不多，但足以表明他的行事风格和忠诚情怀，以他特有的思想智慧和精神气魄，在国家危难时候可能成为力挽狂澜的依靠力量，可惜这样的人物在蜀汉少到仅有一位，给历史留下了莫大的遗憾。

孟光，字孝裕，河南洛阳人，《三国志·孟光传》中记述，孟光在汉灵帝末年为讲部吏，这是在国家图书馆（东观）任职的官员，负责典籍文献的搜编整理，190 年董卓将朝廷迁至长安，孟光于是放弃职务逃到蜀地，主政益州的刘焉父子以宾客之礼接纳了他。孟光博物知古，无书不读，尤其致力于《史记》《汉书》《东观汉记》这三部历史，熟悉汉代典章制度和名物掌故，他还喜欢钻研《公羊春秋》而讥刺《左氏春秋》，常常与喜好《左氏春秋》的学者来敏就两书的内容相互争论，孟光常大声强争，史书上没有叙述他们争论的问题和各自的观点，也没有介绍孟光在刘璋主政时的任职。

214 年刘备平定益州后任命孟光为议郎，与许慈一同掌管礼法制度。后主刘禅继位，孟光为符节令，这是朝中执掌符节事务的中级官员，其后孟光的职任有多次调整，任执掌宿卫兵卒的屯骑校尉，又任总管皇太后内宫事务的长乐少府，后来升为大司农，为掌管国家财政收支的高级官员。可以看到，在诸葛亮、蒋琬主政期间，孟光被调任至文化事业之外的行政领域，他的职位渐次升高，但史书上在这里没有记录他早期任职中的具体事迹。

246 年，已是蒋琬执政的晚期，这年秋天国家颁行大赦令，孟光当众责问大将军费祎说：“所谓大赦，是一件待遇不公的事，并不是政治清明之世所应该施行的。衰败到极点，必不得已的时候才可暂且施行一下。如今主上仁慈贤明，百官各适其位，有什么旦夕之危和倒悬之急，需要多次施行这种特殊的恩惠，以惠顾那些奸邪为恶之人呢？况且如今盗贼猖獗，而宽恕那些有罪之人，这样做上犯天时，下违人心。我已年老衰朽，不懂得治国，但私下认为这种办法难以长久，不能使人仰慕高人，追求美好，不知你是否想用这种办法显示自己的仁德?”费祎只是恭敬地道歉而已。史书另一处记载，当年十一月大将军蒋琬去世，猜测这次大赦有为蒋琬以赦消灾的可能。孟光所持有的道理，以及他的指责是对的，但事情背后的原因不能公开说出，费祎只能以道歉应对，这里已展现了孟光能把握事理的思想智识和直言无隐的忠直精神。

史书上说，孟光时常这样对时弊作出指责，所以在位的高官心里都不喜欢他，而他的爵位也得不到升迁，每当直言时他无所顾忌，被当时的人所怨恨。太常镡承、光禄勋裴儁等人的年龄、资历都在孟光之后，但职位却在孟光之上，就是由这些原因所致。史家陈寿在这里客观地介绍了孟光的职场经历和个别事迹，不同寻常地出面发表评论，为传主的职位升迁而鸣屈。但能够从中发现，孟光在蜀国从秩六百石的议郎作到大司农，最后的职位为秩中二千石的第三品官员，未受封爵位而已，官职并非没有升迁，职位也不能算低。陈氏列举了镡承、裴儁两人作比较，但他似乎没有考虑到，职场上是不应该以年龄、资历来决定职位升迁的。指出孟光当时在职场不得时的原因在于他与高层执政者的冲突，这都没有问题，那些现象只能表明高层执政者不能容人的狭隘胸怀或者官场的政治腐败。任何人都应该升职，但必须以德才为据，而不能以年龄资历去排队升职，难道按年龄和资历把老年人推到政府最高职位上才对?相信任何一个政权和组织体系中都不会这样。德才有高低，人们各适其位才好，陈寿在这里一味为孟光个人的职位在下而叫屈，表达的无疑是一种错误的价值观。

后辈文士秘书郎郤正多次咨访孟光，郤正曾经负责太子的教育事务。孟光问郤正太子学习攻读的什么，以及太子的性情喜好如何，郤正回答说：“虔诚恭敬地侍奉双亲，早晚从不马虎，有古代世子的风范；接待文武百官，举动都合乎仁恕之道。”孟光说：“你所说的普通人家都是这样，我要问的，是想知道他的权变谋略和智虑格调怎样。”郤正说：“作为世子的原则，在于继承君父志向，并使双亲欢娱，既不能有妄自行动，又须将智慧格调藏在胸中，权变谋略要应时发挥，此类方面的有无，怎能预先准备呢?”孟光明白郤正慎重得宜，不愿随便乱讲，于是说：“我喜好直说，无所顾忌，每每弹劾揭露利弊，为人们所怨恨嫌弃，我明白你的意思，你大概也不太喜欢我的话，但我的话有道理。如今天下未定，智略是最重要的，智谋虽然来自天性，但也可以通过学习获得。这就是为什么储君读书，不能仿效我们那样去尽力博学读书以备咨询，或者像博士那样探究讲习以求取爵位，而应当获求最需要的东西。”

孟光是一位对国家忠诚并善于思考未来的人，他关心未来君主的心志和才智，认为这直接关乎着国家整个事业的未来，虽然由于郤正的谨慎严谨而没有了解到具体情况，但他表达了一个明确的思想，任何人的读书学习都应该与自己的职业需要相吻合。太子作为国家储君，未来的职业即是治国理政，统领万众而推动国家事业的发展，所以在突出德性修养的同时，一定要培养治略机变的能力，他认为在这些方面，后天的培养学习，可以对先天的才质有所增益和补充，这都是极其珍贵的思想理念。归结起来，孟光要求郤正根据治国需要对太子作针对性的培养，郤正当面表示非常赞同这一看法。孟光这次谈话表达了一位在国政建设中有发言权的正直士人热爱国家和向往未来的满腔情怀。

朝廷在四十多年的历程中曾立过两位太子，一是 221 年建国初期刘备立刘禅为太子，两年后刘禅继位；另一是 238 年刘禅立长子刘璿为太子。从几处资料中看不出郤正辅导的究竟是哪位太子，但从郤正后来与刘禅一往情深的关系看，当时培养教育的对象应该是刘禅，那孟光对郤正的谈话就应发生在蜀汉建国不久，中年孟光在蜀汉建国初期就关心国家的前途和未来，他能抓住事情的要害，在重大问题上表现了深沉的思考，同时又敢于直言，表现出了对国家事业高度负责的极强责任感，的确是值得信赖可以临危难而依靠的忠臣。

史书上没有载明孟光的离世时间，只是提到孟光后来因他事被免官，九十余岁去世。如果孟光是在汉灵帝刘宏去世的 189 年担任朝廷讲部吏，假使入职当年只有 20 岁，那他在 259 年应该已 90 岁，90 之后的余数应该达不到 5 了。就是说，263 年十月魏将邓艾进攻成都之前，孟光已经去世，蜀中再无一位像他那样很有思想、深情爱国又敢于直言的忠诚名士来对付谯周极为荒唐的投降主义言论，终使蜀汉无可挽回地被出卖了，在此不能不为孟光式人物在集团组织中的缺少而感叹。

2.6（9）郤正是个好员工吗？

做好本职工作是对职场人的基本要求，但对于饱读诗书的文化名士，似乎还应该有担当正义的道义要求，这不是职业道德的分外内容，而是他们个人操守不可分割的部分。在国家中枢的机要岗位上勤勤恳恳几十年，不做任何违规的事情，而对违背道义的事情充耳不闻，与身边的恶人和平相处几十年，蜀汉朝中的名士郤正就是这样，如此奇葩的人物是个好员工吗？

郤正，原名郤纂，字令先，河南偃师人。《三国志·郤正传》记述，郤正的祖父郤俭在汉灵帝末年任益州刺史，被盗贼杀害。另有资料说是因所辖益州赋敛繁重又贪腐泛滥，被凉州豪杰所杀。时逢天下大乱，故此郤正的父亲郤揖便留居蜀地。郤揖系将军孟达的营都督，为军队中的七品官员，后来随从孟达投降魏国（参见 2.5.4《反复无常的孟达》），作中书令史，为中书令属下负责机要秘书的八品职位，似乎离开了军界。郤正年少时即父死母嫁，一个人只身生活，但安贫好学，博览坟典古籍。史书上并未说明他的父亲郤揖如何死亡，从孟达投魏的时间上看，郤正离开父母应是在蜀汉建国前。

郤正二十岁就能写出很好的文章，入宫作秘书吏，转调为令史，升为秘书郎，直到秘书令，执掌机要文书和起草诏令，为秩四百石的六品官员。郤正入职后一直担负文秘方面的事务，在这一职位上从最基层干起，兢兢业业地工作许多年。他秉性淡泊名利，而尤其酷爱文章，自司马相如、王褒、扬雄、班固、傅毅、张衡、蔡邕等人的文赋，到当时的优秀文论，凡是益州藏有的他都想办法搜求，大都浏览诵读。

郤正在宫中任职，与宦官黄皓相邻而处达三十年之久，黄皓从卑微到显贵，操弄权力，郤正既不被黄皓喜欢，也未使他憎恨，所以他的官位虽未超过六百石，但也没有遭遇过什么祸患。史书上如上概括地介绍了郤正在宫中几十年的工作特征，但人们在此却看到了蜀汉职场上一位好好先生的人格形象。从与前辈学人孟光围绕太子教育问题的一段对话看（参见 2.6.8《深沉爱国的孟光》），郤正是一位说话做事极为谨慎的人，机要工作者的职业特征应该如此，他能长期淡泊名利的行为也并不为错，但在任何职位上都应具有一种对国家的忠诚精神，应该守卫正义的原则，如果把就职的目标仅仅设定在避免身受祸患的基准上，满足于应对事务，明哲保身，见到身边恶劣的事情装聋作哑，处在正义被长久压制的地方而一味规避，静观安坐，那即便拿到最低的待遇也是太多的，特别是处在关键职位上的人物更是如此。宦官黄皓在宫中做了不少恶事，对蜀汉事业造成了重大伤害，与他相处三十年的郤正不会毫无所知，一位船工知道有人在身旁凿洞毁船却安之如素，人们不能因为他未曾参与而能和平相处就给予敬慕和赞赏。

郤正擅长写文章，史书上说他常学习先辈儒者，借文章来表达自己的胸臆，其中录载了他仿照东汉名士崔骃《达旨》而作的文论《释讥》，文章无关国家政治，很有文采，从这篇长文中选取几段文意，可以窥见他的心性：①有人认为身死而名灭是君子的耻辱，为此讥讽我说，以我高超的才能，在朝中干事历经九考（每三年考核一次）而职位不移，应该是考核有所差错。我的回答是，虞舜对当面赞同的人保持警惕，孔圣对取悦讨好的人心存厌恶。我不向上逢迎，不沽名钓誉以获利，二十七年居朝未移，有自己的道义坚守。②喜好大海的宽深，赞叹嵩岳的高峻。我有时也提出一些冒昧昏聩的建议，如果幸被采纳，则属以暗补明；如果未被接受，那也是本分，我就退守自己的愚顽。偏狭的屈原认为唯己独醒，以为随波逐流的渔父昏醉。我进退听任天数，入朝几十年未被黜出，没有什么悔恨。③如今朝中人才堆积如山，英杰成群，我就像小鱼游进大海，小鸟落在山林，离去不显少，来了不显多。太阳在唐虞时代有过幽暗，月亮在殷商时期有过光亮。正反转化有一定的节奏和规律。先师训诫说要不怨不尤，听任天命，我还有什么可说？我把该做的事情做完后，就返归初衷，整理前人的三坟五典，追寻孔圣的思想精华，用精美的辞句来传扬道义。④九方堙以善于识马受尊，薛烛因鉴赏宝剑扬名，齐国食客用鸡鸣救了田文，楚国客人凭偷技保卫楚境。我没有这些人的特技，只能以默然静守求得自身安宁。从上面的文意可以看到，作为文学名士，郤正的思想是清晰的，他在内心把自己看得很低，工作中只履行自己的本分，至于能起到什么效果他是不考虑的，他认为船翻了会有新的生活，顺天应命就行，只要自身安宁，不必为其余事情忧虑。

郤正就是抱着这样的态度在蜀汉朝廷工作的，他与黄皓三十多年和平相处，自己不参与作恶，也不抗拒或制止别人作恶，这究竟是怎么样的一种价值观念！263 年十月，魏将邓艾率奇兵逼近成都，后主刘禅采纳了谯周的建议，需要写下降书送给邓艾，负责机要文秘事务的郤正受命写下了这份降书。大概是谯周本人为了避嫌而不执笔吧，而郤正踏实地履行了自己的本分职责，完成了谯周出卖蜀汉的重要步骤。

次年正月，钟会在成都反叛司马昭而被平定，魏国要求刘禅东迁洛阳，当时成都局势十分混乱，加之时间仓促，原蜀国大臣没人跟随保护，只有郤正和主管宿卫士兵的殿中督张通，舍下自己妻子老小只身随从前往。刘禅依靠郤正的指点，诸事合宜得体，没有引起失漏和麻烦。当时刘禅感叹，悔恨对郤正的了解太晚了。当司马昭在一次歌舞酒宴间询问刘禅是否想念蜀国时，郤正觉得刘禅乐不思蜀的回答不大理想，后来专门教给了刘禅不同的回答（参见2.2.1《刘禅执政》下），无论结局如何，当时人们对郤正陪伴故主的整个行为都十分称赞，司马昭封郤正为关内侯，这是一种没有封地的爵号。

司马炎在265年代魏建立晋朝后，郤正被任命为安阳（今陕西安康石泉东南）县令，泰始八年（272年），司马炎下诏说："郤正过去在成都，颠簸中坚守道义，不背忠节，被任用后能尽心干事，治理上颇有成绩。"为此升任他为巴西（治今四川阆中）太守，郤正在县令上的政绩和在成都撰写文书的事情一并得到了司马家的肯定与奖赏。郤正在多年后有一篇赞扬姜维的文章，其中说：姜维位居上将，处群臣首列，住室简陋，家无余财，侧室无侍妾之欢，后庭无音乐之娱，衣服车马仅求够用，饮食节俭，毫不奢华。他说："像姜维这样好学不倦、清廉朴素的人应为一代楷模。"姜维本是魏国冀县人，在诸葛亮首出祁山时受逼投蜀，蜀汉亡国后舆论围绕姜维降蜀的政治定向一事形成了截然相反的评议，郤正避开根本问题，夸张地褒赞其俭朴生活的枝节，是他在社会生活中不追求政治大节意识的再次反映，对姜维受到的负面评价有些惺惺相惜吧。278年郤正辞世，留有诗歌、论赞、辞赋等著述一百余篇。按照他二十岁入职计，应该活了近八十岁。

回到起初的问题，郤正是个好员工吗？可以说，如果他是毫无思想政治意识的普通工作人员，兢兢业业地守规工作了三十多年而不计名位和报酬，无疑是值得赞赏的好员工；但作为有学识有思想的人，他自觉放弃了应有的政治担当，听任身边的腐败和恶行，从来没有向恶人发出正义的信号，使其检讨和收敛自己的行为，实际上是参与营造了臭人不臭的政治环境；那种尽责而不忠诚的行为方式，最终使他在职任的名义下向奸人伸出援手，帮助完成了出卖团队的契约。作为知识名人，郤正根本上不是一位好员工。

2.7 不该遗忘的名臣

在三国鼎立的政治态势中，蜀汉事业的规模格局并不大，但在并非高层的岗位上，有一些心性忠贞、意志坚定、追求执着、功业鲜亮的人物，他们簇拥着一方政权，支撑着国家的局面，他们的功业与蜀汉同在。

2.7（1）以诚信立身的黄权

跳槽似乎是社会生活中，尤其是竞争环境中常有的现象，而跳槽后能否取得前后两家团队主持人的同时信任却是一个令人十分困扰的问题。蜀中才士黄权的职场生涯曲折坎坷，他曾迫不得已跳槽两次，尤其中年时以降将的身份离蜀归魏，抛弃了刘备诸葛亮，顺次在曹丕、曹叡和司马懿的手下干事，出人意料的是，他能得到前后每一位上峰始终不变的信任，最终在魏国作到等同三公之位。黄权对待每位君主都拿出最大的忠诚，而并不伤害前任，他是以诚信和智慧而立身的成功人物。

黄权，字公衡，巴西郡阆中人。《三国志·黄权传》中记述，黄权年轻时在本地做过郡吏，益州牧刘璋征召他为主簿，掌文书簿籍及印鉴的七品官员。211 年别驾张松向刘璋建议邀请刘备前来讨伐张鲁，黄权劝谏说："左将军刘备有骁勇声名，现在请他来蜀，以部下之礼对待，则不能满足他的心愿；以宾客之礼对待，则一国不能有两位君主，如果客有泰山般的安稳，那主人就会有累卵之危了。现在只可守紧边境，等待时局的稳定。"刘璋未听他的劝谏，最终还是派人迎请刘备，并将黄权调任为广汉县县长。后来刘备袭取益州，荆州兵将分路攻占地盘（参见 2. 1. 17《占领成都》），在益州各郡县望风归附时，黄权闭城坚守，及至刘璋投降后，他才前往归顺刘备。刘备让黄权代理偏将军，为军队中的五品职级，低位的将军。其实，刘备入蜀后必定会夺取益州，黄权对这一结果是早有预料的，他对刘璋忠诚劝谏，但人微言轻，提出来后反而遭到外放，但无论要面对刘璋多么悲惨的结局，黄权绝不落井下石，在刘璋的危局中趁火打劫，或者去向强势的刘备献城领功，他要把自己守城的职责坚守到最后一刻，哪怕这是毫无前景的事情，黄权这里是以守城的不完美换来了人格的完美。

曹操在 215 年击破汉中，张鲁逃往巴中之地（指今四川东部一带），黄权向刘备建议说："如果失去汉中，则三巴之地（指巴东、巴西、巴郡）就会受到威胁，这就割去了蜀国的大腿与臂膀。"于是刘备任命黄权为护军，率领诸将去巴中迎接张鲁。其时张鲁已退回南郑（治今陕西汉中市），向北去投降了曹操（参见 0. 5. 4《收复汉中》），然而刘备最终还是打败了曹操所封的巴西（治今阆中）太守杜濩、巴东（治今奉节）太守朴胡，斩杀了夏侯渊，占据了汉中（参见 2. 1. 19 攻占汉中》下），这都有来自黄权的建议。黄权看来是具有战略眼光的人，他对刘备的建议展现了自己的才质，也献出了对君主的忠诚。刘备让他监护几路部队前往巴中时，就已表现了对黄权的充分信任。

刘备在 219 年为汉中王后，仍兼任益州牧，任命黄权为治中从事，为州牧内务的助理。221 年刘备登基称帝，准备征讨东吴，黄权劝谏说："吴人剽悍善战，而我军又水路顺流，易进难退，请让我为先头部队去试探敌人虚实，陛下应当在后面进军。"刘备没有听从黄权的建议，而任他为镇北将军，督领江北军队防御魏国出兵，刘备自己在江南前线（参见 2. 1. 23《夷陵攻占的失误》）。后来蜀军前线部队大败，刘备撤退至白帝城，由于返蜀道路被吴军完全阻断，黄权军队无法返回蜀地，故此他率领部下投降了魏国。蜀国有关部门依照军法，请求将黄权在蜀中的妻子儿女收捕，刘备说："是我有负黄权，黄权没有负我。"于是仍像过去一样对待他的家小。在这里，当黄权提出要自领先头部队探敌虚实时，已经是甘愿把自己的性命押注出去，他让刘备在后进军，是自己承担风险而把君主放在更安全的地位，有种面对危险以命护主的意味，话未说透，但刘备对此应是心里清楚的。战局的发展说明黄权的方案是对的，后来他归顺魏国，完全是迫不得已的选择，刘备非但没有理由收捕黄权的家属予以报复迫害，应该对他还有一点内疚之意。

魏文帝曹丕对黄权说："你弃暗投明，是想仿效离楚归汉的陈平、韩信吧?”黄权回答说:“我受过刘主的特殊恩遇，当时不能去投降东吴，又无路返回蜀地，只好顺乎命运的安排。况且败军之将，免去一死就是幸运，有什么资格仰慕古人!”黄权无意炫耀自己的高大，他的话非常实在，曹丕颇为赞赏，任命黄权为镇南将军，封育阳侯，又任他为侍中，可以往来殿中入侍天子的属员，让他陪自己乘坐同一辆车，这应是一种特殊的恩宠表示。不久，降魏的蜀人有的说黄权的家小在蜀国被杀了，曹丕发诏令让黄权发丧，黄权回答说:“我与刘主、诸葛推诚相待，他们会知道我的本心。那些传言并不确实，等后面再作打探。”黄权料知不会如此，所以没有马上发丧。后来了解到确切消息，果然如黄权所言。

刘备病逝的消息传来，魏国群臣都相互庆贺，唯独黄权无一丝笑意。他曾经接受刘备之命领军出征，至今不能回复，尽管有不得已的客观原因，但事情毕竟有始无终，因而一直心存抱愧，现在故主离世了，愧疚成了无法补回的永久遗憾，哪儿还有什么笑容，而看到黄权这一切的当然对他心生敬意。曹丕观察到黄权很有器量，想试着惊惧他一下，于是让身边的人诏知黄权来见，黄权尚未进宫，催促的人接连而至，骑马的使者奔驰交错在道路上，官员同僚和黄权的部下都胆战心惊，而黄权却举止自若，气色不变。黄权的言行都是合于道德伦理的君子行为，经得起考察检验，他心里永远踏实，当然没有什么可惊慌的。

226年魏明帝曹叡继位，后来曹叡问黄权说:“现在天下三分，应当以何地为正?”曹叡这里说的“正”，约同于正统之意。提出这一问题大概是要测试黄权内心真正的政治倾向，想要弄清他到底尊崇魏和蜀的哪一方。黄权回答说:“应当以天文为正。”这一回答真是无懈可击，天下所有的政权都宣称自己受命于天，是顺应天意而建立，那么让天文来表征天的意向，当然是对正统问题最有权威的确认。但曹叡绝不会以此回答为满足吧，黄权继续说道:“先前荧惑守心，不久文皇帝驾崩，而吴、蜀二主则平安无事，这就是明显的征兆。”这里提到的“荧惑”指火星，“心”为二十八宿之一，火星在心区停留二十天称为“荧惑守心”，古人认为这一天象出现后人世必定发生灾祸。黄权是在告诉曹叡，上一次荧惑守心，我们的文皇帝（指魏文帝曹丕）去世了，上天的灾祸预告是和魏国发生感应，而与吴蜀两国无干，那么谁家是上天表征的正统就不言自明。黄权在这里虽然没有点明正统的所属，但听明白了话语意旨的曹叡一定是非常满意；而黄权没有贬损蜀国，却明确表达了对魏国的尊崇。他赢得了魏国新皇帝曹叡的信任，不久兼任益州刺史，益州是黄权的家乡，当时不属魏国，这是享受待遇和荣誉的遥领职务，后又调任河南郡任职。

魏国大将军司马懿非常器重黄权，问黄权说："蜀中像您这样的人有几位?"黄权笑着回答说："没想到明公您如此看重我!"司马懿在给诸葛亮的信中说："黄公衡，是位直率之人，每次坐谈提到您，总是赞叹不已，口径一直未变。"239 年魏明帝曹叡去世，司马懿成了魏国掌权人物之一，黄权被提升为车骑将军、仪同三司，这是位比三公的军中职务，仅次于大将军与骠骑将军，三品官员，可以比照司马、司徒、司空开府。

240 年黄权去世，谥号为"景侯"，其子黄邕继承了侯位。黄权后期在魏国生活了 18 年，史书上没有说明黄邕是黄权在魏国娶妻所生，还是自蜀国前来的孩子。后来黄邕死后无子，其爵绝嗣。黄权留在蜀国的儿子黄崇，为蜀国尚书郎，秩四百石的六品官职，后跟随卫将军诸葛瞻抗御邓艾。出兵至涪县，诸葛瞻盘桓不进，黄崇多次劝说诸葛瞻应当迅速前行守住险要，不要让敌军进入平川，诸葛瞻犹豫而未予采纳，黄崇再作进谏以至流涕痛哭。后来邓艾长驱直入，诸葛瞻退至绵竹作战，黄崇统帅军队激励将士，立下必死的决心，在战斗中被敌军所杀，黄崇有和父亲一样的忠诚心性。

清代学人赵一清在《水经注释》中说："淯水南经预山东，山南有魏车骑将军黄权夫妻的两座坟墓，有地道潜通其冢，前面有魏明帝立的石碑，还有两碑为其子与臣吏所立。"史载曹叡先黄权一年去世，不会为黄权立碑吧，但不论哪位皇帝所立，都表明了黄权在魏国取得的尊贵地位。黄权以绝对忠诚的态度对待自己遇到的每一位君主，而在任何场合都绝不伤害前任，他以诚信立身，故能在命运多舛的人生道路上赢得人们普遍的崇敬。

2.7（2）功名在身的李恢

蜀汉对南部少数民族的治理，自建国后一直是颇费周折的问题，诸葛亮南征期间有过七擒孟获的传说（参见 2.3.4《南中平叛》），他用恩威兼施的方法使矛盾得到了缓解，但麻烦其实并没有终结，后续的问题是由李恢解决的。出身南方的才士李恢在刘备与刘璋的争战期间，以他的过人预察力，在政治态度上义无反顾地选定了刘备，为攻取成都做出了特殊贡献，在面对益州的南部危机时毛遂自荐，主动请缨镇守南中，又在配合诸葛亮的南征之战中立下了绝大功劳，后来仍以自己的英勇与谋略安定南中，维护了该地的持续稳定。他对蜀汉事业功绩非凡，是一位不能被低估的人物。

李恢，字德昂，建宁郡俞元（县治在今云南澄江）人。《三国志·李恢传》记述，在刘璋作益州牧时，李恢任职本郡的督邮，为督察属县政绩与法纪的官员，他的姑父爨习任建伶（治今云南晋宁）县令，有犯法之事，李恢因而受牵连要被免官。但建宁郡（治今云南曲靖）太守董和考虑到爨习是地方上的大姓人家，故此搁置此事不同意对李恢免职，后来又推荐李恢到州中干事。李恢还没有到达州府，半路上听说刘备自葭萌关南下反攻刘璋，他料知刘璋必败，认定刘备必能成事，于是托名为郡中使者，向北去见刘备。李恢在绵竹见到刘备，并受到刘备的赏识，于是跟随刘备到了雒城。当时战事迟滞，刘备派遣李恢到汉中去结交马超，马超不久即从命归附。在这里，董和是后来被诸葛亮所看重之人（参见 2.4.5《方正刚严的董氏父子》），他不仅保护了将要被免职的李恢，而且进一步把他推荐到州府，足见地方官员对李恢的器重；李恢在益州前途的决战中作出了正确的站队选择，并接受刘备委托去招降马超，历史小说曾虚构和渲染了李恢说降马超的具体情节，以显示事情的艰难与李恢的才情，但不管怎样，马超的归降对刘备最终夺取成都具有特殊作用（参见 2.1.17《占领成都》），李恢在这里功不可没。成都平定之后，刘备兼任益州牧，李恢被任命为功曹书佐、主簿，负责州府文书方面事务。

后来的工作中又出现了意外，李恢被投降的俘虏所诬陷，说他参与谋反，有关部门将他拘捕送交刘备，刘备知道李恢不会谋反，因而提升他为益州别驾从事，成了辅助州牧处理辖境事务的助理。从李恢受诬陷的整个情况看，当时刘备应不在成都州府，事情很可能发生于刘备攻取汉中期间，在成都州府留守的李恢受到诬陷和拘捕，刘备以他的知人之明，不仅保护了李恢，而且给予了更大胆的重用。遭受危难的李恢再一次得到了来自上峰的保护，这里充分展现了君主对李恢的高度信任。

221 年，庲降（南中之地）都督邓方去世，他是益州在南部地区所设军事机构的统领，刘备问李恢；“谁可以接替邓方？”李恢回答说：“人的才能各有长短，所以孔子说：用人就像用器要各取所长。况且在圣明的君主属下，作臣属的要尽力发挥。所以西汉时先零一战，赵充国对君主说：‘不如用老臣前往’。为臣我不自量力，愿陛下明察。”刘备笑着说：“我的本意也是让你去。”于是任李恢为庲降都督，让他持符节，兼交州（指岭南之地）刺史以为遥领，李恢的治所设在平夷县（治今贵州毕节）。李恢把刘备作为自己的知己看待，为了为初建的蜀汉事业尽力，他自荐都督之职而毫无失逊的忌讳，是献身国家的激情和敢蹈艰难的自信促使他生成了这种不同寻常的精神气概。

刘备去世后，高定放纵于越嶲，雍闿跋扈于建宁，朱褒反叛于牂牁，南中地区骚动不宁。丞相诸葛亮225年率军南征，他首先进军越嶲，而李恢取道进军建宁。当地反叛的诸县相联合，将李恢包围在昆明，当时叛军人数多过李恢的几倍，李恢又未听到诸葛亮的信息，故此派人假意对对方说：“官军粮尽，想要计划撤退，我远离家乡很久了，如今才得以返回，不想回到北面去了，打算与你们共同谋划，所以以诚相告。”南中叛军相信了李恢，于是包围怠慢松缓，李恢则乘势出击，大败叛军，一直将敌人向南追赶至槃江（今云南贵州境内的南盘江），东边接上了牂牁，与诸葛亮率领的部队声势相呼应。李恢利用自己出身南中的条件，在战场危急时刻以诈对敌，使力量上处于优势的叛军放松了戒备，最终战胜了敌人，有力地配合了诸葛亮的南征。南方平定之后，李恢的军功最多，被封为汉兴亭侯，加封安汉将军。

后来诸葛亮率大军撤归，南方夷族再次反叛，杀害当地守将。李恢亲自前往讨伐，铲除叛贼中的首恶者，把地方上的头领迁往成都，从叟、濮等部族中征取耕牛、战马和金银、犀角、皮革等物资充实军需，使当时国家费用得到了补充。这些事情应该发生在诸葛亮北伐期间，当时国家根本不能抽出部队再来南方与叛军相纠缠，李恢依靠自己现有的军力独力处置了新生的麻烦，他把征讨反叛、清除首恶、头领内迁、征收物资有机地结合起来，其中必然内含着许多出色的智谋和筹划，只可惜资料中没有对此作出记录，这些功绩成功地支持了诸葛亮的北伐战略，维护了国家的安定。

229年，交州划归东吴，这应是孙权称帝后陈震奉命出使吴国期间实际发生而没有公开记录的事情（参见2.5.13《拘谨使臣陈震》），因此朝廷解除了李恢交州刺史之职，调任他兼任建宁太守，返回到他的家乡本郡。后来他又迁居汉中，231年即诸葛亮五出祁山的当年离世，他的儿子李遗继承了爵位。李恢弟弟的儿子李球，任羽林右部督，皇宫部分禁卫军的统领人，263 年随从诸葛瞻抗御邓艾，阵亡于绵竹。李恢是一位个人才情、为国热忱和业绩贡献颇大而易被低估但却不该遗忘的名臣。

2.7（3）不识字的名将王平

战场上恃勇斗狠的将军需要以勇力武艺取胜，率领军队疆场决胜的名将则需要对兵法理论和前人战例有所了解，以便把握敌我双方的基本态势以制定有利的作战方案，因而战争实际对将领的文化程度终究还是有所要求的，如关羽就常阅读《左氏春秋》等，三国时代在战场上能发挥出更高水平的统帅其实还是读书为多的将帅，如曹操、诸葛亮、周瑜、陆逊都是这样。当时是否每位有能耐的将军都有一定的文化阅读能力，史书上看不出来，但《三国志·王平传》却特别记述说，蜀汉名将王平是不识字的。

王平，字子均，巴西宕渠（治今四川渠县东北）人。他本来在外祖母何氏家抚养，随姓何，后来恢复王姓。215 年巴郡賨人首领杜濩、朴胡依附曹魏，不久被刘备军队打败后残部逃归洛阳，王平在军中跟随前往，代行校尉之职。219 年他随从曹操出征汉中时投降了蜀军，被任命为牙门将、裨将军，属军中名号较低的五品官员。王平本为蜀人，早年跟随他人投奔曹魏，几年后归附蜀国，无论有无特殊原因，也都属情理之中。

228 年，王平跟随诸葛亮首出祁山，为参军马谡的先锋，马谡舍弃水源将部队驻扎在山上，又指挥调度混乱，王平连续多次劝谏马谡，但马谡不采纳他的建议，最终造成街亭败局。兵众四散溃逃，唯独王平带领的一千人马当时擂鼓坚守，魏将张郃怀疑他布有伏兵，不敢紧逼，于是王平缓缓收拢各营剩余人马，率领将士撤退。丞相诸葛亮退军后诛杀了马谡及将军张休、李盛，剥夺了将军黄袭等人的兵权，只有王平受到特别的崇敬和重用，被提升为参军，统率五部兵马兼管屯营事宜，并晋升为讨寇将军，封为亭侯。

231 年，诸葛亮与魏国大将军司马懿直接交手，他兵围祁山，王平另率一支部队坚守南部之围。司马懿进攻诸葛亮，张郃进攻王平，王平坚守不动，张郃未能攻克。史书上没有介绍王平采用的防守策略，但和街亭时的防守战一样，王平面对的都是魏国名将张郃，通过与张郃两次较量而未曾失手的结局，已能看到王平不同凡常的军事才能。这次诸葛亮退兵时设计斩杀了张郃

（参见 2.3.9《射杀张郃的祁山之战》），无论直接出手的是否为王平的部队，但王平在这次争战中的贡献还是不小的。

234 年八月，诸葛亮在伐魏前线去世，蜀军全部退还，魏延与临时统领杨仪作对，先行至南谷口截击大部队，王平（时称何平）受命前往抵御，魏延败逃（参见 2.3.13《退军中的是非》上）。在恃勇斗狠的武艺上王平可能不是魏延的对手，但王平认识到并充分发挥了自己当时所具有的政治和舆论优势，在阵战中却取得了胜利。因为这次功劳，王平被升任为后典军、安汉将军，为监军之下的军官，协助车骑将军吴壹驻守汉中。

237 年，王平被晋封为安汉侯，接替吴壹督守汉中。238 年大将军蒋琬驻守沔阳（今陕西勉县东），王平改任为前护军，代管蒋琬府中事宜。243 年蒋琬返还驻守涪县（治今四川绵阳），任命王平为前监军、镇北大将军，统领汉中军队，他是汉中军队的实际统领人。

244 年春，魏国大将军曹爽率领步骑兵十余万进攻汉川（指汉水流域一带的汉中之地），前锋部队已到骆谷（今陕西周至西南的四百里长谷），当时汉中守兵不到三万人，将领们闻讯大惊。有人说："现在兵力不足以抵御敌人，应当退守汉、乐二城，遇到敌人让他进来，用不了多久，涪县的援军就会赶到。"王平说："不对！汉中距离涪县千里之遥，敌人如果夺得关隘，便是我们的大祸，现在只宜先派刘护军、杜参军据守兴势山，我王平作为后援；如果敌人分兵进攻黄金（县治在今陕西洋县东北，境内有黄金谷），我自率千人下山迎击。用不了多久，涪县援军赶到，这才是上策。"只有护军刘敏与王平的意见相一致，于是马上执行。后来涪县各路军队及大将军费祎从成都发兵相继赶到，魏军退还，正与王平原来设想相合。这次防守方案是对统兵将领综合素质的考察检验，如果蜀国大军进入汉川平原，那祸患就真的无法抑制，后来蜀国失守于邓艾的结局就是这样；相反，蜀军只有凭险据守，扼住要害而不放敌军进入，才是以少量兵力守住汉中的不二选择。王平的守御安排是对的，虽然仅有少数人赞同，但他利用统兵权力坚持实施，难得的是他对自己的方案如此自信不疑，他是经过了多次战场实际考验的优秀将领。

蜀国后期的边境守卫，邓芝在东部边境，马忠在南部边境，王平在北部边境，都很有功绩，声名卓著，王平成了蜀中为数不多的名将。史书上说，王平一直在军旅生涯中成长，他不会写字，所认识的字不超过十个，经常口授他人代写的书信，都很有文理；让别人给他读《史记》《汉书》所载的纪传，他听后总能理解其中的大意，论说起来往往不失要旨。由此可以看到，王平虽然几乎不曾识字，但他却有很高的悟性，汉朝开国皇帝刘邦就是这样一位识字不多而悟性高超的非凡之人，为此得到了张良的肯定和认可。事实表明，有实战和生活经验辅助下的悟性发挥，要比那种一味死板读书而不知结合实际灵活应用的效果更好，就像不识字的王平强过熟读兵法的马谡一样。特意指出一位将军不通文墨，这里恐怕是陈寿仅有的一次，不知是史家因此而为王平遗憾，还是想特意强调王平的超常悟性。

王平遵守法度，言谈中不开玩笑，可以从早到晚端坐整天，并无武将的风度，然而他性情狭隘多疑，常轻看自己，这是他性格的不足，悟性高的人当然并非完美。248 年王平去世，其子王训袭爵。起初，王平同郡的汉昌人句扶，为人忠勇宽厚，屡立战功，功名与爵位仅次于王平，官至左将军，被封为宕渠侯。王平之后蜀国的张翼、廖化屡有战功，当时人们称说："前有王、句，后有张、廖。"作为国家所依赖的名将，王平受到了人们的高度评价和追忆。

2.7（4）吕不韦后裔发出的声音

蜀汉南部的稳定是当地各族民众的共同心声，诸葛亮 225 年南征前，当反叛的气势甚嚣尘上时，普通民众的声音总是被上层许多政治利害的追求所掩盖，然而，在遥远的偏僻之地，那里居住着一支秦朝贬迁于此的吕不韦后裔，吕凯就是其中出众的一位。《三国志·吕凯传》记述，在永昌郡任职的吕凯在与成都蜀汉政权相互隔绝的环境中，带领当地民众守护地方安宁，并向反叛势力发出了强烈的声音，把维护安定统一、反对分裂的汉夷各族心声做了坚定表达。

吕凯，字季平，永昌郡不韦县（治今云南保山金鸡村）人。当年秦始皇在相国吕不韦自酖而死后将其子弟宗族迁于蜀地，汉武帝开通西南，在蜀地设置郡县，将吕氏宗族集中于此，称作不韦县。当时为永昌郡治所在地。据此，吕凯应是吕不韦的后裔，吕凯在郡中担任五官掾功曹，五官掾是协助郡守执掌春秋祭祀的属吏，也顶缺作郡守助理的功曹事务，属于永昌郡守的主要助手之一。

其时，益州郡（治今云南晋宁东滇池附近）大姓豪帅雍闿等人听说刘备逝于永安，于是无所忌惮地骄横滋事。都护李严给雍闿写了一封六页纸的书信，向他告诫事情的利害，而雍闿回了一页书信，其中说："听说天无二日，国无二主，如今天下鼎立，有三种不同的历法，我们处在僻远地方的人心中疑惑，不知归附哪方。"其桀骜不驯以至如此。雍闿又投降东吴，东吴遥署雍闿为永昌太守。永昌在益州郡的西部，且道路阻塞，与成都隔绝，而郡太守又调换了人，吕凯与府丞王伉一起率领民众关闭四境，激励大家抵御雍闿。雍闿多次发布檄文到永昌对吕凯进行诱劝，吕凯，这位吕不韦的后裔，在闭塞隔绝的南中永昌代表民意发出了强烈的反分裂声音。

吕凯对雍闿回复说："上天降下丧乱，奸雄乘势四起，天下切齿痛恨，万邦为之悲悼，臣民无论老少，莫不竭尽力量，宁愿肝脑涂地以解除国难。将军你家世代蒙受汉朝皇恩，人们以为你会亲身聚集人众，带头上报国恩，同时不负先人，使功劳著于竹帛，留名千载。哪想你反而向东吴俯首称臣，背本趋末！"吕凯向雍闿表明了险恶形势下地方民众对反叛同仇敌忾的心情，提到雍闿家族世代受恩的往事。三国史料中对此未做任何解释，后世史家对汉史进行了详细梳理，在《史记·留侯世家》《史记·高祖功臣侯者年表》中发现了载录的线索：汉高祖刘邦的同乡雍齿，因多次反叛而结怨于刘邦，在刘邦做了皇帝后一度军情不稳之时，张良建议给结怨为仇的雍齿封给侯爵，认为这样才可稳定人心。刘邦遂封雍齿为什邡侯，封地在今四川什邡县。吕凯说雍闿家"世受汉恩"，应是指雍齿受封一事，据此可知，雍闿就是当年雍齿的后裔。吕凯勉励雍闿应该上报国恩，做对得起先祖而留名史册的事情，劝他不要犯糊涂舍本逐末而去投靠东吴。

点明雍闿先祖与汉朝的关系后，吕凯继续写道："从前大舜为百姓之事劳累，死于苍梧，史籍赞美他，以至流芳千古。他身葬江南，何等悲壮！周代文王、武王承受天命，成王时事业成功。先帝（指刘备）创立兴汉之业，海内望风归附，朝臣聪敏，上天降下安康。而将军您却看不到盛衰的周期与成败的征兆，就像野火烧在原野，人走在河冰上，一旦火灭冰消，你还有什么能依靠？"吕凯拥有相当的历史知识，也懂得事物转换的过程和规律，他是利用自己的文化优势多方面地劝诫雍闿，希望对方不要做没有长久依恃的行险之事。

说了许多道理后，吕凯论及现实事态说：“从前将军您的先祖雍侯，与汉结怨反被封爵赐土，窦融料知东汉必将兴盛，所以归顺世祖光武，他们都史册流名，世代受到赞美。如今诸葛丞相英才超群，能明察事物于未然之时，受先主托孤重任而辅佐汉室季兴，与众庶相处无所偏袒忌讳，奖赏功绩不念小过。将军您如果能够幡然改过，重新走上正道，则不难追迹古人，永昌这点地方哪里够您宰理！听说楚国对周朝不敬，齐桓公即出面责问；夫差僭号称霸，晋国就对其不加尊崇。何况你所臣服的并非良主，谁人肯向您归服?”吕凯仍然借助历史事件和人物，衬托说明蜀汉朝廷的广阔未来，劝雍闿认清形势，改过自新，争取自己的美好未来，也婉转而坚定地向雍闿表明了绝不会向他的反叛行为屈服的态度。

雍闿对吕凯的劝降文书前面已有好几份，吕凯都未加理睬，他在这封回信的最后写道：“我私忖古人大义，为臣者不和境外之人交往，故此前面收到您的信函没有回复。再次收到您的告示，我发狠心放下吃饭来略微表述一下心中所想，请将军您仔细省察。”吕凯对前面未做回复作了说明，以客气的方式给对方留足了面子。史书上录载了吕凯的这一书信后介绍说，吕凯的恩信在郡内皆知，故此全郡人都很信任他。就是说，吕凯的书信虽然有欠精炼，有些事情多次提及反复强调，显得有些啰嗦，但其基本思想代表了全郡百姓的心声，也展现了吕凯本人对人对事的一番苦情。

225 年诸葛亮率军南征，军队还在路上，雍闿已被叛军高定的部属所杀。诸葛亮到南方，向朝廷上奏说：“永昌郡吏吕凯、府丞王伉等人，在偏僻之地对朝廷坚守忠诚已有十多年，雍闿、高定在其东北方面威逼他们，而吕凯等人坚守正义不与他们交往。我没有料到永昌地区风俗竟如此敦厚正直!”南征战争结束后诸葛亮对当地行政区域作了重新划分（参见 2. 3. 4《南中平叛》），其后任命吕凯为云南太守，封为阳迁亭侯，王伉任永昌太守，也被封为亭侯。不久吕凯被其他叛夷所害，他的儿子吕祥继承了爵位。吕凯在南中反叛动荡的乱局中保全了忠义的名节，表达了地方民众维护安定团结的声音，为南迁蜀地的吕不韦家族争得了良好声誉。

2. 7（5）那位笃诚受敬的马忠

三国时代有两位名叫马忠的人物，有一位是在章乡（今湖北当阳东北）

俘获关羽父子的吴国潘璋属下司马，他做的事情极有影响，史书上没有单独立传；而蜀汉将军马忠是一位为人笃诚、忠于职守、深得各位主政人信任和喜爱的将领，他为南中地区的后续稳定做出了显著的功绩，并且得到了当地少数民族普通民众的崇敬，在蜀汉事业的发展中功不可没。

马忠，字德信，巴西郡阆中县人，《三国志·马忠传》记述，马忠幼年在外祖家寄养生活，姓狐，名笃，后来恢复马姓，改名为忠。他曾担任郡吏，214 年后刘备主政益州时被举孝廉，出任汉昌（治今四川巴中）县长。222 年刘备东征，在猇亭兵败，巴西太守阎芝从各县招集到五千士兵，派马忠送往前线补充兵源。当时刘备已退至永安，见到马忠后与他交谈，然后对尚书令刘巴说："虽说失去黄权，但又得到狐笃，这就是世间不缺贤才啊。"黄权在夷陵之战后不得已投降了曹魏，但他以诚信和智慧立身，始终受到相敌对的魏蜀两国君主的共同敬爱（参见 2.7.1《以诚信立身的黄权》）。从马忠一生的职场行迹看，他的确具有和黄权相似的人格特质，刘备对他的认识判断是正确的。

223 年刘备去世，丞相诸葛亮开设相府，以马忠为门下督，这是府内的七品属官。225 年，诸葛亮率军南征，任命马忠为牂牁太守（治今贵州都匀北），郡丞朱褒的反叛刚被平定，马忠安抚赈济百姓，在当地民众中赢得了恩信。马忠有早先汉昌县长工作的经历，知道基层百姓的所需所求，在牂牁郡守的职位上用推崇诚信的柔性方式对待当地的汉夷之民，迅速收到了很好的效果，这是他的个人心性在地方治理上的展现，为他后期的工作奠定了基础。

可能是马忠在南方的工作非常突出吧，230 年他被诸葛亮征召至身边工作，任他为丞相参军，协助长史蒋琬负责留府事宜，又兼任益州治中从事，交给了他国家多方面的军政事务。次年诸葛亮五出祁山与司马懿直接交战，当时夏秋相交之际，阴雨绵延不断，粮食运输接续不上，中都护李严于是派马忠（时称狐忠）和督军成藩来到诸葛亮军中，传旨让大军返回（参见 2.3.10《李严公案》）。事后证明是李严的谎话，李严为此事受到了惩处。这事并非马忠的责任，但是否他在高层管理机构工作也有些处事不严谨之处，马忠由此离开了相府，不久他督察将军张嶷等讨伐汶山郡（治今四川汶川西南绵虒镇）羌人的叛乱并取得了胜利。

233 年，南方夷族首领刘胄反叛，骚扰附近各郡。朝廷当时在庲降（南中之地）设置有军事镇守机构，但庲降都督张翼在对事态的前后处置上有些用法过严的不当之处，朝廷于是征召张翼回朝，让马忠前往替代张翼。马忠领兵前往斩杀刘胄，平定了南方，又调整了前任张翼的管控方式，获得了地方的安宁，朝廷加授马忠为监军奋威将军，封为博阳亭侯。当初，建宁郡叛军杀死太守正昂，绑架了太守张裔送往东吴，故此都督府常年设在平夷县（治今贵州毕节），马忠去后将郡府移到味县（治今云南曲靖），处在汉夷各族聚居地中；针对越巂郡（治今四川西昌东南）周边久失管控的情况，马忠率领太守张嶷恩威并用，设法恢复了越巂郡原来的辖地，为此朝廷加升马忠为安南将军，晋封为彭乡亭侯。

242年，马忠返回朝中，他这次回到成都似乎不是任职变化，应是有其他事务临时返回吧，当时大司马蒋琬驻扎汉中，准备顺沔水东下袭击魏国魏兴郡和上庸郡，但朝中大臣都不赞同。马忠到后朝廷临时抓差，派他北上汉中，向蒋琬宣布朝廷的旨意，当时蒋琬病患连续发作，其向东进军的计划最终也没有实施，马忠见过蒋琬返回成都后被加封为镇南大将军。244年春，曹爽率领魏国大军进攻汉中，大将军费祎北御魏军，留马忠在成都，平尚书事，代理尚书令奏呈文书的职责。费祎回朝后，马忠又返回南方，继续履行镇守南中的工作。249年马忠去世，他的儿子马修继承了爵位。

史书上说，马忠为人宽宏有度量，爱诙谐大笑，忿怒不形于色。然而他处事果断、恩威并用，故此南方夷族民众对他既敬畏又爱戴。他去世后，夷民百姓都来吊丧致哀，痛哭流涕，并为他修建庙祀，陈寿撰史时祠庙尚在。当时有名士张表，清雅名声超过马忠；后有阎宇，做事精细勤勉，一直有很高的治政才干，他们相继在马忠之后治理南中地区，威信和治绩都不及马忠。有明清时的资料称，马忠祠在曲靖府南宁县，当地百姓遇到水旱之灾即在此祈祷。马忠在南中以诚信治政，广施恩惠，因而得到了当地百姓长久的爱戴。

2.7（6）以智辅勇的和夷名将张嶷（上）

蜀汉占据西南之地，其内部的族群构成状况极为复杂，传统上称为夷民的少数民族与益州上层的汉族主政者一直存在政治与文化上的隔阂。自汉武帝开发西南以来，行政区域上虽然在益州之下设置了郡县，但许多交通不便的偏僻之地，县以下的基层组织及村落民众，政府似乎并未掌握控制。强龙不压地头蛇，有时候政府好像暂时控制了，不久又被地方豪帅所夺取，经常出现基层组织对于政府行政机构的不归属现象。豪帅控制的基层自行其是，不服从政府的管束，甚至与政府机构武装对抗，上层即会认为这属于“反叛”。诸葛亮在225年平定南中实在是不得已的行为，史书上对这次行动赞美有加，但一次平息行动其实并没有真正解决问题，许多夷族地区基层组织对政府机构不认可不归属情况仍然不断发生。蜀汉后期对平息事端和稳定南方发挥了重要作用的还有平民出身的将军张嶷，他以自己的智慧和英勇化解汉夷隔阂，以灵活多样的方式为西南民族间的融合做出了重要贡献。

张嶷，字伯岐，巴郡南充人，《三国志·张嶷传》记述，张嶷二十岁时为县功曹，为县长的佐吏。先主刘备平定益州之时，山中强盗攻打县城，县长弃家逃亡，张嶷冒着刀剑，携带县长夫人出逃，夫人由此得活，而张嶷名声传扬，州里征召他为州从事，为州牧属官。张嶷以他在危险环境中的英勇侠义行为得到人们的赞赏，他的职场前景更为广阔。

227年，丞相诸葛亮驻扎在北部汉中郡，广汉、绵竹一带山贼张慕等劫盗军用物资，抢掠官吏百姓，张嶷以都尉身份带兵讨伐。他估计这些山贼队伍零散，难以靠战斗擒获，于是佯装与山贼和亲，约定日子设宴相会，待他们酒醉之后，张嶷亲自带领部下斩下了张慕等五十余人的首级，所有头目被全部铲除，然后追歼其余贼人，约十天便使地方安宁。这次讨伐山贼的行动规模并不大，但能看到张嶷是一位善于思考、能根据敌情特点选择最佳制胜方案，绝不莽撞行事的将领。

张嶷喜欢交往崇尚信义的人，他一度生了很严重的疾病，家里又贫穷缺钱，而广汉太守何祗有宽厚通达的声名，张嶷平时与其并没有什么交往，他这次自己驾车到何祗府上相见，托何祗为自己治病（参见2.5.10《蜀中奇才何祗》）。何祗倾注自己钱财为张嶷治病，几年后病情痊愈。当时巴郡的士人龚禄、姚伷都是二千石的高官，在社会上很有名望，他们都与张嶷十分友好。

大约232年底，张嶷被任命为将军马忠属下的牙门将，随马忠出兵北往汶山讨伐叛乱的羌人。另有史料记述，张嶷带着三百兵马作为平叛的先行部队，到了名叫他里的村落，那里地势高峻，张嶷沿着山路走了四五里，羌人在前面的险厄通道处修筑了石门，门上放着木板，把许多石头垒在上面，见有人从门下通过，羌人就掀翻石头，经过的人会比砸得稀烂。张嶷料到石门一时攻不下来，于是就让做翻译的人员告诉羌人说：“你们汶山有人反叛，伤害无辜的平民，天子授命让我们剪除作恶之人，你们如果能恭迎我们的军队通过，提供粮食费用，就会永享福禄，得到百倍的报偿；如果不让通过，我们部队就会以雷击电闪的力量施行诛讨，到时后悔就来不及了。”羌人老帅听到这话，立即出面会见张嶷，提供粮食让军队通过。张嶷领着军队向前追击，反叛的人听说他里已经被拿下，全都惊慌失措，有的出来投降，也有的奔窜到山谷中，张嶷让军队进攻，最终取得了这次平叛的胜利。张嶷似乎深通夷民的心理，善于对他们进行威恩兼施的说服，化对抗为合作，这使事情的进展更为顺利。

233年，南方夷族首领刘胄反叛，骚扰附近各郡，朝廷改派马忠为庲降都督，率军讨伐刘胄，张嶷继续跟随马忠前往，平叛中经常战功第一，最终斩杀了刘胄。这次平叛刚一结束，牂牁郡与兴古郡（治今云南丘北南）的獠夷又反叛，马忠命令张嶷领各部前往征讨，张嶷去后招降了叛军两千多人，把他们全部送往汉中前线，这是南中夷族对蜀汉国家事业最实际的支持，显示了极好的效果。张嶷跟随马忠两次平叛，常有出谋划策和杀敌取胜的战功。

236年，武都郡（治今甘肃西和县西南）氐族头领苻健要求归降，朝廷派将军张尉前往迎接他们，过了约定日子苻健还没有到，大将军蒋琬为此十分焦虑，张嶷估计说：“苻健请求归降很真诚，一定不会发生什么变化，平时听说苻健的弟弟很狡诈，而且胡人不可能一起来归附，恐怕有叛变的情况，所以滞留了。”几天后消息传来，苻健弟弟果然带四百户人众投奔魏国，只有苻健前来归顺。事情再次证明了张嶷对各类人物心理分析的精准性，善于思考揣摩特定环境下不同人物的个性心理活动，正是他智慧和筹谋的优长处。

当初，越嶲郡（治今四川西昌东南）自从丞相诸葛亮讨伐叛首高定之后，当地叟夷多次反叛，杀死太守龚禄、焦璜，所以后任的太守不敢到郡中就职，只住在安上县（今四川屏山），离郡府治所八百多里，所以这个郡徒有其名。当时朝廷想要恢复旧郡，即任张嶷为越嶲太守，张嶷带领属下前往越嶲郡，以恩信诱导夷民，他们都前来归顺服从。北部边境的捉马族最为骁健，不愿接受节制，张嶷前往征讨，活捉其头领魏狼，又将其释放，让他回去告喻并招安其他人。张嶷又上表请封魏狼为邑侯，其部族的三千多户都留居原地并供服徭役，其他部族闻知后，都渐渐降服。张嶷带领着军队，但他与当地夷民交往中总是以恩惠和信义为先导，军队多是作为威慑力量发挥作用，对魏狼先擒后纵，为纵而擒，更使军队充当了对夷民展示恩信的手段，这对圣哲的擒纵策略做了最切实的发挥应用，其收效是明显的，张嶷因功被赐爵关内侯。

苏祁（故县约今四川西昌北）县邑的首领冬逢，及他的弟弟隗渠等，投降后又反叛。张嶷诛杀了冬逢，冬逢之妻是旄牛（县治今四川汉源南大渡河南岸）夷王的女儿，张嶷有意宽恕了她，而隗渠逃往西部边境。隗渠刚猛凶狠，各部族都畏惧他，他派遣两名亲信前来向张嶷诈降，实际是探取消息。张嶷发觉后，对二人许以重赏，使二人成为自己的间谍，二人返回后合谋杀死了隗渠，隗渠死后，各部落都安定下来。在这里，张嶷处死叛首冬逢后，考虑到旄牛夷王的家族背景，他将冬逢之妻予以优待，其处事有着细致而长远的谋划；对待隗渠派作使者的间谍，发觉对方的诡计就不容易，而张嶷更是棋高一着，他摸透了诈降者的心理需求，以重利许诺赎买，把对方的间谍转化为自己的间谍来使用。《孙子兵法》中说："反间者，因其敌间而用之。"张嶷未必熟通这些理论原则，但他在军事实践中自发地悟通了这一方法，使隗渠在毫无防备中被谋杀，他以极小的代价取得了西境各部落的安定。

另有邛都（今四川西昌东南）夷族首领李求承，过去曾亲手杀死龚禄。龚禄其人即是早先与张嶷相交往的州内高官，当时在刘备去世前后担任越巂郡太守（参见 2.3.4《南中平叛》），后来被叛军所杀。张嶷用悬赏招募的方式收捕了李求承，历数他所犯的罪行后将其处死，既使他本人死个明白，也震慑其他有心作恶反叛之人。开始张嶷因安上县治所的外城墙和房舍都颓塌，所以另筑一个小城堡，任职三年后，他迁回原来的城中，朝廷恢复旧郡的目标已经实现，张嶷重新修筑城墙，夷民男女都来出力营建。他至此不仅恢复了本郡的原有管辖区，而且似已建立了良好的民族关系。

2.7（6）以智辅勇的和夷名将张嶷（中）

越巂郡太守张嶷是一位智勇兼济、刚柔有方，屡立平夷之功的名将，他善于识辨和判断夷族反叛者的心理，用极有针对性的策略方式制服敌手，并自觉地将一切军事活动置于维护国家事业的目标之下。如智取他里过石门、制服魏狼而纵放、处死冬逢恕其妻，巧用间谍刺隗渠、悬赏捕杀李求承等，他还征招獠夷二千员送往北方前线，又恢复了本郡的原有住所和地盘，对推动汉夷融合、促进边远地区政民合作、重振蜀汉治理南中的信心应是发挥了积极作用。张嶷的事迹不止于此，《三国志·张嶷传》还记述了他后来的事迹。

实现盐铁经营的管控　定莋（治今四川盐源）、台登（治今四川冕宁南泸沽）、卑水（治今四川昭觉东北卑水河西岸）三县离郡治所在地有三百余里，过去出产盐、铁和漆，当地夷族长期自收其利，张嶷率人夺取这些物产，在那里设立了官署。张嶷到定莋，定莋当地豪帅狼岑，是槃木王的舅父，甚为夷民所信任，他忿恨张嶷的侵占，不来与张嶷相见，张嶷派出壮士十余人直接将狼岑抓来，鞭打后杀死，把尸体送还其部族，又给部族送去丰厚的赏赐，宣布狼岑的罪恶，并告诉说："不要妄自动乱，对叛乱者立即诛杀！"部落有恶行的人都反绑双手前来请求宽恕。张嶷杀牛设宴以款待，重申要施行的恩惠和信义，于是获得了当地盐铁之利，物资得以丰富。张嶷这里采用的方法未必完全得当，但他把政府对社会的管控延伸到经济领域，在当地大约是第一次真正实现了国家的经济利益。

借用亲情促成部族和解　汉嘉郡（治今四川名山北）界的旄牛部族有四千多户，头领狼路想为自己的姑夫冬逢报仇，派遣自己的叔父离率领冬逢手下的人去观察形势，张嶷反过来派自己身边的人送牛酒犒劳赏赐离他们，又让离前往看望冬逢的妻子，让她说明张嶷的意图。离既受到赏赐，并且见到自己的姐姐，姐弟十分欢喜，于是率领他们的人马来拜见张嶷，张嶷对他们厚加赏赐款待后让其返回，旄牛部族从此再也不惹什么麻烦了。冬逢的妻子是旄牛原夷王的女儿，为现任头领狼路的姑姑，张嶷斩杀冬逢时宽恕了其妻并给予优待，为后面的事态留下了圆转的余地，这里他利用了夷民亲情间的关系，实现了与旄牛族的和解与相互信任。

重修废弃百年的驿道　越巂郡过去有条道路，经旄牛族居住地到达成都，既平坦又近捷。自从旄牛族阻绝道路后，这条路不能通行已有一百多年，于是改由安上通往成都，其路既险且远。张嶷派遣左右带着钱财货物赐给狼路，又让狼路的姑姑转达自己的意思。狼路于是率领兄弟及妻子儿女都来拜见张嶷，张嶷与他立下盟誓，开通了旧道，清除了千里路上的障碍，恢复了原有的邮亭和驿站，上表请封狼路为旄牛㽙毗王，张嶷又派人领着狼路去成都朝见皇帝进献贡品，后主刘禅于是加封张嶷为抚戎将军，仍兼任该郡太守。张嶷不仅恢复了百年的旧道，而且打通了旄牛族与蜀汉高层的政治联系，促进了汉夷双方对既有关系的相互认可，其推动文化融合的意义是深远的。

对政治事态的精准预料 张嶷见费祎身为大将军，任性泛爱，对待新归附的人过于信赖，就去信对他劝诫说："过去岑彭率领军队，来歙假节持钺，都被刺客所害，现在您大将军位高权重，应当借鉴往事，稍有警觉。"后来费祎果然被魏国投降过来的人郭脩所杀害（参见 2.8.2《被降将谋刺的才俊》下）。吴国太傅诸葛恪刚战败魏国军队，就大兴兵众图谋再攻。侍中诸葛瞻，是诸葛恪的堂弟，张嶷给诸葛瞻写信说："吴主孙权刚去世，皇帝年纪幼小，太傅承受先帝托孤的重任，责任重大实不容易，像周公这样既亲近又有才干的人，犹有管叔和蔡叔散布流言发动叛乱；霍光受任辅政，也有燕王旦、盖长公主、上官桀的叛乱阴谋，他们都因为周成王和汉昭帝的英明，才免除灾难。过去常听说吴主孙权生杀赏罚，不委任下人，而今在临终之时，突然召见太傅，托付后事，确实值得三思。加之吴楚地方的人急躁剽悍，此为历史所记载，而太傅却远离少主，亲自领兵深入敌境，恐怕不是良策。虽说东吴法纪严明，上下和睦，但百有一失，就不是聪明人的处事。取古事借鉴当今，今天就和古代一样，如果您不向太傅提出忠告，谁还能向他说明忠言呢？退军发展生产，极力施行仁政，数年之内，吴、蜀两国一起举兵北伐，为时确不为晚，希望您对我的意见深察采纳。"诸葛恪最后就因为伐魏之事而被灭族（参见 3.3.2《诸葛恪之死》）。

张嶷对费祎和诸葛恪两人活动风险的提醒，表明他不仅具备大局胸怀又有虑事精细的智慧。岑彭、来歙均是东汉初光武帝刘秀属下的著名将军，他们在公元 35 年都被刺客所杀；周公作为亲叔辅佐周成王，西汉大将军霍光受汉武帝临终嘱托辅佐汉昭帝刘弗陵，他们都曾一度被流言所困扰。在这里，人们不曾料想到平民出身的将军张嶷对历史知识如此熟知，为了劝谏费祎和吴国太傅诸葛恪，他在信中信手拈来历史人物，希望他们汲取前车之鉴，保证自己的生命安全和既有的政治地位。《史记·绛侯周勃世家》中记述，西汉太尉周亚夫在出兵平定吴楚七国之乱前对汉景帝刘启说："楚兵剽轻，难与争锋。"司马迁在《史记·货殖列传》中也说："楚俗剽轻，易发怒。"是说吴楚之地的人做事凶悍而行动迅捷。张嶷在给诸葛瞻的信中特意提到东吴楚人的心性，强调那是史书上所记载的，不仅表明他读书之多，同时也足见他读书的细致和对内容的记忆之深。他能把书中所讲的内容和现实中的事态沟通起来，互相借鉴，加深理解，实现对现实事态的分析预料。可以说，张嶷在长期征战和处置夷族事务中展现出的奇谋妙策及精细的筹谋思虑，应该与他广猎典籍的知识获取及其细致的读书特点有关。

张嶷在给诸葛瞻的书信中，让他劝谏诸葛恪退军后注重发展生产，施惠于百姓，等待数年之后再与蜀国一同伐魏。这一建议实际上代表了张嶷对蜀汉事业发展推进的基本设想，身处南中之地的张嶷用心处置着越雟郡的汉夷事务，而他的眼光和胸怀并没有局限在越雟和南中之地，他也思考着国家的发展，观察着整个天下的政局，对蜀吴两国的共同发展和未来的携手合作寄予很高的期待，希望两国能等到机会，联合实现攻灭魏国的宏大目标。能够看到，作为实干家的张嶷似乎还拥有不少战略家的气质。

张嶷任越嶲郡太守十五年，把辖区治理得平和安定。大约 252 年，也许由于身体的原因吧，张嶷屡次请求返回京城，朝廷于是将他调回成都。当地民众对他思恋仰慕，离开时人们扶着他的车架哭泣，车过旄牛邑，邑主扶老携幼前来迎送，有的人追着车子一直到了蜀郡之界，夷民的首领随他一起前往成都朝见进贡的有一百多人，这位才智出众治理有方的将军获得了基层百姓的信任与拥戴。

2.7（6）以智辅勇的和夷名将张嶷（下）

智勇将军张嶷在越雟做太守十五年，出色完成了朝廷交付他守边和夷的使命，大约在 252 年，在他本人的请求下朝廷将其调回成都，他在当地夷汉民众的深情眷恋下离开了南中。《三国志·张嶷传》上说他“弱冠为县功曹”，其时当在刘备夺得成都之前，估计约为 213 年，据此推算，张嶷从越雟返回成都时已是 59 岁。

张嶷回到成都后，被任命为荡寇将军。他慷慨壮烈，士人都对他很敬重，然而在新的环境中，他却有点放任不拘礼节，人们又由此讥讽他。蜀汉后期的汉中学人陈术所撰《益部耆旧传》中记述，当时车骑将军夏侯霸对张嶷说：“虽然我与您相交不深，但我们能像老朋友一样交心，您能明白我这话的意思。”张嶷回答说：“我不了解你，你也未必能深知我，我们都走在大路上，怎么能说交心呢！希望三年之后再慢慢说这话。”夏侯霸是曹魏将军夏侯渊的儿子，在249年的魏国内变中不得已投降了蜀国，他还是后主刘禅张皇后的堂舅（参见2.2.1《刘禅执政》中），当时深受刘禅信任。夏侯霸的话当然有讨好与拉近关系的意味，而张嶷的回答则是告诉对方，我们初次见面就像过路人一样互不了解，等有三年交往后感到投缘，才可以谈到互相交心。”张嶷的话真实而且坦诚，但似乎并不是妥当的回答，会使谋求亲近的说话人感到难堪，不合于张嶷侠义交友和颇具智识的一贯风格，也许他对夏侯霸背叛国家的行为有所不屑吧，而陈术在书中说，当时有识之士以张嶷的回答为美谈。

254年，魏国狄道（治今甘肃临洮）县长李简给蜀国写密信要求归降蜀国，卫将军姜维准备率领张嶷乘机出兵陇西。陈术在他的书中记述说，张嶷早年就有风湿病，回到成都后旧病又逐渐加重，扶着拐杖才能站起来，李简请求投降时，各位官员都心中狐疑，而张嶷坚持说没有问题。姜维领兵前去接应，大家都觉得张嶷回来时间不长，双腿有病不会跟随出征，但张嶷自己请求在攻伐中原战场上效力，请缨赴敌，临出发时，他向后主辞别说：“我遇上了圣明的时代，蒙受到过量的恩惠，现在疾病在身，经常担心哪一天死去，辜负了受到的荣誉和恩惠，上天遂我心愿，会让我参加这次征战。如果拿下了凉州之地，我希望成为那里的边防守将；如果不能取胜，我杀身以报国家。”刘禅听了这些话，感动得为他流涕。

陈术所记录的病情资料，与张嶷年轻时寻求广汉太守何祗帮助治病的情况相吻合，应是早年的病情重新发作，这大概也是他要求从南方越嶲调回成都的原因，而病情发展的严重性还是出人意料的。魏国官员李简密约降蜀，为姜维再次出兵中原提供了机会，张嶷又一次出人意料地请缨参战。从他给后主刘禅的辞别之言中可以感到，张嶷心中应是有着强烈的中原情结，大概是认定与魏国交战才是将军大显身手的战场，他早年曾招降牂牁反叛的獠夷二千人送往汉中前线，后来又长期镇守南方，一直没有亲身参加与魏国的争战，这可能是他内心未了的遗憾，因而返回成都后尽管身体有病，但还愿意带病出征，颇有一种为国效命，战死疆场也心甘的满腔豪情。但一位需要扶杖才能站起的将军，他主动要求上战场杀敌，无论气概多么豪迈，还是不由让人为他捏了一把冷汗。

史书上说，大军到了狄道，李简率领城中的官民出来迎接蜀军，他的投降是真的，张嶷的预料没有错。但在另外一次战斗中，张嶷杀死杀伤的敌军极多，而在与魏将徐质阵前交锋时临阵丧身。徐质是魏国无所知名的将军，次年在襄武（治今甘肃陇西西南）与姜维交战中被斩首，武艺当属稀松平常，张嶷败死徐质之手应该主要是身体疾病的原因。张嶷一生料准了多少事情，唯独对自己老年时风湿缠身的体质没有做出正确的预料，六十一岁时马革裹尸，精神不灭，豪气干云。

张嶷死后，他的长子张瑛被封为西乡侯，次子张护雄承袭了他的爵位；他的孙子张奕，后来在晋朝为梁州（治今陕西勉县东）刺史。南方越巂郡的夷汉民众听到张嶷的死讯，没有人不悲痛流泪，百姓为他建立祠庙，每逢水旱灾害时都入庙祭祀。在他多年付出勇力和智慧而艰辛奋斗过的地方，人们对他寄有长久的怀念。

张嶷具有对事情作出精准判断的智识，也具有果断坚决的处事风格，他在越隽郡恢复了原有的治所和地盘，重修了通往成都的近千里道路，实现了政府对当地盐铁经营的管控，和缓了持续长久的汉夷矛盾，沟通了诸多夷族部落与蜀汉政权的政治联系，推动了所在地区与周边民众的文化认同，对蜀汉事业的发展功不可没。陈寿在史书中明确称赞张嶷判断人物和事情的精明正确，认为他遇上了很好的时代，所以能创造突出的业绩，赢得应有的名声。撰写《益部耆旧传》的史家陈术是蜀汉后期的当世学人（参见 2.6.5《诸葛亮的涪县同学》），大概是亲眼见到并接触过张嶷，他在书中写道：我观察张嶷本人的仪貌和说话，没有惊人之处，但他的许多筹谋却是上乘的，这足以确立他的声威。为臣有忠诚节操，处事有坦直风格，即便是古代的英杰烈士，也不会超过他太远！陈术的评价是真诚而亲切的。

2.8　名相身后的人物

蜀相诸葛亮身后，相继有蒋琬、费祎以及姜维等人主持国政，他们各自持有不同的治国理念和方式，蜀汉政权是在大政方针的摇摆不定中维持和延续了三十年之久。

2.8（1）盛名难副的掌政人（上）

蜀汉后主刘禅在223年继任为帝，开初11年由丞相诸葛亮执掌国政，诸葛亮234年病逝五丈原后，蒋琬在费祎的辅助下掌政13年（参见2.2.1《刘禅执政》上），直到246年去世。蒋琬是诸葛亮早先看定、着意培养并临终安排的继任人，后世人对他赞赏有加，不吝褒扬。《三国志·蒋琬传》中记述了蒋琬进入职场后的主要事迹，从中看不出他对推动蜀汉事业发展的重要设定及其贡献，他也许是一位盛名难副的掌政人。

蒋琬，字公琰，零陵郡湘乡县人。他二十岁与表弟泉陵（治今湖南零陵）人刘敏均在当地知名，211年蒋琬在荆州府担任负责文书事务的书佐，跟随先主刘备入蜀，214年刘备作了益州牧，蒋琬升为广都（今四川成都北）县长，其时蒋琬应是二十四五岁，从刘备的随员成了属下的官员。史书上记述了蒋琬任职后的诸多事迹。

醉酒受惩，丞相求情　刘备经常外出视察，有次突然到了广都县，看到蒋琬不理公务，当时又喝得大醉，一怒之下，要将他治罪处死。军师将军诸葛亮求情说："蒋琬是国家的栋梁之器，不是治理百里之县的小才。他做事以安民为本，不追求表面的形式，希望主公深加考察。"刘备一向敬重诸葛亮，于是没有治蒋琬的罪，匆忙中只罢免了他的官职而已。

早有吉梦，免后复职 蒋琬作县官时曾夜里梦见一个牛头在门前，流血满地，他心中恐慌，叫来占梦的赵直询问凶吉。赵直说：“见血的事，是事情已经分明。牛角和鼻子，是‘公’字之象，您的职官一定达到三公，此乃大吉征兆。”蒋琬被免职不久，他又被任命为什邡县令，成了万户以上的大县县长。刘备作了汉中王后，蒋琬被任为尚书郎，进入州府任职，负责文书起草的六品职位。

受举茂才，丞相激励 223年后主刘禅继位，丞相诸葛亮开设相府，任蒋琬为东曹掾，这是与尚书郎平级的官员，而事务更繁多些。其间蒋琬还被举茂才，这是对具有突出才能或优秀品行官员的推举。蒋琬坚持让给刘邕、阴化、庞延、廖化。诸葛亮回复他，说到蒋琬远离家乡，为百姓奔走的不易，认为对此其他人又不认识和理解，提醒说：“你应该显示因功绩受到荐举，以表明这种选举的清正与慎重。”勉励他在岗位上做出更大的成绩。不久蒋琬即被提升为参军，为相府幕僚。

供足粮草，受任接班 227年，诸葛亮驻守汉中，蒋琬辅助相府长史张裔统领留府事宜（参见2.5.8《多难中逃身的名臣》）。230年，蒋琬替代张裔为长史，升任为抚军将军。诸葛亮多次带兵出征，蒋琬总是能以足够的粮饷与兵力供应前线。诸葛亮常说：“公琰一心报效国家，应当是与我共同推进兴汉大业的人。”他还秘密上表后主刘禅说：“我若去世，后事应托付蒋琬。”诸葛亮去世后，朝廷即任命蒋琬为尚书令，很快又加升都护、假节，兼任益州刺史，升为大将军，录尚书事，封安阳亭侯。虽然没有授给丞相的职位，但作为大将军，蒋琬已经接手了诸葛亮几乎所有权力，并且获取了他自己的爵位。

赢取信任，受诏整军 史书上说，当时执掌国政的诸葛亮刚死，远近的人都忧心忡忡，而蒋琬出类拔萃，在百官群僚中职位最高，他既不面露悲戚，又无欢悦喜色，神态举止一如既往，由是大家心底渐渐佩服。四年之后的238年，刘禅发诏命给蒋琬说：“贼寇反乱未除，曹叡又凶狠骄横，辽东三郡深受暴虐，他们相互连结，想要脱离曹魏。曹叡又大举兴兵准备攻打。往者秦朝灭亡，陈胜、吴广首先发难，如今曹魏有此变故，这是天赐良机。您应严整治军，总率各军屯驻汉中，等待东吴举兵，即东西呼应，乘机出兵。”又命蒋琬开府，次年加封他为大司马。

不生私怨，为人良善 东曹掾杨戏，生性素来简略，蒋琬同他谈话，他有时不予应答。有人便对蒋琬说：“您与杨戏讲话而不搭理，他傲慢上司太过分了！”蒋琬回答说：“各人心性不同，就像人的容貌不同一样，当面应承背后非议，古人不提倡这样。杨戏想要赞成我，但不是他的本心；想要不赞成我，又怕显露我的不是，所以默然不应，这正是他的畅快处啊！”后来主管军粮事务的督农杨敏曾背后毁谤蒋琬说：“做事糊里糊涂，实在不如前人。”有人将此话告诉了蒋琬，主事官员请求推究其事对杨敏治罪。蒋琬说：“我确实不如前人，不必追究杨敏。”官员再次陈说而蒋琬不许，于是就问蒋琬什么事做得糊里糊涂，蒋琬说：“他所说的不如前人，就是事情处理得不当，事情处理不当就是做事糊涂，有什么好问的?”后来杨敏犯罪坐监，大家都认为他会受报复必死无疑，而蒋琬并不掺杂成见，没有给杨敏加罪。蒋琬为人的好恶爱憎都像这样合乎道义。

改变方略，水路东进 蒋琬觉得以前诸葛亮多次出兵秦川，因道途险阻运输艰难，最后都没有成果，不如改从水路东下。于是造了很多战船，准备从汉江、沔水顺势袭击魏兴、上庸一带。恰逢他旧病连续发作，所以没有当即实施。而朝中众位官员都认为顺水路东下如不能取胜，退路十分艰难，并非长远良策。于是在蒋琬去汉中驻军六年之后的 244 年，派尚书令费祎、中监军姜维等前去见蒋琬作劝阻，庲降都督马忠还被朝廷临时抓差在成都顶替费祎的部分事务（参见 2.7.5《那位笃诚受敬的马忠》）。朝廷对这次劝阻东进的事情极为重视，蒋琬接受了大家意见，他原来计划的方案也就随之放弃。

退驻涪县，表明心迹 蒋琬放弃了水路东进的方案后，给后主刘禅上疏说：“消灭曹魏平息国难，这是我的职责。自从我奉命屯守汉中，已过六年，为臣我做事无能，又身患疾病，进军的方案不得实施，我昼夜忧虑。如今曹魏跨据九州，根深蒂固，清除他们很不容易。如果吴蜀东西合力，首尾成犄角之势，虽不能迅速成功，尚且可以分割蚕食，先除掉其枝叶。然而吴国几次约定的出兵时间一再推迟，确实左右为难，令人寝食不安。与费祎等人商议，觉得凉州胡人地区乃边塞要地，进退有据，敌人也很看重，况且羌、胡族都非常思念汉朝，过去我们军队曾进入羌地，郭淮失败逃走。考虑事情长短得失，认为最重要的事情，应当以姜维为凉州刺史。如果姜维出征，与敌人对峙河右（指黄河西段）之地，我则统领大军作为姜维后援。如今涪县水陆四通，可以应急，无论东西哪方有战事，奔赴救援都不难。”于是蒋琬退驻涪县。不久病情加剧，于246年去世，终年应是56岁，谥号为“恭”。

关于蒋琬个人任职以后的所有事情到此说完了，史书上就记录了这些。将这些事情列为条目逐个做一梳理，所能看到最好的地方是第六条中他不结私怨，对待下属的人品还是不错；而遗憾的是，在此却没有看到他对蜀汉事业做出的贡献。受到前任执政人栽培引导许多年的国家首席大臣在位十三年，却让撰史者记录不了一条在治国治军方面能拿得出来的有效设想，他的执政业绩和对国家事业的耽误就可想而知。可以说，蒋琬作为蜀汉中期的掌政人未必就很糟糕，但根本谈不上出色和优秀。

2.8（1）盛名难副的掌政人（下）

蜀汉大将军蒋琬从234年起接替诸葛亮掌管了国政，248年受诏前往汉中驻军，筹谋伐魏，他在此设定了沿着汉、沔水路顺流东下，进攻魏兴（治今陕西安康西）、上庸（治今湖北竹山西南）的方案，为此建造了大批战船，却因疾病而未及实施。六年后的244年，朝臣们觉得这一东进方案不大合适，朝廷即派人去汉中说服蒋琬放弃了该方案，蒋琬同时给后主上表说明情况，提出新的建议，并退回涪县（治今四川绵阳）驻军，246年病逝。后世人对蒋琬做过极高的评价，而把《三国志·蒋琬传》等史料上记述的事迹逐一梳理，却能感到他是一位盛名难副的掌政人。

蒋琬的个人品格应该不存在什么问题，从他211年以荆州书佐身份跟随刘备入蜀起，就忠诚于君主和国家，总体上能认真完成自己担负的职责任务，积极支持和推动国家北伐曹魏的政治战略，后来在领导岗位上又能倾听众人意见，尊重属下的个性特点，不因私情而结怨，表现了宽广的胸襟。至于年轻时在广都县长位置上偶尔因酒废政，那都不足以伤及他的个人德性，他曾把长水校尉廖立私下贬损长官的议论向丞相告密（参见2.3.11《对同僚的惩处》），这在传统社会也算不到个人品德的方面，反倒是对君上忠诚的正常表现。

蒋琬在执掌国政前最突出的业绩是为北伐曹魏做好了粮草供应，曾因此受到诸葛亮的赞扬；他掌政后最突出的地方，是提出了沿水路东向出兵的战略，对于诸葛亮六出祁山而无所收获的军事路线似乎有改弦更张的意味。然而，水路东进是刘备当年进攻东吴的路线，当年黄权就提出过不同意见，刘备虽未采纳，但事后有所悔悟；蒋琬这次进攻的目标变成了半道上魏国占据的地盘，这是孟达当年摇摆不定的镇守之地，即便打下来对魏国毫无损伤，如果军队继续深入，则面临更长的后勤补给线，山路险阻几乎无法实现。明清之际的思想家王夫子在《读通鉴论》中就曾说过："蒋琬改变诸葛亮的进军路线，想用水军沿汉、沔东下，攻取魏兴和上庸，这更不是好的办法。魏兴、上庸并非魏国所依凭的险峻关隘，是他们的赘余之地；就是能攻克到手，还能继续东下襄樊，北收宛城、洛阳吗？不能了！"王氏对此做了细致深刻的分析，实际是指出了蒋琬这一线路选择的荒唐性，这一认识应该是正确的。其实，问题还不止于进军线路的选择，就统兵将领蒋琬本人而言，他是书佐文秘出身，当过县长，后来在相府工作十多年，从来没有上过战场，毫无统将用兵的经历，怎么能统领军队去和敌人作战？当时去汉中手下又无姜维、廖化那样稍有战斗力的大将，出兵攻敌只能是白白送死。

这些明显的问题，难道蒋琬自己看不出来吗？如果说他对此毫无意识，大概是低估了蒋琬的智商，估计他本人对此是心里明白的。但明白了这些道理应该怎么办呢？北伐曹魏复兴汉室是前任掌政人确立的政治战略，自己作为前任执政一手提拔的继承人，只有继续举起这面旗帜，才有自身地位的合法性。既然根本的国家战略需要维护，那就只能将其继续向前推进，而北向进军屡无效果，难以为继，那就剩下了东向进军的线路。向东进军面临更大的麻烦，但对蒋琬而言，用行动表明自己坚持国家政治战略的态度更为重要，同时也要显示自己不畏艰难、敢战强敌的勇气；至于出兵的时机，那要等到有利的机会才更好。于是，蒋琬在 238 年受诏命驻军汉中，他在那里打造战船，准备战争，在六年之后仍然在从事着进军的准备工作。可以说，东向出兵其实只是蒋琬搪塞诏令、应付国内舆论，向外界展现自己英雄气概的一种形式。

244 年尚书令费祎、中监军姜维等前去汉中劝阻蒋琬的东进计划，蒋琬就坡下驴，即刻接受，他向后主刘禅上表作了说明，应该类同于六年的工作汇报吧，其中说了未出兵的两个原因：一是本来要与吴国东西呼应同时出兵，但对方一再爽约推迟；二是自己身患疾病。查看《资治通鉴·魏纪六》的记录，在蒋琬驻军汉中的六年间，至少 241 年四月吴国有一次大规模的伐魏行动，当时吴国四路出兵，包括全琮攻淮南，诸葛恪进军六安，朱然围樊城，诸葛瑾出租中（今湖北宜城西），行动规模颇大，而小规模的军事行动还有一两次（参见 3.2.25《与魏国的再较量》）；另外 239 年魏明帝曹叡离世，也不失为进军讨伐的有利机会，但蒋琬始终没有行动。至于本人身患疾病，那是无法说清的问题，当年诸葛亮真心伐魏，他是在战场上“死而后已”的，难道六年间蒋琬一直没有身体较好的时候？说穿了，蒋琬在这里并没有东向进军的真心，他只需要用无所畏惧的行动显示出自己坚持既有政治战略的态度就可以了，给刘禅的上表中指出吴国爽约以及自己身患疾病，只是给自己六年来驻军不出找个恰当的理由而已。当然，驻军不动无论如何比前景不妙的出兵交战要好得多。

蒋琬在退回涪县前的这次上表中还给刘禅提出了让姜维出兵凉州，得势后他统大军作后援的建议，这应该是接近真心的设想。让善于征战的姜维领军出征是现实的，要求他与魏军形成对峙之势却未必能够办到，所以蒋琬所提自己统领后援之军进击凉州的部署，仍然是条件难以成熟的事情。看来蒋琬对自己在战场上所能处在的地位还是清楚的，他在汉中造下声势而不出兵的原因正在于此。退到涪县两年后蒋琬去世了，他由此得到了真正的解脱。

对蒋琬做了最高评价的是诸葛亮，当年刘备要处分他以酒误政的罪错，诸葛亮说：“蒋琬社稷之器，非百里之才也。”诸葛亮初开相府就调用蒋琬，并将其推举茂才，给了他很高的荣誉；在 227 年写给后主刘禅的《前出师表》中，诸葛亮提道：“侍中、尚书、长史、参军，此悉贞良死节之臣。”对留守相府的蒋琬给予了极好的评价，并将其再次推到世人面前；兵出祁山期间他赞扬说：“公琰讬志忠雅，当与吾共赞王业者也。”同时给后主留下遗言：“臣若不幸，后事宜以付琬。”诸葛亮在蜀汉集团有崇高的地位，在后世人的心中似神一样的存在，他很少对一个后辈人作出如此频繁而高度的评价，有这样的语言造势，史志的作者陈寿说“蒋琬方整有威重”，这一很难具体把握的语句是称赞他的品性和威望，属于不低的评价；裴松之也肯定了蒋琬因循前任成规而不妄变的成功处，认为居静而安境，难有超过他的。后世还有史家说：“蜀汉后期许多贤良去世，武将只有一位赵云，内部治理只有一个蒋琬。”其实赵云比诸葛亮去世得早，这位史家所说的两人就不在一个时间段上；另有史家称赞蒋琬“刚接政作大将军时，就以自己的从容镇静让群僚佩服。”认为做国家首席大臣的人凭借喜怒不形于色的功夫就能完全服众，这都属于没有分析思考的信口而言。相反，有的史家在看到史书上记述蒋琬总能以足够的粮饷与兵力供应北伐前线时，就发问："那为什么诸葛亮多次因为粮尽而退兵?"由此质疑陈寿的记述不真实，表现了对夸大蒋琬功绩的理性态度。

蒋琬死后被安葬于涪城，在今四川绵阳西山上。他的儿子蒋斌继承了爵位，任绥武将军、汉城（今陕西勉县西南）护军。263 年，魏国大将军钟会率军入蜀，曾约请蒋斌为蒋琬祭扫坟墓。后主刘禅投降邓艾后，蒋斌以朋友的身份归降钟会，并跟随钟会到了成都，被乱兵所杀。蒋斌的弟弟蒋显为太子仆，很有才学，他与蒋斌同时死于乱兵。应该说，蒋琬是蜀汉集团中一位执守本分、顾全大局而无野心，能够委屈自己并忍辱负重的忠厚之人，应该剥去先入之见还其本有形象，过分拔高的评价使他盛名难副，是对其本人心性良知的曲意亵渎。

2.8（2）被降将谋刺的才俊（上）

诸葛亮 234 年在五丈原临终时刘禅派人前来询问对他身后人事的安排，诸葛亮重申由蒋琬接掌国政，并补充说蒋琬之后费祎可以继任（参见 2.3.12《秋风五丈原》），刘禅不打折扣地执行了这一安排，在蒋琬患病未逝之时，即让费祎担任了国家重要职务。费祎在政务、外交和军事诸方面展现了他的不凡才情，一度稳定了蜀汉的基本局势，但天不佑蜀，费祎不慎被魏国降将谋刺，使蜀汉事业的发展遭受了莫大损失。

费祎，字文伟，江夏郡鄳县（今河南罗山西）人。据《三国志・费祎传》及其引注记述，费祎幼年丧父，依靠族父费伯仁生活。伯仁的姑姑是益州牧刘璋的母亲，刘璋派人接伯仁入蜀，他就带着费祎来到蜀地求学，正逢刘备平定蜀地，费祎于是留在了益州。

年轻的费祎与汝南人许叔龙、南郡人董允为友，他们都有很好的名声。当时许靖的儿子死了，董允和费祎打算一道去参加葬礼，董允请父亲董和调用一辆车子，董和时为掌军中郎将，与军师将军诸葛亮并署左将军大司马府事（参见 2.4.5《方正刚严的董氏父子》），于是董和派了一辆从后面开门的鹿车，这种车子档次很低吧，董允看见即面有难色，费祎却很快上车了。等到了葬地，诸葛亮等显贵人物全都到场，车辆装饰很漂亮，董允的面色仍未恢复，而费祎则安然自若。赶车的人返回，董和询问后知道了出车情况，他对董允说："我常常分辨不出你与文伟的才器高下，现在我全看清了。"史书上曾提到许靖的儿子许钦先于父亲夭亡，这里的许叔龙大概就是许钦吧。费祎与董允两位小青年要参加朋友的葬礼，请求高官董和安排了一次公车私用，这在当时可能也不是什么问题，但董和早先治民就追求俭朴，这次还是本着杜绝奢华的心态安排了普通的车子，"官二代"董允对坐这样的车子难以接受，而贫穷人家的儿子费祎对此却毫不介意，他心里可能还会为得到额外的代步工具而欣喜。这多半是由家境状况而引起的生活心性差异，董和似乎有点看大了这种情况，但也反映出费祎年轻时的生活关注点与追求方向不在物质享受的层面。

刘备在221年称帝时立刘禅为太子，费祎与董允都是舍人，不久提升为庶子，为太子府所属的五品四百石官员。223年刘禅即位后，任费祎为黄门侍郎，这是出入宫中参与审核评议军国政务的职位，为五品六百石官员，他的职位在刘禅执政后得到提升。丞相诸葛亮在225年底南征返回，百官都到十里外去迎接，他们年龄和职位都比费祎高，而诸葛亮却特意让费祎与他同坐一车，不知费祎的什么优长被诸葛亮看中，他得到了国家掌政人的刻意抬举，大家自此对费祎都另眼相看。

诸葛亮因为刚从南方征战回来，任命费祎为昭信校尉，这是专设从事外交活动的职务，朝廷即安排他出使东吴。孙权性格诙谐滑稽，言语间喜开玩笑而无所拘束，诸葛恪、羊衜等人都才博善论，辩锋犀利，而费祎与他们交谈则辞和语顺、义旨笃实，据理答难，终不能被屈。据说孙权每次另外准备下好酒招待费祎，看到他喝醉时就询问军国之事，比如曾问起军队中杨仪和魏延一直不相和睦的事情（参见2.3.13《退军中的是非》下），还与费祎谈论眼下的军政事务，不断说出不好表达的话题。费祎总是推说喝醉，离开后才按次写出来回答这些问题，条理分明，无所遗漏。故此孙权非常看重他，对他说："你是天下有德才的人，必为蜀国的辅佐重臣，恐怕不会常来东吴了。"孙权把手中经常持有的宝刀相赠，费祎回答说："我没有什么才能，怎么能承受这样的对待？宝刀是用来讨伐反叛、禁止暴乱的，但愿大王能建就功业，同扶汉室，我虽则无能，但终究不会有负东主。"费祎以他自己的机敏才情赢得了孙权与东吴大臣的看重，但他并不因此而恣情放纵，在醉酒时他不轻易作答，在孙权赠刀时他婉言而辞，都是庄正无偏的行为，他是把机敏和慎重恰当地结合起来，在坚守原则的基础上尽情发挥自己的才情和灵活方式。费祎这次返归蜀国后，被升为侍中，这是在宫中侍从皇帝的职位，为二千石的三品官员。他因为出使办事很合旨意，所以经常被派使吴国。

诸葛亮率军驻守汉中，请费祎作参军，他在《前出师表》中曾经提道："侍中费祎，志虑忠纯。"参军大约属于他的兼职，230 年转为中护军，后又为司马，这属于丞相府主兵马的职务。费祎看来才跨军政，这时他的职务兼于皇宫与相府之间，参与军事和行政两个领域。当时前军师魏延与长史杨仪相互憎恶，每次坐在一起便发生争吵，魏延有时还举刀向杨仪比划，杨仪则涕泪横流，费祎常常坐在他们中间调解，劝喻开导，所以诸葛亮在世时，能够发挥魏、杨两人的才能，这都得益于费祎的补救调解之力。诸葛亮死后，费祎被任为后军师。费祎曾在魏延与杨仪的是非纷争中是支持了杨仪的，长史杨仪因为事后没有得到期待的官职，于是对朝廷心生不满，私下说了许多怨恨之言，费祎将这些话汇报了上去（参见 2.5.11《为功名所累的杨仪》），足见他并非无条件地支持偏袒某一方，他是对事不对人，始终保持着对蜀汉朝廷的忠诚，不久朝廷让他代蒋琬为尚书令。

243 年费祎升任大将军，录尚书事，即大将军参与或兼领尚书台事务，其职权相当之高。其时军国事情多，公务繁杂，而费祎的智识和悟性超乎常人，他每次审阅文书，只看一眼就知道其中的意旨所在，速度比其他人快几倍，且看后不会忘记。他常在早上和傍晚倾听事情处理公务，中间接待客人，吃饭游玩，还可能下棋，欢快而尽兴，却并不耽误政事。次年蒋琬自汉中退还涪县驻军，费祎接替蒋琬作益州刺史，董允代替费祎作尚书令。董允想效仿费祎那样做事，不到十天政事就积压下了，董允于是感叹说："人的才力相差竟是如此悬殊，这不是我所能赶上的。"他是整天处理公务，却没有闲空。董允为费祎的早年朋友，他与父亲董和前后对费祎的由衷赞叹，应是展现着费祎在德才方面所具有的某种优势。

2.8（2）被降将谋刺的才俊（下）

被蜀汉朝廷确定为蒋琬继任人的费祎在外交和政务方面表现了突出的才能，也不间断地参与过国家的军事筹划及战场活动，他才智出众，为人纯真，一直为上司和同僚所看好。在 243 年蒋琬患病之后费祎即受命提前接替了前任的一些重要工作。《三国志·费祎传》及其引注与《资治通鉴》的相关篇章记述了他提前掌政以来大约十年间的诸多事迹，展现了他在政坛活动上留下的巨大遗憾。

督师汉中抵御魏军 244 年春，魏国大将军曹爽率领步骑兵十余万进攻汉川，驻守汉中的镇北大将军王平手头不满三万部队，但他坚持扼守险要、拒敌待援的战术方案（参见 2.7.3《不识字的名将王平》），朝廷闻讯即派大将军费祎督诸军救援汉中，刘禅还向费祎假节钺，授予他战场杀罚的专权。将要出发时，光禄大夫来敏来到费祎住所送行，请求一起下一局围棋。这时战地文书交错送到，士兵战马都已披上铠甲，出动命令已经下达，可是费祎与来敏对弈，毫无厌倦之色。来敏说："我是来试探你的，你的状态令人满意，一定可以退敌。"来敏是益州名士，时处蜀汉三公之位，早年也是因为与刘璋祖母的关系来到西蜀（参见 2.6.4《刘备为他们编排了小品》），应该与费祎有某种远亲关系，他于公于私都有资格和义务来考察试探费祎的出军情况。费祎从容镇定，并不慌张，也许是成竹在胸吧，后来费祎等出军增援王平的防守部队，曹爽果然退军。费祎的用兵统将才能在此得到了初步展现，事后他被封成乡侯。

接受大司农孟光的批评 246 年秋，国家颁行大赦令，掌管国家财政收支的大司农孟光为此当众责问大将军费祎，表达了对滥行大赦的强烈反对，质问他："你是否想用这种办法显示自己的仁德?"（参见 2.6.8《深情爱国的孟光》），孟光是益州敢于直言的文化名人，其时职位不低，费祎听了他的指责，只是恭敬地道歉。无论这次大赦是否是为病重的蒋琬消灾而施行，孟光向费祎公开表达自己的态度，都是对费祎掌政身份的认可，也显示了对费祎人格的信任，表现了费祎与国家高层官员的良好关系。

提拔任用陈祇的失误 大司马蒋琬病逝不久，董允也相继去世。董允为侍中多年，又接替了尚书令的职务，朝廷提升尚书吕乂为尚书令（参见 2.5.7《倾心诸葛的王连与吕乂》），对董允同时在宫中担任的侍中一职，费祎推举了原任曹郎的陈祇来接替，陈祇端庄威严，多才多艺，很有心计，费祎因此认为他贤能，对其越级提拔任用。但陈祇上任后与宦官黄皓相勾结，黄皓自此参与政事，逐渐升至中常侍，为侍从皇帝传达诏令的三品高官。黄皓在此任上操弄权柄，终于断送了蜀国。史书上说，自从陈祗在宫中与黄皓勾结并受到宠信，后主刘禅逐渐追怨董允，认为董允当时轻视自己，这是由于陈祗阿谀奉承及黄皓挑拨离间所引起。然而，陈祗被任用源于掌政人费祎的推举，他与黄皓在宫中的得势及两人对后主刘禅的蛊惑，费祎都脱不了干系。是费祎在关键岗位的用人上存在识辨不准的问题，才导致了蜀汉朝廷后期严重的政治腐败。

离京在北地开府办公 248 年，费祎出京驻守汉中，他在 251 年夏返回成都。善于观望天象云气的人说都城中没有宰相之位，所以当年冬天他又前往北方驻守汉寿，刘备曾将葭萌改为汉寿（今四川剑阁东北），次年后主诏命费祎在当地开府以署理政务。自蒋琬至费祎，虽然自身在外，但京中的庆赏和刑罚大事，都事先咨询，由他们决断后才予施行，朝廷对他们一直推重信任。费祎生性恭谦朴素，家中没有多余财产，他让子女们都布衣素食，出入不用车马，与普通人没有区别。费祎似乎是生活细节上不太讲究的人，宋元史家胡三省就公开质疑说，以费祎的才识，他岂能相信望气者的邪说！应该说，诸葛亮与蒋琬都曾在北地留府办公，费祎执掌国家权柄，也许在北方有兼顾汉中守御的任务，绝不会为自身利害而离京开府，胡氏的质疑是合理的。

为魏国的事情举办辩论会 249 年，魏国司马懿趁魏主曹芳与曹爽祭扫高平陵（曹叡陵墓）之机发动了政变，诛杀了曹爽及其党羽，这一事件一时成为天下议论的话题，究竟谁是谁非，人们看法不一。费祎为此在蜀国举办了一场辩论会，其中设置甲乙两方，各陈理由论辩是非。甲方代表司马一方，他们认为，曹爽兄弟都是平庸之人，只是依靠宗族亲属关系，才受到顾命之托，但掌权后骄奢淫逸，交往的人都不是正人君子，又结党营私，谋图乱国。司马懿奋起诛讨，将其一网打尽，这是履行自己职责、符合吏民愿望的。乙方替曹爽申辩，他们认为，司马懿感到曹叡对待自己不公正，但这与曹爽没有关系，两个人分权而治，因此暗中形成隔阂。开始也没有告诫和沟通，趁对方没有注意，突然就大肆屠戮，这不是君子治国的本来方式！如果曹爽有谋害君主之心，确实准备反叛，那当时皇帝曹芳在曹爽兄弟手中，而司马氏发兵，父子们关闭城门而兴兵对抗，会坑了曹芳，这难道是忠臣替君主考虑的吗？以此推之，曹爽明显没有大罪，如果司马懿觉得曹爽过分僭越，处以刑罚就行，但灭其家族，用不义的手段断绝曹真的血统后裔，将魏帝的亲外甥何晏儿子也一同杀戮，这样的滥杀是不对的！费祎举办的这场辩论会，紧扣天下形势，形式活泼，无论双方持有的观点和表达的内容如何，对于明辨政治是非，提高人们的认识水平，以及活跃生活气氛都颇有意义，也属别开生面、极有趣味的创新活动。

被降将所谋刺 当初，蜀汉将军姜维进攻西平（今青海湟源、乐都间湟水流域地，郡治在今西宁），俘获了魏国中郎将郭脩（又称郭循），蜀汉任命他为左将军。郭脩想要刺杀后主刘禅，他常常借上寿之机，一边跪拜，一边往前靠近，被左右侍卫所遏止，一直没有机会，刺杀刘禅的目的未能达到，于是选择另外的刺杀对象。253 年正月，费祎与诸位将领在汉寿年首聚会，他当时欢饮沉醉，在座的郭脩突然起来手持利刃刺杀了费祎，郭脩旋被蜀人杀死。费祎性情宽厚广施仁爱，从不怀疑别人，越巂太守张嶷曾写信告诫过他要戒备刺客近身（参见 2. 7. 6《以智辅勇的和夷名将张嶷》中），这一提醒并没有引起费祎的重视，所以祸殃及身。消息传到魏国，魏国追封郭脩为长乐乡侯，让他的儿子继承爵位。

费祎死后，朝廷追谥他为“敬侯”。其子费承继承了爵位，任黄门侍郎；次子费恭为尚书郎，在当时颇有名声，娶了刘禅的女儿为妻，后不幸早逝；费祎的长女则许配给太子刘璿为妃。费祎与后主刘禅双向结亲，其关系不是一般的亲近。以费祎的才能和地位，本来可以为推进蜀汉事业做出更多的事情，也可以对误用陈祗作出应有的纠正，但天不佑蜀，他不幸被魏国降将所谋刺，蜀汉的兴盛化为泡影，成为立国四十多年中莫大的遗憾。

2. 8（3）孙权欣赏的邓芝与宗预

诸葛亮执掌国政之初即恢复和建立了与东吴的友好关系，双方使臣来往不绝，蜀国以更加积极的姿态谋求合作，有多名使臣在出使中发挥了他们的聪明才智，出色完成了国家的使命，也赢得了吴国君臣的赞赏。除蜀汉高官费祎之外，还有邓芝和宗预两位使臣深得孙权的喜爱，那是在坚守国家利益和外交礼节的原则下，又似乎超越国家关系的个人友谊。《三国志·蜀书十五》记述了两人各自的事迹，展现了他们在外交活动中与孙权的特殊关系。

邓芝，字伯苗，义阳新野（今河南新野南）人，是汉朝司徒邓禹的后代。汉朝末年进入蜀地，没有得到重视和礼遇。当时在益州为从事的张裕擅长相术，邓芝去见他，张裕对邓芝说："先生七十岁后可位至大将军，且会封侯。"邓芝听巴西太守庞羲善待士人，就前去依附他。刘备平定益州后，邓芝被任郫县（今四川郫都）邸阁督。邸阁是设在郫县的囤积粮谷之所，其督为守备屯所的部队长官。刘备有次出巡来到郫县，和邓芝谈话，非常惊异他的才能，于是提拔他做郫县令，后又升为广汉（治今四川广汉北）太守。邓芝所在之处都清廉严整，很有政绩，遂被调入朝中任尚书。

刘备223年在永安去世后，诸葛亮希望恢复与东吴的友好关系，但又怕双方因往日的争战难以互相信任，为此颇费踌躇。这时，朝中尚书邓芝对诸葛亮说："现在主上年幼刚刚即位，应该派使臣恢复与东吴的友好。"（参见2.3.3《初掌国政》上）诸葛亮于是派邓芝以中郎将的身份去东吴重建友好，邓芝在东吴充分发挥他的外交才能，向孙权陈说利害，表明了同盟关系会给双方带来的好处，同时指出："假如大王归附于魏，魏必定会进一步要求您入朝拜会，并让太子作人质，如果不服从，便以讨伐叛逆作借口而发动进攻，蜀国会顺流东下分取利益，到那时，江南就不再为大王您所有了。"孙权考虑后说："你说得很对。"于是决定和魏断绝关系，专与蜀汉和好。邓芝是站在孙权的立场上设定问题，也并不回避蜀汉对东吴有可能的参与分割，这些问题切中了孙权关注的要害，又落脚到对孙权利益的坚定维护上，于是得到了孙权的认可。

次年东吴张温回访成都（参见2.4.3《外事场合的出彩者》），其后邓芝再次出使东吴，吴王孙权问他说："如果天下太平，由两国君主分而治之，也是很好吧！"邓芝回答说："天无二日，地无二主。在消灭魏国之后，假如大王不能认识天命，两位君主同时称尊，双方大臣将各尽其忠，那时候会擂起战鼓，战争才刚刚开始。"孙权大笑说："你说话竟然这样诚实！"邓芝就是这样依靠自己的聪慧和诚实赢得了孙权的信任，实现了自己担负的外交使命。孙权曾在给诸葛亮的信中说到："丁厷言论浮夸，阴化说话不实，能使我们和睦相处的只有邓芝。"当时曾受命出使东吴的蜀臣不少，而能得到对方赞扬的人则不多。

后来诸葛亮为准备北伐而驻军汉中，任命邓芝为中监军、扬武将军，228年随赵云兵出箕谷（今陕西汉中褒城西北山谷）充当疑兵（参见2.2.7《纯臣赵云》下）。诸葛亮死后，升为前军师、前将军，兼领兖州刺史，这应属于遥领职务，同时被封阳武亭侯，不久又升为江州督。孙权还和邓芝互通音信，向他馈赠丰厚的礼物。243 年，朝廷任邓芝为车骑将军，授予征讨与惩罚的专权。248 年，涪陵（治今四川彭水）属国的人杀了都尉反叛，邓芝率军征讨，斩杀叛首示众，使百姓恢复了正常生活。

另有资料记述，邓芝出征涪陵时，看见山崖边上有只黑猿，邓芝喜好射箭，于是就一箭射去，刚好射中。猿自己拔了身上的箭，把植物叶子卷起来塞进伤口。邓芝看见后说："哎呀，我违背了万物的天性，恐怕快要死了。"后来有一天，邓芝看见猿抱着幼子在树上，他用箭射中了母猿，那个幼猿拔出了箭，又把叶子塞进了伤口，邓芝长叹一声，把弓箭扔在江水中，他自己知道死期到了。不能理解黑猿受伤后的自救为何使邓芝对射猿心生反悔，也不能理解邓芝在第一次射猿反悔后为何要二次射猿，大概他内心受到了怜悯心与良知的谴责，第二次见猿时联想到对自己会引起的恶果，心中厌恶又一时不能把持，于是便一错再错，251 年邓芝去世。

邓芝作了二十多年将军，赏罚分明而有决断，善于体恤士兵；他本人的衣食靠公家供给，一直生活俭朴，所以始终不经营私人财产，妻子儿女不免于饥寒，临逝之时，家里没有剩余的财物。他个性刚强直率，不掩藏自己的心思，得不到士人的友情。他很少推崇同代人，只是特别器重姜维。儿子邓良承袭了他的爵位，约 261 年为尚书左选郎，入晋朝后任广汉太守。

宗预，字德艳，南阳郡安众（治今河南邓县东北）人，214 年跟随张飞入蜀，223 年，丞相诸葛亮让他担任主簿，升为参军右中郎将。234 年诸葛亮去世时，吴国担心魏国可能趁机攻取蜀国，于是在两国边境巴丘（今湖南岳阳南）增加了一万守兵，一则打算救援蜀国，同时也可趁势分其国土。蜀国听说后，也增加了永安白帝城（今重庆奉节）的守兵，以预防意外。宗预身负使命出使东吴，孙权问宗预说："东吴与西蜀如同一家，听说你们增加了白帝城的防守，这是为什么？"宗预回答说："我认为东吴增添巴丘的守卒，蜀汉增加白帝城的守兵，都是情势使然，全不值得过问。"孙权大笑，赞赏他不失礼节的回答，并给了他特别的礼遇，其敬重的程度等同于邓芝和费祎。宗预返回后被升为侍中，不久调任尚书。在这里，吴国增兵巴丘，既是想援助救援蜀国，又是准备在必要时趁火打劫，这要根据情势的变化来决定；蜀国在永安增兵只有防御吴国攻袭的单纯目的。孙权大肆张扬地询问宗预，是想掩盖他们的第二重目的，而宗预无论如何直接作回答，都会显示两国在关键时候互不信任的一面，因此干脆否定这一问题，认为双方增兵不值得过问，大事化小，消除了双方可能的误会与隔阂，确属机智的回答。

247年，宗预担任屯骑校尉，为执掌宿卫的四品官员，当时车骑将军邓芝从江州回到朝廷，对宗预说："按照礼，六十岁就不能戎装上阵，而您刚又接受兵权，这是什么原因?"宗预回答说："您七十岁尚且在外带兵，我六十岁为何不能接受任命?"这应是两人开玩笑的话语。邓芝性情骄傲，自大将军费祎以下都回避他的傲气而恭谦屈身，唯独宗预不向他低头。宗预后来再次出访东吴，返回时对孙权说："蜀汉地土虽小，但我们两个邻国互相依赖，吴不可无蜀，蜀也不可无吴，我们靠的就是这一条，希望陛下将此牢记在心。"他又说："年老多病，大概不能再次见面。"孙权拉着宗预的手，流着眼泪道别说："您每次身负使命来结两国之好，现在您年岁已高，我也已衰老，恐怕再难相见了。"赠送给宗预一斛大珍珠，回国后宗预升为后将军，都督永安，被任命为征北大将军，赐爵关内侯。

258年，宗预因疾病返回成都，后为镇军大将军，领兖州刺史，是邓芝之后的遥领职位。其时都护诸葛瞻刚刚统揽朝廷事务，将军廖化路过宗预住所，来邀请宗预一同去拜访诸葛瞻。宗预说："我们年过七十，无所欲求，就剩下一死了，何必卑微地去对年轻辈登门拜访呢?"于是并不前往。263年八月，后主刘禅投降邓艾，蜀汉灭亡；264年春，宗预等人随刘禅一起迁往洛阳，在途中病逝。

外交活动是国家政治活动的重要部分，也是外交人员展现才情的舞台，蜀汉官员邓芝与宗预在出使东吴的活动中实现了国家委托的使命，又赢得了交往国君主的赞赏，与其建立了深厚的个人友谊。他们在本国身为将军，却以出众的才能创造了蜀汉外交活动的佳话。

2.8（4）反战将军张翼和廖化

蜀国后期能征善战的将军为数不多，当时人们称说："前有王、句，后有张、廖。"（参见2.7.3《不识字的名将王平》），除王平与同郡人句扶外，人们把张翼与廖化视为后来国家可以依赖的名将。《三国志·蜀书十五》中记述了张翼与廖化的事迹，两位都是对国家无比忠诚、敢于疆场拼杀而颇有战功的老将，但也同是国家执政人姜维属下态度明确的反战者。他们的主张并没有被执政人所采纳，但这没有改变他们对国家事业死而后已的忠诚。

张翼，字伯恭，犍为武阳（今四川彭山）人。他的高祖父是汉朝的司空张浩，曾祖父为广陵太守张纲，都很有声名业绩。刘备平定益州后兼任益州牧，张翼被任为书佐，约219年，张翼被举孝廉，任江阳（治今四川泸州）县长，调为涪陵（今四川彭水）县令，升为梓潼太守，历任广汉郡、蜀郡太守。从这些经历看，张翼应是更倾向于从事行政工作的官员。

231年，张翼被任为庲降都督，镇守南中诸郡，并任绥南中郎将，他是从行政官员跨界进入军队领域，从事统兵领将工作的。张翼在镇守南方的岗位上执法严厉，所以得不到异俗之民的欢心。当地头领刘胄作乱背叛，张翼出兵讨伐，叛军尚未被打败，朝廷即征召他返回，应该是朝廷感到处事不当而将他召回吧，同时安排马忠前往接替（参见2.7.5《那位笃诚受敬的马忠》）。张翼手下的人都认为应该马上返回去请罪，张翼说："不可以这样。我是因夷族反叛，办事不称职而被召还，然而接替的人尚未到任，我刚身临战场，应当运积粮草，做好灭敌的准备，岂可因自己受罢免而耽误国家的大事!"于是统率部队而不松懈，等到接替者来到方才离开，马忠后来凭借这些物资准备才消灭了刘胄，丞相诸葛亮听说后对张翼颇为赞扬。诸葛亮出兵北伐，以张翼为前军都督，兼任扶风（治今陕西兴平东南）太守。诸葛亮逝世后，张翼被任命为前领军，追论他在征讨刘胄一事上的功绩，赐爵关内侯。

238年，张翼入朝为尚书，不久升为建威（今甘肃西和县北）都督、假节，封为都亭侯、征西大将军。255年，张翼同姜维一道返归成都，姜维提议再次出兵，只有张翼与他在朝廷争论，认为国家弱小百姓劳苦，不宜穷兵黩武，姜维不听从，带领张翼等人出征，提升张翼为镇南大将军。姜维前至狄道（今甘肃临洮），大败魏国雍州刺史王经，王经的士卒死于洮水者数以万计。张翼对姜维说："可以到此为止了，不宜再向前推进，再前进有可能葬送已取得的大功，是给蛇画足!"姜维大怒，并不听从，他将王经包围在狄道，但未能攻破城池。

259年，张翼被任命为左车骑将军，兼任冀州刺史，这属于遥领职位。263年，张翼与姜维都在剑阁，共同接受后主刘禅的旨意，前往涪县（治今四川绵阳）投降钟会，第二年正月，他跟随钟会到成都，被乱兵杀死。张翼的儿子张微，笃志好学，后为广汉太守。史书上说，自张翼反对出兵以来，姜维心里对张翼很不高兴，然而却常带着他一道出征，张翼也是不得已跟着他行动。军人以服从命令为天职！人们在这里既能看到姜维为了推进诸葛亮当年确定的伐魏战略而矢志不移的坚韧决心与毅力，更可感受到张翼老将军在军事活动中能搁置个人意见，严格服从组织安排调度的军人风格与职业情操。

廖化字元俭，本名淳，襄阳人。他在荆州担任前将军关羽的主簿，219 年关羽战败后，廖化流落到东吴，他心里想念刘备，于是假装死亡，周围的人都信以为真，廖化于是带着老母亲昼夜西行奔赴益州。当时正逢 222 年刘备领军队征讨东吴，他们在秭归相遇，刘备见了廖化非常高兴，任他为宜都（治今湖北枝城）太守。次年刘备去世，廖化被调任丞相参军，后作过督军，稍迁至右车骑将军，假节，领并州刺史，这属于遥领职位，被封中乡侯。

廖化的职位与张翼相当，而在宗预之前。261 年，诸葛亮的儿子诸葛瞻被任为都护、卫将军，平尚书事，加入了国家高层执政圈，在成都的廖化准备前去拜访诸葛瞻，他路过宗预住所，即邀请宗预一同前去，宗预说："我们年过七十，无所欲求，就剩下一死了，何必卑微地去对年轻辈登门拜访呢?"（参见 2.8.3《孙权欣赏的邓芝与宗预》）宗预拒绝前往，但相信老将军廖化不会因自己的年龄老迈而放弃自我选择的行动，他这里并非是对上司的刻意讨好，而是要表达一种尊崇甚或鼓励的态度。

身任高级将领的廖化以果决刚毅而著称，他在蜀汉做官许多年，始终忠诚君主，谦逊为人。史书上对廖化集中记述的文字特别少，肯定有许多事情未能载入，但从其个人职业经历中可以看到，他在军队任职时间并不长，即使作过先锋官那也不会很多，"蜀中无大将，廖化作先锋"，那是历史小说对人们形成的印象。262 年秋，姜维率众出狄道北伐曹魏，廖化说："'用兵如果不收敛，必将自食恶果'，说的就是姜维啊。智谋并未超过对方，力量比敌人要弱，但用兵却没有满足，这样怎能长久?"表达了自己对战争的态度，同年十月姜维出兵攻魏，在侯和（今甘肃卓尼东北）被邓艾击败，退军驻扎于沓中（今甘肃舟曲西北洛大镇附近）。廖化的预料不幸言中了，但他反战止战的主张并没有得到国家高层的公开认可。

263 年八月，魏国派钟会、邓艾、诸葛绪数路攻入蜀国，廖化奉命去沓中支援姜维，后在阴平与退兵前来的姜维、张翼部队相会合，再退剑阁守关，不久接到刘禅的敕令，与张翼同时跟随姜维至涪县向钟会投降。264 年春，廖化等人一起向中原迁移，这应该是钟会反叛被平定后魏国高层对蜀汉原皇帝及其高级官员提出的迁离要求。廖化其时八十岁左右，在与刘禅共同迁往洛阳的途中病逝，这位老人以赤诚爱国而在后世人们心中留下了一尊忠厚形象。

2.8（5）蜀吴边界的守御人罗宪

吴蜀两国同盟友好四十年，263 年在蜀汉亡国的趋势转变时刻，两国边界发生了一场未曾预料的争夺战，《三国志·霍弋传》引注《襄阳记》及《晋书·罗宪传》中记述了蜀汉将军罗宪在刘禅举国降魏后，以劣势兵力抵御吴国攻袭数月之久，把镇守地盘完整地交给魏国的事迹，表现了蜀臣罗宪英勇顽强的战斗精神，同时表明了吴蜀两国在特殊情况下的复杂关系。

罗宪，字令则，襄阳人。父亲罗蒙，避乱来到蜀地，在蜀汉时任广汉太守。罗宪早先以才学知名，十三岁即能写文章，他侍从谯周，谯周的门人称他为子贡。后主刘禅 238 年立刘璿为太子，罗宪为太子舍人，后升为庶子、尚书吏部郎，以宣信校尉身份出使东吴，受到吴国人的称赞。当时蜀汉朝廷宦官黄皓干预政事，有许多朝臣依附黄皓，但罗宪偏不参与这些事情，黄皓为此而忿恨，将罗宪贬为巴东太守。其时右大将军阎宇在巴东担任都督，统领军队，刘禅让罗宪作阎宇的副手。263 年魏国三路伐蜀时，朝廷召阎宇西还成都，带走了二千人，令罗宪守御永安城。

不久罗宪听人传说成都兵败，于是永安全城骚动，长江沿岸的官员都弃城逃走，罗宪斩掉了声称成都兵败的那人，永安百姓方才安定下来。后来刘禅送来了问候的信息，应该同时传达了举国降魏的决定吧，罗宪统领他的部队到达都亭驻军。吴国听说蜀国失败的消息，他们的军队向西推进，表面上说是来救援，实际上准备袭击罗宪。罗宪说：“蜀汉败亡了，吴国是唇齿相依的盟国，不同情我们的灾难反而趁机取利，违背盟约。况且蜀汉已亡，吴国如何能够长久，怎么能作吴国的降虏呢！”他决定在这里抗拒吴国的进攻。

蜀吴两国的同盟关系虽经双方用心呵护几十年，其实还是经不起危机考验的。当时在 234 年诸葛亮刚一去世，先是吴国，后来蜀国，他们两家都在边界增兵，吴主孙权当时就有趁火打劫的预谋（参见 2.8.3《孙权欣赏的邓芝与宗预》），蜀国使臣宗预在访问时对此打了个马虎眼，掩饰了吴国的企图与蜀国的戒备之心；现在魏军攻入蜀地，蜀国处在了危险关头，吴国仍然以救援的名义欲行分割之实。连续两次的重复表现足以表明，像当时其他集团间的盟友关系一样，吴蜀两国之间没有真正的友谊，只有现实的利益，盟友关系只是依靠暂时的共同利益而成立。

罗宪修整武器准备保护都亭，他与手下将士相互发誓，以节义精神相激励，将士们都愿听从他的命令。吴国后来听说钟会、邓艾两人都反叛失败，益州百城没有防守之主，于是就想兼并蜀地。这里发生了一个现实的问题，吴国所要夺取的边界之地当时究竟是算蜀国的地盘还是魏国的地盘？当年赤壁之战刚一结束，孙刘两家都想占有荆州，他们想要占取的地盘到底是刘表的所属物还是曹操的所有物，双方各自的理解不同，因而对战争成果的分配就产生了极大争议（参见 2.1.13《对战后成果的争取》），引发了后来无休止的矛盾；现在同样的问题摆在了双方面前，吴国认为蜀汉投降了魏军，而受降者邓艾、钟会已经死于蜀地，因而益州属于无主之土，他们可以毫无顾忌地领兵去圈占；而罗宪则认为这些土地必须随刘禅的旨意而转移，归属魏国那才是合理的，而绝不能让东吴随意占取。这里没有双方说理并能取得公正仲裁的地方，只能交给战场上的拼杀争夺来决定，于是就有了这边界上的最后争战。

因为罗宪防守坚固，吴国军队难以通过，东吴遂派将军步协率兵前来争斗，罗宪在江边射箭据守，料到难以抵御，于是派参军杨宗突围北出，向魏国安东将军陈骞告急，同时让儿子带着文武官员的印绶去见晋王司马昭，这是归降的表示。步协继续攻城，罗宪出城与其交战，大破吴军。吴主孙休听说攻城不下而大怒，重新派陆抗等人统领三万部队前来围攻罗宪，一直攻了六月之久，魏国的增援部队尚未到达，城中大半人生了病，有人劝说罗宪弃城而走，罗宪说："我作为军队统领，城中百姓在看着我，不能把危局安定下来，紧急时弃城逃跑，这不是君子做的事情，我应该战死在这里！"陈骞把情况告诉了晋王司马昭，司马昭派荆州刺史胡烈前来救援罗宪，陆抗等人方才领兵退回。其后司马昭让罗宪原地留任，提升他为凌江将军，封万年亭侯。恰逢吴国武陵四县举众反叛而归降魏国，魏国遂调任罗宪为武陵（治今湖北竹山西北）太守，并为巴东监军。

当时形势变化极快，265年，司马炎篡魏建立晋国，他改封罗宪为西鄂县侯。罗宪让他的妻子儿女住在洛阳，晋武帝司马炎任罗宪的儿子罗袭为给事中，这是朝中掌握顾问应对的官员。267年冬，罗宪来洛阳入朝，被提升为冠军将军、假节，授给他征罚专权。次年三月，罗宪随从司马炎在华林园宴饮，司马炎问及蜀中的大臣子弟，随后问起当年蜀国任用过的人才，罗宪向他推荐了蜀郡常忌、寿良，巴西郡的陈寿，以及诸葛亮的孙子诸葛京等十多人，推荐的人都获得司马炎任命，这些人物在晋国各自显名于世。《三国志》的撰著人陈寿在蜀汉亡国后无事可做，后来受到几个人的同时推荐到晋朝任职（参见2.3.15《身后的追忆》），罗宪也是一位重要的荐举人。

罗宪返回武陵后，攻袭了吴国的巫城（今重庆巫山北），同时向晋国提出了伐吴的方案。罗宪为人刚正诚实，对待士卒颇有耐心，轻财好施，不治产业，270年去世，晋朝赠封他安南将军，谥烈侯。他的儿子罗袭以凌江将军的身份继续带领父亲的部队，不幸早逝，被追赠为广汉太守。罗袭的儿子罗徽为顺阳（治今河南淅川东）内史，这是总揽王国事务的二千石官员，他311年死于西晋战乱。无论如何，罗宪在蜀汉亡国的关口，显示了蜀国将士守卫疆土的热血豪情与拼死精神，展现了一位将军的英雄气概，为蜀汉末期灰暗的人才图谱增添了一抹亮色。

2.8（6）李密的书信感动了皇帝

在蜀汉灭亡、晋朝初立的政治变乱关头，蜀中有一位坚守节烈不愿入洛阳做官的人物李密，他辞绝了晋朝各层官员的催促逼迫，以亲人有病需要照料为由做出推脱。因为其给皇帝的上书表达了与亲人的真挚感情，文情并茂，触动了传统文化中的敏感神经部位，因而深深地感动了晋帝司马炎。《三国志·蜀书十五》引注《华阳国志》记述了李密的事迹，他给晋帝的上表及其人生经历深深地打动了后世人的心弦。

李密，本名李虔，字令伯，犍为武阳（今四川省彭山）人。李密的祖父李光，曾在蜀汉任朱提（治今云南昭通）太守。他的父亲早亡，母亲何氏改嫁，李密由他的祖母刘氏养育。他从小喜欢读书，拜谯周为师，谯周的学生把他和子游、子夏相并列。李密博览五经，尤精《春秋左氏传》，看过的书都能精通，反应机敏且口辩快捷，因侍奉祖母特别孝顺而出名，在祖母生病时哭泣着在旁伺候，白天和晚上都不脱衣解带，吃饭喝药必定亲口尝过。当时家乡本郡以礼征召前来任职，他没有接受；后来蜀汉朝廷征召他任从事尚书郎，为负责文书起草的六品官员，再后来调任大将军主簿，太子洗马，这些职务应是发挥了他的才学特长。

李密奉命出使吴国，吴主问蜀国马匹有多少，李密回答说："官用有余，百姓自足。"古代的马匹是军事装备，其数量常常是制约战争规模的要素，真实的数字应该属于国家机密，李密对吴主的提问做了最得体的回答。吴主与群臣随意谈论伦理道义，大家都说在兄弟中做弟弟更好，李密说："我宁愿作兄长。"吴主问："为什么要做兄长?"李密回答："作兄长供养长辈的时间长。"吴主与群臣们都称赞他说得很好。

363 年蜀国降魏后，接受投降的将军邓艾在成都听说了李密的大名，想请他作主簿，后来又写下文书邀请，让前来相见，李密一概不理。是邓艾直接灭亡了蜀汉，拒绝其任用应该包含着李密当时的政治态度，李密也因此避免了陷入邓艾被诬反叛而遭受惩处的是非漩涡。李密因祖母年老，特别注重和颜悦色的侍奉。刚刚建立晋国三年不到的晋武帝司马炎在 267 年立儿子司马衷为太子，征召李密任太子洗马，诏书接连下达，郡县官员催促他赶快前去洛阳赴任，而李密仍然不愿离开故乡和祖母，这里也许有某种反感灭蜀或讨嫌篡国的政治倾向包含其中，但这些意思根本拿不到明面，李密于是拿出需要侍奉祖母的唯一理由，他给晋帝司马炎上书，写了一封辞绝入朝做官的长信，表达了充分的理由。

上书中说："我命运不好，早年遭遇不幸，出生六个月时父亲亡故，四岁时舅父强迫母亲再婚，祖母刘氏怜悯我年幼孤苦，亲身抚养。我幼年多病，九岁时不能走路。孤单无靠，直到成年时既无叔伯，又缺兄弟，门庭衰微而福分浅薄，很晚才有儿子。在外没有亲近的亲戚，在家没有照应门户的孩童，时常孤单无伴，只有身影相慰。而祖母刘氏又早患疾病，常年卧床，我为她熬药喂汤，从未远离。现在圣朝新建，我蒙受着清纯的教化。前任太守逵，察举我为孝廉；刺史荣推举我为秀才。我因供养祖母无人可托，难以接受任命，朝廷特下了诏书，任我为郎中，不久蒙受国恩，任我为太子洗马。感到以我的卑微低贱来侍奉东宫太子，不是我杀身所能报答的。我将自己的难处上表报告，表明不能就职，而诏书要求紧急，责我怠慢；郡县长官逼迫，催我上路；州县长官登门，急如星火。我想奉诏效劳，但祖母刘氏病情日重；本想顾念私情，但我的报告不被允许，所以进退两难，十分狼狈。我想圣朝是以孝道治理天下，凡是年老旧臣，尚且受到尊崇怜悯，而我孤单凄苦，情况更为特别，况且我年轻时在蜀汉任职，担任过郎官，本来只求仕宦顺达，也不考虑名声节操。现在我仅是一位亡国的低贱俘虏，卑微而浅陋，受到过分擢用，恩宠优厚，怎敢迟滞盘桓而心存非分期冀呢？只是因为祖母刘氏像日头快落西山，气息将要中断，生命垂危，朝不保夕了。我没有祖母，就到不了今天；祖母没有我，也无法度过余年。祖孙二人，相依为命，所以我不能远离。我今年四十四岁，祖母九十六岁了，看来我为陛下尽忠的日子还长，而报答刘氏的日子不多。乌鸦有反哺之情，乞求准许我完成心愿，我的辛酸苦楚，不仅是蜀地人士及益州、梁州的长官所知晓，皇天后土也能鉴察。希望陛下能怜悯我的愚诚，满足我微不足道的心愿，使祖母刘氏得以保全余生，我会生而杀身，死当结草，以报效我犬马般不胜恐惧的恩情。”司马炎看完上表感叹说：“李密不是空有其名。”他深受感动，停止了征召任用。为了表彰李密的诚心，又赐给他奴婢二人，让所在郡县供养其祖母的奉膳。

李密在上表中表达了幼年的苦楚，彰显了祖母的再生之恩；同时说明了祖母晚年的病况，强调了他一定要作出报答的人伦深情。因为无人可托，又恩重难舍，所以难以受命赴任。李密的书信情深意长，文字优美，展现了苦难生活中养成的高尚品行，道出了无数孝子贤孙们朴实真诚的内心话语，曾使后世多少人在阅读中洒下同情的泪水！这篇文字其后被称为《陈情表》，成了传统文化中的名篇。另外文中提到个人名节一事，是说自己先前受任蜀汉走上仕宦之途，不计较名声节操。其实李密在这里是欲盖弥彰，提出这一问题本身就是对此特别具有的敏感和计较，正是传统道德的要求和个人名节的顾虑，成为他去晋朝做官时自己在心里始终迈不过去的门槛，祖母的疾病只是他免除外界政局干扰内心主动选择的一种借口。

据《晋书·李密传》所记，后来祖母去世，李密服丧结束，他随后赴洛阳去任太子洗马。他这时已无任何理由拒绝晋朝的任命，同时也真正感觉到了朝廷的恩惠，于是作了司马炎的臣子，成了太子司马衷的属官。晋朝司空张华曾询问李密说：“安乐公（指刘禅）这人怎么样?”李密说：“可上比于齐桓公。”张华追问原因，李密回答说：“齐桓公得到管仲辅佐就称霸，任用竖刁就朝乱。安乐公得到诸葛亮就抗御强魏，任用黄皓就丧国，他们的成败是一样的道理。”张华又问：“诸葛亮的言语教诲为什么很琐碎?”李密回答：“过去舜、禹、皋陶相互对话，语言非常简雅；《大诰》中与普通人说话，所以显得琐碎。诸葛亮对话的人没有与他能相匹敌的，他说的话所以琐碎。”李密看来与故国有深厚感情，尽管已经亡国，但仍然不言当政者的任何不是，他借用历史事实与《尚书》中的文字作根据，对故国当政人的不足作出掩饰，并且使用机巧的手法将他们刻意抬高褒赞，正像他在书信中对母亲改嫁一事的掩饰一样，既是对尊长的尊崇，也是一种高度的自尊。

后来李密调任为河内温县（治今河南温县西）令，据称他在该县治理中教化严明，颇有政绩。当时晋朝在中山之地所封的诸王，每次经过温县，必定要求县上供给所需物质，县内百姓非常忧愁。李密主持县政时，他写下汉高祖过沛县，礼待老幼而绝不烦扰百姓的事情，将书信送给各王，自后诸王经过温县时，再不请求供应了。《资治通鉴·晋纪一》中记述，李密与人交往，往往公然议论其得失优劣而严厉责备其人，他常说：“我独自立于人世，自顾其影而无伴侣，但心无恐惧，就是因为我对别人不曾厚此薄彼。”李密生性方直，不曲意追求势位，他对自己的行事与为人似乎是满意的。

李密在晋朝的仕宦之路上因为性格方直，后来被外迁为汉中太守，他心中生怨，有次晋帝司马炎让他宴后赋诗，他在诗的末尾写道：“人亦有言，有因有缘；官无中人，不如归田；明明在上，斯语岂然!”皇帝看后很不高兴，有关部门让免去了他的职务，离职一年后，287 年他逝于家中，时年六十四岁。李密当时有著述十余篇，他的儿子李赐、李兴都颇有文才。这位才情出众的两朝名臣，多篇著述没有流传下来，仍以一篇陈情之作而百世不朽。

2.9 魏裔蜀将姜维

三国鼎立的局势形成后，人员的流动变化仍然是常有的事情，但从一方归顺另一方的普通将官已很难进入后者的高层政治圈，这是各家政治组织结构已稳固化，以及各集团人员构成相对稳定后所形成的常态现象。尽管如此，魏国官员姜维却在归降蜀国后打破了这一常态，在蜀汉职场上可谓青云直上。按照当代社会的某种理解，姜维是拥有蜀国身份的魏国人，可以称作“蜀籍魏人”，但这种称谓似乎远不如“魏裔蜀将”来得真切。《三国志·姜维传》及其引注记述了姜维一生的经历，介绍了他为蜀汉事业艰辛奋争百折不挠的英勇事迹，展现了他为自己热爱的国家甘洒热血至死无悔的人格形象。

2.9（1）他不得已归降了蜀汉

姜维，字伯约，天水郡冀县（治今甘肃甘谷东）人。他幼年丧父，与寡母一起生活，喜好郑玄的经学。姜维出仕后担任本郡上计掾，协助郡守考核郡内官员，后来州里征召他为州府从事。姜维的父亲姜冏早先曾为天水郡功曹，当时遇上羌、戎夷民叛乱，他挺身护卫郡中官员，死在战场，故此姜维受赐为中郎，为魏国六百石的八品官员，后作天水郡参军，属郡中重要幕僚，七品官员。

228 年，蜀汉丞相诸葛亮首次出兵祁山（今甘肃礼县东北），天水（治今通渭西北的平襄之地）、南安（治今甘肃陇西西北）、安定（治今甘肃镇原东南）等郡都背叛魏而响应诸葛亮，关中震动。当时天水郡太守马遵外出巡视，姜维和功曹梁绪、主簿尹赏、主记梁虔等一同随行。马遵听闻蜀军即将来到，又听说各县都纷起响应，怀疑姜维等随行诸人怀有二心，于是当晚逃亡去把守上邽（县治在今甘肃天水市）。姜维等人发觉太守已离，遂在后面去追，赶到上邽城下，城门已闭，太守不让他们进城。姜维等人又一同返还冀县，冀县同样不接纳他们，于是姜维等几人只好到诸葛亮那里。当时正赶上马谡在街亭战败，诸葛亮带领西县（今甘肃天水西南五十公里）一千多户人口及姜维等人收兵返回汉中（参见2.3.5《首出祁山》下），姜维因此与母亲失散。

另有《魏略》对此事有不同记述：当时天水太守马遵领着姜维等几位属官，跟随雍州（治今陕西西安西北）刺史郭淮从西县向冀县洛门（今甘肃甘谷西三十公里的渭河南岸）巡察，突然听说诸葛亮已领兵到了祁山，郭淮回头对马遵说："情况不大好！"就向东返回上邽，马遵觉得天水郡的治所在冀县之西，又恐怕百姓乘机叛乱，就跟着郭淮去了上邽。当时姜维对马遵说："太守您应该回到冀县。"马遵对姜维几人说："你们都不要相信，那里的人都反叛了！咱们还是各自行动。"姜维对马遵也没有办法，而他的家在冀县，于是与郡吏上官子脩等人回到冀县。冀县的吏民见到姜维等人非常高兴，便推举他们去见诸葛亮。二人难违众议，于是一同到诸葛亮那里，诸葛亮见到他们很高兴，没有来得及让他们前去迎接冀县的人众，就听到了魏将张郃打败蜀军先锋马谡的消息，于是领着姜维等人退却。姜维没有返回冀县，就跟着去了蜀国。魏军攻取了冀县，得到了姜维的母亲和妻子儿女，觉得姜维没有降蜀的本意，所以没有收捕他的家人，只是把他们集中在保官所监视起来以等待。

诸葛亮在退军后任用姜维为仓曹掾，为丞相府主管仓谷之事的属官，加任奉义将军，封当阳亭侯，当时姜维二十七岁，与诸葛亮初见刘备时的年龄相同，他降蜀后得到了诸葛亮的高度信任。诸葛亮在给留府长史张裔、参军蒋琬的信中说："姜伯约对自己的职任忠心勤奋，思考问题详细周密，考察他的德行，即使李绍和马良等人也不及他。此人的确为凉州的上等士人。"又说："姜伯约非常敏于军事，既有胆略勇义，又精通用兵之道，应先交给他五六千禁中兵卒。此人忠心于大汉，且才情过人，将军事法则给他教罢后，会派他进宫觐见主上。"后来姜维被升任为中监军、征西将军。

另有两则资料说，姜维当年在家乡冀县时喜好追求个人功名，暗中养着刺客，并不从事普通百姓的产业。姜维后来跟随诸葛亮去了蜀国，与母亲相失散，其后收到了母亲的书信，信中让他返回家乡，姜维回复说："良田百顷，不在一亩；但有远志，不在当归。”复信中提到的“远志”和“当归”是两种中药材，在某种条件下可以用前者替代后者吧。姜维的意思是，拥有了更大的天地，就不必紧盯眼前的些小利益；但能实现个人的远大志向，就不必非在家乡锦衣昼行。

可以看到，姜维来到蜀国后，受到了蜀汉丞相的高度器重，把他作为后继人才重点栽培。天水与汉中两地其实就只有一座秦岭横向相隔，路途不易，但距离并不遥远，而秦岭南麓的美丽汉中远比干涸的天水风光宜人。姜维从魏国西部偏远之郡的参军一下子处在了可以向蜀汉国家高层中枢机构挺进的位置上，这与他个人早先的宏大志向已相去不远，是他在天水郡府再干二十年也难以企及的，为此他已深深地眷恋上了自己重新获得的这一政治环境及其国度，按照他的功名心性，从内心更加热爱蜀汉才是合乎情理的。生长于魏国西部的姜维自此从个人身份、职场地位和心理世界上已完全转化成了蜀国上层人物。

234 年，诸葛亮病逝五丈原，姜维按照诸葛亮的安排，协助长史杨仪组织军队撤退汉中后，他回到成都面见了后主刘禅，被任为右监军、辅汉将军，可以统率各军，又被封为平襄侯，三十三岁的姜维在丞相诸葛亮的扶持下，已成了蜀国封侯拜将的年轻官员。238 年，姜维随执掌国政的大将军蒋琬驻守汉中，蒋琬担任大司马后，姜维任其属下主管军事的司马，多次领军队向西攻入魏国境内斩将略地，成了魏国难以战胜的重要敌手。243 年姜维升为镇西大将军，后来朝廷又采纳了蒋琬的建议，任姜维兼凉州刺史，凉州的大部分地盘在秦岭北麓，尚被魏国占有，这种任命是希望姜维领军队夺取凉州。姜维本来就是当时蜀国得到诸葛亮亲身指点而最有能耐的统兵将领，其时他也成了蜀国北伐曹魏要取得胜利的希望之星。

2.9（2）九伐中原（上）

天水参军姜维 228 年归降蜀汉后受到丞相诸葛亮的高度器重和用心栽培，早年就心存大志的姜维在这里找到了他事业和人生的落脚点，他跟随诸葛亮多次北伐，其聪明才智在军事领域得到了极大的发挥和提升。诸葛亮去世后，姜维成了国家高级官员中最能统兵作战的军事将领，他利用自己熟悉陇右（指陇山以西甘肃东部地区）地理与民情的优势，参与和独立统领军队北伐曹魏不下十次，并且取得了不小战果，成了魏国西方战场最难对付的强手。

后世人称姜维“九伐中原”，但所指称的内容常不一致，而传统上所说的“中原”也仅指黄河中下游一带，并不包括关中以西的陇右之地。也许“九”只是泛指数量多而已，又以中原指代中原王朝所辖的全部疆土。《资治通鉴·魏纪七》较全面叙述了该时期鼎立各国间有影响的战争及其背景，参考《三国志·姜维传》的记录，可以看到蜀汉后期姜维独自统领军队九次进攻魏国陇右地区的具体过程与成果，看到这位英雄人物在弱势条件下苦撑大局，敢于向强者连续挑战而毫不畏惧的不凡气质。

蒋琬执掌国政的十多年间曾在汉中作出水路东征的架势，其实并没有真正地出兵攻魏，他内心应该是没有伐魏的意图（参见 2.8.1《盛名难副的掌政人》下）。246 年蒋琬因病去世，在此前后费祎接掌国政，姜维的职位由征西大将军、凉州刺史再被提升为卫将军，这是仅次于大将军的职位，同时他与费祎共录尚书事，成了与费祎共掌枢要的第二品高级官员，在国家政治活动中拥有了发言权。这年姜维在率军平息了汶山平康（治今四川松潘西南）夷民的叛乱后，开始连续实施他北伐曹魏的雄心。

①洮西之战。247 年，雍州、凉州的羌、胡族人围攻城邑，背叛魏国，并招呼蜀汉前来支持，姜维领兵出陇右来作接应，他与魏国讨蜀护军夏侯霸在洮西（今甘肃西南临潭等洮水以西）展开战斗，胡人首领白虎文、治无戴等人率领部落投降了姜维，雍州刺史郭淮领军前来，与夏侯霸在为翅（今甘肃岷县东南）围堵蜀军，姜维不敌而退，并将当地降众迁徙到蜀国境内。

②麹山之战。249 年秋，姜维领军进入雍州，依麹山（今甘肃岷县东南）筑二城，使牙门将句安、李歆等驻守，聚集羌胡人为质，进犯周边各郡。魏将陈泰率领讨蜀护军徐质、南安太守邓艾进兵包围了麹城，切断了运输道路和城外流水。句安等人出城挑战，陈泰却按兵不动。城内将士困窘不堪，仅靠不多的粮食和聚集起来的雪水度日。姜维率兵前来救援，出了牛头山（今甘肃岷县南）就与陈泰的军队相遇，陈泰让各军坚守营垒不与交战，又请郭淮部队快速靠近牛头山，准备截断蜀军退路。姜维害怕断了回路，于是迅速撤兵，句安等人孤立无援，最终投降。郭淮于是向西重新安定了各羌人部族。

在麹山之战后紧接着又有洮城之战。当时邓艾料到姜维没有远离，还会再来，因而把自己的部队驻扎在白水北面。三天后，姜维派蜀将廖化在白水南岸邓艾部队的对面安营扎寨。邓艾对将领说："姜维突然返回，我军人少，按照兵法他应渡河来战；现在他们不筑桥过河，这是让廖化牵制我们，他自己必定从东面袭取洮城。"洮城（指古洮阳县城）在白水之北，离邓艾驻地六十里，邓艾当天夜里秘密出兵直奔洮城；姜维果然渡河前来进攻，但邓艾先期占据，因此得以坚守。蜀军无机可乘，只好返回。

③西平之战。250年，后主刘禅赐授姜维假节，姜维再次出兵西平（郡治在今青海西宁），未能获胜。作战中俘获了魏国中郎将郭脩（又称郭循），蜀国将其任为左将军。该人寻机谋刺刘禅没有成功，三年后刺杀了蜀汉大将军费祎（参见2.8.2《被降将谋刺的才俊》下），郭脩诈降了蜀汉后充当了一名魏国刺客，事后魏国追封他为长乐乡侯，让其儿子继承了爵位。

④狄道之战。253年初，大将军费祎被刺客谋杀，姜维当年夏率军队越过石营（今甘肃武山南五十公里的聚落），围攻狄道（今甘肃临洮）。姜维觉得自己详熟陇西风俗，同时对自己的武略才能颇为自负，总想引诱当地羌、胡部族作协助，一举占有整个陇西之地。费祎先前并不赞成他频繁出兵，曾经对姜维说："我们这些人比诸葛丞相差得远，丞相尚不能平定中原，何况我们！不如先保国治民，谨守国土，至于建功立业，等后面有才能的人去干。不要寄希望于侥幸，如果不能如愿，后悔就来不及了。"姜维一直想要兴兵攻魏，费祎就常加抑制，每次调给他的兵力不足一万人。费祎离世后，姜维的权威更重了，他这次统领兵将数万人围攻狄道。当时吴国执政诸葛恪也统帅军队在东线进攻魏国，魏国掌政人司马师等人认为姜维握有重兵，利用魏国东线的压力孤军深入，但战线太长，军粮难继。于是让魏军坚守勿战，同时命令郭淮、陈泰率领关中全部军队去解救狄道之围；陈泰至洛门（今甘肃甘谷西），姜维部队粮尽，只好撤退。

⑤襄武之战。254年，朝廷加任姜维为督中外军事，加强了他的军事权力。魏国狄道县长李简写密信给蜀汉请求归降，姜维遂想利用这次机会，他于当年六月进军陇西，蜀汉荡寇将军张嶷主动要求从征。蜀军从狄道进军攻克河关（治今青海同仁）和临洮。魏将徐质与蜀军交战，张嶷不幸阵亡（参见2.7.6《以智辅勇的和夷名将张嶷》下）。姜维进兵包围襄武（治今甘肃陇西西南），与魏将徐质交锋，斩首破敌，魏军败退。姜维乘胜俘降不少敌兵，将河关、狄道、临洮三县的百姓迁徙，与军队一起返还。

姜维在蜀国经过二十多年的打拼，已经成为蜀汉国家的高级军政官员，但他攻克曹魏的雄心壮志仍未实现，因而接连不断地出兵进击。他手中能够掌握的军队是有限的，面对的敌人是强大的，但他更相信自己的用兵才情，相信自己总有成功的一天。他期冀在有生之年至少占取自己家乡陇右的地盘，既能获得锦衣昼行的满足，也在关中西部取得一块立足之地，为蜀汉事业在下代继续推进创造更有利的条件，他实在是希望以自己在军事上的成功告慰前丞相诸葛亮的在天之灵。

2.9（2）九伐中原（下）

姜维在辅助大将军费祎执掌国政的六年间三次领兵出征魏国，因为兵力太少而未能如愿，253 年费祎去世后，他加大兵力发起了更大规模的两次北伐，占取陇右之地的壮志仍然未能实现，姜维对自己的军事才能充满信心，坚信以蜀汉国家的大部军力拿下曹魏的边远州郡不会有什么问题，因而北向用兵的行动在五出陇右后始终没有停止。《资治通鉴·魏纪九》《三国志·姜维传》等处记述了后来的几次北伐活动。

⑥再战洮西。255 年姜维在朝中讨论出兵伐魏之事，征西大将军张翼当面劝谏他说："国家弱小人民劳苦，不宜滥用兵力。"姜维并不听从，他统领张翼等各部军队一同进军，当时魏国讨蜀护军夏侯霸因 249 年国内司马氏的高平陵政变受到牵连而投降了蜀国，因为他和蜀汉后宫张皇后的亲戚关系而受到刘禅的看重（参见 2.2.1《刘禅执政》中），被封为车骑将军，这次夏侯霸也随同出征。八月，姜维率领数万人到达枹罕（今甘肃临夏县东北），向狄道（今甘肃临洮）进军，在洮水西岸的故关（遗址在今甘肃临洮西北十八公里处）与雍州刺史王经的部队激烈交战，魏军失利，渡洮水而奔，死者以万计，王经率残军退据狄道城坚守。

作战大胜后张翼劝阻姜维就此罢手，不用画蛇添足。姜维听到这话非常生气，他觉得事情才刚刚开始，为什么要中途停下来，坚持领军队包围了狄道城，发起猛烈攻击，志在必得。魏国征西将军陈泰当时驻军陈仓（今陕西宝鸡东），他本来安排王经避免交战，直趋狄道坚守，等待他亲率大军前来后东西两面夹击，未料王经已遭大败。陈泰到达狄道附近后，他让部队爬过高城岭（今甘肃渭源县西八公里），秘密行军，夜里到达狄道东南的高山上，突然举起许多火把，同时击鼓吹响号角，居高临下。狄道城中被围困的魏军见到救兵来到，都振奋欢呼。姜维没想到敌方救兵突然到达，沿山路进攻，交战不利而退却。陈泰又扬言要截断蜀兵退路，姜维十分惊恐，又听说魏国已令安西将军邓艾增援，又让太尉司马孚为后续部队前来。于是在九月下旬即率兵退至钟提（故址在今甘肃成县西北）。

⑦段谷之战。256年，姜维在驻军地被朝廷任命为大将军，其后又整顿军马，与镇西大将军胡济约定在上邽会师。魏将邓艾料定姜维会乘洮西之战的胜势再次来犯，他安排好狄道城的防守后领兵驻扎在了上邽（今甘肃天水市）。姜维在七月兵出祁山后听说邓艾防守上邽，就折兵返回，准备从董亭（今甘肃武山南）奔向南安（治今甘肃陇西渭水东岸），邓艾则据守武城山来对抗，姜维与邓艾争夺险要之地未能得手，当天夜里，他渡过渭水向东而行，欲沿山路奔趋上邽，邓艾在段谷（今甘肃天水西南）堵截蜀军交战。当时姜维与蜀将胡济约定在上邽会合，胡济误期未能到达，因此姜维的军队在段谷大败，士兵们四散奔逃，伤亡惨重。姜维返回后蜀人对姜维怨言颇大，姜维上书谢罪，自求贬职，他以卫将军代行大将军的职权。

⑧出军秦川。257年，魏国征东大将军诸葛诞在淮南反叛，朝廷派遣关中部分军队东下平定。姜维想乘关中空虚之时进袭秦川（陕甘两省秦岭之北的平原地带），于是再次率领数万人马出骆谷（陕西城固西北至眉县420里的河谷），径直扑向沈岭（今陕西周至县西南五十里）。这时魏国在长城（今陕西周至西南25公里）积囤的粮食很多而守兵甚少。魏国雍、凉督军司马望与安西将军邓艾都领兵据守长城。姜维前进至芒水（陕西周至东南）驻军，倚山安营，他多次率兵挑战，司马望和邓艾并不应战。双方军队在此相持，都没有等到进攻的机会。258年四月，姜维听到诸葛诞兵败而死的消息，他料到关中被调出的军队会很快返回，于是率军退归。

其时，姜维领军多次出征，蜀国百姓愁苦埋怨，名士谯周作散文《仇国论》，其中说到“多次射箭而不中，不如审慎而后发”，他是用文学的形式来谏阻掌政人穷兵黩武（参见2.6.7《陈寿的老师谯周》上）。姜维回到成都后被重新任命为大将军，官复原职，但他面临的压力是巨大的。

⑨侯和之战。262年，蜀汉大将军姜维准备再次出兵征战，右车骑将军廖化说：“‘用兵如果不收敛，必将自食恶果’，说的就是姜维啊。”（参见2.8.4

《反战将军张翼和廖化》）表达了他对北伐的态度，同年十月姜维出兵洮阳（今甘肃临潭西南），在侯和（今甘肃卓尼东北）与邓艾交战而兵败，他退军驻于沓中（今甘肃舟曲西北洛大镇附近）。

九伐中原就这样结束了。从 247 年首战洮西到 262 年侯和之战，姜维在十六年间率领军队进攻魏国共九次，除过 257 年进军秦川直指关中外，其他八次基本都是在陇西用兵，比诸葛亮的祁山之战更为靠西，因而也更为艰难。应该说，除过双方指挥员的用兵较量外，蜀国在战争的局部上是有一些有利方面的，255 年再战洮西后姜维退兵钟提，魏将邓艾预料姜维必会再来，他向身边人分析了蜀军当时具有的五个有利条件：一是借前面洮西之战的胜势，乘胜进军而攻击疲惫对手；二是官兵相互熟悉，兵器齐备而犀利，而魏军更换了将领，兵器也不完备；三是蜀军是坐船行进，而魏军是陆地行军，劳逸不同；四是魏军在狄道、陇西、南安、祁山各地作全面分兵防守，而蜀军是专门进攻一处，具有选择作战对象的机动性；五是蜀军外线作战，得胜后可以就地取食，消耗魏国的物质。数月后姜维果然从钟提出兵攻魏来了，表明姜维筹划战争的想法正是邓艾预料的那样，他是看到了蜀军进攻所具有的有利条件。然而，无论蜀军客观上具有怎样的有利条件，他们在整体战场上的兵力不及却是一个根本的问题。255 年姜维在狄道城包围了王经的部队，而陈泰的军队一到他就心中惊慌；姜维这时已经调用了所能指挥的全部军队，而魏国邓艾和司马孚的后续部队还尚未出场。这些情况决定了蜀军难以轻易夺取城邑，即便夺下了也难以坚守。

客观地说，九次出兵以及每次征战中的诸多战役，蜀军并没有屈居下风，甚或战胜的成分更多些，其中虽有败绩和平手，但有许多次战胜了对手，消灭了敌军，夺得了城池人口，对魏国造成了不少消耗。然而尽管这样，相对于姜维领军出征的作战目标而言，九次征战结果的落差实在太大。姜维的本意是想夺得陇西，占有地盘，在秦岭北麓的偏远西部建立东向攻魏的根据地，但许多年间的艰苦征战，攻城略地的成果并没有巩固和保留下来，只是迁徙和得到了一些人口，对于九次征战的自身消耗而言，这些到手的成果绝对是得不偿失的。

2.9（3）屡次北伐的得失

受到诸葛亮悉心栽培的姜维，在二十年后成了诸葛亮军事事业真正的继承人，他是蜀汉高层政治圈中最有军事才能的官员，也是推行诸葛亮军事战略最为坚定的人物。从 247 年到 262 年间，他领军北伐达九次之多，以蜀汉总体上的劣势国力仍然保持了对魏国军事战术上的进攻态势，展现了他不凡的军事才能。

蜀国在夷陵之战后由诸葛亮重新确立了抗曹兴汉的政治战略，并采取了联吴睦夷的策略方针。蜀汉与曹魏长期为敌，但双方国力悬殊，本来自我守御犹恐不及，反而采取了主动出击的方式。应该说，这种方式是将内线作战变为外线作战，把消极的防御转化为积极的进攻，有消耗对方物质、打击敌人士气、锻炼自我军队，以及通过转移国人政治视线而缓解内部矛盾、凝聚人心和稳定国内政局的作用，这些效果在建国不久的诸葛亮掌政时期应是得到了较好的发挥。然而，过分使用任何老套的方式而不做调整变通，该方式的边际效用就必然会逐渐显露出来。到姜维屡次北伐时，尽管动用了更多的兵力，但落到手中的军事成果相对于他占据陇右的北伐目标，以及对蜀国政治的种种影响，这些军事活动实在是得不偿失。

首先是，多年的战争加重了蜀中百姓的负担，使益州民众过于疲惫，蜀汉高层官员中已经出现了较强烈的反战情绪。蒋琬当年接替诸葛亮执掌国政的十多年间，他以准备东征做借口而并不出兵，实际上是冻结和停止了北伐行动，缓解了先前战事频繁引发的某些问题；费祎掌政的七八年间，他每次仅仅拨给姜维一万兵马，实际上限制着北伐的规模。253 年费祎去世后，姜维作为国家军事活动的最高负责人，按照自己的意图扩大了北伐规模，后面七次北伐动辄出兵数万人，先前缓解了的问题又重新加剧。但即便这样，进入陇西的蜀军仍然必须规避魏国后续增援部队的到来。因为不能缩小与敌方国力及兵源上的差距，以血战而争得的陇西城池就始终无法保留，战胜的成果难以巩固，国人看到的就只是空劳无益的消耗，反战的情绪就只能不断扩大。除蜀汉掌政人蒋琬、费祎用行动表明不赞成北伐外，镇南大将军张翼、右车骑将军廖化，以及中散大夫谯周等官员都已公开表明了反战态度，这实际上反映着普通民众对待北伐的态度，蜀国高层官员中已经没有姜维军事活动的真正支持者，虽然没有资料可以直接表明蜀汉民众的态度，但能够预料姜维一意孤行的北伐是逆民心的行为。

其次是，为了调集可用于战场上的更多兵力，姜维改变了汉中北境的防守方式，撤去了各关隘要口上的守御士卒。《资治通鉴·魏纪十》及《晋书·文帝纪》中记述，司马昭曾对身边人说："蜀国的兵士共有九万，居守成都以及防卫边境的不下四万，这样剩余的士卒不过五万人。"他们计算出了姜维最多能够调动的部队数量。姜维带领这些可以调动的兵力组织北伐，途中还要安排对往来路途的把守，用于战场上的机动部队就更少，以如此兵力与秦岭之北的近十万魏军相对抗，姜维当然感到力量上的不足。为了扩大自己的出征兵力吧，姜维主持国家军事后，撤掉了汉中边境许多关口的分散防守。当初，刘备安排魏延镇守汉中，在各个外围关口布满兵力以防御入侵，进攻的敌人难以攻入。在244年的兴势（今陕西洋县北）战役中，王平抗拒曹爽用的就是这种方法（参见2.7.3《不识字的名将王平》）。姜维认为让兵将分散驻守各个据点，只能抵御入侵之敌，不能获得大胜，他想要把兵力作集中使用，所以主张从各据点收敛兵力，退守汉（今陕西勉西南）、乐（今陕西城固东）二城。他的防守设想是：等敌人进入平原之地，蜀军则守住重要关口以御敌，再派游动军队在附近埋伏，乘虚攻击。敌军在野外没有粮食，自然会疲乏劳顿，乘他们撤兵时，各守城军队一起出击，就能消灭敌人。

姜维的这种守御方式从道理上说似乎问题不大，但让敌人进入自己国土之内再围而歼之的想法，难以估量到敌人的兵力强弱和诡诈方式，大约仅有一半胜算，远不如凭借险峻地势，采取御敌于国门之外的方式来得保险。但姜维是主持国家军政的最高官员，朝廷采纳了他的主张，后主刘禅下令让督领汉中的胡济撤兵进驻汉寿（今四川剑阁东北），让监军王含镇守乐城，让护军蒋斌镇守汉城。秦岭险要关口的防守撤销了，姜维应该得到了可以调动的更多兵力，但益州面临的防守漏洞也是巨大的。

再次是，姜维作为曾经辅助费祎主持国家政务的高级官员，长期奔走于北伐的路途和战场上，而对朝廷的内部事务则疏于管束，使蜀汉政治最终走到了难以收拾的地步。《三国志·姜维传》等史书上说，当初姜维是从异国投奔蜀汉的，他身受重任，连年兴兵，却没有建立什么功绩。宦官黄皓在朝内玩弄权术，与右大将军阎宇关系相好，暗地里想废掉姜维而以阎宇代替。姜维知道后，就对后主刘禅说："黄皓奸诈专权，会败坏国家，请杀了他！"刘禅说："黄皓不过是往来奔走的小臣，以前董允也常痛恨他，我为此觉得遗憾，你何必介意他！"姜维见黄皓在朝廷关系较深，害怕自己失言，说了谦恭的话就离开了。刘禅让黄皓到姜维那里赔礼道谢，姜维更加疑虑。他 262 年第九次北伐从洮阳返回后，就要求到沓中去种庄稼，不敢返回成都。

当年诸葛亮六出祁山，自己亲赴战场之时后方设有丞相留府，在朝廷安排有自己的亲信僚属，临走前又对刘禅连续上表，再三叮咛；而姜维并没有可信用的僚属在后方参与朝中政务，面对政治关系愈加复杂的情势，他竟然带着军队一走了之。作为一位高级官员，他似乎只热衷于率领兵将作战场拼杀，而宁愿听任朝廷政治态势的恶化，甚至对危及个人政治生命的现象怯懦规避，采取鸵鸟方式，他这种因军废政的行为是政治领域中不分主次、轻重颠倒的典型。从这一意义上说来，姜维反而是一位政治上的低能人，让他在费祎之后担任主持国政的大将军并参与尚书枢密事务，无论军事成果高低如何，都有负国家的重托。

2.9（4）艰苦而无效的守御

蜀汉大将姜维自 247 年到 262 年十多年间九伐中原，一时成了魏国最难对付的敌寇，魏国执政司马昭非常忧虑，当时准备派养马官路遗作刺客入蜀去谋杀姜维，有大臣主张应该用以德服人的正义手段才好，于是司马昭与僚属们计算了蜀国的兵力数量，比较了蜀吴两国各自的政治军事现状，认为首先出兵灭掉蜀国是有胜算的，于是征召了十八万士卒准备大举伐蜀。

姜维自第九次北伐的侯和之战返回后，因为恐惧宦官黄皓而寻求避祸，一直驻军于沓中（今甘肃舟曲西北洛大镇附近）。《资治通鉴·魏纪十》《三国志·姜维传》记述，姜维听说钟会在关中整治军队，图谋进攻蜀国，于是向汉后主刘禅上表说明情况，并提出："应该派遣左右车骑将军张翼、廖化率领诸军分别守护阳安关口（今陕西宁强西北）和阴平（今甘肃文县西北）的桥头，以防患于未然。"但把持朝政的黄皓相信鬼神巫术，认为敌人终究不会自己找上门来，于是就奏明刘禅让他不提这件事，因而群臣没人知道魏国备战的情况。

263 年八月，魏军为攻蜀而列队誓师，将军邓敦说不宜讨伐蜀国，司马昭将其斩杀示众，随后兵分三路大举入蜀。魏军的部署是：征西将军邓艾率领三万多人从狄道（今甘肃临洮）奔赴甘松（今甘肃迭部东南三十公里）、沓中，以牵制姜维；雍州刺史诸葛绪率领三万多人从祁山（今甘肃礼县东北）

奔赴武街（今甘肃成县西北二十公里）、桥头（今甘肃文县东南白龙江边），断绝姜维的退路。钟会统兵十万余人分别从关中穿越秦岭的三条险道斜谷、骆谷和子午谷奔赴汉中。让廷尉卫瓘持符节为镇西军司，监督邓艾、钟会的军事。

蜀汉朝廷听到魏兵将至，派遣廖化率兵到沓中作姜维的后援，派张翼、董厥等人到阳安关口协助各外围据点守御。命令各据点不得与敌人交战，退守汉、乐二城，城中各有兵力五千人。张翼、董厥其后向北到达阴平，听到诸葛绪将向建威（今甘肃西和县北三公里）发兵，就留驻一个多月等待敌兵。

钟会所率出秦岭的三路军队齐头并进，九月已到达汉中，他让前将军李辅统兵万人围王含于乐城，让护军荀恺把蒋斌包围在汉城，并派大军从西路进攻阳安关口。把守关口的蜀将傅佥和蒋舒进行了分工，傅佥出城与魏军前锋胡烈交战，蒋舒负责守城，未料蒋舒率领他的士兵投降了魏军，胡烈乘虚袭击城池，傅佥格斗拼杀而死，钟会的军队遂长驱直入，在关口获得大量库藏的粮食。

邓艾的军队负责牵制姜维，他派将军王颀直攻姜维营垒，派牵弘在前面阻截，派杨欣奔赴甘松。姜维听说钟会的军队已经进入汉中，就领兵返回，杨欣等人在后面紧追至强川口（甘肃西南部西倾山南），激烈交战，姜维败走。姜维又听到诸葛绪已经阻塞道路占据了桥头，于是就从孔函谷（今甘肃舟曲东南一带）进入北部道路，想绕到诸葛绪之后，诸葛绪获悉了姜维的动向，往回退却了三十里。姜维中途听到诸葛绪退兵，迅速往回走，从桥头过去，诸葛绪赶上去阻截姜维，但晚了一天没能赶上。姜维于是退至阴平，聚集军队，想要奔赴关口；还没到达，听说关口已破，于是退兵奔向白水（今四川青川东北四十公里），遇到了廖化、张翼、董厥等人，几路兵马会合一处据守剑阁（今四川剑阁南）以抵御钟会。

钟会不久会合了诸葛绪的三万兵马，军势颇盛，但姜维排列营垒据守险要之地，钟会派兵进攻并不能取胜，而且运粮道路既危险又遥远，于是想要领兵撤回。这时候，到达阴平的邓艾实施了一条奇袭方案，他从阴平小道出发走了七百余里无人之地，在无路的绝境处用毡毯裹住身体翻滚下山，将士们也都攀缘着树木崖壁鱼贯而进。邓艾的部队首先到达江由（今四川江油北五十公里），蜀国守将马邈投降。前来抵御的诸葛瞻没有迅速占据险要，致使魏军进入了平地，他统领人马在涪县（今四川绵阳）驻军抵御，部队战败后退军至绵竹，双方大战，诸葛瞻等人兵败阵亡（参见2.3.14《诸葛亮的家庭》），魏将邓艾这时直赴成都准备一举攻克。

蜀人未料魏兵突然而至，没做守城的准备，这时听说邓艾的军队马上就到，一时惊慌失措，后主刘禅召集群臣商议对策，最后大家默认了谯周投降邓艾的提议（参见2.6.7《陈寿的老师谯周》上），并派侍中张绍和邓良前往雒县向邓艾献了降书（参见2.2.1《刘禅执政》下），同时向各路军队发出了降魏的通告。

守御剑阁的姜维等人开始听说诸葛瞻兵败，但不知汉后主刘禅的动向，于是率军向东进入巴郡。钟会进军到了涪县，派遣胡烈等人追击姜维，姜维到达郪县（治今四川三台县南郪江乡），得到刘禅的命令，于是让士兵都放下武器，把符节传送给胡烈，自己与廖化、张翼、董厥等一起从东道至钟会那里投降。收到降魏通告的前线将士都震怒不已，气得挥刀砍石。当时各郡县和驻点的部队都接到刘禅的命令，于是罢兵投降。钟会给了姜维等人优厚的待遇，把印绶、符节、车盖等都暂时还给了他们。

在几年之前，姜维为了集中更多的机动兵力而撤掉了诸多外围关隘的防守兵卒，把御敌于国门之外的防守方式转换成“关门打狗”的制敌策略，而魏国人计算蜀国最多有九万军队，他们派出十八万大军分三路进入蜀地，蜀国不仅自己的门关不住，而且三只“大狗”实在也扑打不了。他们放纵魏军进入国土，自己失去了凭险据守的优势，战斗力的落差是巨大的，根本没有制胜对手的把握。同时，魏军进入蜀国，正像姜维当年在陇西具有进攻对象的机动性一样，双方主客易位，魏军在此反而拥有了更大的军事机动性，凡是能打上的都是成果；相反，作为守御主力的姜维则穷于应付，手头不多的部队总有顾此失彼之弊：防御了邓艾与诸葛绪，钟会的十多万大军攻占了汉中；前往剑阁截堵住了钟会，邓艾从阴平偷袭腹地。由于军队人数所致军事力量上的不足，以及防守策略上的缺陷，面对魏国大军的进攻，姜维尽管用尽力量穿梭拼命，但收效不大，兵力安置的错误所结出的苦果最终要他自己来品尝。另外，姜维作为国家高级官员而回避朝政，多年来放弃对朝政的参与，导致了他在国家高层发言权的丧失，在国家面临强敌进攻时，黄皓敢于把他送来的重要情报及其军事部署搁置不理，刘禅在成都危急时竟然想不到必须要询问军事统帅姜维的意见，姜维一意规避朝政，而衰败的朝政在危急关头绕开了姜维，姜维已往的各种军政失误在关键时刻综合作用，决定了他面对魏国大军的拼死守御终归是无效的。

2.9（5）两位敌手的相互敬佩

驻守沓中（今甘肃舟曲西北洛大镇附近）的姜维听说钟会的十多万大军进入汉中并已夺取了阳安关口（今陕西宁强西北），他立即甩开了邓艾部队的纠缠而退保剑阁（今四川剑阁南），钟会军队到达后一直攻剑阁不下，他写信对姜维进行劝降毫无结果。钟会收并了诸葛绪的三万多部队共约十四万人马，道路险阻，粮食供应不上，在攻关无望时心生退兵之意，但他心中对姜维暗暗敬佩。

邓艾所领的西路三万人马本是牵制姜维的部队，但在实际战场上姜维却与钟会的大军交上了手，没有完成军事任务的邓艾于是偷袭阴平，出奇制胜，逼降了成都的刘禅，取得了伐蜀战役中的不世之功。《三国志·姜维传》及其引注和《资治通鉴·魏纪十》等史书中记述，当时守御剑阁的姜维等人一开始听说诸葛瞻绵竹战败，后来又听到各种传闻，有的说刘禅准备固守成都，有的说刘禅打算投靠吴国，还有的说要南往建宁（治今云南曲靖），消息不一，于是姜维退兵到广汉、郪县（治今四川三台县南郪江乡）一带，准备在途中查明情况。不久收到刘禅的通令，让放下武器到涪县钟会军前投降。尽管将士们十分愤怒，纷纷拔刀砍石，但姜维守御无功，效忠无主，只好与张翼、董厥一起去归降钟会。钟会见到姜维问道："为何来得这么迟?"姜维流着眼泪脸色庄重地回答："今日来见，我只是觉得太快了!"钟会对时年六十二岁的姜维本来就心有敬佩，听到这话更觉得他不同一般。

钟会比姜维小 24 岁，两人此前未曾见面，但钟会对姜维在蜀国做出的成就和赢得的声誉看来是发自内心的钦佩；这次在战场交手中他亲身感到了姜维军事能力和个人品格的出众。在剑阁对峙时钟会在给姜维的劝降信中说："公侯您拥有文武之德，身怀超世谋略，功扬巴、蜀，声播华夏，远近人无不仰慕。回想以往，我们共同受到大魏朝廷教化，吴国季札与郑国子产的友谊可用来譬喻我们之间的关系。"他们曾经在 228 年姜维降蜀前的三年间同时生活在魏国的土地上，这也成了钟会拉近双方关系和劝降姜维的一个借口。尽管姜维当时对他的劝降未曾置理，但这并未影响他对姜维一直存有的倾慕。当刘禅命令蜀国军将们前来归降，姜维表现出了庄重难悦的心情时，钟会更感到了一位老臣应有的坚贞和自尊，钟会把几位降将交来的印绶、符节、车盖等都还给了他们，对姜维做出了更好的对待，他同姜维出则同车，坐则同席，并对长史杜预说："用姜伯约来比中原的名士，即使诸葛诞、夏侯玄也赶不上他。"时年38岁的钟会在魏国以才情出名，深得司马昭的看重，他一直非常自负，从未如此夸赞过人物，从他对姜维特别推重和不吝褒扬的态度看，他对战场敌手姜维的看重是发自内心的。

姜维早先对魏将钟会也耳有所闻，当年魏国夏侯霸归降蜀国后跟随姜维出征时，姜维询问他司马懿掌握国政后是否有进攻蜀国的意向，夏侯霸告诉他说："司马懿要巩固自己的权力，可能顾不了外部事务。有个叫钟会的人，年纪虽轻，终归是吴、蜀两国所担忧的，但不是非常之人也驾驭不了他。"钟会是魏太傅钟繇的儿子，钟繇都督关中军事许多年，来自魏国的姜维应该对其非常了解，有了夏侯霸的介绍，他自然也不会看轻钟会。钟会的十多万大军进入汉中，他派出攻打汉城、乐城和阳安关口的三路兵将后，曾派人特意去祭奠诸葛亮坟墓，这是一种争取人心的作势，但同时表达着他的敬佩之情，这也使姜维难免心有感触，对这位后辈才俊不得不另眼相看。姜维来到魏国军营受到钟会超规格的对待，这是他完全没有预料到的，也是他在蜀国没有得到的另类尊荣，由此他对钟会个人难免生出钦佩之外的感激之情。他们两人朝夕相处、无话不谈，私人关系日渐密切。

当时逼降了刘禅的邓艾进入成都后颇为自傲，他向司马昭提议，等部队稍微休整后可接着攻灭吴国，并提出留下魏军和蜀兵各二万人，在这里煮盐炼铁，以备军事与农事。同时制作舟船，为攻吴做准备。认为应封刘禅为扶风王，加以厚待，用以招致吴主孙休。当司马昭回复他必须将计划上报等待批准后再来实行时，邓艾仍然表示要坚持这一方案，并说："按照《春秋》之义，大夫出国在外，如果有可以安社稷、利国家之事，是可以自行决断的。"司马昭对邓艾这种骄横不羁的态度当然极不满意。

姜维觉得钟会年轻有志，可以有所作为，于是就劝说钟会："听说您自淮南之战以来，计策从未有过失误，司马氏能够昌盛，全依赖您的力量。如今又平定了蜀国，威德振世，百姓颂扬您的功劳，主上畏惧您的谋略，您还想因此安然而归吗？何不效法陶朱公范蠡泛舟湖上远避是非，以保全自己的功名性命呢!”钟会说：“您说得太远了，我不能离开。而且从现在的形势看，还没有到这种地步。”姜维说：“其他的事情凭您的智慧、力量就能做到，用不着我多说了。”钟会因邓艾专权行事，就与监军卫瓘一起密报邓艾有谋反表现，并派卫瓘先到成都拘捕了邓艾。不久钟会到成都，收编了邓艾的部队，他独自统领魏国十八万大军，威震一方，加上原蜀国军队统领人姜维的支持，于是下定决心在蜀地作出一番大事情。

2.9（6）没有扶起已倒的大厦

姜维在263年十月接受刘禅通令而归降了魏国镇西将军钟会，两人英雄相惜，互相敬佩，建立起了无话不谈的亲密关系。《三国志·姜维传》引注《汉晋春秋》及《资治通鉴·魏纪十》等史料记述，钟会构陷并派卫瓘槛收了邓艾，独掌了十八万魏军后威震西蜀，于是暗中有了图谋割据的想法。姜维察觉了他的企图，就想借助钟会反叛魏国的行动进一步推动趋势演变，扶立既倒大厦，重新恢复起蜀汉朝廷。

钟会曾经协助司马氏平定过毌丘俭与诸葛诞的反叛，颇有功劳，姜维借此与钟会作了深谈，他说：“司马氏能够昌盛，全依赖您的力量；如今又平定了蜀国，百姓颂扬您的功劳，主上畏惧您的谋略，您还想因此安然而归吗？当年韩信不在战乱年代背叛汉王，在太平之世受到怀疑；大夫文种不听从范蠡的劝告归隐五湖，最终伏剑而屈死，他们难道是主暗臣愚吗？这是由双方利害关系决定必然发生的事情。现在您立下这么大的功劳，威名显赫，何不效法陶朱公范蠡泛舟湖上远离尘世，保全功名性命，然后登上峨嵋山岭，效法古代赤松子而漫游。”姜维在此有意强调钟会的功劳，夸大他功高震主的危险，设定下了司马氏将不能容忍钟会的前提；他以历史上的正反事例作借鉴，从事情的反面来刺激钟会，提出让他归隐山林，急流勇退的保全之策。钟会时年不到四十，他对自己的人生还有许多高远的设想有待兑现，因而认为自己做不到放弃功名而归隐山湖。按照姜维表达出来的思想逻辑，钟会要想让自己的后半生过得富有意义，就只能利用眼前掌握军队的机会举兵抗魏，建立自己的割据政权。

264年初钟会到了成都，派人把邓艾押送京师，他赞同姜维对自己处境的分析，下决心叛离魏国，与司马昭作一了断。他的计划是：让姜维率五万人出斜谷为前锋，自己率领大军跟随；军队到达长安后，让骑兵从陆路走，步兵顺水路前进，顺流从渭水进入黄河，五天到达孟津（今河南孟津东北），步骑两路军队会合于洛阳，很快就能平定天下。恰在此时，钟会收到了司马昭的来信，信中主要针对先前安排给钟会的收捕邓艾之事，说道："恐怕邓艾不接受惩处，现已派遣中护军贾充率领步骑兵一万人直接进斜谷，驻军乐城，我自率十万人驻军长安，近日即可相见。"钟会接到书信大惊，对身边的亲信说："如果收捕邓艾，相国知道我完全能够独办；如今带来重兵，必定觉察到我的异况，完全是针对我的。我们应当迅速行动。事成了可得天下；不成功可退保蜀汉，至少可像刘备一样。"

钟会要举兵反魏，关键是要得到全军将士的支持，尤其是要首先得到军队中层官员们的赞同。他把护军、郡守、牙门骑督以上军官以及蜀国官吏都请到成都朝堂，假造了魏国已逝郭太后的遗诏，说郭太后让钟会起兵废掉司马昭，并把遗诏向座上众人宣示，以此表明他起兵对抗司马昭的行为是正当的，然后让大家议论，开始授官任职，又让自己亲信率领各军。大概是官员们没有很快表态吧，钟会把所请来的人都关在益州各官署的房间，关闭了城门与宫门，派重兵把守。只有卫瓘诈称病重，出来住在外面官舍。钟会相信他，并不忌惮。

钟会的行为完全符合姜维的意图，并得到了姜维的支持。姜维的设想是，等钟会把北方来的将军全部杀死后，他再利用自己掌握的军队杀死钟会，消灭魏军，最终恢复蜀汉朝廷。姜维私下写信给刘禅说："请陛下再忍受几天屈辱，我正想办法让倾覆的社稷重新恢复，使暗淡的日光再次明亮。"这位坚贞不屈的老臣面对君主已屈降、国家被吞并的既成事实，仍然不甘心蜀汉的灭亡，准备力挽既倒之狂澜，把已经坍陷的大厦扶立起来。

担任钟会帐下督职务的丘建，原是魏护军胡烈的属下，胡烈即是那位曾在汉中攻克安阳关口的先锋将领，他当时也被关在官署房间。丘建怜悯胡烈一人独自被囚，就请求钟会允许胡烈的亲兵进出传送饮食，各牙门将也都随此例让一位亲兵进来侍奉。胡烈让亲兵传递消息给儿子胡渊说："丘建秘密地透露消息，说钟会已经挖了大坑，作了数千根白色大棒，想叫外面的兵士全部进来，依次击杀诸将，埋入坑中。"各牙门将的亲兵们一夜间就把胡烈的话传了开来。次日中午，胡渊率领父亲的兵士擂鼓冲来，各军也都不约而同地争相跟随奔向城里，前去解救被关押的军将。

当时钟会正在给姜维铠甲兵器，听到外面有汹汹嘈杂之声，一会儿报告说有兵跑往城里。钟会吃惊地问姜维说：“这些兵众似乎是想作乱，该怎么办?”姜维说：“只能攻击他们!”钟会派兵去杀城内那些被关起来的将官，而里面的将官都拿木案顶住门，兵士砍不破门。不一会儿，城外的兵众爬着梯子登上城墙，兵士们像蚂蚁那样乱哄哄地涌进城内来，箭如雨下，那些将官都从被关的屋子爬出来，与他们的军士汇合一处，与支持钟会的力量拼死对抗。姜维带着钟会左右拼杀，亲手杀死五六人，众人格杀了姜维，又争着上前杀死了钟会及其数百名亲信。另有资料说，姜维死后尸体被魏军剖开，“胆如斗大”，他的胆比常人大很多。兵士们又杀了蜀汉太子刘璿和姜维的妻子儿女，并四处抢掠，城内尸横遍地。卫瓘部署诸将去平息，几天后成都才安定下来。

姜维利用钟会某种膨胀的野心挑动他反叛魏国，企图造成入蜀魏军内部力量的削弱后再铲除钟会，推动趋势进一步演变，以此实施自己恢复蜀汉朝廷的计划，这真是一个出人意料的奇思妙想，他是借用钟会对自己的信任来剪灭钟会，魏国出顶的人物似乎被他轻易玩之于掌股。然而天不佑蜀，聪明反误，姜维反魏复国的心情太过迫切，以至于没有想到并非天下所有人都能像他一样轻易跟随他人反叛自己的父母之邦，忽视了十八万来自魏地的将士一齐举兵反魏的现实可能性，绝妙的计划遭到惨痛失败。

当年与姜维一同从魏国归降蜀国的梁绪官至大鸿胪，尹赏为执金吾，梁虔作了大长秋，他们都于蜀国灭亡前就去世了。在蜀国功名显亮的姜维失国求复，企图利用钟会对自己的信任及其某种膨胀的野心，挑动他反叛魏国，并乘入蜀魏军内部力量的削弱来实施自己恢复蜀汉朝廷的计划，但却壮志未酬身先死，终于没能扶起已倒的大厦。

2.9（7）身后的议论

负责蜀汉军事防守的姜维在国家灭亡后费尽心机图谋恢复，终于没有扶起已倒的大厦，在 264 年初成都的魏军兵变中身遭杀害，妻子儿女也被诛戮。姜维 228 年自天水郡归降蜀汉受到丞相诸葛亮看重栽培，不到二十年就成了执掌国家军政的高级官员，为这个国家献出了三十六年的满腔热血和一颗赤诚的忠心，他九伐中原，力敌强魏，栽倒后又再图站起，掀动了天下政局的阵阵波澜，表现了西凉人物旺盛的生命活力和坚韧不屈的奋争精神。他壮志未酬身先死，同样也“长使英雄泪满襟”。

姜维被杀，兴兵反叛魏国的钟会也同时遇害，这位被比作“汉代张良”的四十岁绝顶才士成了一场阴谋的牺牲品，令人生出无限的惋惜；原蜀汉后主刘禅因为这场兵变而引起了魏国执政者的关注和担忧，被要求离开成都全家迁至洛阳，于是有后来“乐不思蜀”的故事真实发生（参见 2. 2. 1《刘禅执政》下）。同时，驻守益州南部的安南将军霍弋受令归降了魏国（参见 2. 5. 2《坚贞不二的霍氏父子》），在东境永安驻守都亭的巴东太守罗宪也做出了为魏守御的政治选择（参见 2. 8. 5《蜀吴边界的守御人罗宪》）。弥漫西南的尘埃迅速落地，该走的似乎都走了，蜀地获得了暂时平静，而蜀国恢复的全部希望至此均告破灭，化成了昨日泡影。

东晋名士孙盛在所著《晋阳秋》中提到，他在永和初年（约 346 年）跟随安西将军桓温平定蜀地，看到了姜维降魏后写给刘禅的那份准备恢复蜀汉的密信，见到当地的几位老人，谈论起姜维当时做事不成，最终失败被杀的事情，蜀国人仍然为此而伤悼。孙盛的记述应该是可靠的，他随桓温入蜀之时，姜维复蜀已事败 82 年，当地人仍然为他的失败而惋惜，可见蜀人对他的怀念与敬重，也可由此看到晋人对姜维功业的关注。姜维作为三国后期有影响的重要人物，人们对他的追忆是合乎情理的；然而作为极具功业的蜀汉重臣，后世人对他的议论评价并没有盖棺论定。

认识的分歧首先表现在对他本人作考察的关注点有所不同。作为一名政治人物，他的人格表现是复杂多重的，人们对他的评价当然可以从不同方面入手。与姜维曾经同朝干事的郤正当年奉陪刘禅到了洛阳，他侍奉故主刘禅极尽人臣本分，受到魏人的称赞，后来晋帝司马炎将他任命为安阳（今陕西安康石泉东南）县令，几年后又升为巴西（治今四川阆中）太守，颇有政绩的郤正在多年后有一篇赞扬姜维的文章，其中说：姜维位居上将，处群臣首列，住室简陋，家无余财，侧室无侍妾之欢，后庭无音乐之娱，衣服车马仅求够用，饮食节俭，毫不奢华。他说：“像姜维这样好学不倦、清廉朴素的人应为一代楷模。”（参见 2. 6. 9《郤正是个好员工吗?》）对其做了极高的评价。然而，那位非常关注姜维功业的东晋名士孙盛针对此议马上表示说：“郤氏真是奇谈怪论！人们所在的行业不同，做的事情各有差异，对忠孝节义应该是任何行业都应关注的关键。”他认为郤正只说姜维仪表与生活俭朴的方面，没有抓住做人的核心问题，这是非常糊涂的看法。

从人格道义的方面评价姜维，孙盛认为，姜维原本作为魏国的官员，他投降蜀汉，为了追求个人利益而背叛君主，这算不上忠；抛弃亲人而逃脱应该承担的义务，这不能算孝；把灾祸强加给父母之邦，算不上义；兵败而不赴死于危难，这是没有节；况且他执政时并未遍施德政，反而通过榨取百姓以推行个人的意志，身负御敌责任反而招致国土沦丧，根本谈不上智和勇。姜维在上述六个方面一无是处，其实他是魏国的叛臣，也是蜀汉的亡国执政。孙盛承认郤正罗列的姜维生活方面诸多表现都是事实，但他指出：“纵然姜维喜好读书，生活上清廉节俭，但这同作强盗的按照道义去分割抢劫的财物没有什么不同。”孙盛这里是把姜维当作政治人物去看待，认为应该抓住他的政治大节去考察评价，这种认识比郤正不识大体的人物考察更为高明，是正确的方式，但孙盛却没有把准姜维的政治立足点，到底是把他作为魏臣去考察，还是把他作为蜀国执政人去考察。姜维本人是把自己始终作为蜀臣去定位的，他为蜀国的政治战略献出了毕生的精力，对此是矢志不移；而孙氏在考察时，恰恰把他作为魏臣去衡量，而在谈到姜维晚年守土兵败时，又把他作为蜀国的执政人看待，这种对政治立足点作颠倒与转换的人物评价，使考察评判失去了应有的严肃性。史家裴松之就针对孙盛的议论而指出：史料中清楚地说明姜维本来没有反叛魏国之心，他是不得已归降了蜀国；孙盛唯独可以责备姜维违背了母亲的心意，其他的贬损都过于苛刻。裴氏同时也指出：郤正认为姜维在好学与俭朴方面有可取之处，他也没有说姜维在一切方面都可以为人楷模，郤氏的评价并非全部都错。

还有从军事战术方面对姜维作出的评价。孙盛认为，邓艾偷袭阴平进入江由之时，士卒很少，姜维不能在绵竹堵截其军，又不能统帅当时蜀国领有军队的几位将军以护卫君主，设定后面的恢复策略，却在投降和守国之间反复变化，把希望寄托在难以实现的机会上。又认为姜维以衰弱的国力，屡次出兵于三秦之地；已经灭亡的国家，却期待出现常理之外的奇迹，真是太不聪明了！孙氏在这里的评价把长期的战略问题与守御中的战术问题搅和在一块儿，同时没有提出战术上较为严谨切实的防御方案，只是一味地责备；而有些史家则针对孙氏的这一评价尽力为姜维的守御过程作辩解回护。这些对姜维军事战术能力的评价似乎都缺乏些严谨的思想逻辑。

战略上的问题以前有所提及，这里仅就剑阁防守时的战术而言，在钟会商议退兵之时，手握五六万军队并统领张翼、廖化、董厥等数员大将的姜维，完全可以让张翼领少量军队在剑阁虚张声势，而暗中自率大队人马直扑绵竹，一举击垮或全歼邓艾数千疲惫之军，然后再迅速返回剑阁继续坚守，直到钟会无粮而退兵。这一战术包含的风险当然是有的，但却是解除蜀汉一时危难比较可行的军事方案。当然，人们不能要求姜维在军情紧急时每一步都能做出正确的决策，但也不能对他当时的军事行动一味否定，或者认为一切正确，只能如此。应该看到，用尽全力来守卫国土的姜维本来就是一位有战术缺陷的将军。

陈寿在姜维本传之后提到老子名言："治大国者，犹烹小鲜。"魏人王弼释其意为"不扰也，躁则多害，静则全真。"陈寿认为以蜀汉区区小国，是不可以屡次出兵北伐的。其实这也指出了蜀汉执政者从诸葛亮到姜维在治国战略上的一条根本性不足。

2.10　补缀史书的学人

263年蜀汉亡国，两年后司马炎逼魏主曹奂禅位而建立晋国，原在蜀汉担任观阁令史的年轻学人陈寿不久被推荐至洛阳担任佐著作郎，晋朝君臣要求他把诸葛亮的事迹作汇总记录，陈寿于是编纂了二十四篇计十万多字的《蜀相诸葛亮集》，后来他在一片鼓励声中撰写了六十五卷的《三国志》（参见2.3.15《身后的追忆》）。在撰写蜀国部分时，由于该国当时未设史官，资料非常不足，陈寿在著述中参考了蜀人杨戏241年撰写的文论《季汉辅臣赞》，他于是在《蜀书》末篇对杨戏专门作了介绍，并说明和附录了其文论。

2.10（1）陈寿眼中的杨戏

杨戏，字文然，犍为郡武阳（治今四川彭山东）县人。杨戏一直看重友人程祁，认为他在相识的朋友中最为出色，为此很得丞相诸葛亮赏识。杨戏二十余岁时从州书佐升为督军从事，为州牧的属官，他负责刑狱，评论法律解决疑难，人们觉得他处事公平恰当，相府于是征召他为主簿。诸葛亮去世后，杨戏为尚书右选部郎，刺史蒋琬请他为治中从事史，主管州府内部文书案卷。蒋琬以大将军职位建立府署，又召杨戏为东曹掾，分管府内事务，后来升任南中郎参军，为庲降（指南中地区）都督的副手，兼任建宁（治今云南曲靖）太守。因病返回成都，被任护军监军，外兼梓潼太守，入朝为射声校尉，这是西汉武帝时设置的八校尉之一，掌管待诏射身士（“射身士”指闻声即能射中的善射者），为秩比二千石的四品官员。

杨戏生性素来简略，他在职任上各项政事都清明简约而不繁冗，书信、公文很少写满一张纸；他从不用甜言蜜语奉承人，与人交往也不阿谀逢迎。当年在蒋琬属下作东曹掾时，蒋琬同他谈话，他有时不予应答。当时有人说他傲慢上司，大概希望蒋琬给予惩处吧，蒋琬知道杨戏生性如此，并不计较这些事情（参见 2.8.1《盛名难副的掌政人》上）。

杨戏很看重故旧间的感情，忠诚厚道地对待朋友。他与来自巴西郡的韩俨、黎韬自幼就亲近友好，后来韩俨因病离职，黎韬因品行不端而被免，杨戏帮他们安排生活，经常救济，情谊与当初相同。当时人们说谯周没有济世才干，很少有人敬重他，只有杨戏对其十分推崇，他曾称赞说："我们这些后辈，终究赶不上这位大个子。"有见识的人为此而尊重杨戏。他年少时与巴西郡的程祁，巴郡人杨汰，蜀郡人张表都知名于世。张表有威仪风度，开始名位与杨戏相当，后来官至尚书、庲降（蜀汉在南中地区设立的最高军政机构）都督、后将军，先于杨戏逝世。程祁与杨汰都已早死。那位因侍奉祖母而拒绝去洛阳任职的李密是杨戏同县的后辈学人（参见 2.8.6《李密的书信感动了皇帝》）。

257 年，大将军姜维第八次北伐兵出秦川，杨戏跟随出征到芒水（又称黑水，自陕西周至东南流入渭水）。杨戏一向心里不服姜维，酒后谈笑，常对姜维有傲慢嘲弄的言语。姜维外表宽容而内心忌恨，难以忍受杨戏的不敬，军队返回后，有关官员秉承姜维意旨弹劾杨戏，杨戏被免为庶人，后于 261 年去世。陈寿对杨戏的为人基本持赞赏态度，其中说到蜀汉执政人蒋琬和姜维两人对待杨戏的不同态度，认定是由于姜维对杨氏的打击报复而致其免职。后世有些人认为这是陈寿在抹黑姜维，但拿不出有说服力的证据，这一人际是非的公案是难以断定的。

陈寿介绍了杨戏的个人经历及其生性特点外，把杨戏在 241 年撰著的史论《季汉辅臣赞》一文附于其本传之后，并说明了自己在撰写《三国志·蜀书》过程中对杨戏这篇文论的参考情况：杨文所赞颂叙述的人，现在大部分记载在《蜀书》中。自杨戏著述之后去世的人，则不予追记称号，其中有的人应该加以记叙而不在《季汉辅臣赞》一文中；杨戏著述中有赞而在《蜀书》中没有作传的，则在杨著赞辞中略加注疏，可以略知大概。

从这一简短的说明中可以看到：①杨戏在文论中对蜀汉赞述的人物与陈寿《蜀书》中作传的人物既有重叠的部分，又有对方撰写中没有涉及的人物，这是两位作者认识的角度不同，对他们当代史中应记述的人物圈选不同所致。②因为杨戏对大多数人物的赞述只有寥寥数句，并只限于评价范畴，所以对杨文中作了赞述而《蜀书》中没有作传的人物，陈寿在附录杨文对该人的赞述之后，对赞述对象以注疏的形式加以介绍，以使读者知其大概。③杨戏的文论撰写于241年，当时蜀国执政蒋琬在汉中大造战船，声言要从水路东伐曹魏，大约是杨戏担任大将军府东曹掾之时，因为当时许多人物尚且在世，杨戏的撰文中就没有人物后来才得到的谥号，如蒋琬、费祎、邓芝、宗预、王平、马忠、张嶷等。陈寿对附录之文的这一情况特此作了说明，大概是要避免读者感到杨文对逝者不尊的误会。

杨戏在自己的史论之文中对蜀汉君臣作了评价，尤其对刘备、诸葛亮作了极高的颂扬和赞美，该篇史论题为《季汉辅臣赞》，其中的“季汉”是相对于“中汉”（指东汉）而称，这一称谓强调了蜀汉政权对于西汉、东汉政权的接续性，表达了蜀汉朝廷在三国鼎立中的正统地位。有史家于是认为，陈寿作为晋朝官员奉命修史，他在自己的撰述中不得不以魏国为正统，但他将杨戏的文论作为《三国志·蜀书》的末篇附录，假托载录散佚资料，实际上是借此表达“季汉”对于“中汉”的皇统接续，扳正蜀汉作为三国正统的地位，所以杨戏的赞述应是陈寿史学著作的序文。应该说，这些学人对历史纷争中的正统问题想得太多了，引申出来的暗喻只是引申者自己的偏执之见。陈寿仅仅是因为在撰史中参考过杨戏之文，然后将其附于《蜀书》末篇，可以发挥拔高的“崇高”处只在于不愿“侵犯”他人的史论成果或知识产权，他主要是想让读者对事情有更多的了解，别无他意。

2.10（2）陈寿对《蜀书》的补充

陈寿在撰写《三国志》的《蜀书》部分时参考了蜀人杨戏的文论《季汉辅臣赞》，于是将文论附于该部分的末篇。杨文以凝练的十七段诗句赞美了他当时所欣赏的蜀汉君臣，共涉及包含刘备在内的四十九位人物。其中有些人物在陈寿的史著中没有出现，为了让读者能对杨戏的文论作出清晰理解，陈寿对这些人物作了概要介绍，并将介绍的文字作为杨文赞述的“注疏”（陈寿用词）。一千七百多年后的今天，可以把这些简短的注疏视作《蜀书》的补充，这里选出五则，各在杨文原赞后展现陈寿介绍的人物事迹。

【赞邓孔山】安远强志，允休允烈，轻财果壮，当难不惑；以少御多，殊方保业。

邓孔山，名方，南郡人。以荆州从事的身份跟随刘备入蜀。蜀地平定后，邓方为犍为属国都尉，因郡名改换，为朱提（治今云南昭通）太守，被选为安远将军、庲降都督，驻守南昌县。222 年邓方去世。其事迹失考，所以没有立传。

【赞费宾伯】扬威才干，欷歔文武，当官理任，衎衎辩举，图殖财施，有义有叙。

费宾伯，名观，江夏郡鄳县（今河南罗山西）人。刘璋的母亲是费观的堂姑，刘璋又将女儿嫁给费观。214 年费观任李严的参军，出兵绵竹抵御刘备，后来与李严一同投降。刘备平定益州，费观被任命为裨将军，后任巴郡太守、江州都督，223 年被封为都亭侯，加任振威将军。费观为人善于交结，都护李严性格自傲，他与护军辅匡等人年龄职位相当，但相互间却并亲密；而费观小李严二十多岁，两人反而亲近得就像同辈一样。费观三十七岁时去世，其事迹失考，所以没有立传。

【赞马季常、卫文经、韩士元、张处仁、殷孔林、习文祥】季常良实，文经勤类，士元言规，处仁闻计，孔休、文祥，或才或臧，播播述志，楚之兰芳。

张处仁，原名存，南阳人。他以荆州从事身份跟随刘备入蜀，南行到雒县，被任命为广汉太守。张存一向不服庞统，庞统中箭阵亡后，刘备一说到他就嘉赞叹息，张存说："庞统虽说竭尽忠心令人惋惜，然而有违大雅之义。"刘备发怒说："庞统杀身成仁，难道他做错了什么吗？"于是罢免了张存官职。不久张存病死。其事迹失考，所以没有立传。

【赞王国山、李永南、马盛衡、马承伯、李孙德、李伟南，龚德绪、王义强】国山休风，永南耽思；盛衡、承伯，言藏言时；孙德果锐，伟南笃常；德绪、义强，志壮气刚。济济修志，蜀之芬香。

李永南，名邵，广汉郡郪县（治今四川中江东南）人。刘备平定蜀地后，李邵为州书佐部从事。223 年被任丞相府西曹掾，225 年诸葛亮南征时，留李邵为治中从事，他在当年去世。裴松之在此引注《华阳国志》记述，李邵之兄李邈，字汉南，刘璋时为牛鞞（治今四川简阳西）县长。刘备作益州牧时任其为从事，正月初一君臣聚会行酒，李邈得以进见，他面责刘备说：“振威（指刘璋）把将军您看作宗室亲人，委托讨贼之任，一点功劳没立下，却将他本人当作贼寇消灭了。我觉得将军您占取本州，做得很不恰当。”刘备反问：“知道不恰当，为什么不帮助他?”李邈说：“并非不敢帮助，只是力量不足。”有关部门准备杀掉李邈，诸葛亮为他求情，因此得免。过了一段时间，李邈被任犍为太守、丞相参军、安汉将军。228 年诸葛亮兵出祁山，马谡在前线败绩，诸葛亮准备将其处死，李邈劝谏说：“秦国宽赦孟明，所以称伯西戎；楚国诛杀了子玉，导致两世衰弱。”他说的话让诸葛亮很失望，于是返回了成都。234 年诸葛亮去世，后主刘禅素服发丧三天，李邈上疏说：“西汉时吕禄、霍禹未必怀反叛之心，孝宣帝也不愿作诛杀功臣的君主，只因这些臣子害怕君主的权势，君主畏惧臣子的威胁，所以生出了奸邪的心思。诸葛亮手握强兵，拥有虎狼般的力量，古人说亲人重臣不宜在外统兵，所以我对此经常觉得很危险。现在诸葛亮离世了，皇家宗族得以保全，西部羌胡也安静无事了，各方都应庆幸。”刘禅听了生怒，将李邈下狱诛死。

可以看到，李邵之兄李邈是读了一些书的人，做人也够诚实，但却是少有政治头脑，他当面指责刘备不该从刘璋手里夺取益州，多亏诸葛亮求情才免于受惩；诸葛亮逝后为劝刘禅节哀吧，又提出了手握重兵的诸葛亮一直是皇家祸患的无稽之谈。即便这些极为敏感的政治话题不无依据，也应该懂得人微言轻及疏不间亲的道理。但无论如何，人们从李邈多次不恰当的言论中，依稀能够看到蜀汉底层社会存在着的某种与统治集团不合拍的思想认识。

【赞程季然】江阳刚烈，立节明君，兵合遇寇，不屈其身；单夫只役，陨命于军。

程季然，名畿，巴西郡阆中人。刘璋时期程畿为汉昌（治今四川巴中）县长。该县有賨夷人，其种族本性刚猛，从前汉高祖利用他们平定关中。巴西太守庞羲考虑到东汉末天下纷乱，郡中应建立武卫部队，于是组织了私人部曲。有人据此向刘璋进谗言，说庞羲想反叛，刘璋心中怀疑。庞羲听说后心里害怕，想要谋划自保，即派遣程畿的儿子程郁向县里传达命令，要求程畿在刘璋讨伐时带兵前来助战。程畿说：“郡中招集部曲，本来不是反叛，虽有谗言和误会，关键在于尽到真诚，如果因害怕就生出异志，这不是我想听到的。”同时他告诫儿子程郁说：“我受州牧恩典，理应为州牧尽节；你是郡中官吏，应为太守效力，不要因为我而有异心！”庞羲又派人告知程畿说：“您的儿子在郡中，不服从太守命令，您的家庭必有灾祸！”程畿回答说：“从前乐羊为中山之将，曾吃了儿子肉羹，这并非父子无恩，是大义如此。现在您即使再用我儿子肉煮羹送来，我也一定吃下去。”庞羲知道程畿必定不会为自己出兵，于是向刘璋致谢道歉，最终双方没有发生交战。刘璋听说了这事的原委，即升任程畿为江阳（治今四川泸州）太守。后来刘备作了益州牧，征召程畿为从事祭酒，为州牧属官。程畿 222 年跟随刘备出征东吴，遭遇大败，逆水退兵，有人报告说：“后面追兵已到，应该解开船舫轻舟脱身。”程畿说：“我在军中，从未遇敌而逃，况随天子而临危！”追兵赶上了程畿的船，程畿持戟拼杀，敌人船只有的翻沉。后来吴军大队赶来围攻，程畿不幸战死。程畿不畏死难的英雄气概和坚守节义的高尚品质在蜀地人物中是少有的，应该感谢杨戏赞论对陈寿的提示，使得这样的人格形象留存史册。

通过对杨戏《季汉辅臣赞》的附载和注疏，陈寿出示了他撰著时手头的这份资料，也是在史志中补充了对蜀汉人物的记述，至此结束了《蜀书》的全部内容。人们借此对蜀中人物有了更多的了解，同时也看到了一种特别的人物表述形式，能更深切地体会到“文无定体”的思想内涵。

参考文献

《三国志》(上下册)

（晋）陈寿撰，（南朝宋）裴松之注，岳麓书社 1990 年 7 月第 1 版。

《三国志集解》(全八册)

卢弼集解，钱剑夫整理，上海古籍出版社 2009 年 6 月第 1 版。

《后汉书今注今译》(三册)

（南朝宋）范晔撰，章惠康、易孟醇主编，岳麓书社 1998 年 7 月版。

《晋书》(第 1-5 册)

（唐）房玄龄等撰，中华书局 1974 年 11 月版。

《中国历史大事年表·古代卷》

上海辞书出版社 2001 年 1 月第 1 版。

《资治通鉴》(全二册)

（宋）司马光编著，（元）胡三省音注，上海古籍出版社 1987 年 5 月第 1 版。

《文白对照资治通鉴》(全二十册)

（宋）司马光编撰，李伯钦主编，北京联合出版公司 2016 年 3 月第 1 版。

《三国志辞典》

张舜徽主编，山东教育出版社 1992 年 4 月版。

《晋书辞典》

刘乃和主编，山东教育出版社 2001 年 1 月版。

《世说新语》

（南朝宋）刘义庆著，曹瑛、金川注释，华夏出版社 2000 年 5 月版。

《周易全译》

徐子宏著，贵州人民出版社 1991 年 5 月第 1 版。

《诗经全译》

袁愈荌译诗，唐莫尧注释，贵州人民出版社 1981 年 6 月第 1 版。

《礼记》（上下）

钱玄、钱兴奇、徐克谦注译，岳麓书社 2001 年 7 月第 1 版。

《辞源》（修订本 1-4 册）

商务印书馆 1980 年 8 月修订版。

后　记

《三国职场探迹》系本人对公元180年至280年一百年间汉末三国时代真实历史人物活动与社会政治演变作出的全面性翻译陈述及分析议论，其中也表达了自己对社会历史的一些认识，反映着本人对这段历史学习和探索的阶段成果。整个书系在表达形式上有一些新的尝试，思想内容上也力图作出更多的拓展和提升。该书系的撰述过程及其特征在《前言》中已做了说明，现当八个分册要一并推出，同时接受广大读者朋友的鉴赏评价和时间光阴的洗磨检验时，内心仍然有些惶恐之感，我是希望该书能像作者以前其他撰著一样经受起两方面的考验，并希望能为三国文化、职场文化和中华历史文化拓展空间、增添色彩。

本人自2019年5月开始做三国人物与历史解读以来的两年半时间内，除过参加广东省教育系统一个月的集中活动外，基本上坚持每天有所进展，中间经历了全民抗疫的曲折反复历程，同时也有个人、学界及单位的诸多事务，不能说没有遇到困难和阻力，但客观环境毕竟是提供了很多有利的条件，促进了原初设想的实现。这里要衷心感谢原供职单位广东省社会科学院提供的保障条件，感谢夫人杨春霞所给予的积极协助以及各位家人的理解支持。中联华文（北京）社科咨询中心的樊景良、张金良经理十年前协助出版发行了本人关于春秋至西汉武帝八百多年间历史解读的七本论著，在今年出版业面临巨大困难的前提下，仍然本着兴盛文化事业的强烈使命感，一如既往地鼓励支持了《三国职场探迹》的选题；中国书籍出版社的领导和编辑积极支持了书系的出版，全书的面世成果中凝结着他们的劳动，在此一并表示感谢！

作者

2022年5月8日